SUSTAINABLE SOCIETY
AND CONSUMER LIFE

지속가능사회와
소비생활

홍은실 · 서리나 · 신효연 공저

전남대학교출판문화원

서문

인류의 미래를 위협하는 요인은 많으나 최근 우리를 가장 위협하는 것은 기후 및 환경변화일 것이다. 우리 인간이 물질적인 풍요를 누리고자 무분별한 개발과 제품 생산을 해왔으며, 에너지와 자원을 과도하게 사용해 왔다. 생태적 문맹(ecological illiteracy)의 심화로 플라스틱 쓰레기가 큰 산을 이루었고, 초미세먼지가 연일 관측 사상 최악이며, 인간과 가축이 끊임없이 변종하는 바이러스 전염병에 시달리고 있다. 지금 당장의 물질적인 풍요와 이익을 위해 기업은 자연환경을 파괴해가며 개발하고 자원을 바닥내며 끊임없이 제품을 만들어 소비를 부추긴다. 이에 질세라 소비자는 너무나 익숙하게 과도한 소비를 하며 멈춰야 할 때를 모르고 있다. 파괴적인 경제 생산과 소비루 돌이킬 수 없을 만큼 자연을 오염시켰고, 이로 인한 급격한 기후변화는 현시대를 살고 있는 우리의 생존을 위협하고 있다. 파괴적인 생산과 소비를 멈추지 않으면 현실은 우리를 불행으로 이끌 것이며, 우리의 후손인 미래 세대에게도 커다란 부담을 줄 것이다.

유엔은 자연환경 상태가 오래 지속되도록 환경에 좀 더 유익한 방법으로 발전하여 미래 세대의 필요 충족을 저해하지 않으면서 현재 세대의 필요를 충족하는 발전을 선언하며, 2015년 회원국의 만장일치로 지속가능발전목표(SDGs: Sustainable Development Goals)를 채택하였다. UN SDGs의 열두 번째 목표인 '지속가능한 소비와 생산'은 경제자원의 효율을 높이고 친환경적인 경제·사회 인프라 조성으로, 경제활동을 하더라도 자원낭비와 오염을 줄여서 미래 세대 복지를 해치지 않으면서 현 인류의 삶의 질을 높이고자 하는 것이다.

이 책은 총 3부 9장으로 구성하였다.

제1부에서는 경제와 환경, 사회 가치를 동시에 창출하는 지속가능발전의 이행을 결의하여 실천하고자 하는 지속가능사회에서 필요한 소비생활을 위한 패러다임을 제시하였다. 제1장에서는 '지속가능한 발전'의 등장 배경과 지구를 위협하는 글로벌 환경문제를 살펴보고, 이를 해결하기 위한 국제사회와 우리나라의 노력을 알아보았다. 제2장에서는 지구를 살리는 경제모델로서 케이트 레이워스의 도넛경제학을 소개하고, 최근 거론되는 공유경제

까지 검토하였다. 제3장에서는 자본주의 시장경제의 무분별한 생산과 소비로 인해 발생하는 환경과 사회문제를 해결하는 보완적 경제모델로서 '사회적경제'를 소개하였다. 자본주의 시장경제체제를 부인하는 것은 아니나 그것만으로는 더 이상 안되기 때문에 경제 패러다임의 전환이 시급하다고 생각했다. 사회적경제는 시장경제가 하지 않고, 할 수 없는 부문의 일을 성공적으로 이루어 낼 것이다. 도넛경제학과 공유경제, 사회적경제의 정신은 지속가능한 사회를 만들고자 하는 지속가능발전과 일치하는 면이 크다.

제2부에서는 지속가능한 소비생활을 가능하게 하는 소비가치를 모색하였다. 제4장에서는 소비와 행복의 관계성을 파악하여 지속가능한 소비를 통한 소비행복을 탐색하였다. 제5장에서는 자연과 사회, 인류를 위한 자발적인 소비절제와 간소한 삶에 대해서, 제6장에서는 기부와 후원에 대해서 다뤘다. 경제가 성장하면서 인간다운 삶을 위한 절대적인 필요소비보다 낭비적인 과소비가 일상화되었고, 물질 소비가 우리를 마냥 행복하게 해주지 못하는 점을 이해할 필요가 있다. 과도한 물질적 소비는 지구와 인류를 위협한다.

제3부에서는 지속가능한 소비생활의 실천적 영역으로 사회적, 환경적 요소를 고려하는 소비 활동인 윤리적 소비를 제시하였다. 제7장에서는 윤리적 소비의 일종인 상거래에서의 소비윤리와 실천을 다뤘다. 제8장에서는 지속가능한 환경친화적 소비를, 제9장에서는 상생을 위한 공정무역소비를 소개하였다.

지속가능사회에서 살아갈 우리 소비자들에게 필수적으로 요구되는 지속가능한 발전과 소비생활 방식에 대해 접근할 수 있도록, 국내외 자료를 분석하여 세 명의 집필자가 함께하였다. 1부는 홍은실 박사, 2부는 서리나 박사, 3부는 신효연 박사가 집필하였다. 이 책은 대학 교양수업의 교재로서 지속가능한 사회와 소비행동을 이해하고 실천할 뿐 아니라 환경친화적인 소비문화를 형성하고 소비자시민으로서 적극적인 역할 수행을 하도록 도울 것이며, 이에 참고가 되었으면 한다. 출간을 서두르다 보니 각 장의 내용이 여러 가지로 부족하며 미흡한 부분이 있다는 것을 발견하였다. 독자들의 건설적인 비평과 의견을 기대하며 앞으로 충분한 시간을 가지고 보완하여 알찬 내용으로 개정하고자 한다.

2022년 2월 대표저자 홍은실

차례

1부 지속가능한 소비생활을 위한 패러다임

2부 지속가능한 소비생활을 위한 소비가치

3부 지속가능한 소비생활의 실제, 윤리적 소비

1부

지속가능한 소비생활을 위한 패러다임

SUSTAINABLE SOCIETY AND CONSUMER LIFE

■

기술 혁신과 진보로 인류는 오랜 세월 자연환경을 파괴하며 급속한 경제적 발전을 이루었다. 여전히 지금보다 더 편리하고 더욱 고급스러운 생활을 추구하며 과도한 소비를 일삼는다. 끝없이 발전하리라 기대했던 자본주의는 인류에게 더 큰 기쁨과 행복을 안겨주기보다 소득과 부의 양극화, 불평등과 소외, 불만 등의 사회, 경제적 문제를 초래시켰다. 생활 쓰레기 및 자연재해, 전염병의 전 지구화 등 다양한 환경문제까지 더해져서 인류는 거대한 경제, 사회, 환경적 도전에 직면하는 새로운 국면을 맞이하게 된 것이다.

환경보호와 개선 없이는 인류복지를 꿈꾸기 어렵고, 환경적인 제약을 고려하지 않는 경제발전은 낭비적이며 지속하기 어렵다. 이제는 무분별한 발전과 지나친 소비를 용납할 수 없는 시대가 되었다. 자연과 기술 그리고 인간의 삶이 함께 발전하는 세상을 위해, 지구상의 경제주체들은 지속가능한 발전에 관심을 모았으며, 소비 주체들 역시 지속가능한 소비로 방향을 전환하고 있다.

지속가능한 소비는 지속가능한 발전의 필수적인 요소로서 사람들의 기본적인 욕구에 부응하고 생활의 질을 높이되, 상품과 서비스의 수명주기에 걸쳐 자연자원과 유해물질의 사용을 줄이며 폐기물과 오염물질의 배출을 최소화하는 소비를 말한다(UN의 SDGs, Goal 12).

경제적 가치와 환경적 가치, 사회적 가치를 동시에 창출하는 지속가능한 발전의 이행을 결의하여 실천하고자 하는 지속가능한 사회에서 소비생활을 위한 패러다임으로, 1부에서는 '지속가능한 발전(1장)', '지속가능성의 경제모델(2장)', '사회적경제(3장)'를 소개하고자 한다.

제 1 장 지속가능한 발전

경제성장만을 중요하게 여겼던 과거에는 자연환경을 훼손하면서 경제개발을 해왔다. 언제부턴가 생태계가 이를 받아들일 수 없는 상태가 되자 경제개발과 동시에 환경보전을 함께 이루어 계속 성장할 수 있도록 하는 데 관심을 두기 시작했다. 자본주의 경제의 발전 역시 지나친 물질의 풍요추구, 국가와 지역간 격차 확대, 빈부격차를 심화시키는 등 사회-경제-환경적 가치가 서로 대립되어, 갈등 상황이 확산, 심화됨에 따라 지속가능한 발전에 관심이 모아진 것이다. 사회적 가치와 환경적 가치의 창출이 경제적 가치의 창출과 동등한 위치에서 중요한 역할을 하는 시대가 된 것이다. 이는 21세기에 인류가 지향해야 할 가치이자 발전의 새로운 패러다임이다.

1. 지속가능한 발전의 개념과 등장 배경

1.1 지속가능한 발전의 개념

지속가능한 발전(sustainable development)의 개념은 자연환경 상태가 오래 지속되도록 환경에 좀 더 유익하고, 환경적 측면에서 좀 더 나은 방법으로 발전하고자 하는 것이며, 이를 통해 인류가 지속 가능해지기를 바라는 것이다. 오늘날 인류가 처해 있는 환경문제의 핵심은 미래 인류의 행복을 손상하지 않으면서 현재 인류의 삶을 지속해 가는 것이다.

현대적 의미에서 '지속가능한'이라는 용어가 처음 사용된 것은 세계적인 비영리 연구기관인 로마클럽이 1972년에 발표한 '성장의 한계'에서였다. '성장의 한계' 보고서는 지구가 지구수용력을 초과하는 인간의 생태 발자국(자연에 미치는 인간의 영향력을 수치화한 것) 때문에 매우 심각한 도전을 받고 있다고 했다. 모든 기술과 문화, 제도에서 이를 막기 위한 변화를 꾀해야 하며, 이러한 변화를 통해 지구의 미래를 생각하는 매우 근본적인 사회 변혁을 취해야 한다고 강조한다. 이후 지속가능한 발전이 세계적으로 널리 알려지게 된 계기는 1987년 UN 환경개발위원회(UNCED)가 발표한 보고서인 '우리 공동의 미래'(일명 브룬틀란보고서)에서 다음과 같이 정의하여 사용하면서부터이다.

> "지속가능한 발전은
> 미래 세대가 그들의 필요를 충족시킬 능력을 저해하지 않으면서
> 현재 세대의 필요를 충족시키는 발전이다."
>
> "Sustainable development is
> development that meets the needs of the present
> without compromising the ability of future generations to meet their own needs."

이러한 정의는 지금까지 가장 많이 인용되고 있다. 1992년 리우데자네이루에서 열린 유엔의 환경개발회의는 지속가능한 발전을 위해 지구 환경질서의 기본원칙을 규정한 '리우선언'과 세부 실천강령을 담은 '의제21'을 채택하였고, 3대 환경협약을 체결하는 등 국제사회의 공동노력에 의해 '지속가능한 발전'의 개념은 더욱 구체화되어졌다. 우리나라는 2008년 '지속가능발전법'을 제정하여, '지속가능성'의 개념을 현세대의 필요를 충족시키기 위하여 미래 세대가 사용할 경제·사회·환경 등의 자원을 낭비하거나 여건을 저하시키지 않고 서로 조화와 균형을 이루는 것으로 정의했다. 이러한 지속가능성의 개념에 기초하여 경제의 성장, 사회의 안정과 통합, 환경의 보전이 균형을 이루는 발전을 지속가능한 발전으로 정의하였다.

1.1.1 지속가능한 발전의 소극적 관점과 적극적 관점

소극적인 관점에서의 지속가능한 발전은 각종 계획과 의사결정에서 환경에 관심을 두고 환경파괴나 자원고갈의 정도를 늦추며 지속적인 성장을 도모할 수 있다고 보는 것이다. 그러면서 미래 기술적인 발전이 환경문제를 해결해 줄 것이라는 낙관론을 가진다.

한편 적극적인 관점에서의 지속가능한 발전은 자연이 감당할 수 있는 한계용량 범위 내에서의 개발을 의미한다. 게다가 현재의 한계용량을 확대하기 위해 적극적으로 노력하는 '환경창조'의 입장을 취하고 있다. 이러한 적극적인 관점은 자연환경이 지탱할 수 있는 한

계용량의 범위를 넘어서는 인간의 활동을 억제하며, 삼림 등의 초록 공간과 생태계의 보전, 그리고 회복을 통해 허용된 한계용량을 점진적으로 확대해 나가는 등의 다양한 수단을 적극적으로 찾고, 활용하고자 한다. 지속가능한 발전을 위해서는 지구환경이 감당할 수 있는 범위 안에서라는 제약조건하에 인구활동과 경제개발이 이루어져야 하며, 위기상황에서는 경제성장이 둔화되는 것도 감수할 수 있어야 한다. 우리 사회의 경제, 사회, 환경의 조화로운 발전과 보전을 위해서는 지속가능한 발전에 대한 다차원적이며 적극적인 노력이 요구된다.

1.1.2 지속가능한 발전의 범위

과거의 경제활동이 대개 천연자원을 소모하며 생태계의 수용능력을 넘어서는 발전이었다면, 지속가능한 발전에서의 경제활동은 자연의 수용능력 범위 내에서 자연과의 조화를 이루는 발전을 의미한다. 지속가능한 발전의 개념은 기본적으로 자연생태계의 지속가능성(ecological sustainability)과 경제적인 발전(economic development)을 동시에 추구하는 개념으로 시작하였다. 그러나 점차 의미가 확대되어 자연환경과 경제발전에만 제한되어있는 것이 아니라 사회와 문화, 정치를 모두 포함하는 것으로 확대되었다. 즉 초기의 지속가능한 발전은 환경보호와 경제발전에만 중점을 두었다면 최근의 지속가능한 발전은 미래 사회는 물론이며, 현재 사회 전체의 지속가능성을 유지하기 위한 인류의 보편적인 가치까지도 포함하고 있다.

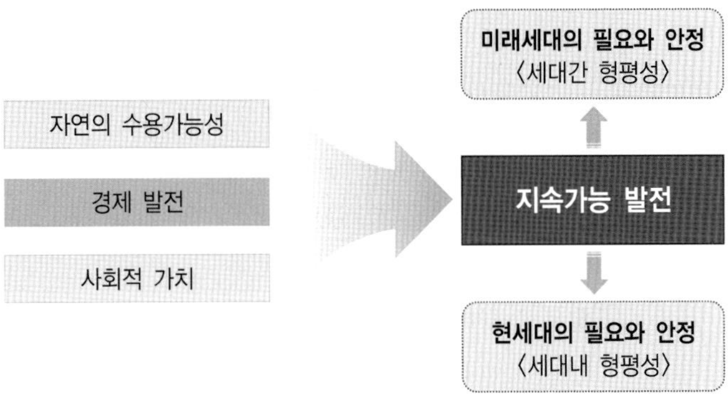

그림 1.1 지속가능한 발전의 기본모형

즉, 기본적으로 오늘날 지속가능한 발전의 범위를 살펴보면, 종적(縱的)으로는 미래 세대, 횡적(橫的)으로는 현시대 인류의 필요와 안녕을 꾀하기 위해, 자연생태계의 지속가능한 범위 내에서 보편적인 사회적 가치를 추구하며 이러한 요소들과 함께 경제발전을 이루어가는 것이라고 할 수 있다.

한편 한국환경정책·평가원구원(2015)에 따르면, 지속가능발전은 빈곤, 인권과 같은 사회경제 문제와 기후변화, 오존층 파괴, 생물다양성 상실과 같은 지구환경적 문제를 해결해 나가는 대안으로 제시되었기 때문에, 이는 사회-환경-경제 축에서 형평성(equity), 건전성(soundness), 실행가능성(viability)을 주된 가치로 하는 복합개념인 것이다. 따라서 지속가능발전은 환경-경제적, 환경-사회적, 사회-경제적 측면의 다차원적 연계정책 목표들을 지향한다. 환경-경제적 측면의 목표로는 자원이용의 효율성, 개선된 환경성과, 자원순환형 환경경제시스템 등을 들 수 있으며, 인류와 환경의 상호작용을 다루는 환경-사회적 측면에서는 모든 사회구성원에 대한 최소한의 환경서비스 보장과 환경 불평등 해소를 위한 환경복지정책 목표들이 추구된다.

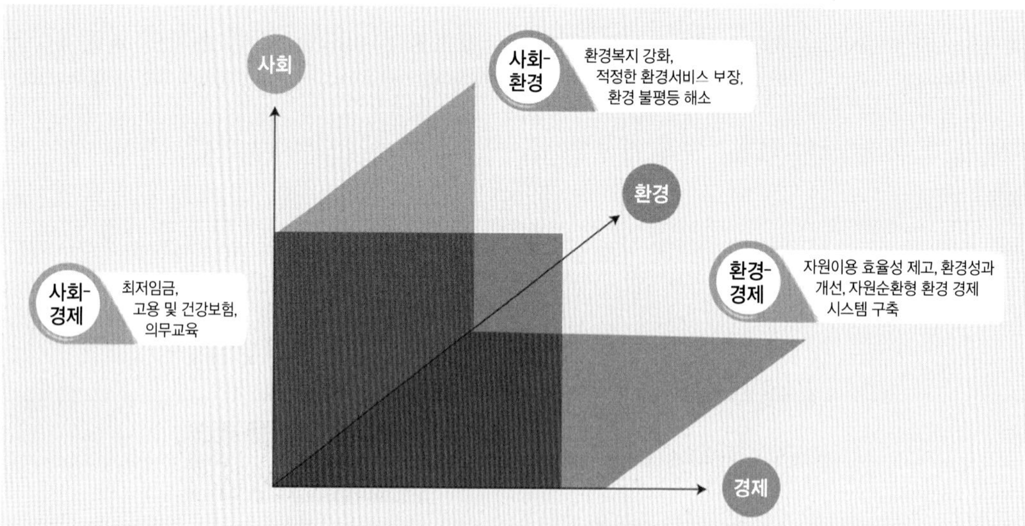

그림 1.2 지속가능발전의 3대 축과 핵심가치

출처: 한국환경정책·평가연구원(2015)

지속가능한 발전을 위해 경제주체인 기업과 소비자 그리고 정부의 경제적, 사회적, 환경적 차원의 노력은 다음과 같다.

가. 경제적 차원의 노력

- 생산자를 대표하는 기업은 환경친화적인 생산기술 개발에 심혈을 기울여야 하며, 제품을 생산하는 과정에서 환경에 미치는 영향을 최소화하여야 한다. 생산된 제품을 사용할 때와 사용 후 폐기과정에서도 재활용이 가능하도록 설계해야 한다. 기업이 사회적, 환경적 책임을 다할 때 지속가능한 생산이 이루어지는 것이다.
- 소비자는 친환경적으로 생산된 제품을 선택하여 사용하고, 재활용 등의 자원 절약을 생활화하여야 하며, 쓰레기 배출을 최소화하여야 한다. 소비자 개개인이 자신의 소비가 사회와 환경에 미치는 영향을 고려하며 소비할 때에 지속가능한 소비를 이룰 수 있다.
- 정부는 기업과 소비자가 환경친화적인 생산과 소비 활동을 할 수 있도록 관리, 감독하여야 한다. 지속가능한 국가발전 전략을 수립하고 법과 정책을 수립하는데 우선적으로 고려해야 한다.

나. 사회적 차원의 노력

각자 개인은 자신의 권리와 행복뿐 아니라 타인의 권리와 행복을 동일하게 존중하며 지원해야 한다. 여기서 타인은 현시대를 사는 타인뿐 아니라 미래세대의 사람들까지를 포함하는 것이다. 국가와 조직, 단체는 사회적 부와 기회를 평등하게 분배하도록 하며, 사회정의가 실현되도록 공동체 의식을 형성해야 한다. 한편 세계 시민의 협력을 방해하는 국가간 불평등을 해결하기 위해서도 노력해야 한다.

다. 환경적 차원의 노력

경제주체들 모두 인간 중심적인 사고체계에서 인간과 자연이 공존할 수 있는 사고로 전환하여야 한다. 자원과 에너지를 효율적으로 사용하여 고갈과 오염을 줄여야 하며, 신재생대체 에너지 개발에 적극적인 노력을 해야 한다. 환경오염 물질 배출을 관리하고 친환경산업을 육성하는 등 정부 정책을 마련해야 하며, 한 국가를 넘어서 국제적인 차원의 협력이 동시에 이뤄져야 한다.

1.2 지속가능한 발전의 국외 등장 배경

1962년 레이첼 카슨의 저서, '침묵의 봄'

침묵의 봄(Silent Spring)은 1962년 레이첼 카슨이 제1차 세계대전 이후 미국에서 살충제와 제초제로 살포된 유독물질이 자연생태계에 미치는 영향을 분석하여 저술한 책으로, 환경운동이 서양에서 시작하는 데 계기가 되었다. 이로 인해 1963년 미국의 케네디 대통령은 환경문제를 다루는 자문위원회를 구성하도록 하였으며, 1972년에 미국 환경부(EPA)는 비로소 DDT의 사용을 금지하였다. 이렇게 침묵의 봄은 과학기술이 초래한 환경오염의 위험을 고발한 신호탄이 되었다. DDT 등의 살충제와 농약이 새와 물고기, 야생동물, 인간에게 미치는 파괴적인 결말을 경고했고, 미국을 포함한 전 세계에서 환경 문제를 인식하고 이에 본격적인 관심을 두게 했다.

1972년 로마클럽의 보고서, '성장의 한계'

로마클럽(The Club of Rome, 로마에서 첫 회의를 가져 붙은 이름)은 저명한 학자와 전·현직 유력 정치인, 기업가 등 세계 사회 지도층들이 참여하여 인류와 지구의 미래를 연구하는 세계적인 비영리 비정부 연구기관이다. 이곳은 연구 결과를 보고서 형태로 발간하는데, 1972년에 발간된 '성장의 한계'라는 보고서는, 브레이크 없는 경제성장이 환경에 어떤 영향을 미치게 될지 그 원인과 전망을 분석하였고, 이를 통해 국제적인 큰 명성을 얻었다.

'성장의 한계(The Limits to Growth)'는 미국 MIT공대 연구팀이 시스템즈 다이내믹스(systems dynamics)라는 컴퓨터 시뮬레이션 분석모형을 만들어 100년 후의 미래를 예측한 보고서이다. 보고서에서는 기존의 추세로 인구증가와 경제성장(산업화와 오염, 식량생산, 자원약탈)이 계속된다면 앞으로 100년 안에 지구의 자원, 식량, 환경은 자연적인 한계에 도달할 것이며, 문명사회는 붕괴할 수밖에 없다고 경고하였다. 인간이 자연에 미치는 영향력을 수치화한 인간의 '생태 발자국(ecological footprint)'이 지구의 수용력을 초과할 정도로 커지는 것을 막기 위해 사회 전반에 걸쳐 근본적인 변화를 추구해야 한다고 주장했다. 지구 생태계가 한계에 다다르기 전에 미리 예방조치를 취한다면 한계를 초과함으로써 발생할 수 있는 재앙을 얼마든지 줄여나갈 수 있다고 했다. 환경보호와 지속적인 경제성장의 양립에 대한 보고서의 논의에서 지속가능한 발전이라는 개념이 처음으로 등장했다.

책으로 출간된 '성장의 한계'는 다양한 언어로 번역되어 논쟁적인 베스트셀러가 되었고, 이후 환경분야에서는 고전이 되었다. 고도성장의 시대에 정면으로 배치되는 이 책의 내용은 경제성장을 중요하게 생각하는 이들로부터 다각도의 공격을 받았다. 특히 연구 과정에서 부정확한 가정과 불완전한 자료가 입력되어 연구결과에 대한 신뢰성이 의심된다는 공격과 몇 가지 예측이 맞지 않아서 평가절하되는 시기도 있었다. 하지만 1990년대 초반에 이미 인류가 지속 불가능한 상황으로 빠져들고 있다는 사실이 분명해지면서, 세계를 지속가능한 상태로 다시 되돌리는 것이 당면 과제가 되었다. 20년이 지났지만 '성장의 한계'에서 주장하던 말이 여전히 유효하다고 인정되어 1992년 '성장의 한계, 그 이후(Beyond the Limits)'라는 제목으로 개정판을 출간하였다. 이후 초판이 나온 지 30년을 기념해서 저자들이 처음 분석한 내용 가운데 핵심 부분을 다시 조명하고 그동안 축적된 데이터와 최근 자료들까지 업데이트하여 '성장의 한계: 30주년 개정판'을 세 번째로 출간하였다.

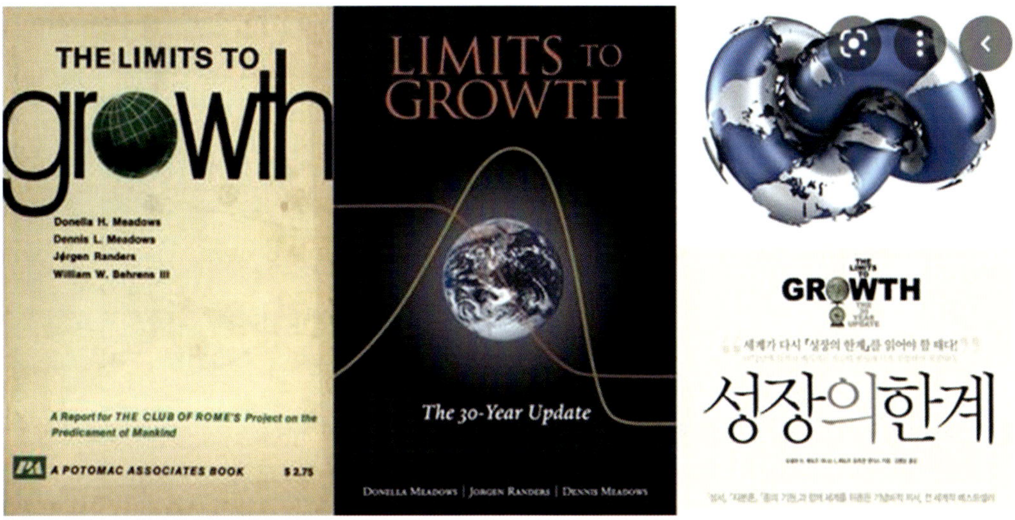

맨 왼쪽은 1972년 초판, 가운데는 출간 30주년 기념 개정판, 맨 오른쪽은 국내 번역판

1972년 '성장의 한계'는 1900년부터 1970년까지의 자료를 바탕으로 하여 1970년부터 2100년까지의 세계 인구, 식량, 산업 생산, 오염, 비재생 가용자원, 서비스 등의 추이를 예측한 것인데, 호주 연방과학기술연구원(CSIRO)의 그레이엄 터너(Graham Turner)는 2008년 발표한 논문〈성장의 한계 30년 뒤의 평가 *A comparison of the Limits to Growth with Thirty Years of Reality*〉를 통해 '성장의 한계'의 예측이 맞았는지 검증하였다. 터너 박사는 UN 등에서 관련된 데이터를 수집하여, 1970년부터 2000년까지의 실제 데이터와 로마클럽의 예측 데이터를 비교한 결과 놀랍게도 거의 일치하는 결과를 보고하였다(아래 그래프의 점선과 실선의 겹침). 30년간의 실제 자료와 로마클럽의 예측자료가 거의 일치함으로써 2000년 이후의 예측에 더욱 신뢰를 더하게 되었다.

'성장의 한계'에서 예측한 내용의 그래프는 세계 인구, 비재생 가용자원, 1인당 서비스, 1인당 산업생산물, 환경오염에 대하여 컴퓨터 시뮬레이션을 통한 예측조사를 거쳐 향후 2100년까지 어떠한 추세가 될지를 그린 것인데 성장주의에 기반해 기존의 시스템을 지속해 갈 때 늦어도 2050년의 어느 지점, 빠르면 2030년 정도에 성장은 한계에 이르러서 멈추게 된다는 것이다.

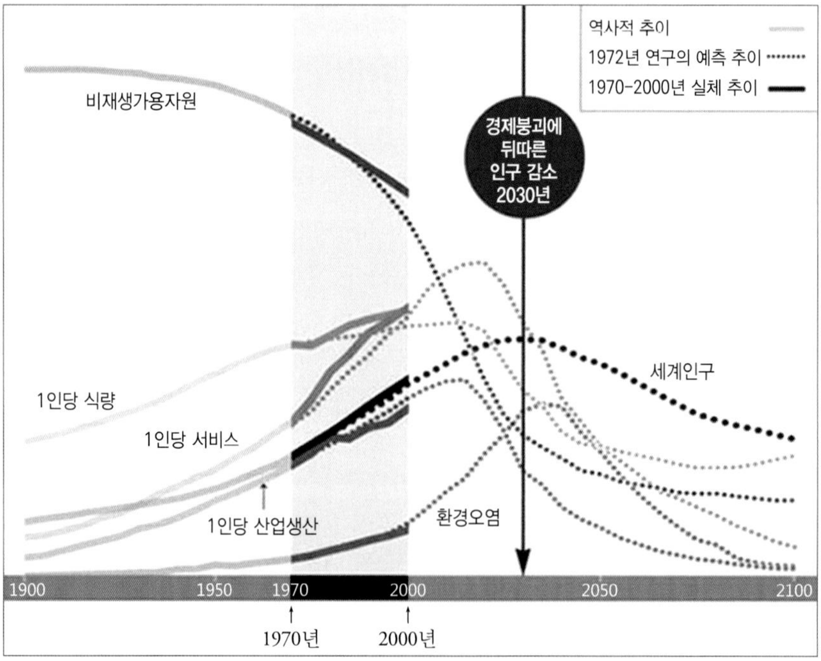

그림 1.3 '성장의 한계'의 예측 데이터와 실제 데이터와의 비교 그래프

1972년 유엔의 '인간환경회의'와 '환경계획'의 탄생

'오직 하나뿐인 지구(Only, One Earth)'라는 주제로 1972년 6월 스웨덴의 수도인 스톡홀름에서 개최된 유엔의 '인간환경회의(UNCHE: UN Conference on the Human Environment, 일명 스톡홀름회의)'는 환경문제에 효과적으로 대처하기 위한 새로운 법질서로서 국제적인 협력체제를 만들고자 하는 것을 목적으로 하였다. 환경문제를 논의하자는 스웨덴의 제안에 따라 이 회의에는 113개 국가와 국제기구가 참석하여 환경적 위협에 맞서 국제적인 협력을 약속하는 '인간환경선언(스톡홀름선언)'을 선포했다. 7개의 선언문과 26개의 원칙으로 구성된 최초의 국제적 환경 선언문인 인간환경선언은 인간이 경제활동을 함으로써 발생하는 오염과 공해 등의 환경적 문제를 범지구적인 차원에서 해결하고자 하였다.

이 회의로 인해 환경문제가 국제적 관심을 끄는 계기가 됐으며, 이 회의를 기념하기 위해 회의 개막일인 6월 5일을 '세계 환경의 날'로 지정하였다. 그리고 이 회의에서 지구 환경문제를 다루는 유엔의 전문적인 전담기구가 필요하다는 공감대가 형성됨에 따라 '유엔의 환경계획(UNEP: UN Environment Programme)'을 설치하여 환경기금을 조성하는 것에 합의했다. 유엔의 환경계획은 1987년부터 매년 세계 환경의 날의 주제를 선정하여 발표하였으며, 행사 주최국으로 선정된 국가에서는 전 세계가 당면한 주요 환경문제와 현안을 알리고 많은 관심을 고취하기 위해 노력하고 있다.

인간환경선언

유엔환경계획 한국협회, https://unep.or.kr/sub/sub05_02.php?mode=view&idx=89

1. 인간은 인간에게 물질적인 생계수단을 제공하고, 지성적, 윤리적, 사회적, 그리고 정신적인 성장을 가능하게 해주는 환경의 창조물이자 형성물이다. 과학기술이 급속히 가속화되면서 이 지구에서 인류의 길고 험난했던 진보는 인간이 무수한 수단과 전례 없는 규모로 환경을 변화시킬 수 있는 힘을 갖게 되었다. 자연적이든 인위적이든 인간의 환경에 대한 양 측면은 인간의 안녕과 기본권의 향유, 생존권을 위해 없어서는 안 되는 것이다.
2. 인간환경의 보호와 개선은 인류의 행복과 범세계적인 경제발전을 위한 중요한 문제이다. 즉 인간환경을 보호하고 개선하는 일은 세계인의 절박한 소망이며 모든 정부의 의무이기도하다.

3. 인간은 항상 경험을 쌓고, 새로운 것을 발견하고, 발명하고, 창조하며 발전시켜 나간다. 지금 이 시대에는 인간이 주위환경을 변화시킬 수 있는 능력을 지혜롭게 사용한다면 삶의 질을 향상시키는 기회와 발전의 혜택을 모두에게 줄 수 있다. 이 능력을 부주의하고 잘못되게 사용한다면, 인류와 인간 환경에 막대한 해를 끼칠 수 있다. 우리는 주위의 지구 여러 지역에서 위험한 수준의 물과 공기와 토양오염, 생물권의 생태학적인 불균형을 야기하는 심각하고 바람직하지 않은 장애들, 대체할 수 없는 자원의 파괴와 고갈, 인간이 만들어낸 환경에서 특히, 생활과 작업환경에서 인간의 신체, 정신, 사회 건강에 해를 끼치는 총체적인 결핍과 같이 인류가 만들어낸 피해 현상이 증가하는 것을 볼 수 있다.
4. 개발도상국 환경문제의 대부분은 저개발에 원인이 있다. 수백만의 사람들이 적절한 의식주, 교육, 건강, 위생의 부족으로 생존을 위해 요구되는 최소한의 수준보다 크게 못 미치는 수준에서 살고 있다. 그러므로 개발도상국들은 환경의 개선과 보호를 위한 필요성과 그 우선순위를 마음에 새기고 개발 노력의 방향을 설정해야 한다. 같은 목적으로 산업화 국가들은 개발도상국들과의 차이를 줄이도록 노력해야 한다. 산업화된 국가에서 환경문제들은 일반적으로 산업화와 기술발달과 연관되어 있다.
5. 인구 수의 자연증가는 항상 환경보전을 위한 문제들을 나타낸다. 그러므로 이 문제들에 적절히 대처하기 위해 적절한 정책과 조치가 채택되어야 한다. 세상에서 가장 존귀한 존재는 인간이다. 사회적 진보를 추진하고, 사회복지를 창조하고, 과학기술을 개발하고, 근면한 노력으로 계속해서 인간환경을 변화시키는 주체는 인간이다. 사회화와 생산의 진보, 과학기술과 함께 환경을 개선하기 위한 인간의 능력은 나날이 향상된다.
6. 우리는 환경적인 결과를 위해 더욱 분별 있는 관심을 갖고, 세계 속에서 행동을 취해야 할 시점에 와있다. 무지와 무관심으로는 우리가 살고 있고, 의존하고 있는 이 지구환경에 막대하고 돌이킬 수 없는 해를 입힐 수 있다. 반대로 더 많은 지식과 더 지혜로운 행동으로 우리는 인간의 필요, 소망과 더욱 조화를 이루는 환경에서의 더 나은 삶을 우리 자신과 후대에 전할 수 있다. 바람직한 삶을 창조하고 환경의 질을 증대하기 위한 폭 넓은 전망들이 있다. 이를 위해 필요한 것은 열정적이지만 고요한 마음과 강렬하지만 정열적인 작업이다. 자연세계에서 자유를 이룩하기 위한 목적으로 인간은 자연과 협력하여 더 나은 환경을 만들기 위해 지식을 사용해야 한다. 현재와 미래 세대를 위해 인간환경을 지키고 개선하는 것은 세계경제사회발전과 평화의 기본적이고 확립적인 목표와 함께 모두 추구해야 할 인류를 위한 필수적인 목표이다.
7. 이 환경목표를 달성하기 위하여 시민, 집단, 기업과 단체들 모두는 공통의 노력 안에서 공평하게 책임감을 나누어 가질 것을 요구받는다. 여러 분야의 기관들뿐 아니라 모든 계층의 개개인은 자신의 가치와 공동 행동으로 미래 세계환경을 형성해 나갈 것이다.

1987년 유엔의 브룬틀란 보고서, '우리 공동의 미래'

환경을 보전하면서 지속적으로 발전하는 방법을 모색하기 위해 유엔총회에서는 1983년 노르웨이 총리인 브룬틀란[1]을 위원장으로 하여 '세계환경개발위원회(WCED: World Commission on Environment and Development)'라는 특별위원회를 발족해 2000년 이후까지의 장기적인 환경전략을 제출하도록 요구하였다. 이 위원회는 900일 동안 세계 각국의 정부 관계자와 전문가, 과학자, 산업종사자, 비정부 조직 대표, 일반 대중 등 다양한 계층의 의견을 수렴하여 국제적인 분석들을 총괄한 활동 결과물로 '우리 공동의 미래(Our Common Future, 일명 브룬틀란 보고서)'를 1987년에 발간하였다. 이는 이후 지속가능한 발전에 대한 국제적인 논의로 확대되었으며, 브룬틀란 위원회는 보고서 출간 후 공식적으로 해산하였다.

브룬틀란 전 노르웨이 총리와 브룬틀란 보고서

이 보고서에서 생산과 소비를 유지하는 지구 생태계의 능력에는 한계가 있으므로 현재의 경제정책이 계속된다면 장래에는 돌이킬 수 없는 재앙이 뒤따를 것이며, 빈곤과 인구성장, 지구온난화와 기후변화, 환경질서의 파괴와 같은 위협은 인류의 미래를 위협할 것이라고 주장하면서, 이러한 위협과 재앙의 대안으로 지속가능한 발전이라는 새로운 패러다임

---

1 그로 할렘 브룬틀란(Gro Harlem Brundtland)은 노르웨이 최연소, 최초의 여성총리이다. 노르웨이 오슬로대학과 미국 하버드대학을 나와 의사로 활동하다가 환경부 장관, 세 차례의 노르웨이 총리를 역임하고, 총리 은퇴 후 세계보건기구(WHO) 사무총장을 역임하였다. 의사와 환경부 장관, 총리의 경험과 지식을 기반으로 국제적으로 환경과 보건문제의 전문가로 역량을 발휘했다.

을 제시하였다. 이 보고서는 '지속가능한 발전'을 '미래 세대가 그들의 필요를 충족시킬 능력을 저해하지 않으면서 현재 세대의 필요를 충족시키는 발전'으로 정의하며 경제발전과 환경보전의 양립을 제시하였다. 즉 현 성장의 한계에 대한 해결책으로 '미래 세대'를 언급하여 세대 간의 형평성을 주장하였고, 자연자원을 이용할 때는 지구의 자연자원 재생능력을 고려한 '생태 수용력 내에서의 개발'을 제시하였다. 이 보고서는 환경정책과 개발전략을 통합시키기 위한 토대를 제공하였고, 유엔총회는 브룬틀란 보고서에서 권고한 '지속가능한 발전'의 개념을 UN 및 회원국 정부의 기본이념으로 삼을 것을 결의하였다.

1992년 유엔 환경개발회의의 '리우선언'과 '의제21(Agenda21)'

유엔이 1972년에 개최한 인간환경회의(UNCHE)의 20주년을 기념하기 위해 1992년 6월 브라질 리우데자네이루에서 각국 정부 대표가 중심이 된 '유엔 환경개발회의(UNCED, UN Conference on Environment and Development)'와 세계 NGO가 주축이 된 '지구환경회의(Global Form '92)'를 함께 개최했는데, 이를 통칭하여 '리우회의'라고 한다.

유엔 환경개발회의에서는 지구환경문제와 지속가능발전을 위해 지구환경 질서의 기본원칙을 규정한 리우선언과 세부적인 환경실천의 행동강령을 담은 의제21(Agenda 21)을 채택하였다. 27개의 기본원칙으로 구성된 리우선언은 '자연과 인류', '환경보전과 발전'의 양립을 목적으로 한 유엔의 환경개발회의의 기본이념이 녹아 있다. 의제21은 리우선언을 실천하기 위한 구체적인 방안을 명시하여 생태계 파괴, 빈곤, 폐기물 등의 환경문제와 이를 해결하기 위한 각국 정부 및 민간단체 등 이해관계자의 역할, 법과 제도의 정비, 기술이전 및 재정지원 등을 포괄하고 있다. 이 회의는 지속가능한 발전에 대한 국제사회의 관심을 불러일으켰으며 지속가능한 발전을 실천하기 위한 전략과 계획을 세운 국제회의라는 점에서 의미가 크다. 이뿐 아니라 이 회의에서는 UN의 3대 환경협약인 기후변화협약과 생물다양성협약이 체결되었으며 사막화방지협약이 발제되어 합의되었다. 또한 유엔의 지속가능한 발전위원회(UNCSD: UN Commission on Sustainable Development) 창설을 합의하였다.

해당기간 동안 국가 정상급 회의와는 별개로 전세계 NGO가 모인 지구환경회의에서는 '지구헌장'을 비롯해 '세계 민간단체 환경협약'을 채택하였다. 이 회의는 지속가능한 발전이 시급함을 전 세계에 알리고 국제협력이 시작되도록 하는 데 큰 역할을 하였다.

2000년 유엔의 새천년 정상회의의 '새천년개발목표(MDGs)'

유엔은 2000년 9월 뉴욕 본부에서 개최된 새천년 정상회의(Millennium Summit)에서 2015년까지 세계의 절대 빈곤자 수를 반으로 줄이자는 새천년개발목표(MDGs: Millennium Development Goals)를 세계 정상들의 만장일치로 채택하였다.

2000년부터 2015년까지 실행해 나갈 8대 목표로 ① 극심한 빈곤과 기아 퇴치 ② 초등교육의 확대와 보장 ③ 성 평등 촉진과 여권 신장 ④ 유아 사망률 감소 ⑤ 임산부의 건강 개선 ⑥ 에이즈와 말라리아 등의 질병 퇴치 ⑦ 지속가능한 환경보호 ⑧ 발전을 위한 전 세계적 동반관계 구축 등을 제시하였다. 1번에서 6번 목표까지는 빈곤과 소외, 차별, 질병 등의 사회문제를 해결하기 위한 목표이며, 7번 목표에 환경보호의 내용이며, 8번 목표는 설정한 목표들을 어떻게 달성할 것인지에 대한 내용으로 파트너십을 강조한다. 과거 개발도상국의 노력만을 강요하거나 단순 원조 형태를 벗어나 개발공여국의 역할도 중요함을 강조하며 동반관계의 구축을 목표로 삼은 것이다.

그림 1.4 유엔의 새천년개발목표

2002년 유엔의 지속가능발전 세계정상회의(Rio + 10)

1992년 리우회의 이후 전 세계가 실천해 온 환경문제 해결과 지속가능한 발전의 성과를 평가하고 이후 이행과제를 구체화하기 위해 리우회의 10년 후(Rio + 10)인 2002년에 남아프리카공화국 요하네스버그에서 지속가능발전 세계정상회의(WSSD: World Summit on

Sustainable Development)가 개최되었다. 이 회의는 빈곤퇴치, 지속가능한 소비 및 생산 양식의 변화, 자연자원 관리와 같은 포괄적인 주제에 대한 심층 논의 결과를 담은 '요하네스버그 선언'과 함께 그 세부 이행계획을 담은 '요하네스버그 실천계획(JPoI: Johannesburg Plan of Implementation)'을 채택하였다.

이 세계정상회의는 장기적인 관점에서의 지속가능한 발전의 원칙들을 각 나라의 사회경제 및 환경 정책과정에 도입하는 전략적인 이행 프레임워크로 국가별 '국가지속가능발전전략'을 제시했고, 회원국이 정책분석, 이행계획, 모니터링 및 정기적 평가 등을 포함하는 지속가능발전관리체계를 구축할 것을 권장하였다.

2012년 유엔의 지속가능발전회의(Rio+20)

2012년 유엔의 지속가능발전회의(UNCSD: United Nations Conference on Sustainable Development)가 브라질 리우데자네이루에서 다시 열렸고, 빈곤퇴치와 지속가능한 발전 관점의 녹색경제 이행과 이를 위한 유엔기구의 강화방안을 담은 합의문인 '우리가 원하는 미래(The Future We Want)' 선언을 채택하였다. Rio+20 정상회의는 지속가능한 발전과 관련된 기존 공약에 대한 의지를 재확인하고, 글로벌 경제위기, 사회적 불안정, 기후변화, 빈곤퇴치 등 범지구적 문제해결의 책임을 다시 강조하고 각국의 행동을 촉구하였다. 지속가능발전의 주요 도구로 '녹색경제'를 채택하여 녹색경제 관련 정책을 지속가능한 발전을 위한 중요한 이행정책의 실례로 명시하였다. 또한 새천년개발목표(MDGs)를 대체하는 지속가능발전목표(SDGs)를 설정하는 절차에 합의하였다.

2015년 유엔의 '지속가능발전목표(SDGs)'

새천년개발목표(MDGs)가 종료되자 2015년 제70차 UN총회는 지속가능발전의 이념을 실현하기 위해 2030년까지 달성하기로 하는 지속가능발전목표(SDGs: Sustainable Development Goals)를 192개 회원국 만장일치로 채택하였다. '2030 지속가능발전 의제'인 지속가능발전목표(SDGs)는 '단 한 사람도 소외시키지 않는다(Leave no one behind)'는 슬로건과 함께 인간, 지구, 번영, 평화, 파트너십이라는 5개 테마에서 인류가 나아가야 할 방향성을 17개 목표와 169개 세부목표로 제시하였다. 새천년개발목표에서 추구하던 빈곤퇴치에서 더 나아가 사회적 불평등, 사회발전, 경제발전, 환경, 이행수단 등의 목표를 포함하고 있다.

표 1.1 UN의 새천년 발전목표(MDGs)와 지속가능한 발전목표(SDGs)의 비교

<table>
<tr><th>구분</th><th>MDGs</th><th colspan="2">SDGs</th></tr>
<tr><td>기간</td><td>2001~2015</td><td colspan="2">2016~2030</td></tr>
<tr><td>구성</td><td>빈곤퇴치 등 8개 목표,
21개 세부목표</td><td colspan="2">환경과 경제분야를 추가한 17개 목표,
169개 세부목표</td></tr>
<tr><td rowspan="2">대상</td><td rowspan="2">개발도상국</td><td>(보편성)</td><td>개도국 중심이나 선진국도 대상</td></tr>
<tr><td>(포용성)</td><td>여성·아동 등 취약, 소외계층 포함</td></tr>
<tr><td>분야</td><td>빈곤, 의료, 교육 등
사회 중심</td><td>(변혁성)</td><td>경제성장, 기후변화 등
경제·사회·환경 통합 고려</td></tr>
<tr><td>참여</td><td>정부 중심</td><td colspan="2">정부, 시민사회, 민간기업 등
모든 이해관계자 참여</td></tr>
<tr><td>이행평가</td><td>관련 메커니즘 미비</td><td colspan="2">유엔 고위급 정치포럼(HLPE)이 핵심역할</td></tr>
</table>

1.3 지속가능한 발전의 국내 배경[2]

1970~1980년대, 산업화의 명암

1970년대부터 시작된 우리나라의 산업화는 경제적 측면에서 성장을 이뤘지만, 사회적, 환경적 측면에서 새롭게 떠오르는 문제를 제대로 인식하지 못했으며, 이를 해결하려는 노력 역시 소극적이었다.

1990년대, 환경문제의 발생과 위기의식

1970년대와 80년대를 지나고 90년대에 이르러 우리 사회에서도 심각한 환경문제들이 발생하기 시작했다. 1990년과 1991년 발생한 낙동강 페놀 오염 사건은 환경문제의 심각성을 깨닫는 계기가 되었고 이후 국내 환경운동이 본격적으로 전개되었다. 1991년 지방자치제도가 다시 시작되어 1995년부터 지방자치단체들은 리우회의에서 채택된 '의제21'을 구체적으로 실천해 옮기기 시작하였다. 1996년에는 '의제21' 국가실천계획을 수립하고 시행하게 되었다.

2 지속가능발전포털 http://ncsd.go.kr/

2000년대 이후, 지속가능발전의 도입과 전개

2000년 6월 우리나라 정부는 「새천년 국가환경비전」을 선언하고 후속 조치로 2000년 9월에는 지속가능한 국가발전에 관한 업무를 총괄하는 대통령자문 지속가능발전위원회를 출범시켰다. 2006년 10월 우리나라 최초의 경제, 사회, 환경 분야의 통합관리전략 및 실천계획인 '제1차 국가 지속가능발전 전략 및 이행계획(2006~2010)'을 발표하며 4대 전략, 48개 이행과제, 238개 세부이행과제를 수립하여 추진하였다.

2007년 8월에는 「지속가능발전 기본법」이 제정, 공포되었고, 2008년 2월에 시행됨으로써 지속가능발전을 보장하는 법적 장치가 마련되었다. 이후 매 2년마다 지속가능발전을 평가하는 국가보고서가 작성되고 있다. 국가지속가능성 보고서는 국가이행계획 추진상황 점검결과, 국가의 지속가능성 평가결과, 국가의 지속가능성을 높이기 위한 향후 과제 및 정책방향, 그 밖에 국가의 지속가능성과 관련된 사항을 담고 있다.

2010년 1월에는 「저탄소 녹색성장 기본법」이 제정되면서 기존의 「지속가능발전 기본법」은 「지속가능발전법」으로 명칭이 변경되었고, 지속가능발전위원회는 환경부장관 소속으로 전환되었다. 2011년 8월에는 사회적 형평성과 환경자원의 지속성을 대폭 강화하기 위하여 '제2차 지속가능발전 기본계획(2011~2015)'을 수립하였고, 기후변화대응 및 적응, 산업경제, 사회·건강, 국토·환경분야의 4대 전략, 25개 이행과제, 84개 세부이행과제를 추진하였다. 「저탄소 녹색성장 기본법」 제50조에 따라 지속가능발전 관련 국제적 합의를 이행하고 국가의 지속가능발전을 촉진하기 위한 '지속가능발전 기본계획'을 20년 계획기간으로 5년마다 수립하여 시행하고자 하여 2016년 1월에는 '제3차 지속가능발전 기본계획(2016~2035)'이 수립되었고 4대 목표, 부문별 14개 전략, 50개 이행과제로 구성되어 시행하였다.

한편 유엔이 선 지구적 지속가능성 확보를 위해 경제, 사회, 환경 등 분야를 아우르는 지속가능발전목표(SDGs: Sustainable Development Goals)를 2015년 9월 채택함에 따라, 2018년부터 한국형 지속가능발전목표인 국가 지속가능발전목표(K-SDGs: Korean Sustainable Development Goals)를 수립하여 지속가능성을 보다 구체적으로 달성하기 위해 노력하고 있다. 이후 2020년 12월 '제4차 지속가능발전 기본계획(2021~2040)'을 수립하여 시행 중이다. 17개의 목표를 그대로 유지하되 2040년으로 목표연도를 확장하여 여건 변화 등을 반영하여 세부목표와 지표들을 보완, 개편하였다.

2. 지구를 위협하는 글로벌 환경문제

자본주의를 발달시켜온 기업의 경제활동이 사회와 자연환경에 어떠한 영향을 끼치었는가? 인류의 번영을 가져와야 할 경제성장이 앞으로의 경제활동과 사회, 더 나아가 인류의 생존에 기반이 되는 자연환경에 심각한 부담을 주고 있다. 해마다 증가하는 극심한 자연재해, 감염병 위기, 세계 국가의 정치적 사회적 분열, 부의 양극화 등 자본주의의 구조적 모순에서 필연적으로 발생하는 사회문제와 환경문제로 인해 위기의식은 고조되고 있다.

2.1 전 지구적 리스크의 발생가능성과 심각성

세계경제포럼은 매년 세계 경제의 주요 리스크를 분석하여 'The Global Risks Report'를 발간한다. 리스크의 발생가능성과 발생했을 때 끼치는 영향력의 심각성으로 나누어 순위를 매기는데 2021년 보고서에 따르면 발생가능성 상위 10개 중 5개가 환경·사회문제였고, 영향의 심각성은 7개가 환경·사회문제였다. 즉 지속가능성의 문제는 전 세계적으로 심각하게 인식해야 하는 주요 리스크인 것이다(표 1.2).

표 1.2 세계경제포럼의 상위 글로벌 리스크

	발생가능성 상위 10개	영향의 심각성 상위 10개
1	기상이변	전염병
2	기후변화 대응 실패	기후변화 대응 실패
3	인공 환경재해	대량 살상무기
4	전염병	생물다양성 상실
5	생물 다양성 상실	자연재해
6	디지털 권력 집중	인공 환경재해
7	디지털 불평등	생계의 위기
8	국가간 관계 균열	기상이변
9	사이버보안 실패	부채 위기
10	생계의 위기	IT 기반시설 붕괴

경제 환경 지정학 사회 기술

출처: 세계경제포럼의 글로벌 리스크 보고서(*2021 Global Risks Reports*)

과거 십여 년간의 순위 변화를 살펴보면 발생가능성과 영향의 심각성 모두 환경·사회 문제가 상위 순위를 차지하는 비중이 늘어나고 있다(표 1.3, 1.4). 그뿐만 아니라 발생 가능성과 영향의 심각성을 모두 고려했을 때, 그림 1.5와 같이 기후변화 대응 실패, 전 지구적 전염병, 생물 다양성 상실, 인간이 만든 환경으로 인한 재해, 기상이변이 가장 심각하며 발생가능성이 큰 리스크였다. 기업과 소비자의 경제활동으로 인해 발생하는 환경·사회 문제를 줄이고 적극적으로 사회와 환경을 배려하는 합리적인 경제활동의 중심축으로 지속가능성을 경제운영의 중심과제로 인식하여야 한다.

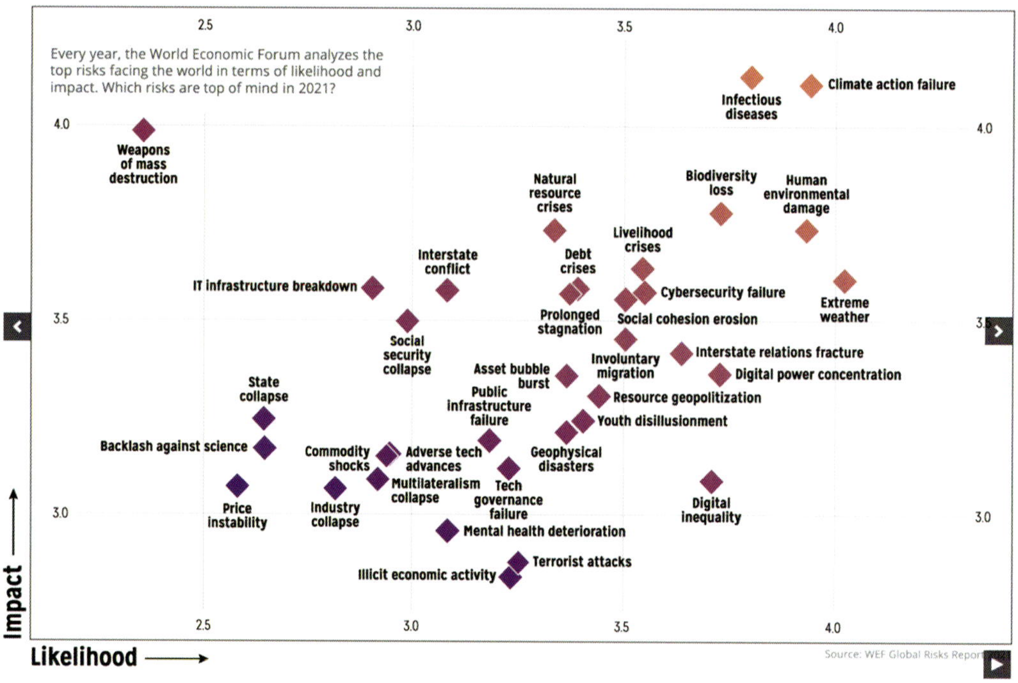

그림 1.5 영향의 발생가능성과 심각성에 따른 글로벌 리스크 분포

출처: 2021 Global Risks Reports

표 1.3 발생가능성이 높은 글로벌 리스크 상위 5개 (2011~2021)

순위 \ 연도	2011	2012	2013	2014	2015	2016	2017	2018	2019	2020	2021
1	폭풍우 열대 저기압	소득격차	소득격차	소득격차	지역 영향 동반하는 국가간 분쟁	대규모 비자발적 이주	기상이변	기상이변	기상이변	기상이변	기상이변
2	홍수	재정 불균형	재정 불균형	기상이변	기상이변	기상이변	대규모 비자발적 이주	자연재해	기후변화 대응 실패	기후변화 대응 실패	기후변화 대응 실패
3	부정행위	온실가스 배출량 증가	온실가스 배출량 증가	실업 불완전 고용	국가통치 실패	기후변화 대응 실패	자연재해	사이버 공격	자연재해	자연재해	인공 환경재해
4	생물 다양성 상실	사이버 공격	물 공급 위기	기후변화 대응 실패	국가 붕괴 또는 위기	지역영향 동반하는 국가간 분쟁	대규모 테러 공격	데이터 불법이용과 도난	데이터 불법이용과 도난	생물 다양성 상실	전염병
5	기후변화	물 공급 위기	인구 고령화	사이버 공격	실업 불완전 고용	거대한 자연재해	데이터 불법이용과 도난	기후변화 대응 실패	사이버 공격	인공 환경재해	생물 다양성 상실

경제 / 환경 / 지정학 / 사회 / 기술

참고: 글로벌 리스크의 정의와 일련의 글로벌 리스크가 진화하면서 새로운 문제가 대두되고 있기 때문에 글로벌 리스크는 연도별로 엄격하게 비교되지 않을 수 있다. 예를 들어, 사이버 공격, 소득 격차, 실업은 2012년에 세계적인 위험으로 진입했다. 일부 글로벌 리스크는 재분류되어, 글로벌 리스크에서 2014년 소득격차(경제→사회)와 2015년 물 위기(환경→사회)가 사회 리스크로 이동하였다.

표 1.4 영향이 큰 글로벌 리스크 상위 5개 (2011~2021)

순위 \ 연도	2011	2012	2013	2014	2015	2016	2017	2018	2019	2020	2021
1	재정 위기	대규모의 구조적인 금융파탄	대규모의 구조적인 금융파탄	재정 위기	물 공급 위기	기후변화 대응 실패	대량 살상 무기	대량 살상 무기	대량 살상 무기	기후변화 대응 실패	전염병
2	기후변화	물 공급 위기	물 공급 위기	기후변화 대응 실패	전염병	대량 살상 무기	기상이변	기상이변	기후변화 대응 실패	대량 살상 무기	기후변화 대응 실패
3	지정학적 분쟁	식량부족 위기	재정 불균형	물 공급 위기	대량 살상 무기	물 공급 위기	물 공급 위기	자연재해	기상이변	생물다양성 상실	대량 살상 무기
4	자산가치의 붕괴	재정 불균형	대량 살상 무기	실업 불완전고용	지역 영향 동반하는 국가간 분쟁	대규모 비자발적 이주	자연재해	기후변화 대응 실패	물 공급 위기	기상이변	생물다양성 상실
5	에너지 가격의 변화	에너지 가격의 변화	기후변화 대응 실패	기반시설 파괴	기후변화 대응 실패	에너지 가격의 변화	기후변화 대응 실패	물 공급 위기	자연재해	물 공급 위기	자연재해

경제 / 환경 / 지정학 / 사회 / 기술

출처: 2021 Global Risks Reports

2.2 기후변화 대응을 위한 국제사회의 노력

1988년 이전까지 기후변화 문제는 주로 과학자나 시민단체 등 비정부 차원에서 논의되었으나 기후변화 문제의 심각성이 널리 알려지면서 이제는 전 지구적인 문제로 인식하기 시작하였다(환경부, 2016).

환경문제는 전 지구적인 영향을 미칠 수 있으므로 국제적 차원의 협력과 노력을 기울여야 한다. 환경문제를 해결하기 위해 세계 각국은 람사르협약, 몬트리올의정서, 생물다양성협약, 사막화방지협약, 교토의정서, 파리협정 등의 국제협약을 체결하여 지구에서의 공존을 모색하고 있다.

2.2.1 주요 국제환경보호협약

1971년 습지의 보전과 현명한 이용을 촉구하는 '람사르협약'

람사르협약(Ramsar Convention)은 물새의 서식처인 습지가 크게 훼손됨에 따라 습지 보전의 필요성을 인식하여 1971년 2월 2일 이란 람사르에서 체결된 일명 습지협약이다. 이 협약은 1975년 12월에 발효되었으며, 우리나라는 1997년 7월 람사르협약에 가입하여 습지 보전을 위한 노력으로 겨울철 조류 동시 모니터링, 야생조수 치료센터 운영, 생물다양성 관리계약 운영, 방문자센터 건립, 생태공원 조성 등을 진행하고 있다.

람사르협약의 정식 명칭은 '물새 서식처로서 국제적으로 중요한 습지에 관한 협약(Convention on Wetlands of International Importance, especially as Waterfowl Habitat)'이며, 지속가능한 발전의 측면에서 환경생태학적 접근을 통해 습지의 생태적인 특성을 유지하는 '현명한 이용'을 강조하고 있다. 습지의 현명한 이용은 습지를 보전하면서 지속 가능하게 이용함으로써 자연과 인간 모두에게 이익이 되는 것을 지향한다. 2021년 기준 172개국이 참여하고 있다.

1987년 대기 오존층 파괴물질의 규제에 관한 '몬트리올의정서'

UN의 환경계획은 1981년부터 오존층 보호를 위한 국제협상을 시작해 왔으나 이해관계를 달리하는 국가들 사이의 견해 조정이 어려웠다. 유럽공동체는 오존층 파괴물질인 염화

불화탄소의 최대 생산국이므로 국제협약에 반대입장을 취했으나, 오존층 파괴는 특정한 국가의 성층권의 오존층만을 파괴하는 것이 아니라 전 지구의 오존층을 파괴하는 것이기 때문에 효율적인 규제를 위해서 가능한 한 많은 국가가 규제에 동참할 필요가 있었다. 이에 1985년 오스트리아 빈에서 '오존층 보호를 위한 빈 협약'을 채택하였고, 이때 미국이 중요한 역할을 하였다. 하지만 빈 협약은 구체적인 통제조치를 마련하는 데는 실패하였고, 빈 협약의 미흡한 규제조치를 강화하기 위해 1987년 캐나다 몬트리올에서 몬트리올의정서(Montreal Protocol)가 채택되었다.

몬트리올의정서의 공식 명칭은 '오존층 파괴물질에 관한 몬트리올 의정서(Montreal Protocol on Substances that Delete the Ozone Layer)'이다. 오존층을 파괴하는 약 100여 종의 화학물질 생산과 사용을 금지하고 규제하기 위한 UN의 국제 환경협약으로 1987년 9월에 채택하여 1989년 1월에 발효되었다. UN 회원국이 모두 합의한 유일한 전 세계적 국제협약으로 우리나라는 1992년에 몬트리올의정서 체제에 가입하였다.

오존층은 성층권 중에서도 20~30Km 부근에 밀집되어 있어서 태양에서 방출되는 해로운 단파장의 자외선을 흡수해주어 자외선으로부터 지구의 생명체를 보호하는 역할을 한다. 오존층에 있던 오존이 염소와 브롬이 함유된 할로겐 발원가스에 의해 점차 없어지는 오존층 파괴 현상은 지구 표면에 도달하는 자외선의 양이 증가시켜 사람의 건강과 육상생물의 돌연변이, 생태계 파괴를 초래한다.

이 의정서는 오존층 파괴 물질의 생산과 소비를 점진적으로 감축하여 궁극적으로 완전히 제거하려는 목표를 가지고 있으며, 오존층 보호를 위한 구체적인 규제조치를 확립하고 있다는 점에서 의미가 크다. 그러나 이러한 규제조치가 충분하지 않다는 제안에 따라 1990년 런던 개정의정서에서는 대폭적인 감축조치가 취해졌으며, 이후 코펜하겐, 빈, 몬트리올, 베이징 등에서 추가의 개정이 이루어졌다.

오존층을 보호하기 위해 1994년 제49차 유엔총회에서 몬트리올의정서 채택일인 9월 16일을 '세계 오존층 보호의 날'로 지정하였고, 모든 회원국이 국가 차원에서 이날을 지킬 것을 요구하였다. 몬트리올의정서는 오존층을 보호하기 위해 인류 전체가 힘을 합한 국제 환경협약의 선례로서 높이 평가되며, 실제 몬트리올의정서 과학평가 패널은 4년마다 평가보고서를 발간하고 있는데 2018년 보고서에 의하면 그간의 노력으로 오존층의 회복과 지구온난화 완화의 가능성을 제시해 주었다.

1992년 '기후변화협약', 기후변화협약 당사국총회(COP)

UN의 '국가 간 협상위원회(INC, Intergovernmental Negotiation Committee)'는 1992년 4월 30일에서 5월 9일까지 개최된 뉴욕회의에서 지구온난화의 규제 및 방지를 위한 국제협약인 '기후변화협약(UNFCCC, UN Framework Convention on Climate Change)'에 합의하여, 다음 달 6월 브라질 리우데자네이루에서 개최된 UN 환경개발회의에서 각국의 서명으로 '기후변화협약'을 채택하였다.

기후변화협약의 목표는 인간이 기후체계에 위험한 영향을 미치지 않을 수준으로 대기 중의 온실가스 농도를 안정화하는 데 있다. 이러한 수준은 생태계가 기후변화에 자연스럽게 적응하고, 식량 생산에 위협을 받지 않으며, 지속가능한 발전이 가능하도록 충분한 시간적 범위 내에서 달성되도록 하고 있다. 기후변화협약은 차별적 책임론, 국가별 특수성 고려, 예방조치 원칙, 개발권, 자유무역을 기본원칙으로 삼고 있다. 선진국과 개도국이 '형평성, 공동의 그러나 차별화된 책임(Common but Differentiated Responsibilities)'에 따라 개별 국가의 능력에 맞게 국가별 특수성을 고려해서 온실가스를 감축하여, 기후변화로 인한 피해 발생 예방을 약속하였다. 이 협약은 1994년 3월 21일 공식 발효되었고, 우리나라는 1993년 12월에 가입하였다.

모든 당사국에게 온실가스 배출량 통계를 작성하며 기후변화 완화 국가정책을 수립하여 시행하도록 하고 있다. 선진국은 기후변화로 인한 부정적 영향에 솔선하여 대응하도록 하는 등 선진국과 개발도상국에게 각기 다른 기후변화 대응 의무를 부여하였다. 기후변화협약 관련 최고 의사결정기구는 '당사국총회(COP, Conference of the Parties)'이며 협약 이행 방법 등 주요 사안을 검토한다. 1995년 3월 독일 베를린에서 제1차 당사국총회가 시작되었으며 매년 개최된다.

1992년 '생물다양성에 관한 협약'

1992년 5월 22일 케냐 나이로비에서 생물다양성협약이 채택되었으며, 같은 해 6월 유엔 환경개발회의(일명 리우회의)에서 160여 국가 정상들이 이 협약에 서명하였다. 생물다양성 협약은 생물의 다양성을 보전하고 생물의 지속가능한 이용을 확보하는 것이 인류 미래를 위해 중요하다는 인식하에 1993년 12월 발효하였다. 지구상에는 다양한 생물이 숲이나 습지, 사막, 바다 등에서 살아가며 이들 생물은 고유한 유전자를 가지고 있다. 생물다양성은 생물 종의 다양성, 생물이 서식하는 생태계의 다양성, 생물이 지닌 유전자의 다양성을 유지하고자 하는 것이며, 우리나라는 1994년 10월 154번째 회원국으로 가입하였다.

종 다양성(species diversity)은 한 지역 내 종의 다양한 정도를 말하는 분류학적 다양성을 지칭하며 식물과 동물, 미생물의 다양한 생물 종을 의미한다. 생태계 다양성(ecosystem diversity)은 한 생태계에 속하는 모든 생물과 무생물의 상호작용에 관한 다양성을 말하며, 사막, 삼림지, 습지대, 산과 호수, 강, 농경지 등의 생태계의 다양성을 의미한다. 유전적 다양성(genetic diversity)은 종 내의 유전자 변이를 의미하는 것으로 같은 종 내의 여러 집단을 의미하거나 한 집단 내 개체들 사이의 유전적 변이를 말한다.

생물다양성 감소는 인간의 무분별한 개발로 인한 환경오염과 온실가스 배출 증가로 인한 기후변화 등으로 급속하게 나타나고 있다. 특히 개발도상국에 주로 속해 있는 열대우림에서 파괴 속도가 급증하여 1981년에 비해 1990년은 1.5~2배로 급격히 생물의 다양성이 감소했고 이러한 추세로 계속된다면 인류의 생존을 크게 위협할 것이라고 한다.

1994년 '사막화방지협약'

1992년 브라질 리우데자네이루에서 열린 UN 환경개발회의에서 아프리카 국가들의 발제에 따라 국제공동체적 차원에서 사막화를 퇴치할 통합적인 접근방법의 필요성에 대한 합의가 이루어졌다. 여러 차례 협상을 거쳐 1994년 6월 프랑스 파리에서 사막화방지협약이 채택되었고, 1996년 12월 발효되었다. 우리나라는 1999년에 협약에 가입하였다.

사막화방지협약의 공식 명칭은 '심각한 한발(旱魃, 가뭄) 또는 사막화를 겪고 있는 아프리카지역 국가 등 일부 국가들의 사막화 방지를 위한 국제연합협약(UNCCD, United Nations Convention to Combat Desertification in Those Countries Experiencing Serious Drought and/or Desertification, Particularly in Africa)'이며, 기상이변과 산림황폐 등으로 심각한 한발 및 사막화, 토지 황폐화를 겪고 있는 국가들의 사막화 방지를 통한 지구환경 보호를 목적으로 한다.

사막화 피해 당사국은 사막화의 원인을 파악하고 방지에 필요한 장기적인 전략을 구체화한 국가실천계획을 세워 이행하며, 지속가능한 개발을 위해 국가정책과 통합하도록 하고 있다. 또한 사막화 피해 개발도상국에 대한 적절한 고려 및 이들 국가에의 사막화 방지를 위한 재정적·기술적 지원의 내용을 담고 있다. 사막화 현상은 산림 황폐화, 토양침식을 포괄하는 개념으로서 아프리카를 비롯한 남미, 중동 및 러시아, 중국, 인도 등 아시아 국가들까지도 사막화의 영향을 받고 있다. 특히 인접 국가인 중국의 사막화가 확대될 경우 황사가 더욱 증가할 것으로 예상된다. 우리나라의 경우 성공적인 산림녹화 실현, 화학비료의 남용과 산업체에서 발생하는 오염물질에 의한 토양오염 방지대책 등 사막화방지와 관련된 시책들을 효과적으로 추진하고 있다.

1997년 '교토의정서'(제3차 기후변화협약 당사국총회, COP3)

교토의정서(Kyoto Protocol)는 1997년 12월 일본 교토에서 개최된 제3차 기후변화협약 당사국총회(COP3)에서 채택되었으며 2005년 2월 발효되었다. 채택 배경으로는 '기후변화협약(UNFCCC)'이 감축 의무를 구체적으로 규정하지 않아 협약체결에도 불구하고 실질적인 온실가스 감축이 이루어지지 않고 오히려 증가하였기 때문이다. 기후변화협약의 목표를 달성하기 위한 구체적이며 구속력 있는 방안 마련이 필요했고, 이를 통해 온실가스 감축에 대한 실효성을 가지기 위해서이다.

의무이행 대상국은 선진국으로 EU 회원국, 캐나다, 미국, 일본 등 총 38개국이며, 의무대상국은 제1차 감축 공약 기간인 2008년~2012년까지 6대 온실가스 총배출량을 1990년 수준보다 평균 5.2% 감축하기로 하였다. 각국의 감축 목표량은 유럽연합 회원국은 8%, 미국은 7%, 일본은 6% 등으로 차별화하였고, 1990년 이후의 토지 이용변화와 산림에 의한 온실가스 제거를 의무이행 당사국의 감축량에 포함하도록 하였다.

2002년에 비준한 한국은 1997년 당시 개발도상국으로 분류되어 의무대상국에서 제외되었으나, 몇몇 선진국이 2008년부터 한국과 멕시코 등의 국가도 자발적인 의무를 부담할 것을 요구하였다. 미국은 전 세계 이산화탄소 배출량의 28%를 차지하고 있지만, 자국의 산업 보호와 개발도상국이 의무대상국에서 제외된 것을 이유로 2001년 3월 교토의정서를 비준하지 않아 위기를 맞았었다. 그러나 유럽연합과 일본이 중심이 되어 협상 노력을 하고 러시아가 비준서를 제출하여 2005년에 공식 발효되었다. 캐나다는 제1차 감축 공약 기간 후 교토의정서에서 탈퇴하였고, 일본과 러시아, 뉴질랜드는 탈퇴하지는 않았지만 제2차 감축 공약 기간에는 참여하지 않겠다는 의사를 표했었다.

6대 온실가스

① 이산화탄소(CO_2) : 인위적인 온실가스 중에서 가장 우세하며 석탄, 석유 및 천연가스 등의 화석연료 연소 및 추출, 처리, 수송과정에서 주로 발생되고, 삼림의 벌채 및 가공과정에서 삼림에 흡수 저장된 것이 대기 중으로 방출

② 메탄(CH_4) : 습지와 같은 자연 발생원과 경작, 천연가스나 매립지와 같은 인위적인 발생원을 모두 가지고 있는 온실가스

③ 아산화질소(N_2O) : 비료사용 및 산업활동에서 배출

④ 수소불화탄소(HFCs)

⑤ 과불화탄소(PFCs) : 오존층 파괴물질이면서 온실효과를 일으킴. 주로 냉장고, 에어컨 등의 냉매재, 절연체 및 반도체의 세척제, 그리고 각종 스프레이 제품에 사용됨. 일단 대기 중에 방출된 프레온 가스는 400년 이상 분해되지 않고 머무르며, 열을 흡수하는 능력이 매우 커서 이산화탄소의 1만 6천 배에 이름.

⑥ 육불화황(SF_6) : 절연제 등으로 사용되며, 인공적인 온실효과를 만들어 내는 기체

출처: 외교부(2020) 2021기후환경외교편람. p.38

2012년 '도하개정문' 채택, 그러나 발효되지 못함

교토의정서 제1차 공약 기간 만료 직전인 2012년 12월, 카타르 도하에서 열린 '제18차 기후변화협약 당사국총회(COP18)'는 '도하개정문'을 채택하여 교토의정서의 제2차 감축 공약 기간을 2013~2020년까지로 설정하고, 온실가스 배출량을 1990년 기준 25~40%, 최소 평균 18% 감축하기로 합의하였다. 의무대상국은 유럽연합과 오스트레일리아, 스위스를 비롯한 37개국이며, 미국과 캐나다, 일본, 러시아 등 온실가스 배출량이 큰 국가들이 대거 불참하였다. 교토의정서의 연장인 도하개정문은 비준한 국가가 적어 끝내 발효되지 못하였다.

2015년 신기후체제의 기반이 되는 '파리협정'

교토의정서 체제를 통하여 기후변화 문제를 해결하려 하였으나 한계가 있어, UN은 새로운 체제를 만들기 위해 오랜 협상[3]을 하였다. 2015년 12월 프랑스 파리에서 열린 제21차

3 2015년까지 완료하기로 한 '더반 플랫폼(Durban Platform for Enhanced Action)'이라는 협상을 뜻한다. 협상을 위해 '더반 플랫폼에 관한 특별 작업반'이 구성되었으며 15차례 협상이 이뤄졌다.

기후변화협약 당사국총회(COP21)에서 파리협정(Paris Agreement)을 채택하였고, 교토의정서를 대체하는 새로운 기후체제로 들어서기 위한 기반을 마련하였다. 선진국에만 온실가스 감축 의무를 부과했던 교토의정서와 달리 파리협정은 전 세계 모든 나라에 적용되며 UN의 195개 모든 당사국이 합의한 구속력이 있는 국제합의라는 데에 의미가 크다. 따라서 파리협정은 교토의정서 체제와는 다른 새로운 기후체제라는 의미로 '신(新)기후체제'라 부른다.

1992년 기후변화협약의 목표가 온실가스가 기후체계에 위험한 영향을 미치지 않을 수준으로 대기 중 농도를 안정화하는 것이었으나, 그 정도의 수준에 대해 문서에 명시한 것은 파리협정이 처음이다. 산업화 이전 수준과 비교하여 지구의 평균 온도가 (2100년까지) 2℃ 이상 상승하지 않도록 온실가스 배출량을 줄이자는 것이다. 인간이 감당할 수 있는 한계점 이상으로 온도가 올라가는 것을 막기 위해 설정한 목표가 2℃ 목표이며, 절대적인 목표라기보다 한계 제한온도로서 인류가 기후변화 문제를 효과적으로 대응하기 위한 수단으로 사용되고 있다. 한편 파리협정에서는 장기적인 목표로 지구 평균기온 상승을 2℃보다 상당히 더 낮은 수준으로 낮춰 유지해야 한다는 내용이 포함되어 있다. 2℃ 목표를 달성도 어려운데 그 아래인 1.5℃ 목표는 비현실적이라는 비판도 있었지만, 기온 상승으로 국가 존폐 위기에 처한 국가도 있으므로 1.5℃ 목표 달성은 절박하며 1.5℃ 목표 달성을 위해 노력해야 한다는 내용을 반영한 것이다.

미국은 교토의정서를 비준하지 않았지만, 파리협정은 2016년 9월에 비준하였다. 당시 미국 대통령은 버락 오바마였다. 온실가스 배출의 상당 부분을 차지했지만 교토의정서에서는 의무이행국이 아니었던 중국과 인도도 합의하여, 전반적으로 기후변화에 대한 국제적 공감이 확산되었다. 교토의정서 체제보다 훨씬 많은 국가가 시작부터 참여하였다. 파리협정은 2016년 11월 발효되었으며, 2016년부터 당사국들의 가입을 받기 시작하여 2020년부터 본격적인 이행에 들어가기로 하였다.

한편 2017년 6월 당시 도널드 트럼프 미국 대통령은 파리협정이 미국에 불이익을 준다며 탈퇴를 선언했고, 협정 발효 3년간은 탈퇴를 금지하고 있어서 미국은 2019년 11월에 다시 탈퇴를 통보해 2020년 11월에 공식 탈퇴하였다. 그러나 미국은 2021년 1월 조 바이든 대통령 취임 첫날 파리협정에 재가입하였다. 조 바이든 미국 대통령은 취임사에서 기후

바이든 대통령은 협정 복귀 행정명령에 서명하며 "오늘 서명하는 행정 조치는 우리가 오랫동안 하지 않은 기후변화와 싸우는 것을 도울 것"이라 함.
출처: 환경부, 홍보자료 '지구의 초상' 中

위기대응에 미국의 책임과 역할을 강조하였고, 바로 파리협정 복귀를 위한 행정명령에 서명하였다. 이날 바이든 대통령은 대통령 공식 트위터 계정을 통해 "우리는 파리기후협정에 돌아왔다"라고 알렸다. 전 세계 온실가스 배출 2위 국가인 미국이 파리협정에 복귀했기 때문에 국제 사회의 기후변화대응을 위한 공동노력은 전망이 더욱 밝아졌다.

2.2.2 기후변화 대응을 위한 새로운 기후체제로의 전환

과거 교토의정서에 기반한 기후체제를 '교토(의정서) 체제'라고 하며, 2016년 11월 파리협정이 발효되면서 그에 기반한 기후체제가 시작되는데, 이를 교토의정서 체제와는 다른 새로운 기후체제라는 뜻으로 '신기후체제(new climate regime)'라고 한다. 이때 체제는 국제적인 레짐(international regime)을 의미하며, 국제레짐은 국제관계의 특정 영역에서 행위자들의 기대가 모여 만들어진 원칙(principles)·규범(norms)·규칙(rules)과 의사결정과정(decision-making procedures)의 집합을 말한다. 따라서 신기후체제는 '기후변화대응을 위해 국제사회가 필요하다고 여겨지는 규범적 규칙(normative rules)과 이를 결정하여 이행하고 강제하며 발전시키는 기관(institutions), 그리고 그 과정에서 사용되는 절차상의 수단(procedural tools)'으로 볼 수 있다(환경부, 2016).

신기후체제의 기반이 되는 파리협정은 기후변화에 대응하기 위해 온실가스 배출량을 감축할 뿐 아니라 이미 발생한 기후변화에 적응하는 것도 목표로 삼는다. 그리고 목표를 달성하기 위한 수단으로 재원(finance), 기술(technology), 역량배양(capacity building) 측면에서 개발도상국을 지원할 것도 규정하고 있다. 한편 모든 과정에서 절차적으로 투명성(transparency)을 지킬 것을 강조하고 있어 내용과 절차에 걸쳐 다양한 분야를 포괄하고 있다.

감축 의무를 하향식(top-down)으로 결정하는 교토의정서 체제는 시간이 오래 걸리는 등 행정비용이 많이 들며 국가 간의 의견 대립이 커서 감축 수준에 합의하기 어려웠다. 반면 파리협정은 많은 국가의 참여를 유도하며 기후변화에 신속하게 대응하기 위해 상향식(bottom-up)을 채택하여, 각 당사국이 자국의 상황을 고려하여 자발적으로 목표를 정하도록 하고 있다. 이러한 목표를 국가결정기여(NDC, Nationally Determined Contribution)라고 한다.

표 1.5 교토의정서와 파리협정의 비교

구분	교토의정서	파리협정
목표	온실가스 배출량 감축 (1차: 5.2%, 2차: 18% 계획)	2℃ 목표 달성 (1.5℃ 목표 달성 노력)
범위	주로 온실가스 감축	온실가스 감축뿐 아니라 적응, 재원, 기술이전, 역량배양, 투명성 등 포괄
감축 의무국가	선진국	UN 모든 당사국
목표설정 방식	하향식	상향식
불이행시 징벌 여부	징벌적	비징벌적
목표설정 기준	언급 없음	진전 원칙
지속가능성	공약기간에 종료 시점이 있어 지속가능한지 의문	종료 시점을 규정하지 않아 지속가능한 대응 가능
행위자	국가 중심	다양한 행위자의 참여 독려

출처: 환경부(2016) 파리협정 길라잡이

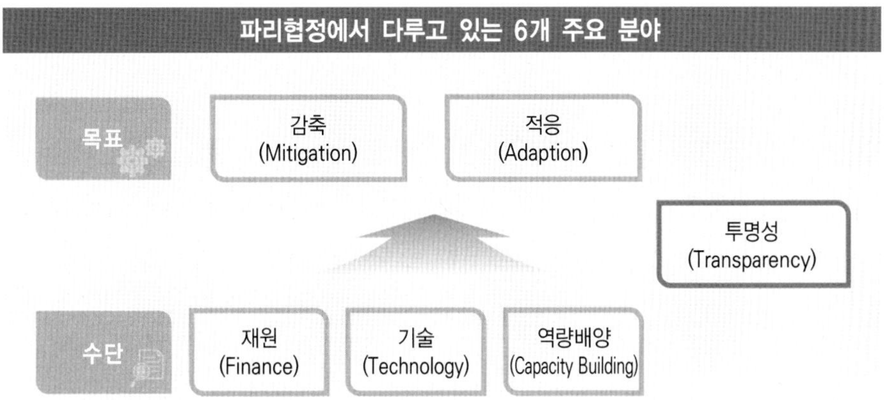

그림 1.6 신기후체제를 지탱하는 6개의 기둥(pillars)

출처: 환경부(2016) 파리협정 길라잡이

신기후체제를 지탱하는 6개의 기둥인 감축, 적응, 재원, 기술, 역량배양, 투명성의 6개 분야별로 당사국이 취할 노력을 스스로 결정하여 제출할 의무를 부과하고 있지만 많은 참여를 유도하기 위해 내용의 법적 구속력을 부과하지는 않았다. 당사국들은 주기적으로 새로운 NDC를 설정하여 제출해야 하며 NDC를 달성하기 위한 국가정책을 시행할 의무가 있기에, 법적 구속력이 없더라도 제출한 NDC를 마음대로 무시하기는 어려울 것이다. 즉, 파리협정은 NDC의 내용에 대한 구속력은 없지만 관련된 절차에서 나름의 구속력을 부과하고 있어서 당사국의 목표를 달성하도록 유도하는 것이다.

주요국의 NDC 내용은 표 1.6과 같다. 선진국은 경제 전반에 걸쳐 온실가스 배출량의 절대량(economy-wide absolute)을 감축하여야 하며, 개발도상국은 경제 전반에 걸친 감축 방식을 사용하도록 권장하고 있다.

미국은 NDC로 2025년까지 2005년 대비 26~28%의 절대량 감축을 약속했고, 2030년까지 EU는 1990년 대비 40%, 일본은 2013년 대비 26%를 감축 목표로 제출하였다. 온실가스 배출량이 가장 많은 중국과 인도는 각각 2030년까지 국내총생산(GDP) 대비 배출량 기준 60~65%와 33~35% 감축을 목표로 했다. 한국은 2030년 목표 연도 배출 전망치(BAU) 대비 37% 감축하겠다는 목표를 제출하였다. 우리나라는 2020년 12월 '2050 장기 저탄소발전 전략'을 수립하여 제출하였는데, 2050 비전의 기본원칙은 기후변화 대응을 위한 국제사회 노력에 적극 동조, 지속가능한 선순환의 탄소중립 사회의 기반 마련, 국민 모두 공동노력 추진이다. 또한, 5가지 기본방향으로 깨끗하게 생산된 전기·수소의 활용 확대, 에너지 효율의 혁신적인 향상, 탄소 제거 등 미래 기술의 상용화, 순환경제 확대로 산업의 지속가능성 제고, 탄소 흡수 수단 강화가 포함되어 있다.

기후변화 대응을 위한 신기후체제는 종료 시점이 없이 지속적으로 기후변화에 대응할 수 있도록 체제를 구축한 지구 공동의 진전 노력을 담고 있다. 만일 공약 기간이 정해져 있다면 공약 기간 종료 후 새로운 공약 기간을 정하는 협상을 거듭해야 하며 이 과정에서 새로운 합의와 갈등의 불확실한 상황에 처할 수 있다.

표 1.6 주요국의 NDC 내용

국가명	감축 목표(%)	목표 연도	기준 연도	목표 유형	국제탄소시장
 대한민국	37	2030	-	BAU	○
 미국	26~28	2025	2005	절대량	×
 중국	60~65	2030	2005	집약도	-
 EU	40	2030	1990	절대량	×
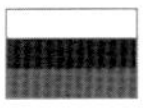 러시아	25~30	2030	1990	절대량	×
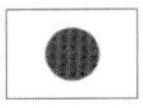 일본	26	2030	2013	절대량	○
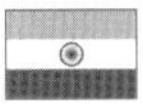 인도	33~35	2030	2005	집약도	○
 캐나다	30	2030	2005	절대량	○
 호주	26~28	2030	2005	절대량	-
 멕시코	(無조건)25 (조건부)40	2030	-	BAU	○
 스위스	50	2030	1990	절대량	○

※ 목표 연도와 기준 연도
- 목표 연도: 2025년 혹은 2030년
- 기준 연도: 감축하는 국가가 기준 연도를 설정
  (-는 목표 연도 배출 전망치(BAU) 기준)

※ 목표 유형
- 절대량: 기준 연도 배출량에 대비하여 목표 설정
- BAU : 목표 연도의 배출 전망치(Business As Usual, 온실가스를 감축하기 위한 조치를 취하지 않을 경우의 배출량 추정치)에 대비하여 목표 설정
- 집약도: 국내총생산(GDP, Gross Domestic Product) 1단위당 온실가스 배출량(배출량/GDP)을 기준으로 목표 설정

※ 국제탄소시장

○: 감축 목표를 달성하기 위하여 국제 탄소시장 활용(예정)

×: 감축 목표를 달성하기 위하여 국제 탄소시장 활용 안 함

-: 감축 목표를 달성하기 위하여 국제 탄소시장 활용 여부 언급 없음

출처: 환경부(2016) 파리협정 길라잡이

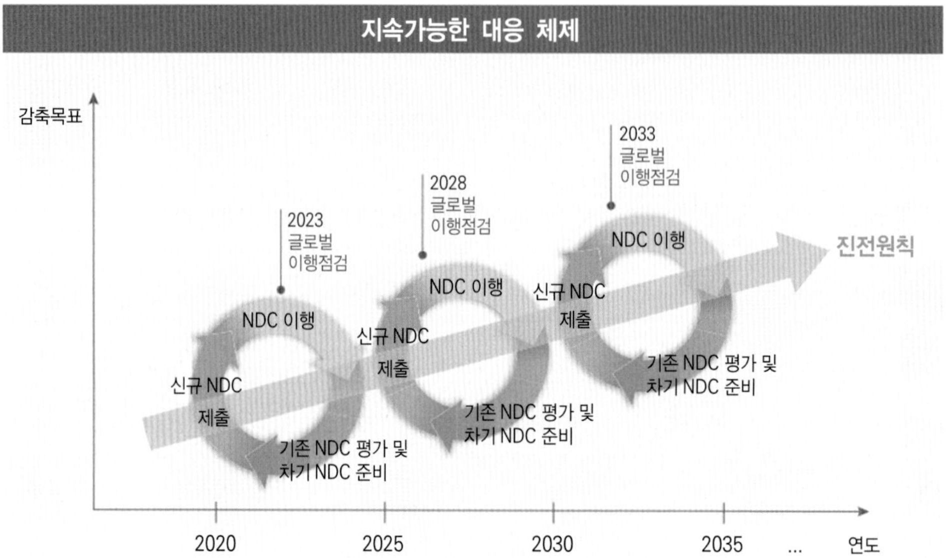

그림 1.7 NDC 목표설정의 진전 원칙

출처: 환경부(2016) 파리협정 길라잡이

파리협정은 당사국이 제출한 NDC가 2℃ 목표에 부합하는지 5년마다 글로벌 이행점검(global stocktake)을 할 것이다. 이러한 과정을 통해 모든 당사국이 얼마나 노력하고 있는지 이행상황을 파악하여 2℃ 목표 달성을 위해 얼마나 더 노력해야 하는지 등의 대응 방안을 계획할 수 있다. 당사국은 주기적인 이행점검의 결과를 가지고 5년마다 '진전원칙(principle of progression)'에 의해 전 목표치보다 높은 수준의 새로운 NDC를 제출해야 한다. 이러한 과정을 지속적으로 이행하면서 신기후체제는 지구의 평균기온을 낮추는 목표를 달성하고자 하는 것이다.

UN의 기후변화협약 사무국은 2016년 4월 4일까지 제출한 189개 당사국의 161개 NDC 자료를 가지고 NDC가 모두 이행될 경우의 2025년과 2030년 세계 온실가스 배출량의 변화를 예측하였다. 또한, NDC를 이행하는 경우와 목표 온도 2℃와 1.5℃ 시나리오를 비교하여 제시하였다. NDC를 전부 이행하면 NDC를 제출하기 전보다 온실가스 배출량이 확실히 감축된다. 그러나 2℃ 목표와 1.5℃ 목표를 달성하기에는 감축량이 크게 부족하며, 2030년까지 온실가스 배출을 획기적으로 감축하지 않는다면, 2030년 이후에 목표 온도를 달성하기 위해서는 매우 급격히 감축해야만 한다는 주장이다.

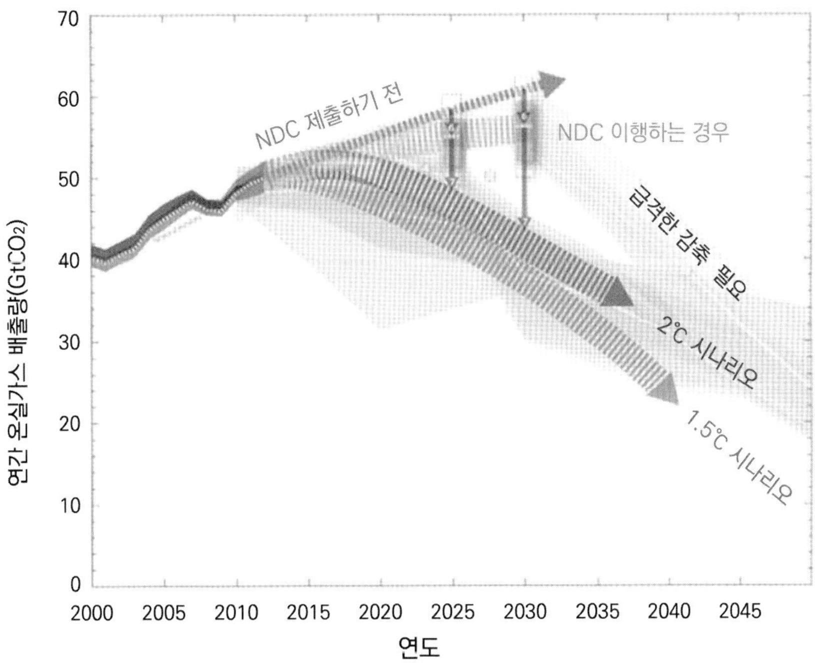

그림 1.8 NDC 이행 총효과 예측 시나리오

출처: 유엔 기후변화협약(UNFCCC) 보고서, 2016. Aggregate effect of the intended nationally determined contributions: an update

3. 지속가능한 발전목표(UN-SDGs)

유엔총회는 2015년에 만료하는 새천년개발목표(MDGs)의 뒤를 잇는 지속가능발전목표(SDGs)를 2016년부터 2030년까지 이행하기로 결의하였다. MDGs는 원칙적으로 모든 국가에 적용되지만, 실제는 개발도상국에 초점이 맞춰져 있었던 반면 SDGs는 선진국과 개발도상국, 저개발국 등 모든 국가가 인류의 지속가능한 번영을 위해 노력하며 힘쓸 것을 촉구하고 있다. 지속가능발전의 세 핵심축인 환경보존, 경제성장, 사회발전을 균형 있게 통합한 SDGs는 '단 한 사람도 소외되지 않게 할 것'이라는 슬로건으로 인간, 지구환경, 번영, 평화, 파트너십이라는 5개 테마에서 인류가 나아가야 할 방향성을 17개 목표와 169개 세부 이행목표로 제시하였다. 의제의 테마가 모두 P로 시작하기에 5P로 불린다. 구체적인 5P와 17개 목표는 다음과 같다.

5P

인간(People): 빈곤과 굶주림을 종식하자
지구환경(Planet): 환경 파괴를 막자
번영(Prosperity): 모든 인간이 혜택을 누리고 소외되는 사람이 없는 세상을 만들자
평화(Peace): 공정하고 포용력 있는 사회를 만들자
파트너십(Partnership): 서로 힘을 합쳐 목표를 실천하자

17개 목표

목표 1. 모든 국가에서 모든 형태의 빈곤 종식
목표 2. 기아의 종식, 식량안보 확보, 영양상태 개선 및 지속가능한 농업 증진
목표 3. 모든 사람의 건강한 삶을 보장하고 보건 증진
목표 4. 모든 사람을 위한 포용적이고 형평성 있는 양질의 교육 보장 및 평생학습 기회 증진
목표 5. 성 평등 달성 및 여성·여아의 역량 강화
목표 6. 모든 사람을 위한 식수와 위생시설 접근성 및 지속가능한 관리 확립
목표 7. 모든 사람에게 지속가능한 에너지 보장
목표 8. 지속적·포괄적·지속가능한 경제성장 및 생산적 완전고용과 양질의 일자리 증진
목표 9. 건실한 인프라 구축, 포용적이고 지속가능한 산업화 진흥 및 혁신
목표 10. 국가 내·국가 간 불평등 해소
목표 11. 포용적인·안전한·회복력 있는·지속가능한 도시와 거주지 조성
목표 12. 지속가능한 소비와 생산 양식의 보장
목표 13. 기후변화와 그 영향을 대처하는 긴급 조치 시행
목표 14. 지속가능발전을 위한 해양·바다·해양자원 보존과 지속가능한 사용
목표 15. 육지생태계 보호와 복구 및 지속가능한 수준에서의 사용 증진 및 산림의 지속가능한 관리, 사막화 대처, 토지 황폐화 중단 및 회복 및 생물다양성 손실 중단
목표 16. 지속가능발전을 위한 평화적이고 포괄적인 사회 증진과 모두가 접근할 수 있는 사법 제도, 모든 수준에서 효과적·책무성 있는·포용적인 제도 구축
목표 17. 이행수단 강화 및 지속가능발전을 위한 글로벌 파트너십 재활성화

그림 1.9 UN의 지속가능발전목표(SDGs)

그림 1.10 SDGs의 5개 영역과 17개 목표

출처: 알기 쉬운 SDGs, 2016

17개 목표 중 목표 1에서 목표 6은 사회발전 영역의 목표이며, 목표 달성을 통해 빈곤퇴치 및 불평등을 해소하고 인간의 존엄성을 회복하고자 한다. 목표 8에서 목표 11은 경제성장 영역의 목표로서 여기서 경제성장은 경제규모의 성장이 아니라 모든 사람이 양질의 일자리를 통해 적절한 수준의 생계를 유지할 수 있도록 포용하는 경제환경을 구축하고 지속가능한 성장동력을 만드는 것을 목표로 한다. 목표 7, 12, 13, 14, 15는 자연 생태계를 보호하기 위한 목표이다. 목표 1부터 목표 15까지가 지속가능한 발전을 위해 달성해야하는 목표라고 한다면 목표 16과 17은 이들 목표를 달성하기 위한 조건 및 방법을 담은 목표라고 할 수 있다.

그룹 BTS는 '미래 세대와 문화를 위한 대통령 특별사절' 자격으로 제76차 UN 총회 개회 연설을 마친 뒤 UN과 '지속가능발전목표(SDG)' 모멘트 인터뷰에서 "SDGs는 현재 세대와 미래 세대의 균형을 맞추기 위해 그리고 모두가 공평한 혜택을 누리기 위해 설정된 공동의 목표라고 생각하며, 이에 대해 책임감을 갖고 있다"라고 답했다. 출처: 환경부 홍보자료, 지구의 초상 中

4. 우리나라, 국가 지속가능발전목표(K-SDGs)

우리나라는 외형적으로 높은 경제성장에도 불구하고 소득의 양극화, 미세먼지 등 환경악화, 양질의 일자리 부족 등 국민 삶의 질은 실질적으로 나아지지 않는 모순이 지속되어왔다. 정부는 지속가능발전 강화를 2018년도 국정과제로 설정하고, '제3차 지속가능발전

기본계획'을 보완하는 국가 지속가능발전목표(K-SDGs: Korean Sustainable Development Goals)를 수립하였다. K-SDGs는 2015년 UN의 지속가능발전목표(SDGs)에 대응하여 자국화한 것으로 2030년까지 달성해야 할 국제사회의 보편적 가치와 목표를 담아 분야별 세부목표와 지표로 구성하였다. 전체 지표 중 UN-SDGs에 포함되지 않은 신규 지표가 122개로 전체의 57%를 차지하여 글로벌 지표와 국가 특화형 지표의 균형을 이루고 있다.

K-SDGs는 모두가 사람답게 살 수 있는 포용사회 구현, 모든 세대가 누리는 깨끗한 환경보전, 삶의 질을 향상시키는 경제성장, 인권보호와 남북평화구축, 지구촌 협력과 같은 5대 전략을 수립하고, 이를 실천하기 위한 17개 목표와 122개 세부목표, 214개의 지표를 설정하여 정부와 지방자치단체, 전문가, 시민단체, 이해관계자 집단 등이 노력하고 있다.

국가 지속가능발전목표(K-SDGs)의 17개 목표는 다음과 같다.

목표 1: 빈곤층 감소와 사회안전망 강화
목표 2: 식량안보 및 지속가능한 농업 강화
목표 3: 건강하고 행복한 삶 보장
목표 4: 모두를 위한 양질의 교육
목표 5: 성 평등 보장
목표 6: 건강하고 안전한 물관리
목표 7: 에너지의 친환경적 생산과 소비
목표 8: 좋은 일자리 확대와 경제성장
목표 9: 산업의 성장과 혁신 활성화 및 사회 기반시설 구축
목표 10: 모든 종류의 불평등 해소
목표 11: 지속가능한 도시와 주거지
목표 12. 지속가능한 생산과 소비
목표 13: 기후변화와 대응
목표 14: 해양생태계 보전
목표 15: 육상생태계 보전
목표 16: 평화, 정의, 포용
목표 17: 지구촌 협력 강화

‘제4차 지속가능발전 기본계획(2021-2040)’에서는 K-SDGs의 17개 목표는 그대로 두고 여건 변화 등을 반영하여 122개 세부목표, 214개의 지표를 119개 세부목표, 236개의 지표로 변경하였다. ‘포용과 혁신을 통한 지속가능국가 실현’이라는 비전 아래 기존에 수립한 5대 전략의 핵심가치인 ‘사람’, ‘번영’, ‘환경’, ‘평화’, ‘협력’을 계승하되, 평화와 협력을 통합하여 4대 전략으로 구성하였다.

비전	포용과 혁신을 통한 지속가능 국가 실현			
전략	사람	번영	환경	평화·협력
	사람이 사람답게 살 수 있는 포용사회	혁신적 성장을 통한 국민의 삶의 질 향상	미래 세대가 함께 누리는 깨끗한 환경	지구촌 평화와 협력 강화
K-SDGs 17개 목표	[목표1] 빈곤층 감소와 사회안전망 강화 [목표2] 식량안보 및 지속가능한 농업 강화 [목표3] 건강하고 행복한 삶 보장 [목표4] 모두를 위한 양질의 교육 [목표5] 성평등 보장 [목표11] 지속가능한 도시와 주거지	[목표8] 좋은 일자리 확대와 경제성장 [목표9] 산업의 성장과 혁신활성화 및 사회기반시설 구축 [목표10] 모든 종류의 불평등 해소 [목표12] 지속가능한 생산과 소비	[목표6] 건강하고 안전한 물관리 [목표7] 에너지의 친환경적 생산과 소비 [목표13] 기후변화와 대응 [목표14] 해양생태계 보전 [목표15] 육상생태계 보전	[목표16] 평화·정의·포용 [목표17] 지구촌 협력 강화

출처: 환경부(관계부처 합동), 제4차 지속가능발전 기본계획 2021-2040.

5. 지속가능한 소비와 생산

SDGs와 K-SDGs에서 모두 12번째 목표인 '지속가능한 소비와 생산'은 생태계의 수용능력 내에서의 사회·경제적 발전을 촉진하고자 하는 지속가능한 발전을 위한 필수적인 요구조건이며, 빈곤 완화와 저탄소 녹색경제로의 전환에 실질적으로 기여할 수 있다. SDGs에서 '지속가능한 소비와 생산'은 자원과 에너지의 효율을 높이고, 지속가능한 인프라를 조성하며, 기본적인 서비스는 물론 친환경적인 일자리를 제공하며, 모든 사람에게 더 나은 삶의 질을 제공하는 것이다. 지속가능한 소비와 생산을 실천하므로 사회 전체의 발전계획을 달성할 수 있고, 미래의 경제적 비용과 환경적 비용, 사회적 비용을 줄여주며, 산업 경쟁력을 강화하며, 빈곤을 감소시킬 수 있다. 따라서 지속가능한 소비와 생산은 '적은 비용으로 더 많은 것을 얻고 더 잘하는 것'을 목표로 하고 있으므로 인류의 삶의 질을 높이면서도 자원 낭비나 오염은 줄임으로써 경제주체들에게 경제적 활동으로 인한 복지 혜택을 증가시킬 수 있다.

5.1 UN SDGs의 지속가능한 소비와 생산 양식 보장

Goal 12: Ensure sustainable consumption and production patterns

5.1.1 자연 파괴적인 소비와 생산의 현실: 몇 가지 지표와 현황

전 세계 경제의 원동력인 '소비와 생산'은 자연환경과 자원을 사용해 왔기 때문에 과거의 방식으로 생산과 소비가 계속된다면 지구에 파괴적인 영향을 미칠 것이다. 지난 세기에 걸친 경제·사회적 발전은 자연환경 파괴를 동반했으며 이는 우리의 생존이 걸려있는 미래 발전 시스템을 위험에 빠뜨릴 것이다. UN SDGs 자료에 따르면, 2050년까지 전 세계인구가 96억 명에 이른다면 현재의 소비와 생산방식대로 생활양식을 유지하는데 필요한 천연자원을 얻기 위해서 약 3개의 지구가 필요하다는 것이다. 실례로 물과 에너지, 식품의 현황을 살펴보면 다음과 같다.

〈물〉

- 전 세계 물의 단지 3% 미만이 음용 가능한 담수이며 그중에서도 2.5%는 남극과 북극 빙하로 얼어있어서, 인류는 생태계 물의 0.5% 담수에 의존해야 한다.
- 인간은 자연이 정화할 수 있는 것보다 더 빠르게 강과 호수의 물을 오염시키고 있다.
- 10억 명이 넘는 사람들이 여전히 담수를 사용하지 못하고 있다.
- 물의 과도한 사용은 전 세계적인 물 부족을 일으킬 것이다.
- 물은 자연에서는 비용이 들지 않지만, 물을 운반하는데 필요한 기반시설은 비싸다.
- 1980년대 이후 전 세계 물 사용은 매년 약 1%씩 증가하고 있다.
- 농업(가축업, 양식업 포함)은 전 세계 물 유출량의 69%를 차지하는 가장 큰, 물 소비원이다. 산업은 19%, 일반 가정은 12%를 소비한다.
- 20억 명 이상의 사람은 물 부족 국가에서 살고 있다.
- 1995년부터 2015년까지 홍수는 기록된 자연재해의 43%를 차지한다. 홍수 재해는 23억 명에게 영향을 미쳤으며 15만 7천 명이 사망했고, 6천6백2십억 달러의 피해를 주었다.
- 2015년 인구 10명 중 3명(세계인구의 29%인 약 21억명)이 안전하게 관리되는 식수를 이용하지 못하고 있다.

〈에너지〉

- 전 세계 사람들이 에너지 소비효율이 높은 전구로 바꾼다면 연간 1,200억 달러를 절약할 수 있다.
- 에너지 효율을 향상하는 기술의 발전에도 불구하고 OECD 국가들의 에너지 사용은 더 증가하고 있다.
- 상업 및 주거용 에너지 사용은 운송부문 다음으로 빠르게 증가하는 에너지 사용부문이다.
- 2002년 OECD 국가의 자동차 재고량은 5억5천만 대였으나 2020년까지 차량 소유가 32% 증가할 것으로 예상된다. 동시에 자동차 사용량은 40% 증가할 것이며, 전 세계 항공여행은 같은 기간 동안 3배로 증가할 것이다.
- 가구는 전 세계 에너지의 29%를 소비하며 결과적으로 CO_2 배출량의 21%에 기여한다.
- 최종 에너지 소비에서 재생에너지의 비중은 2015년에 17.5%에 달했다.

〈식품〉

- 식품으로부터 발생하는 가장 큰 환경적인 영향은 생산단계(농업, 식품 가공)에서 일어나지만, 가정에서 식생활 선택과 식습관을 통해 환경에 영향을 미칠 수 있다. 주로 식품 관련 에너지 소비와 폐기물 생성을 통해서이다.
- 매년, 생산되는 모든 식품의 약 3분의 1, 약 1조 달러에 달하는 13억 톤의 식품이 소비자와 소매섬의 쓰레기통에서 썩거나 운송과 수확 과정에서 관리 부실로 인해 폐기된다.
- 2019년 기준, 전 세계 3천8백만 명의 5세 미만 아동이 과체중이거나 비만이다.
- 토지 황폐화, 수질오염, 어류 남획, 해양환경 파괴로 자연에서 얻는 식량공급 능력이 떨어지고 있다.
- 식품 부문은 세계 에너지 소비량의 약 30%를 차지하며, 온실가스 배출량의 약 22%를 차지하고 있다.

5.1.2 지속가능한 소비와 생산의 세부 목표

지속가능한 소비와 생산은 경제자원의 효율을 높이고 지속가능한 친환경적 경제·사회 인프라 조성으로 경제활동을 하더라도 자원낭비와 오염을 줄여서 미래 세대 복지를 해치지 않으면서 현 인류의 삶의 질을 높이고자 하는 것이다. SDGs의 12번째 목표인 '지속가능한 소비와 생산 양식 보장'은 11개의 세부이행 목표를 제시하였으며, 그 내용은 다음과 같다.

[12.1] 개발도상국의 발전 상황과 역량을 고려하면서 선진국 주도로 모든 국가가 **지속가능한 소비와 생산에 대한 10년 프로그램 프레임워크**를 이행한다.
Implement the 10-Year Framework of Programmes on Sustainable Consumption and Production Patterns, all countries taking action, with developed countries taking the lead, taking into account the development and capabilities of developing countries.

[12.2] 2030년까지 천연자원의 지속가능한 관리와 효율적 사용을 달성한다.
By 2030, achieve the sustainable management and efficient use of natural resources.

[12.3] 2030년까지 유통 및 소비자 수준에서 전 세계인구 1인당 음식물 쓰레기 발생량을 절반으로 줄이고, 출하 후 손실을 포함하여 식품의 생산 및 공급망에서 발생하는 식품 손실을 줄인다.
By 2030, halve per capita global food waste at the retail and consumer levels and reduce food losses along production and supply chains, including post-harvest losses.

[12.4] 2020년까지 국제사회에서 합의된 기준에 근거하여 화학물질 및 유해 폐기물을 모든 주기에서 친환경적으로 관리하며, 인간의 건강과 환경에 대한 부정적 영향을 최소화하기 위해 대기, 물, 토양으로의 유출을 현저하게 줄인다.
By 2020, achieve the environmentally sound management of chemicals and all wastes throughout their life cycle, in accordance with agreed international frameworks, and significantly reduce their release to air, water and soil in order to minimize their adverse impacts on human health and the environment.

[12.5] 2030년까지 예방, 감축, 재활용 및 재사용을 통해 쓰레기 발생을 대폭 줄인다.
By 2030, substantially reduce waste generation through prevention, reduction, recycling and reuse.

[12.6] 기업, 특히 대기업 및 다국적기업이 지속가능한 실천계획을 그들의 보고체계에 채택하고 지속가능성에 대한 정보를 통합하도록 장려한다.
Encourage companies, especially large and transnational companies, to adopt sustainable practices and to integrate sustainability information into their reporting cycle.

[12.7] 2030년까지 국가의 정책과 전략에 따라 지속가능한 공공조달 시행을 확대한다.
Promote public procurement practices that are sustainable, in accordance with national policies and priorities.

[12.8] 2030년까지 모든 사람이 지속가능한 발전, 그리고 자연과의 조화를 이루는 생활양식에 대해 인지하고 필요한 정보를 가질 수 있도록 한다.
By 2030, ensure that people everywhere have the relevant information and awareness for sustainable development and lifestyles in harmony with nature.

[12.A] 개발도상국들이 지속가능한 소비와 생산 양식으로 나아갈 수 있도록 과학기술역량 강화를 지원한다.
Support developing countries to strengthen their scientific and technological capacity to move towards more sustainable patterns of consumption and production.

[12.B] 일자리를 창출하고 지역문화와 특산품을 홍보하는 지속가능한 관광을 위해 지속가능발전 영향을 관찰할 수 있는 수단을 개발하고 이행한다.
Develop and implement tools to monitor sustainable development impacts for sustainable tourism that creates jobs and promotes local culture and products.

[12.C] 개발도상국의 특수한 필요와 여건을 충분히 고려하고 빈곤층과 영향을 받는 지역공동체를 보호하는 방식으로 개발도상국의 발전에 미칠 악영향을 최소화하면서 조세 제도를 개혁하고, 해로운 보조금이 존재하는 경우 그에 따른 환경 영향을 반영하기 위해 이를 단계적으로 폐지하는 등의 방법으로 국가별 상황에 따라 시장 왜곡을 제거함으로써, 낭비를 조장하는 비효율적인 화석연료 보조금 제도를 합리적으로 개선한다.
Rationalize inefficient fossil-fuel subsidies that encourage wasteful consumption by removing market distortions, in accordance with national circumstances, including by restructuring taxation and phasing out those harmful subsidies, where they exist, to reflect their environmental impacts, taking fully into account the specific needs and conditions of developing countries and minimizing the possible adverse impacts on their development in a manner that protects the poor and the affected communities.

5.2 K-SDGs의 지속가능한 소비와 생산

지속가능한 소비와 생산은 국가 지속가능발전목표(K-SDGs)의 12번째 목표이며 11개의 세부목표와 21개의 지표로 이루어져 있다. 세부목표의 주요 내용은 자원의 효율적인 사용, 생산·유통·소비과정에서의 식품 손실 감소, 화학물질 관리 강화, 폐기물 발생의 감소, 기업의 지속가능 경영 지원, 녹색 소비와 환경교육 참여기회 확대, 지속가능한 관광 지원, 화석연료 보조금 단계적 철폐 등의 내용을 담고 있다. 구체적인 세부목표는 다음과 같다.

[12-1] 지속가능한 소비와 생산에 관한 통합적인 국가정책을 수립하고 이행한다.

[12-2] 모든 자원을 지속가능하게 관리하고 효율적으로 사용한다.

[12-3] 식품의 생산·유통과정에서 발생하는 식품 손실과 소비과정에서 발생하는 식품 폐기물을 감소시킨다.

음식물류 폐기물 감량을 위한 정책적 대안을 모색하여야 하며, 일례로 음식물 쓰레기 감량을 위한 RFID(Radio Frequency Identification) 보급 확대 및 홍보·교육 추진을 들 수 있다.

- 감량효과가 뛰어난 세대별 RFID 종량제 방식을 일정 규모 이상 공동주택 의무화, 향후 단독주택, 소형 음식점 등에 확대 적용 추진
  - ✓ 신규 공동주택, 식당 인허가 시 세대별 무게 계량 종량시스템 도입 의무화(2020~, 지자체 조례 제정)
  - ✓ 공동주택 및 단독주택에 RFID 도입을 위한 국비지원 추진(~2022, 전국 보급률 30% 미만인 지자체) → 소형음식점에 거점 RFID 도입(~2027)
- 배출원별 지속적인 맞춤형 홍보·교육으로 음식물쓰레기 감량정책에 대한 인식 확산 및 대국민 공감대 형성, 감량 실천 유도
  - ✓ 민간단체, 지자체와 협력하여 집단급식소, 음식점, 관광숙박업소 등에서의 낭비 없는 음식문화 인식 개선(식재료 절약, 잔반 줄이기 등)

[12-4] 화학물질과 유해 폐기물의 친환경적 관리를 통해 인간의 건강을 보호하고 환경오염을 예방한다.

[12-5] 폐기물의 원천예방과 감량, 재사용과 재활용을 통해 폐기물 발생을 감소한다.

- 생산단계 폐기물 원천감량 촉진
- 자원순환성을 고려한 제품 설계
  - ✓ 자원순환형 소재·디자인 개발 지원
  - ✓ 재활용 저해 제품의 순환이용성 개선
- 생활 속 폐기물 발생 억제
  - ✓ 대체 가능한 1회용품 사용 제로화: 대형 프랜차이즈 커피전문점 대상으로 1회용 컵 보증금제 시행(2019), 점진적 보증금 대상 확대 시행; 플라스틱 빨대, 1회용 컵 뚜껑 등 현행 1회용품 규제 비대상 품목에 대한 사용억제·무상제공금지 추진

✓ 불필요한 과대포장 근절: 과다한 이중포장(마트 등의 행사상품 추가포장)의 자발적 감축을 우선 유도하고, 관계법령 정비를 통한 이중포장 제한(2019); 제품출시 전 포장검사 의무화(2019)를 통해 획기적인 포장 폐기물 발생 감량 추진

[12-6] 기업의 지속가능 경영활동을 관리하고 지원을 확대한다.

- 중소·중견기업으로의 청정생산 및 환경경영 확산
- 국제환경규제 선제 대응 역량 강화

[12-7] 녹색 제품 인증 및 녹색 구매의 확대를 통해 지속가능한 녹색 소비를 촉진한다.

- 공공분야 녹색구매 정책기반 강화
- 인증기업 및 재활용산업 대상 제도적 지원 강화

[12-8] 모든 국민이 지속가능발전에 대한 의식을 갖도록 환경교육 참여기회를 확대한다.

- 대상별 환경교육 다변화
  ✓ 언론인, 종교인 등의 사회 환경교육 활동 지원 및 유도: 한국PD협회, 작가협회, 언론재단, 독립제작사협회 등 미디어 종사자 교육 과정을 통한 언론인 환경교육 기회 제공
  ✓ 종교별 종교인 연수와 연계한 환경교육 기회 제공
  ✓ 지자체 공무원, 환경관련 분야 종사자 대상 지역형 환경교육 실시
- 환경교육 프로그램 발굴·지원
  ✓ 여가와 환경교육을 연계한 체험프로그램 개발 및 확산: 공공기관, 민간단체 대상 지속가능여행과 체험환경학습을 연계한 환경교육프로그램 공모; 환경교육프로그램 인증사업 연계를 통해 체험환경학습 프로그램 컨설팅 및 운영 지원, 우수 프로그램 발굴
  ✓ 자원봉사활동과 연계한 환경교육 활성화: 다양한 봉사활동 유관 기관, 단체와 연계하여 자원봉사활동과 연계한 환경교육 프로그램 개발 및 운영; 사회환경교육기관의 자원봉사 연계 교육프로그램 운영 지원
- 지역기반 환경교육 활성화
  ✓ 지자체 내 시설과 연계한 환경체험 프로그램 운영 확대

✓ 자연환경을 활용한 환경교육프로그램 운영
✓ 지역기업 사회공헌활동과 연계 강화

◆ 유아 환경교육 강화
✓ 유아환경교육관 확대 운영
✓ 방문형 유아교육 확대

◆ 청소년 환경교육 체험기회 확대

[12-9] 플라스틱이 선순환하도록 플라스틱의 재활용을 증가시키고, 친환경재료 개발을 통해 플라스틱의 환경으로 유출을 방지한다.

◆ 재활용이 쉬운 제품을 생산하도록 단계적 의무화
✓ 환경에 유해하고 재활용을 가로막는 재질(PVC 등), 유색 페트병(음료·생수)은 사용금지 추진(자원재활용법 개정, 2018~)
✓ 페트병 등에 대해서는 우선적으로 유색병은 무색으로, 라벨은 분리가 용이하도록 평가 후 개선 권고(2018.10) 및 미이행시 제품명 공개(2019)
✓ (생산자 책임 강화) 생산자가 부담하는 재활용분담금(EPR 분담금)을 늘려 재활용 업계 추가지원(자원재활용법 시행령 개정, 2018~)

◆ 플라스틱 재활용 활성화: 공공·민간 부문의 폐자원 재생원료 및 재활용제품 사용을 확대하여 자원의 지속적 순환체계 구축
✓ 페트병 분리배출 시범사업(2~6월, 6개 도시) 등 분리배출 체계 개선, 고급 재생원료 확보를 위한 선별품 품질 등급제 도입
✓ 페트병 재생산을 통해 재생원료 및 재활용제품 사용을 촉진

◆ 자원순환형 소재·디자인 개발 지원
✓ 플라스틱 대체 친환경 소재 개발을 위한 R&D 추진 및 생산 촉진을 위한 재정적·기술적인센티브 부여
✓ 복합·이종재질 제품을 단일·동일재질 제품으로 개선(유니소재화)할 수 있도록 시제품 제작 및 상용화 지원 확대

[12-10] 지속가능한 관광의 확대를 통해 환경보전에 기여한다.

[12-11] 화석연료 보조금을 단계적으로 철폐한다.

표 1.7 목표 12, 지속가능한 생산과 소비, 세부목표별 지표 목록

번호	세부목표	지표	비고
12-1	지속가능한 소비와 생산에 관한 통합적인 국가정책을 수립하고 이행한다.	(1) 자원순환기본계획 및 자원순환시행계획 수립 건수	유지
		(2) 국가 지속가능생산·소비기본계획 수립 여부	유지
12-2	모든 자원을 지속가능하게 관리하고 효율적으로 사용한다.	(1) 국내 1인당 자원소비량	유지(단위변경)
		(2) 물질흐름통계(MFA) 구축 대상 자원수	변경
12-3 (변경)	식품의 생산·유통과정에서 발생하는 식품 손실과 소비과정에서 발생하는 식품폐기물을 감소시킨다.	(1) 식품 손실 지수	일부 수정
		(2) 1인당 식품폐기물 발생량	변경
12-4	화학물질과 유해폐기물의 친환경적 관리를 통해 인간의 건강을 보호하고 환경오염을 예방한다.	(1) 화학물질의 유해성 정보 확보율 일부 수정	일부 수정
		(2) 사고대비 화학물질 수 유지	유지
		(3) 1인당 유해폐기물 발생량 유지	유지
12-5	폐기물의 원천예방과 감량, 재사용과 재활용을 통해 폐기물 발생을 감소한다.	(1) 생활폐기물의 재활용률	유지
		(2) 사업장폐기물의 재활용률	유지
12-6	기업의 지속가능 경영활동의 관리하고 지원을 확대한다.	(1) 지속가능경영보고서 발간 기업 수	일부 수정
		(2) 녹색경영 참여 기업수	신설
12-7	녹색 제품 인증 및 녹색 구매의 확대를 통해 지속가능한 녹색 소비를 촉진한다.	(1) 공공분야(지방자치단체) 녹색제품 구매율	유지
		(2) 생활용품의 녹색제품 인증 건수	유지
12-8	모든 국민이 지속가능발전에 대한 의식을 갖도록 환경교육 참여 기회를 확대한다.	(1) 인구대비 환경교육 수혜자 비율	유지
		(2) 일반 국민의 환경의식 수준	유지
12-9 (변경)	플라스틱이 선순환하도록 플라스틱의 재활용을 증가시키고, 친환경재료 개발을 통해 플라스틱의 환경으로 유출을 방지한다.	(1) 1인당 플라스틱 소비량	유지
		(2) 플라스틱 폐기물의 재활용률	변경
12-10 (변경)	지속가능한 관광의 확대를 통해 환경보전에 기여한다.	(1) 지속가능관광의 참여자수	신설
12-11	화석연료 보조금을 단계적으로 철폐한다.	(1) GDP 대비 화석연료 보조금의 비율	유지

6. 우리나라 지속가능발전의 이행 노력

6.1 정부정책 및 관련 법제정

6.1.1 지속가능발전법과 저탄소 녹색성장 기본법

「지속가능발전법」은 2007년 8월 「지속가능발전 기본법」으로 제정되어 공포되었으나, 2010년 「저탄소 녹색성장 기본법」의 제정으로 기본법의 지위를 잃고 「지속가능발전법」으로 개정된 상태이다. 「지속가능발전법」에 의해 국가 '지속가능발전위원회'를 운영 중이며, 지속가능발전을 평가하는 국가보고서인 '지속가능성 보고서'를 2년마다 작성하고 있다. 특히 2020년 보고서는 국가 지속가능발전목표(K-SDGs)를 점검하고 지표를 평가한 결과를 제시하였다.

그림 1.11 국가지속가능성 보고서

「저탄소 녹색성장 기본법」은 2008년 8월 '저탄소 녹색성장 선언'을 제도적으로 뒷받침하고자 2010년에 제정되었으며, 녹색성장 5개년 계획의 도입과 대통령 소속(현재는 국무총리 소속으로 전환) 녹색성장위원회 설치의 근간이 된다.

6.1.2 지속가능발전위원회와 녹색성장위원회

지속가능발전위원회는 2000년 대통령 자문기구로 출범하여 2002년 WSSD에서 도출된 요하네스버그 공동이행계획(JPoI)의 국내 주류화를 위한 2005년 국가지속가능발전 비전 선언, 2006년 제1차 국가 지속가능발전 전략 및 이행계획 수립 등 지속가능발전 정책의 강화를 위한 노력을 진행하였다. 2010년 「지속가능발전 기본법」이 「지속가능발전법」으로 개정되면서 환경부 산하 위원회로 위상이 변경되었다.

녹색성장위원회는 2008년 녹색성장 패러다임이 국가발전의 새로운 패러다임으로 제시되면서 2009년 대통령 직속 위원회로 출범하였다. 2013년 「저탄소 녹색성장 기본법」 개정에 따라 국무총리 소속으로 변경되었다.

6.2 한국형 그린뉴딜[4]

2020년 12월 UN에 제출한 '지속가능한 녹색사회 실현을 위한 대한민국 2050 탄소중립 전략' 보고서에 따르면 탄소중립 사회를 실현하기 위해서 그린뉴딜을 추진해 나갈 계획이며 이미 한국판 뉴딜 종합계획을 발표한 바 있다. 그린뉴딜은 3대 분야로 이루어져 있다. 첫 번째 분야는 도시·공간·생활 인프라의 녹색전환이다. 먼저 국민 생활과 밀접한 공공시설의 제로 에너지화를 위한 그린 리모델링이 추진된다. 대상은 공공 임대주택 22.5만 호, 학교건물 2,890개 동, 보건소 및 의료시설 2천여 동, 문화시설 1,000여 개소로서 이들 시설에 재생에너지 설비 설치, 단열재 보강, 친환경 자재 시공 등 건물의 에너지 소비를 줄이고 자체 생산할 수 있는 기반을 구축할 계획이다. 아울러, 국토, 해양, 도시의 녹색 생태계 회복을 위해 기후변화에 대응력을 높인 스마트 그린 도시 25개소를 조성하고 도시에 사는 사람도 자연 생태서비스를 향유할 수 있도록 생태복원 사업을 추진할 계획이다.

두 번째 분야는 저탄소 분산형 에너지 확산이다. 재생에너지 산업 생태계를 육성하는 '그린에너지' 사업을 통해 2025년까지 태양광·풍력 설비를 현재의 3배 이상 수준으로 대폭 확대하고 발전수익이 지역 주민에게 공유될 수 있도록 '이익 공유모델'을 개발할 계획이다. 아울러, 수송부문의 친환경차 보급 확대를 위해서 승용차 외에도 화물차, 건설기계 등 다양한 차종에 대해 친환경차 지원을 확대하고 미래차에 대한 기술개발 투자를 통해

4 지속가능한 녹색사회 실현을 위한 대한민국 2050 탄소중립전략: '2050 장기 저탄소 발전전략'

세계 최고 수준의 기술력을 확보할 계획이다.

세 번째 분야는 녹색산업의 혁신 생태계 구축이다. 산업단지의 에너지 자립을 위한 '스마트 그린산단' 사업을 2025년까지 10개 산업단지에 대해 추진하고, 그린분야의 중소기업 육성을 위한 그린 스타트업 타운을 조성할 계획이다. 아울러, 1.9조 원 규모의 녹색 융자를 조성하여 녹색전환을 위한 기업의 과감한 투자를 뒷받침할 계획이다.

■ 참고문헌

국가생물다양성센터(2022). 국가생물다양성 정보공유체계-생물다양성협약 개요, UN 생물다양성 10년(2011-2020). http://www.cbd-chm.go.kr/content/view.do?menuKey=466&contentKey=1

김홍균(2008). 람사르협약의 의의, 한계 그리고 과제. 환경법연구, 30(3).

딜로이트 컨설팅 Monitor Deloitte(2020). 지속가능발전목표란 무엇인가?(배정희, 최동건 역). 진성북스.

세계경제포럼 World Economic Forum(2021). 2021 글로벌 리스크 보고서(Global Risks Reports).

외교부(2020). 2021 기후환경 외교편람. 기후환경과학 외교국 녹색환경 외교과 발행.

유엔기후변화협약 UNFCCC(2016) 기후변화협약보고서. Aggregate effect of the intended nationally determined contributions: an update.

유엔환경계획(UNEP). https://www.unenvironment.org/

유엔환경계획 한국협회. https://unep.or.kr/sub/sub05_02.php?mode=view&idx=89

정철 외 10인(2018). 지속가능한 사회와 환경. 시그마프레스.

지속가능발전포털 http://ncsd.go.kr

한국국제협력단 KOICA(2016). 알기쉬운 지속가능발전목표 SDGs.

한국행정학회(2001). 새천년 녹색정부 구현을 위한 국가환경행정체계정립에 관한 연구.

한국환경정책·평가연구원(2015). UN 지속가능발전목표(SDGs) 이행. KEI포커스, 3(1).

환경부(2016). 파리협정 길라잡이: 교토의정서 이후 신 기후체제. 환경부 홍보자료.

환경부 지속가능발전위원회(2020). 2020 국가 지속가능성 보고서-국가 지속가능발전목표(K-SDGs) 점검 및 지표평가 결과.

환경부(2020). 지속가능한 녹색사회 실현을 위한 대한민국 2050탄소중립전략: 2050 장기 저탄소 발전전략. http://www.me.go.kr/home/web/policy_data/read.do?menuId=10262&seq=7633

환경부, 관계부처합동(2020). 제4차 지속가능발전 기본계획 2021~2040.

환경부 정책자료. 사막화방지협약 개요. http://me.go.kr

환경운동연합(2000). 국제환경협약-비엔나협약, 몬트리올의정서, 기후변화협약. 에너지 기후변화 관련자료. http://kfem.or.kr/?p=22168

Montreal Protocol 2018. Scientific Assessment of Ozone Depletion, Executive Summary.

Sustainable Development Goals. UN website. https://www.un.org/sustainabledevelopment/sustainable-consumption-production/

World Commission on Environment and Development(1987). Our common future. Oxford, Oxford University Press.

제 2 장 지속가능성의 경제모델

시장경제 모델은 경제주체, 특히 생산자(기업)와 소비자를 자신의 이기심과 이익에 따라 움직이는 존재로 보고 있으나 이것만으로 경제주체의 행동을 설명하는 데는 한계가 있다. 특히 기후변화대응이 무엇보다 시급한 현실에서 자본에 의한 시장경제에 모든 것을 맡겨둘 수는 없다. 행동경제학자들에 의하면 최근 기업과 소비자들이 다양한 사회환경적 이슈와 가치에 따라 변화하는 행동을 보인다고 한다. 기업의 ESG 경영이 그것이며, 소비자들 역시 금전적 가치뿐만 아니라 사회·환경적 가치에 따라 행동하는 모습을 보이기도 한다.

세계 경제의 지속적 성장과 지구생태계의 지속가능성 사이의 조화를 어떻게 이루어낼지 고민해야 한다. 한쪽에서는 경제적 성장발달을 위해 부단히 움직이고 다른 한쪽에서 자연환경 파괴를 염려하며 회복 노력을 펼치는 것으로는 지속가능한 사회가 이루어질 수 없다. 원자재를 가지고 제품을 생산하는 기업과 생산된 제품을 소비하는 소비자가 지속가능한 생산과 소비로 의식이 변화하는 시장경제의 변화가 필요하다. 환경친화적인 과학기술혁신으로 기업의 생산방식이 바뀌어야 하며 소비자의 선택과 사용도 친환경적으로 바뀌어 시장경제 속에서 다양한 요소들과 함께 화학적 결합이 이루어져야 할 것이다. 지금까지의 우리의 경제방식이 지구를 손상시켜 안정적인 지구시스템을 깨뜨렸다. 인간의 경제시스템과 지구시스템이 충돌하였기 때문에 근본적인 해결은 우리가 경제시스템을 바꾸는 것이다. 이 장에서는 기후변화 대응이라는 우리가 처한 현실을 살펴보고, 다양한 지속가능한 경제모델들로 도넛 경제학, 공유경제, 생태경제학을 살펴볼 것이다.

1. 지구, 우리의 현실

1.1 인류세 등장

인류세(人類世, anthropocene)[5]는 노벨화학상을 받은 크루첸(Paul Crutzen)이 처음 제안한 용어로서 인간 활동이 지구환경에 영향을 주기 시작한 시기부터 현재까지의 시간을 지칭한다. 즉 인간 활동이 자연환경을 파괴하면서 지구환경이 크게 변하였고 그로 인해 기후변화 등의 어려움에 처해 있는 시기를 뜻하며, 인류가 스스로 만들어 낸 시대이므로 인류라는 말이 붙은 것이다. 인류세의 가장 큰 특징은 인류에 의한 자연환경 파괴이며, 환경파괴의 대가를 치러야만 하는 현재와 미래 시대를 가리킨다.

인류세의 시작 시점에 대한 논의는 다양하다. 첫 번째는 인류가 농업 활동을 활발하게 하면서 토지이용이나 생태계, 생물다양성 등에 영향을 미치고 생물 종의 절멸 등을 야기한 시점으로 보는 의견이다. 두 번째는 콜럼버스가 아메리카 대륙을 발견한지 100년 정도 지난 1610년으로 보는 의견이다. 사람과 동식물의 대륙 간 이동이 활발해지면서 각종 감염병이 옮겨갔고, 기존 생태계가 교란되기 시작했기 때문이다. 세 번째 견해는 증기기관이 발명되고 산업혁명이 일어난 18세기를 본격적인 인류세의 시점으로 주장한다. 산업혁명으로 화석연료의 사용이 급격하게 증가하고 탄소 배출량이 폭발적으로 증가하면서 지구환경이 결정적으로 변화하기 시작했다는 것이다.

네 번째 견해는 제2차 세계대전 이후인 1950년대 자본주의 산업화와 인구의 폭발적인 증가 시점을 인류세 시작으로 주장한다. 이때 처음 핵실험이 시작되어 지구 토양 성분을 변화시켰으며, 많은 사람이 이 시기를 지지하였다. 하지만 최근에는 인류의 자연환경 파괴로 지구환경체계가 급격하게 변화된 대략 2000년 전후를 인류세의 시작으로 보기도 한다. 지구는 화산폭발 등 기후에 영향을 주는 다수의 사건이 발생했지만 기본적으로 복원력이 있으며, 인류가 배출하는 온실가스 중 50%는 토지와 해양이 흡수하고 있어서 생태학적 시스템이 유지되어왔다. 그러나 지구가 복원할 수 있는 한계를 넘어서면 이상기후 현상이 발생하고 이러한 재앙은 전 세계로 확산된다.

인류세는 아직 공식적으로 승인되지 않았고 인류세의 시작 시점에 대한 의견이 분분하

---

5 지질시대를 연대로 구분할 때 기(紀)를 더 세분한 단위인 세(世)를 현대에 적용한 것으로 인류가 지구 생태계를 변화시켜 만들어진 새로운 지질시대를 말한다.

지만, 현재 널리 통용되고 있으며 인류세라는 시대 구분이 우리에게 의미하는 바가 무엇인가를 아는 것이 중요하다. 간혹 인류세를 말 그대로 '인류가 주인공이 되는 시대'로 오해하거나 인류세가 인류의 힘을 보여주고 증명하는 시대라고 긍정적인 의미를 부여하는 이들도 있다. 이들은 인류 문명과 과학기술의 발달에 찬사를 보내며 지구는 인간의 지식과 과학기술로 통제할 수 있는 대상이며, 인간의 능력을 무한히 확장할 수 있어서 기후변화 문제도 새로운 과학기술로 해결이 가능하다고 믿는다. 그러나 인류세에 대한 이러한 무책임한 낙관과 과학기술의 맹신으로 인한 착각은 현재 우리 지구에서 어떠한 일이 일어나고 있는지를 제대로 보지 못하게 함으로써 심각한 결과를 초래할 수 있는 일이다. 현재 기후변화로 인한 많은 재해는 순수한 자연재해라기보다 인간의 활동으로 지구환경을 변화시켜 발생한 재해이기 때문에 인류세에 일어나는 변화를 인간의 힘으로 통제하기는 불가능하다.

인류세에서 인간에 대한 새로운 인식은 인간이 비인간 존재들인 환경과의 상호관계 속에서 나타나는 수많은 생태적 관점을 바탕으로 한다. 정보기술의 발달로 가상 세계로까지 생활의 영역이 확장되는 시대에 그리고 과학기술의 유토피아적 전망에 젖어 있는 현시대에 인류세에 대한 논의는 우리 인간을 한계를 가진 유한하고 연약한 존재로 끌어내린다. 하지만 인류세는 지구 종말에 관한 우울한 경고가 아니며, 새로운 시대에 인간의 생존이 생태계의 생존과 떼어서 생각할 수 없는 문제라는 것을 말해 준다(송은주, 2000).

1.2 평온한 홀로세를 떠나보내고 미지의 인류세로...

빙하기가 끝나고 지구 기온이 안정되어 지금의 평온한 지구환경이 형성된지는 불과 1만 2000년 정도가 흘렀고 이 시기를 홀로세(Holocene Epoch)[6]라고 한다. 홀로세의 안정된 기온으로 해수면이 안정됐고 인류 최초로 계절과 날씨를 예측할 수 있게 되었다. 홀로세 기간 동안 여러 대륙에서 동시다발적으로 농업이 시작되었으며, 이 안정기를 토대로 인류 문명의 탄생이 가능했고 지금 형태의 현대 문명을 이룩할 수 있었다. 홀로세를 거치면서

---

6 지질시대의 최후 시대로 충적세(沖積世), 전신세(全新世), 완신세(完新世) 또는 현세(現世)라고도 한다. 기후는 한온(寒溫)의 작은 기복을 되풀이하면서 차차 따뜻해졌다. 대륙빙하로 덮여 있던 지역에서 최후의 툰드라상(相)이 개림지상(開林地相)으로 변한 약 1만 300년 전인 홍적세와 충적세의 경계가 된다. 충적세에 들어와서 기후는 더욱 더워졌으며, 그에 따라 융빙(融氷) 때문에 해면이 상승했다. 충적세 중기가 해면 상승의 극한이다. 그 이후에는 작은 기복을 나타내면서 기후가 냉량해 갔고, 해면도 강하했다. 인류는 충적세 초기에 농경을 시작했으며, 그 후 급격히 문화를 발달시켜 나갔다(출처: 두산백과).

안정된 지구는 인류에게 먹을 양식을 주고 마실 물과 깨끗한 공기를 주었다. 이 기간이야말로 인류 역사상 가장 살기 좋은 기간이었고 인류가 유일하게 몇십억 명 단위로 번성한 기간이다. 하지만 인류는 수많은 인간 활동으로 자신들이 어떤 일을 저지르고 있는지 모르는 채 예기치 않게 홀로세를 떠나보내고 있다. 홀로세의 살기 좋은 상태는 외부 교란이 없다면 앞으로도 5만 년은 더 이어질 것이라고 한다.

지구에 대한 인간의 압박이 급격하게 커지는 바람에 인간이 새로운 지질 연대를 만들어내는 수준이 되었다. 그것을 바로 '인류의 시대' 혹은 '인류세'로 부른다. 환경과학자들은 이제 홀로세가 끝났다고 선언하며 이제 우리는 인류세에 살고 있다고 한다. 인간이 지구의 변화를 좌지우지하는 주동력인 것이다. 인간은 전 세계 서식지의 절반을 개간해서 작물과 가축을 기르고, 인간이 옮기는 퇴적물과 암석이 지구의 그 어떤 활동으로 옮겨지는 양보다 더 많고, 바다의 절반이 넘는 곳에서 어획이 일어나며, 한 생애 동안 지구의 기온을 1℃ 이상 높였다. 지난 1만 년간 유지됐던 홀로세에서 인류가 단 50년 만에 스스로 벗어났다고 환경과학자 요한 록스트룀은 말한다(환경다큐, 브레이킹 바운더리). 풍요로운 삶을 향한 인류의 경제발전이 지구의 안정적이고 회복력있는 기능을 손상시킨 것이다.

> "지난 두 세기 동안 인간의 존재 목적은 진보였다. 하지만 이로 인해 인간은 네이팜과 살충제, 핵폐기물, 지구온난화 등의 문제에 시달리게 되었다. 이 문제를 놓고 치열하게 연구해온 전 세계 과학자들은 40년 전부터 사태의 심각성에 대해 누누이 경고해왔다. 그리고 그들은 엄연한 사실 앞에서 오늘날을 새로운 지질학적 시대로 간주한다."
>
> - 인류세: 파괴의 역사, 환경다큐 시놉시스에서 -

지난 두 세기 동안 석탄과 석유의 개발, 세계대전, 산업화와 글로벌 시장경제 등의 인간 활동이 홀로세를 떠나보내고 인류세라는 새로운 지질학적 시대의 문을 크게 열어놓았다. 다음은 인류의 진보 역사를 간략하게 정리함으로써 어떻게 인류세로 접어들었는지를 살펴볼 것이다.

19C 초 대규모 석탄 채굴의 시작

건축은 물론 난방과 조리를 위해 많은 목재가 필요했으나 목재의 공급은 수요를 채워주지 못해 유럽의 숲은 날로 황폐해지고 있었다. 그때 땅속에서 캐내는 석탄의 등장은 혁신적인 대안 연료였으며 숲을 회복할 수 있는 친환경적인 자원이었을 것이다. 석탄과 함께 산업혁명의 발달은 가속화되어 영국은 '세계의 공장'이라는 별칭을 얻으며 압도적인 공업력으로 여러 나라에 압력을 가하였고 여러 지역의 식민지에서 천연자원을 가져다 사용하였다. 20C가 되자 유럽의 강대국들은 세계의 85%를 지배하게 되었다. 산업혁명을 겪으면서 사람들의 관심사는 효율적인 방식으로 더 많은 생산물을 얻는데 모였다.

19C 중반 석유의 등장

석유는 석탄보다 적은 인력으로도 생산이 가능하고 운송이 편리하며 쓰임새도 다양하다. "석유는 인류에 대한 축복"이라고 말했던 석유재벌 미국 록펠러(John Davison Rockefeller)가 은퇴할 즈음 세계 최대의 부자가 된 것으로 보아 화석연료는 자본가를 만들어냈다. 석유와 기계가 만나 대량생산이 가능한 시대를 열었고, 사람들은 끊임없이 새로운 유전을 탐색하였다.

20C 초 제1차 세계대전(1914 - 1918)

큰 전쟁으로 제조업체들은 트럭과 트레일러, 탱크, 정찰기, 엔진, 무기와 같은 전쟁에 필요한 기계를 만들어 팔아 많은 돈을 벌었다. 전쟁은 인류에게는 재앙이었지만 관련기업에게는 호재였다. 특히 폭탄과 독가스를 만들면서 화학기업이 크게 성장하였다. 전쟁이 자동차와 기계, 화학산업 등 현대 산업발전의 기폭제가 된 것이다. 석탄과 석유의 채굴은 가속화되었고 화석연료 사용으로 이산화탄소의 배출량이 증가하였다.

미국이 강대국으로 부상, 거대한 자동차와 석유 산업 등장

제1차 세계대전 이후 미국은 중상층을 중심으로 자동차를 이용하기 시작하였다. 자동차회사의 공격적인 로비로 기존 대중교통수단인 전차를 밀어내고 버스와 자동차로 대체하여 자동차와 석유산업의 호황을 맞이했다. 환경오염이 더 적은 대중교통수단에서 오염이 큰 교통수단으로 바뀐 것이다.

20C 중반 제2차 세계대전(1939 - 1945)

경제 대공황 이후 세계는 회복과 빠른 성장을 요구했고, 독일 나치의 히틀러는 국가의 빈곤과 실업을 해소하기 위해 고속도로 토목공사와 공사를 위한 폭탄을 대량생산하며 일자리를 창출하였다. 이 역시 전쟁을 위한 준비였고 석유와 석탄은 여전히 전쟁과 관련이 있었다.

제2차 세계대전으로 미국은 물자생산능력이 크게 발전하였으며 초강대국으로 부상하며 새로운 시대의 대량생산과 산업화를 주도하였다. 자본주의 시장경제체제를 택한 서유럽 국가들을 미국이 지원하면서 서유럽도 이러한 미국의 생산방식을 따르게 되었다. 전쟁에 사용했던 기술이더라도 평화적으로 사용한다면 풍요로운 미래를 위해 가능하다고 생각했던 시기였다. 방탄조끼와 낙하산을 만들던 나일론으로 낚시용 그물을 만들어서 상업적인 대량 어업을 가능하게 했고, 잠수함 위치추적 장치로 고기떼를 추적하여 대량 어획함으로 해양자원을 고갈하는데 한몫을 했다. 탱크를 만들었던 기술로 농기계와 운반 트럭, 불도저 등을 개발하여 사용함으로써 신속하게 삼림을 파괴했으며 많은 양의 천연자원을 산업개발에 사용하여 천연자원 고갈을 앞당겼다.

냉전시대, 풍부한 소비생활 추구

자본주의와 공산주의가 대립하는 냉전시대에 자본주의 국가는 미국을 중심으로 공산주의 국가는 소련을 중심으로 경제적 협력과 성장을 도모했다. 전쟁 후 더욱 안정과 평화로운 삶을 원했으며 베이비부머 출생으로 인구가 급속히 증가하여 더 빠른 발전과 많은 자원 소비가 필요했다. 풍족한 소비확대를 통해 국민의 생활수준을 향상시켜 냉전 대립에서 우위를 점유해야 하는 미국은 무분별한 개발과 산업발전으로 국민에게 행복감을 주었다. 이러한 미국의 소비문화는 캐나다와 유럽의 자본주의 국가로 확산되었다. 인류가 발전하고 진보하여 편리한 생활수준으로 향상될수록 이산화탄소 배출량도 함께 증가하였다.

1950년대 환경보호가들은 미국의 자원소비가 지속가능한 수준을 초과했다고 경고하였다. 미국은 발전된 화학기술을 활용한 살충제와 제초제, 화학비료를 사용하여 새로운 품종을 개발하여 농업의 산업화를 구축하였다. 넓은 면적에 단일 품종만을 경작하는 산업형 농업은 지역의 생물다양성을 저해했고 살충제와 제초제 사용으로 토양을 황폐화시켰으며 보다 많은 물을 소비하게 했다. 미국은 무역을 통해 개발도상국의 천연자원을 싼값으로 사용하였으며 산업형 농업을 개발도상국으로 확대하였다. 소련을 중심으로 한 동유럽 국가들도 이러한 추세에 합세하면서 전 세계 자원과 에너지를 제한 없이 사용함으로써 자연환경은 파괴되어 갔다.

1970년대 이후 환경보호운동, 글로벌 시장경쟁 물결

1972년 MIT 연구팀의 '성장의 한계' 보고서는 산업화된 인류 문명이 개발을 멈추지 않으면 100년 이내에 몰락할 것을 경고했다. 1973년과 1978년의 석유 파동을 통해 무분별한 소비에 경종을 울리며 자연환경 보호에 관한 관심과 활동이 활발하게 시작되었다. 하지만 국제시장에 의존도가 높아지는 글로벌 시장경제 환경으로 인해 다시 급속한 발전과 대량생산, 대량소비의 시대가 펼쳐지며 오늘날에 다다랐다. 20세기 중반 이래 세계 경제 발전으로 전 세계에 걸쳐 수백만 명이 빈곤에서 벗어났고, 교육기회와 성 평등, 정치적 발언권까지 누리게 되었으나 경제발전은 엄청난 양의 자원을 소비하게 했다. 인간 활동이 극적으로 늘어나며 자원 사용량이 몇 배나 증가하고, 이 때문에 대기권의 온실가스 축적부터 해양산성화, 생물다양성 파괴에 이르기까지 생태적 영향이 가속되었다.

인류와 지구의 관계가 근본적으로 변하였다. 과거 지구는 인간에게 있어 너무 커서 인간이 무슨 일을 하던가 크게 상관없던 관계였다. 그러나 이제는 안정적이고 회복력 있는 지구시스템이 인간의 수많은 활동으로 파괴되어 인류가 지구에 압도적인 영향을 끼치는 관계가 된 것이다.

인류세로 들어선 우리가 홀로세 시절의 안정과 평온을 되찾고 유지하려면 어떻게 해야 하나? 이제 인류는 존속과 번영을 위해 자신들이 의존하던 지구를 관리할 책임이 생겼다. 우리 사회를 움직이는 시장경세에서, 자본이 우리를 움직이는 힘은 엄청나나 의식적으로 그 힘을 거역할 수 있다면, 우리는 인류세를 돌이킬 수 있다. 자본의 힘에 의한 인간 활동으로 본의 아니게 인류세가 시작됐지만, 우리의 의식적인 선택과 책임 있는 활동으로 돌이킬 수 있다는 희망이 있다. 이미 익숙해진 소비패턴과 풍요로운 생활 방식을 환경보존과 기후변화 대응을 위해 바꾸면서 불편함을 감수하는 선택을 할 때이다.

서울환경영화제

2004년 시작한 서울환경영화제는 영화를 통해 환경과 인간의 공존을 모색하고 미래를 위한 대안과 실천을 논의하는 페스티벌로서 시급한 환경문제를 다룬 국내외 우수 작품들을 소개함.

인류세: 파괴의 역사(Breakpoint: A Counter History of Progress) (프랑스, 2019)
아마존 최후의 숲(The Last Forest) (브라질, 2021)
느린 텃밭, 느린 밥상(The Home of Snails) (스페인, 2020)
66미터(66Metres) (독일, 2020)

1.3 지구의 위험한계선

지구시스템은 인간 활동에 의한 손상을 잘 흡수하여 회복시키며 정상 상태에 유지해 왔지만, 어떤 임계점(tipping point)을 넘어서면 변화가 일련의 도미노처럼 이어져 급격히 다른 상태로 불가역적인 이행을 시작한다고 과학자들은 말한다. 스웨덴과 덴마크, 캐나다, 미국 등 세계 18개국 공동 연구팀은 인류가 지속적으로 살 수 있도록 지구 전체 시스템을 안전하게 유지하는 데 결정적인 역할을 하는 9개의 영역 가운데 절반에 가까운 4개 영역이 인간 활동의 영향으로 '지구위험한계선(Planetary boundaries)'을 넘어섰다고 보고했고 (Steffen et al, 2015), 이후 추가분석에서는 한 영역이 추가되어 5개 영역이 지구위험한계선을 넘었다.

지구위험한계선은 인류가 지구상에서 안전하게 살 수 있는 환경 영역을 말하는 것으로 환경파괴가 진행돼 인류의 안전이 보장되는 영역을 벗어나게 되면 즉, 지구위험한계선을 넘어서게 되면 위험이 증가하는 영역으로 들어서게 된다. 환경파괴가 더 진행돼 완전히 고위험 영역으로 들어서게 되면 지구시스템은 원상태로 돌아오기 어려울 뿐 아니라 갑작스러운 환경변화가 초래될 가능성이 커진다. 어느 시점부터라고 명확하게 밝혀진 것은 없지만 고위험 영역에서는 지구환경이 현재와는 전혀 다른 상태로 갑작스럽게 바뀔 가능성이 있음을 의미한다.

연구팀이 분류한 9개의 영역은 다음과 같다.

(1) 기후변화

(2) 생물다양성의 파괴 - 멸종, 풍부성

(3) 산림파괴로 인한 지표시스템 변화

(4) 담수 이용 문제

(5) 생물권과 해양에 질소(N)와 인(P)의 과잉 공급

(6) 해양산성화

(7) 기후나 생물에 영향을 미치는 대기 중 에어로졸 증가

(8) 성층권 오존층 파괴

(9) 신물질 등장(예: 방사성 물질, 나노 물질, 유기 오염물질 등)

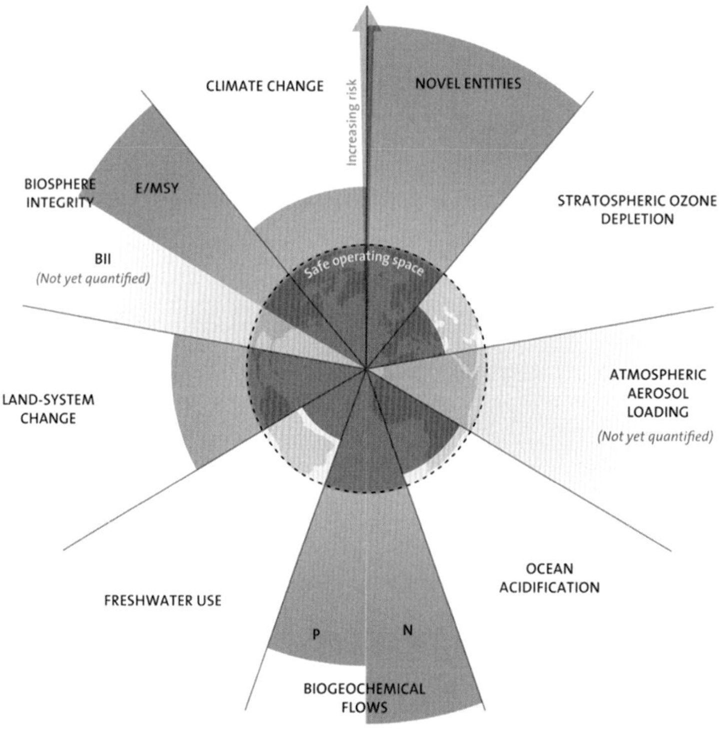

그림 2.1 위험한계선

출처: Stockholm Resilience Centre, Persson et al(2022)과 Steffen et al(2015)의 분석을 기반으로 Azote가 작성

9영역 가운데 (1) 기후변화, (2) 생물다양성 파괴, (3) 산림파괴로 인한 지표시스템 변화, (5) 생물권과 해양에 질소와 인의 과잉 공급, (9) 신물질 등장의 5개 영역이 지구위험한계선을 넘어선 것으로 보고 있다. 이 5개 영역은 이미 인류의 지속적이며 안전한 삶을 위협하고 있다는 의미이다.

(1) 기후변화의 경우, 대기 중 이산화탄소 농도는 안전한 영역(350ppm 이하)을 넘어 지구위험한계선을 넘어서 위험이 증가하는 영역(350~450ppm)에 들어선 것으로 판단하였다. 450ppm을 넘는 경우는 고위험 영역으로 분류된다. 대기 중의 온실가스 농도가 높아질수록 지구의 온도는 높아간다. (2) 생물다양성 파괴 가운데 '멸종' 부분은 연구 시점 현재 1년 동안 100만 종의 생물 가운데 100~1,000종의 생물이 멸종하는 것으로 조사되어 고위험 상태로 보고 있다. (3) 무분별한 산림파괴로 인한 지표시스템이 변화되었다. 과도한 산림파괴는 수증기와 태양열 흡수에 변화를 초래하여 기후변화를 일으킬 뿐 아니라 생물다양성에도 큰 영향을 미치게 된다. 지표시스템의 변화는 지구위험한계선을 넘어 위험 증가 영역에 들어 있는 것으로 보고 있다. (5) 생물권과 해양에 질소(N)와 인(P)이 과잉 존재하게 된 것은 곡물 수확량을 증가시키기 위한 화학비료의 과다 사용에 기인한다. 토양에 흡수된 비료 성분인 질소와 인이 호수나 바다로 흘러 들어가 식물성 플랑크톤을 과다하게 번식시켜 적조나 녹조현상을 발생시킨다. 이는 생태계의 균형을 깨뜨리고 마시는 물인 담수 이용에도 위험을 준다. 질소와 인의 과잉 공급 문제는 이미 고위험 상태에 빠진 것으로 보고하였다. (9) 방사능이나 유기 물질과 같은 인간이 만든 신물질의 존재도 고위험 상태로 분류하였다. 합성 유기 오염물질 등 독성화합물이 생물권과 해양에 배출되면 매우 오랜 기간 잔존하며 돌이킬 수 없는 결과를 불러올 수 있다.

(4) 담수 이용 문제와 (6) 해양산성화 문제, (8) 성층권 오존층 파괴 문제는 현재까지는 안전한 영역에 있는 것으로 분류했다. 하지만 담수가 고갈될 경우 호수와 강, 지하 대수층까지 손상되어 물순환과 기후를 변화시킬 수 있다. 이산화탄소 배출량의 1/4은 해양에 녹아드는데 이때 해양이 산성화된다면 해양생태계에 위험을 가져온다. 오존층 파괴는 심각한 수준이었으나 전 지구적인 노력으로 회복한 경험이 있다.

(7) 대기 중 에어로졸 증가와 (2) 살아남은 생물의 풍부성에 대한 부분은 아직 연구가 충분하지 않아 인류에 어떻게 위협이 될지 평가하기 어려운 것으로 분류하였다. 에어로졸이라고 불리는 미세먼지는 연기, 먼지, 공해성 기체와 같이 공기 중에 배출되어 생명체에 손상을 입히며 구름 형성에 영향을 미치어 강우 패턴까지 변화시킨다.

인류의 지속적인 삶을 위협하는 지구의 변화는 인간 활동의 결과 때문에 발생하고 있다. 인류가 지속적으로 살아갈 수 있도록 지구시스템을 안전하게 유지하는 데 결정적인 역할을 하는 이들 9개의 영역은 독립된 영역이 아니라 상호의존적인 관계를 맺는다. 하나의 영역이 지구위험한계선을 넘어서면 다른 영역도 한계선을 넘어설 가능성이 크다. 급격한 온실가스의 증가는 기후변화와 생물다양성 영역에, 그리고 해양산성화와 지표시스템 변화, 대기 중 에어로졸 증가에 영향을 미칠 수 있다(안영인, 2017).

인류는 과학자의 경고와 국제적인 정치 협력의 작용으로 오존층 파괴의 위기를 헤쳐나간 경험이 있다. 한편 코로나 팬데믹은 서식지 파괴에 따른 생물 생태의 변화가 인구과잉, 접촉 과잉의 인간 문명과의 상승작용으로 발생시킨 것이다. 우리에겐 인류의 지속적인 삶을 위협하는 활동이 아닌 안정적인 지구시스템을 회복하기 위한 행동이 필요하다. 당장 거창하게 빙하나 산호초를 모니터링하여 지구변화의 경종을 울릴 수는 없지만, 자원 재순환과 화석연료와 에너지의 최소 사용, 물 사용 최소화, 생물다양성의 증진 노력을 하면서 우리 지구의 안전과 생태계의 상호작용에 귀 기울이는 지혜와 기술이 필요하다.

넷플릭스가 제작한 환경 다큐

〈브레이킹 바운더리 - 지구의 과학(Breaking Boundaries - The Science of our Planet)〉

지구의 기후 환경이 안정되어 있어서 지금껏 인류 문명이 발달할 수 있었다. 대기 중 이산화탄소 농도가 적절한 수준(350ppm 이하)을 유지하였기 때문인데, 1987년에 이 선을 넘었고, 2020년에는 415ppm 선도 넘겼다. 지구의 한계가 무너지고 있다. 생물의 다양성은 깨지고 기후는 변화하고 있다. 그래서 과학자들은 "지금처럼 살면 안 된다!"라고 경고한다. 2020년부터 2030년까지 국제사회가 기후변화를 막지 못하면 지구가 인간을 적대시하며 공격하는 끔찍한 상황이 발생한다. 지구의 위험한계선을 넘어버리면 통제 불능 상태가 되어 인류가 멸절할 것이라고 주장한다.

그럼 어떻게 살아야 하는가? 이 위기에서 벗어날 방법을 과학자들이 제시한다. 요한 록스트룀은 지구환경의 경계 내에서 새로운 문명의 해법을 찾아야 하며, 앞으로 10년이 가장 중요한 시기로 이것은 우리 모두의 사명이라고 언급한다.

넷플릭스, 환경 다큐

대지에 입맞춤을(Kiss the Ground, 82분)
우리의 지구, 하나뿐인 지구(Our Planet, 50분)
우리의 지구를 위하여(A Life on Our Planet, 77분)
씨스피라스(Seaspiracy, 90분)
플라스틱, 바다를 삼키다(Plastic Oceans, 100분)
미니멀리즘(Minimalism, 51분)
나의 문어선생님(My Octopus Teacher, 90분)

2. 경제의 프레임 변화, 도넛 경제학 모델

2.1 도넛 경제학 모델의 본질

영국 경제학자 케이트 레이워스(Kate Raworth)는 기존의 경제학 이론이 세계가 작동하는 방식에 대해 비현실적인 가정과 전제를 늘어놓고 있고 오히려 사회의 중요한 문제들은 완전히 무시하는 경향이 있음을 깨닫고, 자신의 국제 현장 경험을 바탕으로 뛰어난 학식과 통찰력으로 새로운 경제학인 도넛 경제학을 창안하였다. 도넛 경제학은 '포용적이고 지속가능한' 경제모델로서 인간과 환경을 함께 지키기 위해서 넘지 말아야 할 선을 도넛 모양으로 표현한 것이다. 사회적 경계선과 지구적 경계선이라는 두 가지 선으로 그려진 도넛은 인간의 안녕을 지키는 사회와 자연생태라는 두 조건을 시각화한 것이다.

안쪽 경계선은 사회적 기초를 나타내는 것으로 그 안으로 떨어지면 기아와 문맹 같은 심각한 인간성 박탈 상태가 된다. 사회적 기초란 모든 사람이 반드시 누려야 할 최소수준의 안녕을 뜻한다. 그리고 바깥쪽 원의 경계는 생태적 한계를 보여주는 것으로, 인간이 지구에 가하는 스트레스가 한계를 넘어 그 밖으로 나가게 되면 기후변화와 생물다양성 상실 등 심각한 환경위기에 처하게 된다. 지구의 생태적 한계는 어느 누구라도 넘어서는 안 되는 선이다. 두 경계선 사이에 도넛(모양)이 있으니 이 공간이야말로 지구가 베푸는 한계 안에서 만민이 안전하고 정의롭게 필요와 욕구를 충족하며 살아가는 곳이다(그림 2.2).

도넛의 본질: 사회적 기초란 모든 이가 반드시 누려야 할 최소 수준의 안녕이며,
지구의 생태적 한계는 누구도 넘어서는 안 되는 선이다.
이 사이 공간이 만인이 안전하고 정의롭게 살아가는 곳이다.

그림 2.2 도넛의 본질

출처: 도넛 경제학(2018)

도넛의 안쪽 경계인 사회적 기초는 2015년 UN의 '지속가능한 발전목표'에서 구체적으로 지적하여 제시한 문제로 12가지 영역으로 되어 있다. 인간의 존엄성을 지켜주는 사회적 기초가 되는 기준 영역으로 식량, 보건, 교육, 소득과 일자리, 평화와 정의, 정치적 발언권, 사회적 공평, 성 평등, 주거, 각종 네트워크, 에너지, 물과 위생이다. 도넛의 바깥쪽 경계인 생태적 한계는 요한 록스트룀과 윌 스테펀 등의 환경과학자들이 제시한 지구위험한계선(planetary boundaries)에서 지구시스템 유지에 결정적인 역할을 하는 9가지 영역으로 이루어졌다. 이 생태적 한계를 벗어나면 기후변화, 해양산성화, 화학적 오염, 질소와 인 축적, 담수 고갈, 토지 개간, 생물다양성 손실, 대기오염, 오존층 파괴가 일어나서 치명적인 환경위기를 맞게 된다. 따라서 두 개의 원 사이, 즉 도넛의 안쪽 경계와 바깥쪽 경계 사이에서 인간의 경제시스템이 운용되어야 한다. 이것이 지구가 베푸는 한계 안에서 균형을 이루며 인간의 필요와 욕구가 충족되는 영역이다.

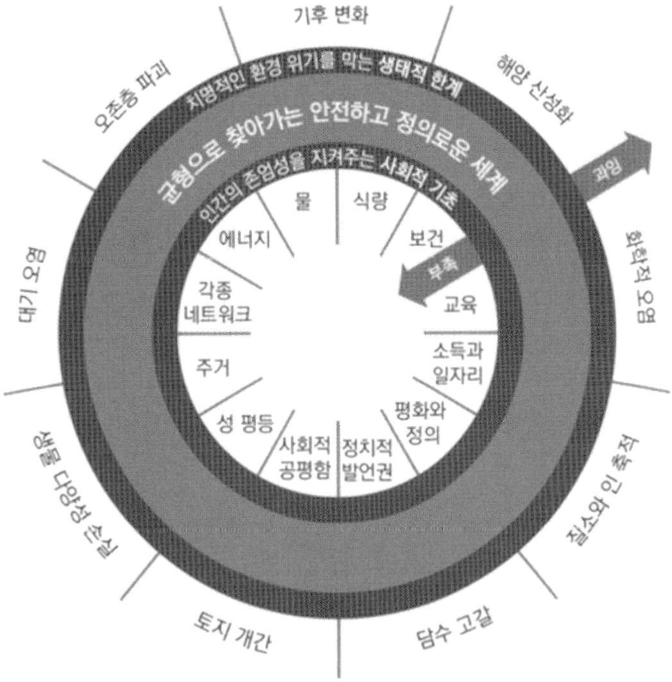

그림 2.3 도넛 경제학 모델

출처: 도넛 경제학(2018)

2.2 21C 경제 사고방식의 변화

도넛 경제학을 제시한 레이워스는 우리의 정신에 남아 있는 기존 경제학에 기반한 사고를 뒤집어 우리 시대의 필요와 문제에 맞춰 적용할 수 있도록 경제학을 재해석하였다. 지금까지 우리의 정신을 지배해온 경제학적 그림들이 우리의 생각과 환경에 어떠한 파괴적인 영향을 미쳐왔는지 설명하며 변화해야 할 7가지 사고방식을 제시하였다. 레이워스는 도넛 경제모델로 개별 국가는 물론 전 지구가 함께 귀 기울여야 할 긍정적인 대안을 제시하였다. 21세기 경제인으로서 사고하는 일곱 가지 방법은 다음과 같다.

2.2.1 목표를 바꿔라 (GDP → 도넛)

1년 동안 한 나라의 영토에서 생산된 재화와 서비스의 시장 가치 총액인 GDP(국내총생산)는 오랫동안 한 나라의 경제 상태를 나타내는 대표 지표로 사용하며 진보의 척도로 여겼고, 이 생각은 고착되어왔다. 하지만 오늘날 우리가 처한 사회적 문제와 환경위기 상황으로 볼 때 GDP 성장을 목표로 삼는 것은 어리석은 일이다. 경제성장을 보여주는 GDP의 무한 성장을 목표로 할 때는 이를 위해 생명과 생태계 파괴를 정당화하였으며, 그 결과 소득과 부의 극단적인 불평등, 기후변화 등의 수많은 사회·환경문제가 발생했다.

21세기 인간 활동의 나침판, 도넛

인간이 자신의 삶을 누리기 위해 무엇이 필요한지의 근본적인 질문을 도넛 경제학에서는 '지구가 허락하는 범위에서 세계 모든 개개인이 존엄과 기회와 공동체를 향유하는 것'으로 답한다. 21세기 인류의 나침판이 되어줄 도넛은 '세계를 보호하면서 모든 사람의 필요를 충족시키는 미래'를 지향한다. 도넛의 안쪽 경계인 사회적 기초는 모든 사람에게 부족해서는 안 되는 삶의 기초요소로 충분한 식량, 깨끗한 물과 위생시설, 에너지 접근권과 청결한 조리 시설, 교육과 의료서비스, 제대로 된 주거, 최소 소득과 안정적인 일자리, 사회적 지원망 등이고, 이를 달성하기 위해 사회적 공평, 성 평등, 정치적 발언권, 평화와 정의 등이 지켜져야 한다. 이러한 목표들은 2015년에 이미 천명되었다. UN 193개 국가가 모여 2030년까지 달성하기로 약속한 '지속가능한 발전목표'가 그것이다.

도넛의 바깥쪽 경계인 생태적 한계를 넘어가면 지구의 생명유지시스템이 압박을 받게 되어 큰 위험에 처하게 된다. 대기오염과 오존층 파괴, 생물 다양성 파괴, 담수 고갈, 질소와 인의 과잉축적, 화학적 오염, 해양산성화, 기후변화가 위험한계를 넘게 되면 인류는 평온한 존속이 어렵게 된다. 하지만 두 경계 사이에 도넛 모양의 최적 지점 안에서 인간 활동이 이루어진다면 생태적으로 안전하면서 사회적으로 정의로운 목표가 달성될 것이다. 21세기 우리의 목표는 'GDP의 무한 성장'이 아니라 환경과 사회를 생각하는 '도넛 안에서 균형 잡힌 삶'으로 대체해야 한다. 즉 지구의 한계 안에서 모든 개개인의 인간적인 권리를 보장하는 목표를 세워야 한다.

2.2.2 큰 그림을 보라 (자기 완결적 시장 → 사회와 자연에 묻어든 경제)

기존의 주류 경제학은 경제 전체를 '경제순환모델'이라는 제한된 그림으로 설명하고 있다. 민간경제 주체인 가계와 기업이 시장이라는 메커니즘을 통해 생산과 소비의 상호의존 관계를 맺으면서 순환한다. 가계는 생산요소를 공급하고 그 대가로 임금과 이윤을 얻고

기업으로부터 재화와 서비스를 사들이는 데 소득을 지출한다. 이러한 경제순환에 정부, 은행, 무역이 개입되어 순환의 흐름을 바꿔놓기도 한다. 정부는 세입으로 가계소득을 가져가나 공공지출로 다시 제공한다. 은행은 가계소득을 저축으로 가져가 투자로 되돌려 준다. 이러한 주류 경제학은 시장이나 기업, 금융, 무역, 국가, 가계를 포함한 경제순환모델을 묘사하고 있지만, 그 모델에는 사회와 지구, 권력 등은 제외되어 있다. 주류 경제학은 지구와 태양에너지의 존재를 무시하고 있어서 기후변화와 산림 파괴, 토양 황폐화와 같은 생태적 관심사에 주목하지 못했다.

도넛 경제학에서는 20세기 주류 경제학의 각 영역별 세부특성을 다음과 같이 묘사한다.

- 시장: 효율적이기 때문에 완전히 자유롭게 작동하도록 할 것
- 기업: 이윤을 극대화하기 위해 합법적인 규칙 내에서 자본과 노동을 결합시켜 생산을 하는 혁신적인 주체이니 주도권을 줄 것
- 금융: 금융자산의 가격은 언제나 모든 관련 정보를 완전히 반영한다고 믿음. 오류를 범하는 일이 없으니 무조건 신뢰할 것
- 무역: 당사자 모두 이익이 되는 일이니 무역 장벽을 해체하여 모두 개방할 것
- 정부: 시장에 개입하지 않는 것이 나음
- 가계: 노동과 자본을 시장에 공급하는 존재지만, 크게 관심을 두지 않음
- 코먼스(commons)[7]: 1960년 개릿 하딘(Garrett Hardin)의 '공유지(코먼스)의 비극'에서 묘사했듯이 공유하는 자원은 결국 고갈되는 비극으로 끝나니 사유화하거나 정부가 규제해야 함
- 권력: 시장에서 국가의 독점적 권력 외 모든 권력은 경제와 무관하다고 생각하고 언급하지 않음
- 사회: 존재하지 않는 것이니 무시할 것
- 지구: 영원히 훼손되지 않는 것이니 가져가고 싶은 만큼 가져갈 것

7 도넛 경제학을 번역한 역자는 '공유재'로 번역하기에 적절하지 않아 코먼스 원어를 사용함. 공유재로 번역하기에는 사회적 관계와 과정을 담지 못하는 단점이 있다고 언급함

한편 21세기 경제학, 도넛 경제학은 경제 분석의 출발점이 완전히 다르다. 자족적이고 자립적인 시장의 신화는 끝이 났고 그 대신 가계, 시장, 코먼스, 국가라는 4가지 영역을 통한 조달 개념이 들어왔다. 레이워스는 '묻어든 경제(The Embedded Economy)'라고 명명한 그림 2.4와 같은 다이어그램을 제시하였고, 작동의 '자기 완결적인 시장'에서 '사회와 자연에 묻어든 경제'로의 변화를 이야기하였다. 이 그림은 첫 번째로 우리의 생명 세계인 지구의 태양에서 에너지를 얻는다. 지구에는 인간 사회가 있으며, 그 사회 안에 경제활동이 있고, 그 안에는 다시 가계, 시장, 코먼스, 국가 등이 있어서 인간의 필요를 충족하는데 필요한 것을 조달하는 중요한 기능을 한다. 그리고 이들을 움직이게 하는 금융의 흐름이 있다.

경제는 땅과 물, 대기로 이루어진 생물권 안에 존재하며, 근본적으로 지구라는 '원천'에 의존한다. 지구로부터 석탄, 석유, 구리처럼 유한한 자원을 추출하고, 작물과 어류, 목재와 같은 재생 가능한 자원을 수확한다. 그런 다음 경제는 지구를 쓰레기 폐기장으로도 의지한다. 경제는 자연 안에, 그리고 사회 안에 포함되어 태양에서 나오는 에너지를 동력으로 움직인다. 지구로부터 자원과 에너지를 끊임없이 취하면서 쓰레기와 폐기 열을 끊임없이 흘려 내보내는 경제는 지구의 생명유지시스템이 무너져 세계 경제까지 붕괴하는 지경에 이르지 않도록, 어느 정도 양의 에너지와 물질을 관통할지 질문해봐야 한다.

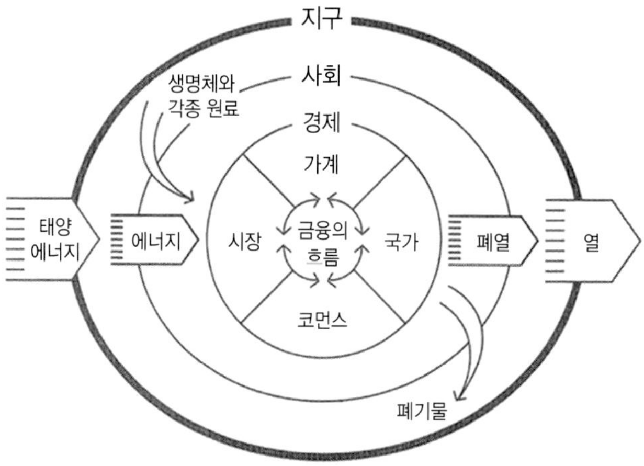

묻어든 경제. 사람들의 여러 필요와 욕구를 충족시킬 수 있는 상이한 방식을 인정하면서도
경제가 사회 내부, 또 세계 내부에 안정적으로 둥지 틀게 만든다.

그림 2.4 도넛 경제학의 '묻어든 경제'

출처: 도넛경제학(2018)

그리고 '묻어든 경제'에 포함된 영역들을 다음과 같이 묘사한다.

- 지구: 생명의 근원이니 그 한계와 경계선을 존중할 것
- 사회: 생활의 기초이니 그 안에서 여러 관계가 풍성히 자라게 할 것
- 경제: 다양한 시스템을 내포하고 있으니 그 모두를 지원할 것
- 가계: 핵심이니 이들의 기여에 가치를 부여할 것
- 시장: 강력한 것이니 사회와 자연에 지혜롭게 어우러지게 할 것
- 코먼스: 창조적인 것이니 그 잠재력을 한껏 풀어둘 것
- 정부: 필수적인 것이니 명확히 책임지게 할 것
- 금융: 하인 역할을 하니 사회에 복무하게 할 것
- 기업: 혁신적인 존재이니 목적을 부여할 것
- 무역: 양날의 칼이니 공정하게 이뤄지도록 할 것
- 권력: 어디에서 속속들이 침투하니 남용되지 않게 할 것

'묻어든 경제'는 단순히 소득의 흐름만 추적하는 것이 아니라 안녕의 근간이 되는 자연, 사회, 인간, 물질, 금융과 같은 여러 부의 원천을 이해하는 쪽으로 관심을 돌린 것이다. 시장을 더욱 효율적으로 작동하게 만드는 데만 초점을 두는 대신, 다음과 같은 질문의 답을 고찰하는 데 관심을 두었다. 가계와 코먼스, 시장, 국가라는 4가지 조달 영역은 각각 어떤 경우에 인류의 다양한 필요와 욕구를 가장 잘 충족시키는가? 이 영역들이 최상으로 작동하려면 기술, 문화, 사회적 규범은 어떻게 변화해야 할까? 이 네 영역이 함께 작동하는 가장 효과적인 방법은 무엇일까?

2.2.3 인간 본성을 피어나게 하라 (합리적 경제인 → 사회 적응형 인간)

합리적 경제인은 주류 경제학 이론에 있는 인간상이다. 19세기에 마련된 경제적 인간 모델로서 자신의 이익에 충실하게 끊임없이 계산하는 인간이다. 하지만 현실 세계의 사람들과 차이가 있다는 것을 우리는 안다. 레이워스는 경제학이 그리는 인류의 모습이 반드시 바뀌어야 한다고 주장한다. 인간 본성이 매우 복잡하다는 것을 이해하여 인간의 본성을 풍부하게 피워낼 수 있을 때 도넛의 안전하고 정의로운 공간에서 모두 함께 피어나게 해주는 경제가 될 가능성이 커진다는 것이다.

이 과정에서 인간의 본성에 대한 혁신적인 발견을 하여 다섯 가지 혁신상을 소개하였다.

가. 이기적인 인간에서 호혜적인 인간으로...

✓ *우리는 속 좁게 자기 이익 때문에 움직이는 존재가 아니라 사회적인 존재이며 호혜성으로 움직이는 존재다.*

우리는 자기 이익을 살피는 동시에 남의 이익도 살피는 존재다. 물론 남의 것을 빼앗거나 몰리 숨겨두기도 하며 서로 싸우기도 하지만 분명한 것은 서로 나눈다는 사실이다. 인간은 지구의 모든 생물 종 가운데 가장 협동적인 종이다. 타산적으로 거래하는 성향만 있는 것이 아니라 그와 함께 나누고 베풀고 답례하는 성향도 있다. 아마 협동할 때 자기 집단의 생존 가능성이 더 커진다는 사실을 알고 있기 때문일 것이다.

나. 고정된 선호로부터 유동적 가치로...

✓ *우리가 선호하는 것은 고정되어 있지 않고, 우리가 가진 여러 가치는 모두 유동적이다.*

사회심리학자 슈워츠와 동료들은 문화를 초월해 널리 인정되는 인간의 기본적 가치로 자기주도, 자극, 쾌락주의, 성취, 권력, 안전, 순응, 전통, 자비, 보편주의의 10가지를 분류하고 그들 가치 사이의 역동적인 상호관계를 설명하였다(그림 2.5). 10가지 인간의 기본 가치를 2가지 차원, 즉 개방성-보수성, 자기 향상-자기 초월로 구분하였다. 개방성은 독립성과 새로운 것을 추구하는 것과 관련되며 이와 상반된 보수성은 자기 제한, 그리고 변화에 대한 저항과 관련된 것이다. 자기 향상은 사회적 지위와 개인적인 성공과 관련된 영역이고 자기 초월은 개인보다 모든 사람의 안녕과 관련된 데에 관심이 있다. 상반된 이들 가치영역은 서로 다른 가치를 강화하기도 약화하기도 한다. 예를 들어 권력이라는 한 가치가 발동된다면 이는 인근 성취의 가치를 활성화하며 상극에 놓인 보편주의와 자비의 가치는 약화하는 경향이 있다. 한편 이 두 차원의 가치영역들 가운데 개방성과 자기 향상은 개인에 초점이 모인 가치이며, 자기 초월과 보수성은 사회에 초점이 모인 가치이다(Schwartz, 1994).

- 자기주도: 독립적 사고와 활동 - 선택, 창작, 탐구
- 자극: 인생에서 즐거움과 새로움, 도전
- 쾌락주의: 쾌락 또는 감각적인 만족
- 성취: 역량을 발휘하여 사회적 기준에 충족하는 개인적 성공
- 권력: 사회적 지위와 명성, 사람들에 대한 통제 또는 지배
- 안전: 사회, 관계, 그리고 자신의 안전과 조화, 안정
- 순응: 타인에게 해를 끼치거나 사회적 기대와 규범을 위반할 가능성이 있는 행동이나 성향, 충동을 억제
- 전통: 문화가 제공하는 관습과 사상에 대한 존중과 헌신, 수용
- 자비: 자주 접촉하는 사람들의 복지를 보존하고 증진하는 것
- 보편주의: 모든 사람의 복지와 자연에 대한 이해와 감사, 관용, 보호

그림 2.5 인간의 기본 가치의 역동적 상호관계

출처: Schwartz, S.(1994). Are There Universal Aspects in the Structure and Contents of Human Values?

모든 사람에게 나타나는 이러한 가치들은 어떤 행동을 하는데 동기로 작용하며, 어떠한 가치가 동기로 작용하는지는 개인과 문화에 따라 차이가 있다. 어떤 사람에게 성취와 권력

은 지배적인 가치이지만 다른 어떤 사람에게는 자비와 보편주의가 지배적인 가치일 수 있다. 또한 특정 가치를 활성화하는 계기가 있을 때 그 가치는 동기부여가 된다. 만일 '자기주도' 가치를 상기시키면 리스크를 감수하려는 경향이 증가하며, '전통'과 '순응'이라는 가치를 상기시키면 새로운 자극을 추구하거나 일탈에 관심이 적어진다는 것이다. 사람의 이러한 가치들은 일생에 걸쳐 변할 수 있고 심지어 하루에도 여러 번 변할 수 있다.

다. 고립된 존재에서 상호의존적인 존재로...

✓ *우리는 고립된 개인이 아니라 서로 의존해 살아간다.*

다른 사람들의 선택에 영향을 받지 않는 고립된 존재로 묘사된 합리적 경제인은 수리경제모델로 설명하는 데는 편리한 가정일 수 있으나 인간의 본성에 맞지 않다. 인간은 대개 사회적 규범을 따르고 준거인이 기대하는 대로 행동한다. 우리의 선호와 구매 결정 등의 행동에 미치는 사회적 영향력은 크며 다양한 네트워크로 연결된 현시대는 그 영향력이 더욱 강력해졌다.

라. 계산적 사고에서 근삿값 사고로...

✓ *우리는 악착같이 계산하는 존재가 아니라 대충 근사치를 구하면 만족하는 존재다.*

인간의 합리성은 제한되어있다는 사실에 많은 사람이 공감할 것이다. 오히려 실제 인간은 비합리적인 결함이 많다. 레이워스는 진화심리학자 게르트 기거렌처의 주장을 인용하여 인간이 어떤 결정을 내릴 때마다 무의식적으로 생각의 지름길을 찾아 적당히 들어맞는 '주먹구구 계산법'을 사용하며 진화했고, 이것이 정밀한 계산보다 더 나았던 상황이 많았을 것이라고 했다. 인간은 결정을 내릴 때 치밀하게 계산하기보다 어림짐작으로 발견한 방법, 즉 근삿값에 근거하여 행동을 더 많이 한다는 것이다.

마. 지배하는 존재에서 의존하는 존재로..

✓ *우리는 자연 위에 군림하는 지배자가 아니라 생명의 망 속에 포함된 존재다.*

인간과 자연의 관계에서, 전통적으로 서양에서는 인간이 자연을 지배하며 생계에 필요한 것을 자연으로부터 얻어 사용하는 것을 당연하게 여겼었다. 하지만 인류는 자연생태계의 꼭대기에 군림하는 존재가 아니라 자연생태계에 포함된 존재이며 생물권의 구성원으로 봐야 한다. 인간 중심적 가치를 벗어나 자연 세계에 내재한 본질 가치를 존중하는 법을 배우며, 지구에서 차지하는 인간의 위치를 이해하며 세계 생명의 상호의존적 체계에 기초한 세계관으로 발전시킬 필요가 있다.

2.2.4 시스템의 지혜를 배워라 (기계적 균형 → 동학적 복잡성)

주류 경제학에서는 경제 현상을 설명하기 위해 기계적 모델을 많이 사용해 왔다. 경제학은 과학과 성격이 다른데도 뉴턴의 운동 법칙과 같은 과학 법칙을 차용하여 경제학에 적용하는 경향이 있다. 예를 들어 수요와 공급의 균형에서도 수요와 공급이 일치하는 점에서 시장 가격이 형성되고, 시장의 균형상태에 도달한다고 하면서 기계적 균형을 이야기한다. 하지만 이제는 경제를 어떤 조건들로 통제할 수 있는 기계로 보고 그 조건을 찾으려 노력하기보다 경제를 영속적으로 진화하는 일종의 복합체로 보고 관리해야 할 때이다. 오늘날 우리는 시장 메커니즘이 아니라 시장이라는 유기체를 이야기하고 있을 때 훨씬 지혜를 배울 수 있다. 21세기 경제학은 경제를 어떤 기계적 균형에서 파악하기보다 역동성과 복잡성을 가진 시스템으로 파악하여야 한다.

2.2.5 분배를 설계하라 (경제가 성장하면 부자가 된다 → 분배적인 경제 설계)

20세기 후반을 지배한 경제 논리로서 평등하고 부유한 사회가 되기 위해서는 먼저 극도로 불평등한 사회적 고통을 감수해야 한다는 것이 있다. 진보를 위해 불평등은 불가피하고 좋아지기 전에는 먼저 나빠지는 법이며 성장하게 되면 모든 것이 다 좋아지게 되어 있다는 것이다. 계속해서 경제성장을 하게 되면 결국 모두 개선될 것이라는 말이지만 이는 잘못된 생각이다. 불가피한 경제적 고통은 필요 없으며, 설사 그 과정을 거친다고 해도 공평해지지는 않는다. 불평등은 진보를 위해 필수적으로 겪어야 하는 단계가 아니라 단지 정책적 선택일 뿐이다. 이러한 경제 정책적 선택, 즉 정책설계 오류로 인간과 사회, 자연을 광범위하게 손상해왔다. 공평과 평등을 유지하면서도 경제성장을 유지할 수 있으며, 경제성장이 불평등을 줄여주기를 기다리지 말아야 할 것이다.

21세기 경제학은 경제에서 생겨나는 가치들이 더 잘 분배되도록 여러 가지 방법들을 설계해야 할 것이다. 공평한 경제는 의식적으로 설계된 규칙을 추구함으로써 만들어진다. 레이워스는 분배 설계 원리를 집약적으로 보여주는 '여러 플로로 이루어진 네트워크(network of flows)'를 제시하였다(그림 2.6). 크고 작은 결절, 즉 노드들이 플로의 망 속에 연결된 형태의 분산형 네트워크이다. 네트워크는 자연의 수많은 사례에서 입증되었듯이 전체 시스템에서 믿을만한 방식으로 자원을 분배하는 성공적인 구조이다. 따라서 경제 구조를 어떠한 종류의 분산 네트워크로 만든다면 거기서 생겨나는 소득과 재산을 더 공평하게 분배할 수 있다. 소득의 재분배에만 초점을 맞출 것이 아니라 부(재산)를 재분배하는 여러 가지 방법, 특히 기업, 기술, 지식, 화폐 창출 권력, 토지 등을 통제하여 분배하도록 설계하여 부와 재산을 재분배하는 것이다. 이를 실현하기 위해서는 시장, 코먼스, 국가의 힘을 모두 활용해야 할 것이다.

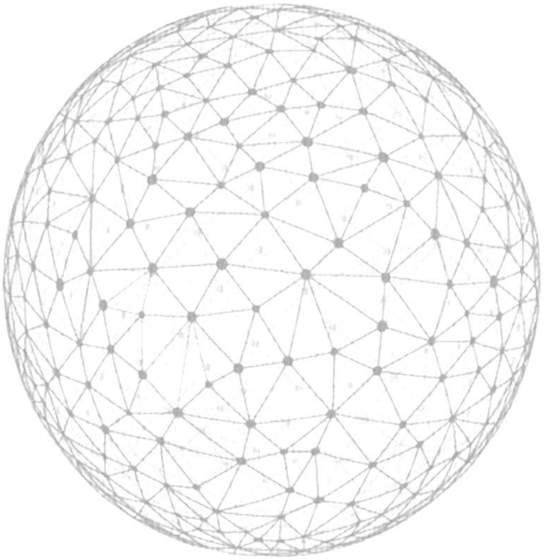

그림 2.6 여러 플로로 이뤄진 네트워크

출처: 도넛경제학(2018) p.207.

2.2.6 재생하라 (경제가 성장하면 환경도 정화된다 → 재생적인 경제 설계)

1990년대 초 미국의 경제학자 그로스먼(Grossman)과 크루거(Krueger)는 40여 개국의 GDP 추이와 그 지역의 공기 오염과 수질 오염을 연구하여, GDP가 증가하면 처음에는 오염도 증가하는데 그다음에는 점차 감소한다는 결과를 발표했다. 마치 경제성장이 알아서 모든 오염을 개선할 것으로 이야기한다. 그러나 사실은 경제성장이 오염을 줄인 것이 아니라 문맹률이 낮고 국민의 정치적 권리와 시민권이 존중되는 나라일수록 환경의 질이 높은 것이다. 바로 기업이 환경친화적인 기술을 사용하고 정부가 더욱 엄격한 환경기준을 적용하도록 압력을 넣는 시민의 힘 때문이다.

먼저 부자나라가 된 선진국 때문에 온 인류가 기후변화의 고통을 겪어야 하는 이유는 지난 200년 동안 산업 활동이 선형적인 산업 시스템에 기반해 왔고 그 시스템의 설계가 본질적으로 퇴행적이기 때문이다. 퇴행적인 산업경제는 지구에서 광물과 금속, 생물 연료, 화석연료를 취해서 각종 제품을 만들어내고, 그 제품을 소비자에게 판매한다. 소비자는 제품을 사용하고 빠른 시간 안에 버린다. 레이워스는 이를 가장 간단한 형태로 그림 2.7과 같이 나타냈으며, 애벌레와 비슷한 모습이라고 했다.

그림 2.7 퇴행적으로 설계된 애벌레 산업경제

출처: 도넛경제학(2018) p.248.

자연에서 취한 자원을 재생하며 순환하는 경제 설계가 아니라 기존의 산업 규모를 유지하기 위해 자연에서 자원을 계속 취해 소모하는 퇴행시스템이다. 이제는 새로운 패러다임, '재생하는 경제 설계'로 대체해야 할 때이다. 21세기에 필요한 경제는 선형이 아니라 순환형 경제를 창출하며 인간이 지구의 생명순환 과정에 온전히 참여하도록 회복시켜줄 재생적 설계이다.

끊임없이 유입되는 태양과 풍력, 조력 등의 재생에너지를 동력 삼아 반복적으로 필요한 제품을 만들어낸다는 점에서 재생적이다. 자연자원을 취해 만들고 사용하고 버리는 선형적 애벌레 패러다임과 달리 나비 모양인 재생적 경제 설계는 재생에너지로 작동하며, 모든 유독 화학물질을 제거하고 폐기물과 폐열을 근본적으로 생성하지 않도록 설계하는 재생적인 순환경제 설계이다.

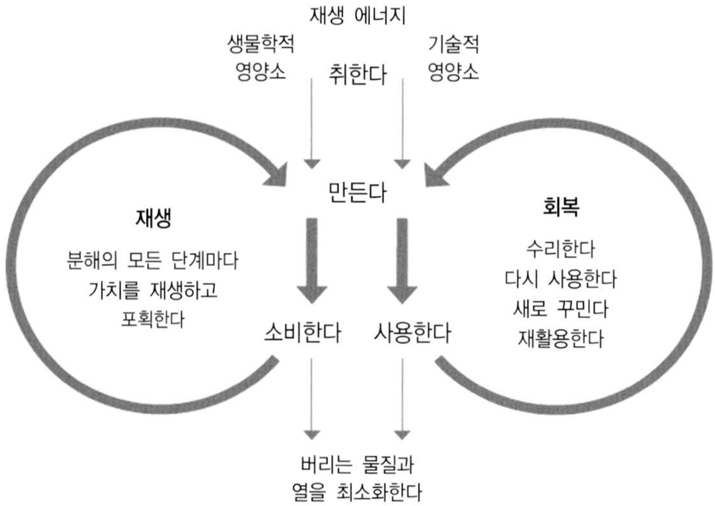

그림 2.8 나비 경제: 재생적인 경제 설계

출처: 도넛 경제학(2018) p.257.

'폐기물은 곧 자원'이라는 인식으로 생산과정에서 나온 폐기물을 매립지로 보낼 것이 아니라 다음 생산과정의 원료로 사용하는 것이다. 식물과 동물, 토양 같은 생물학적 영양소와 플라스틱, 합성물질, 각종 금속 등의 기술적 영양소로 분류한 물질을 취하여 나비의 양 날개 부분의 두 순환주기와 같이, 절대로 다 써버리지 않고 재생과 회복을 통해 재생하는 것이다. 영양소로 표현한 물질을 끝없이 사용할 수 있는 핵심은 자연이 이들 영양소를 재생하는 속도보다 더 빨리 수확하지 않고, 영양소들이 생애 주기를 거치는 매 단계에서 나오는 여러 원천을 충분히 활용하며, 자연에 선물을 되돌려주는 방식으로 생산 구조를 설계하는 것이다. 예를 들어 커피콩 찌꺼기를 버리지 말고 버섯을 기르는 데 양분으로 사용하거나 동물사료로, 그리고 동물 배설물은 두엄이 되어 토양으로 되돌아가게 하는 것이다.

한 나라의 경제가 커지면 물질 발자국도 커지며 기후변화와 물 부족, 해양산성화, 생물다양성 손실, 화학적 오염 등에 대한 압력도 커진다. 지금껏 퇴행적으로 설계된 산업경제를 움직여왔지만, 이제는 재생적인 경제로 재설계하며 전환하는 일이 과제이다.

2.2.7 경제성장에 대한 맹신을 버려라 (지상 과제로서 경제성장 → 성장에 대한 맹신 보류)

주류 경제학은 경제성장을 지상 명령으로 보지만 자연에서는 그 어떤 것도 영원히 성장하지 않는다. 저성장 고소득 사회에서 경제성장에 대한 맹신에 저항하는 것은 쉬운 문제가 아니다. 하지만 오늘날 경제는 우리 삶이 풍요롭게 피어나는지는 무시한 채 경제성장만 원하며 성장 중독에 빠져 있다.

21세기 경제학의 과제는 생명의 네트워크 속에서 모두 함께 번영하는 경제를 만들어 '도넛'의 안전하고도 정의로운 공간 안에서 균형을 이루며 삶을 꽃피우는 것이다. 그 첫걸음은 작은 마을에서 전 지구에 이르는 모든 차원의 경제가 사회와 생명 세계 안에 담겨 있다는 사실을 인정하는 것이다. 그리고 가정경제, 코먼스, 시장, 국가가 우리의 수많은 필요와 욕구를 충족하는 효과적인 수단이며 이들이 함께 상호작용할 때 가장 잘 작동한다는 사실을 인정하는 것이다. 인간의 본성을 더 잘 이해한다면 사회적 호혜성과 가치들을 잠식하지 않는 제도와 이를 강화하려는 장려책을 만들어 낼 수 있다. 경제에 본질적으로 내재한 복잡성을 받아들인다면 우리는 지혜와 능력을 발휘할 수 있으며 재생적인 경제로 전환할 가능성을 열어준다. 도넛 경제학에서는 21세기 경제학자로서 사유하는 방법 7가지를 나열하였고 이는 계속 발전하며 진화할 것이다(도넛 경제학에서...).

3. 공유의 시대, 공유경제

3.1 공유경제란 무엇인가?

정보통신기술(ICT, Information and Communication Technology)의 발달로, 네트워크를 사용해 소비자 중심의 시민사회 참여를 가능하게 하는 공유경제가 최근 환경오염과 경기침체에 대한 대안을 모색하는 사회운동으로 확대되어 활용되고 있다. 여기서는 공유경제의 등장 배경을 살펴보고 공유경제가 지닌 의미에 대해 알아보고자 한다.

3.1.1 공유경제의 개념과 등장 배경

공유경제(Sharing Economy)는 물건을 소유하는 개념이 아닌 서로 빌려주고 빌려 쓰는 개념으로 인식하여 경제활동을 하는 것을 말한다. 즉, 한번 생산된 제품이나 서비스 등을 각자 소유하기보다 여럿이 함께 나눠 쓰는 협력 소비 혹은 협업 소비를 기본으로 하는 경제 방식을 의미한다(Lessig, 2008).

극심한 불황을 겪고 있던 미국에서 1984년 하버드대학교 마틴 와이츠먼(Martin L. Weitzman) 교수가 '공유경제: 불황 정복(The Share Economy: Conquering Stagflation)'이라는 논문을 발표하며 공유경제 개념을 처음으로 알렸다. 그 후 미국 불황에 대한 대책으로 공유경제를 주장하며, '공유경제'라는 책을 출간하여 많은 관심을 끌었다. 그러나 와이츠먼 교수가 제안한 공유경제는 극심한 경기침체 해결을 위한 방안으로 기업의 수익을 공유하는 의미였으며, 최근 거론되는 공유경제와는 차이가 있다.

최근 의미의 공유경제와 비슷하게 쓰인 것은 2002년 몬트리얼대학교 에잔 맥카이(Ejan Mackaay) 명예교수가 '지적재산과 인터넷: 공유의 공유'라는 논문에서 리눅스와 디지털을 사례로 언급하면서부터이다. 이후 본격적으로 공유경제를 논의한 것은 2008년 하버드대학교의 로런스 레식(Lawrence Lessig) 교수가 상업경제와 대비되는 개념으로 공유경제를 체계적으로 설명하면서이다. 상업경제가 교환의 핵심을 가격 혹은 화폐로 규정하는 것에 비해, 공유경제에서 모든 교환의 가치는 화폐나 가격만으로 설명할 수 없다고 한다. 즉 공유경제를 '복잡한 사회적 관계요소로 접근 가능한 시스템'으로 설명하였다. 그가 규정한 공유경제에는 비금전적인 요인이 포함되어 있어, 공유경제가 작동하는 데 비금전적인 동인은 공유경제를 재정의하는데 중요한 기준이다. 공유경제의 참여 동인을 '나 혹은 너'의 유익이라고 강조하여, 공유경제와 상업경제를 구분하는 기준점을 언급하였다.

표 2.1 상업경제와 공유경제의 비교

<table>
<tr><th colspan="2"></th><th>상업경제</th><th>공유경제</th></tr>
<tr><td colspan="2">비즈니스 유형</td><td>기업과 소비자간 전자상거래(B2C)
기업(공급자) – 개인(소비자)</td><td>개인간 전자상거래(P2P)
개인(공급자) – 개인(소비자)</td></tr>
<tr><td colspan="2">공급자 유형</td><td>해당 분야 전통 전문 기업(택시, 호텔 등)</td><td>스타트업, 초소형(마이크로) 기업가</td></tr>
<tr><td rowspan="2">중개자</td><td>재화의 연결</td><td>직접/전화 또는 인터넷(앱 또는 웹 등)</td><td>인터넷(앱 또는 웹 등)</td></tr>
<tr><td>소속</td><td>(주로) 공급자 회사
(공급자 = 중개자)</td><td>(주로) 공유경제 전문 플랫폼 기업
(공급자 ≠ 중개자)</td></tr>
<tr><td colspan="2">(서비스) 활용 단계</td><td>(공유 경제 기업보다) 복잡</td><td>(기존의 서비스 단계와 비교해) 단순</td></tr>
<tr><td colspan="2" rowspan="4">기본 철학</td><td>소유</td><td>공유</td></tr>
<tr><td>이윤 창출</td><td>가치 창출(경험)</td></tr>
<tr><td>경쟁</td><td>신뢰</td></tr>
<tr><td>과잉 소비</td><td>협력 소비</td></tr>
</table>

출처: 머니투데이, 2014.08.03.

즉, 공유경제는 20세기 자본주의 경제의 대량생산체제에서 소유개념과 대비해 생겨난 개념으로, 물건은 물론이며 부동산이나 생산설비, 서비스 등을 개별적으로 소유할 필요 없이 필요한 만큼 빌려 쓰고, 자신이 필요 없는 경우 다른 사람에게 빌려주는 공유소비의 의미를 담고 있다. 이는 자원 활용을 극대화하는 경제활동으로 소유자 입장에서는 효율을 높이고, 구매자는 보다 더 저렴한 가격에 이용할 수 있는 소비형태인 것이다.

2008년 미국발 세계 경제위기로 저성상, 취업난, 가계소득 저하 등 사회문제가 심각해지자 과소비를 줄이고 합리적인 소비생활을 하자는 인식이 등장하였고, 최근 기후변화 대응을 위한 탄소 중립이 필수적인 인간 활동이 되면서 공유경제에 대한 관심이 더욱 커졌다. 이에 소셜네트워크 서비스와 인터넷을 중심으로 하는 IT 기술의 발전은 개인 대 개인과의 거래를 편리하게 만들어 공유경제의 활성화를 가능하게 하였다.

3.1.2 공유경제의 의미

'온라인 투 오프라인(online to offline)'이라는 O2O는 말 그대로 오프라인에 온라인 기술이 접힙되면시 새롭게 대이닌 혁신을 의미힌다. 경제의 횔성화뿐 아니라 지속가능한 지구를 만들자는 최근의 공유경제는 O2O를 통해 가속화되고 있다. 온라인과 오프라인 융합의 높은 경제적 효율성을 기반으로 지구생태계를 구하려는 공유경제의 활동이 본격화될 수 있을 것이다.

개인의 소유를 기본개념으로 하는 전통경제와 대비되는 개념으로 집이나 자동차 등 자산은 물론 지식이나 경험을 공유하며 합리적 소비와 새로운 가치 창출을 구현하는 신개념인 공유경제는 이용자와 중개자, 사회 전체 모두 이익이 되는 윈-윈(win-win)구조를 지향하고 있다. 예를 들어, 기존 기업은 제품 생산과 판매를 통해 벌어들인 수익과 사회 환원을 분리하여 활동하는 반면, 공유경제에서는 거래 당사자들이 이익을 취할 뿐 아니라 거래 자체가 자원의 절약과 환경문제 해소를 가능하게 하여 사회 전체에 기여한다.

물건을 소유해서 사용하지 않은 기간의 비용과 감가상각을 감당하는 것에 비하면 필요할 때만 빌려서 쓰는 것만큼 경제적인 것은 없을 것이다. 공유경제는 바로 이런 소비자의 욕구를 만족시켜 주는 최적의 방법이다. O2O는 필요할 때만 빌려 쓸 수 있는 공유경제의 다양한 서비스를 제공함과 동시에 현재 내가 사용하지 않는 물건을 대여해서 새로운 이익을 얻을 수 있는 일석이조의 합리성을 제공한다.

미국 시사 주간지 타임은 2011년 '세상을 바꿀 수 있는 10가지 아이디어' 중 하나로 공유(sharing)를 제시하며 공유경제를 부상시켰다. 같이 생산하고 같이 소비하는 호혜적이며 협력적인 공유경제방식은 인류의 역사와 함께 늘 존재했지만, 기존의 공유와 달리 지금의 공유는 시간과 공간을 초월하여 전 세계가 연결된 ICT 기반의 혁신적인 공유이며, 이러한 연결을 통한 공유시스템으로 공유경제의 새로운 장이 열린 것이다.

3.1.3 새로운 공유경제의 조건

과거의 공유경제와 달리 새로운 공유경제가 본격적인 경제의 틀을 갖게 된 데는 다음과 같은 조건이 기반이 되었다(김대호, 2018).

1) ICT의 발달이 기반이 되었다.

초고속 인터넷과 모바일 기술의 발달은 세계 어디서나 동시에 무엇인가를 공유할 수 있도록 만들었고, 규모가 커짐에 따라 거래 비용은 크게 줄었다. 저렴한 비용으로 시간과 공간의 한계를 벗어버리고, 전 세계에서 실시간으로 판매자와 구매자가 만날 수 있게 된 것이다.

2) 소셜 네트워크에 의한 연결의 질적, 양적인 변화가 공유경제의 발전에 기여하였다.

공유는 연결을 기본으로 하며, 공유가 하나의 경제 행위로 발전하려면 경제 참여 주체들 간의 신뢰가 필요한데, 바로 소셜 네트워크가 그 역할을 가능하게 해주었다. 신뢰가 커짐에 따라 소셜 공동체의 공유 행위가 공유경제시스템으로 확대될 수 있는 것이다. 이렇듯 스마트폰과 사회관계망서비스(SNS)의 대중화로 재화의 접근과 공유가 손쉬워졌으며, 판매자와 구매자의 평판 조회와 신뢰가 가능해지면서 기존의 공유 문화가 사업화된 것이다.

3) 현재 인류는 사회적 불평등과 환경적 위협 같은 사회문제에 대한 관심이 증가하고 있다.

사회적 불평등, 기후변화와 자원고갈 등의 사회문제를 해결하고자 하는 사회운동이 확산하고 있고 전 지구적 차원에서 해결하고자 하는 움직임이 활발해졌다. 이러한 환경과 사회문제에 대한 관심으로 지금까지의 자원의 생산을 무한히 늘리는 데서 벗어나 적정한 생산과 소비, 효율성에 관심을 두게 되었다.

4) 세계의 가장 보편적인 경제체제인 자본주의 경제와 충돌하면서 보완하고 있다.

타인을 배제한 소유권을 기본으로 하는 자본주의 경제와 달리 공유경제는 소유가 아니라 공유를 기반으로 한다. 공유경제에서는 접근문화가 소유문화를 대체하고 있어서 여러 집이 세탁기를 공유하거나 동네에 있는 자동차 공유센터에서 필요할 때 차를 빌려 쓸 수 있다. 타인과 공동의 경험을 공유하고, 상품과 서비스도 공유하는 것이 공유경제의 혁신이다. 활용도가 낮은 자본과 서비스의 활용도를 높이는 쪽으로 개선해 효과적으로 활용하도록 확산시켜 소비선택의 폭을 넓힌다. 하지만 공유경제에서는 총 가치에서 시장 거래로 유통되는 부분이 줄어들기 때문에 GDP는 꾸준히 감소할 수 있다. 새로운 방식으로 경제적 가치를 측정하는 경제 패러다임으로 전환된다. 공유경제는 자본주의 경제를 대체하지는 않지만 보완함으로써 자본주의 경제의 문제점을 부분적으로 해결할 수 있다.

3.2 공유경제의 거래형태

공유경제는 소비와 생산의 경계가 허물어지며 탄생한 새로운 소비형태로 소비생태계에 새로운 지각변동을 일으키고 있다. 기업 입장에서 보면 각종 기업이 공유기업에 투자하거나 공유 서비스를 출시하는 등 변화에 합류하고 있다. 어도비는 사진 공유 서비스 '포토리아'를 인수했으며, 페이스북은 사진 공유 서비스 '인스타그램'을 인수하는 등 '공유경제'는 기업들에 신선한 마케팅 사례로 작용하고 있다. 향후 공유경제의 핵심은 정보의 비대칭을 해소하고 소비자, 공급자 모두에게 최대한의 정보를 공유하는 것으로, 새로운 비즈니스 기회를 확대해 나가는 근간이 될 것이다.

공유경제는 집, 책, 자동차 등 다양한 재화의 공유는 물론이고 재능 및 지적재산의 공유영역까지 확대되고 있다. IT와 SNS의 활성화로 다양한 분야에서 재화와 지식을 공유하는 소비패턴의 움직임이 빨라지고 있다. 생산자는 플랫폼에 자신이 가진 자원을 등록하고 소비자는 스마트폰을 이용해서 해당 자원의 사용을 요청하면 되는 것이다.

공유경제에서 공유의 대상은 유형과 무형을 모두 포함하며, 거래형태에 따라 크게 1) 쉐어링, 2) 물물교환, 3) 협력적 커뮤니티의 세 가지로 분류할 수 있다.

3.2.1 쉐어링(Sharing)

쉐어링은 사용자가 상품이나 서비스를 소유하지 않고 사용할 수 있는 방식으로, 상품의 혜택에 직접 접근하는 데 비용을 지불하는 것이 소유하는 것보다 낫다는 것이다. 이는 상품과 서비스를 소유하는 데서 오는 불필요한 일을 줄일 수 있다. 대표적인 사례로는 카쉐어링이 있다.

3.2.2 물물교환

물물교환은 필요하지 않은 제품을 필요한 사람에게 재분배하는 방식으로 주로 중고매매를 말한다.

3.2.3 협력적 커뮤니티

협력적 커뮤니티는 특정한 커뮤니티 내부 사용자 사이의 협력을 통한 방식으로 유형과 무형의 자원 전부를 다룬다. 자신의 공간을 여행자에게 제공하는 에어비앤비(AirBnB)나 지식 공유 플랫폼 위즈돔, 여행 경험을 공유하는 플레이플래닛(PlayPlanet) 등이 널리 알려진 협력적 커뮤니티 공유경제이다.

보츠먼은 20세기가 초 소비(hyper consumption) 시대로 개인의 소유를 기반으로 하여 광고가 매개하며 신용을 중요시한 시대였다면, 21세기는 접근의 공유를 기반으로 공동체를 매개로 하며 평판이 중요시되는 시대라고 하였다(Botsman, 2015).

3.3 소비 분야의 공유경제 사례

공유경제를 협력소비라고 부를 정도로 소비 분야에서 공유경제는 주목할 만하다. 에어비앤비와 우버로 대표되는 공유경제 소비는 빈집과 빈방, 주차장 등의 공간에서부터 자동차와 가구, 의류, 도서, 잡화, 더 나아가 음식과 지식, 재능에 이르기까지 서비스를 공유하는 것으로 확산하고 있다.

3.3.1 숙박 공유 서비스: 에어비앤비(Airbnb), 원파인스테이, 러브홈스와프

숙박 공유 서비스는 합리적인 소비성향의 증가, 여행 트렌드의 변화, IT플랫폼 비즈니스의 성장 등이 맞물려 등장하게 되었다.

1) 에어비앤비(AirBnB)

2007년 샌프란시스코에서 아파트 월세를 내느라 힘들어하던 두 명의 친구가 용돈을 벌기 위해 타 도시에서 온 사람들에게 거실을 내주면서 시작한 일이 시간이 지난 현재에는 수십조 원의 가치를 지닌 에어비앤비로 성장하였다. 이로써 숙박 공유사업이 알려졌고, 현재는 유사한 수많은 숙박 공유 사업자가 생겨났다.

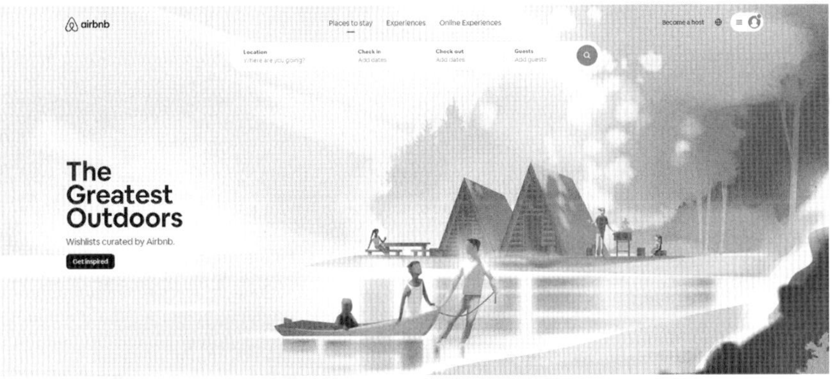

AirBNB 메인 웹사이트 www.airbnb.com

IT 플랫폼을 기반으로 하여 개인 숙박 공유 공급자와 수요자를 연결하는 P2P형태의 비즈니스로서 온라인과 모바일을 통해 전 세계의 숙소를 공유하는 것이다. 숙박 공유 사업자는 숙소의 주인과 이용자를 연결하여 그에 대한 수수료를 받는 방식을 취하며, 숙소의 가격은 숙소 주인이 정한다. 가공되지 않은 그 나라의 고유문화와 공간을 느끼고 싶어 하는 외국인 여행객의 니즈를 충족시켜주는 서비스이며 일반적으로 관광도시의 높은 숙박요금에 대한 재정부담을 줄여주는 일거양득의 효과가 있다.

세계 최대의 숙박 공유 서비스인 에어비앤비는 국내에서도 앱을 통해 쉽게 이용할 수 있으며, 국내여행에도 저렴한 가격에 숙소를 이용할 수 있게 해준다. 에어비앤비 숙소는 전 세계 여러 지역에 걸쳐 아파트부터 캠핑카, 보트, 섬 등 다양한 공간 형태로 제공되며 호스트별로 제공하는 서비스가 차별화되어 있다. 소품종 대량생산의 기존 숙박업과 달리 에어비앤비는 다품종의 숙박시설 및 서비스를 제공한다(최다정, 2016). 하우스셰어링은 효율적이란 평가를 받지만 이용자의 부주의 사례도 많이 찾아볼 수 있어서 최근 에어비앤비는 적격한 숙소에 한해 집주인을 위한 보험정책을 제공하고 있다.

국내 에어비앤비 웹페이지 (호스트 되기) www.airbnb.co.kr

2) 원파인스테이(Onefinestay)

상류층을 대상으로 한 고급 숙박 공유 서비스로 차별화한 원파인스테이는 뉴욕, 로스앤젤레스, 샌프란시스코, 런던, 파리, 로마 등의 부자 동네에 있는 고급 주택 소유주와 럭셔리 여행객을 연결해 주는 서비스를 제공하고 있다. 현지의 고급 주택을 이용하고 싶은 여행자들의 욕구에 부합하는 서비스이다.

기존 숙박업체인 하얏트호텔은 원파인스테이에 약 440억 원을 투자하기도 했다.

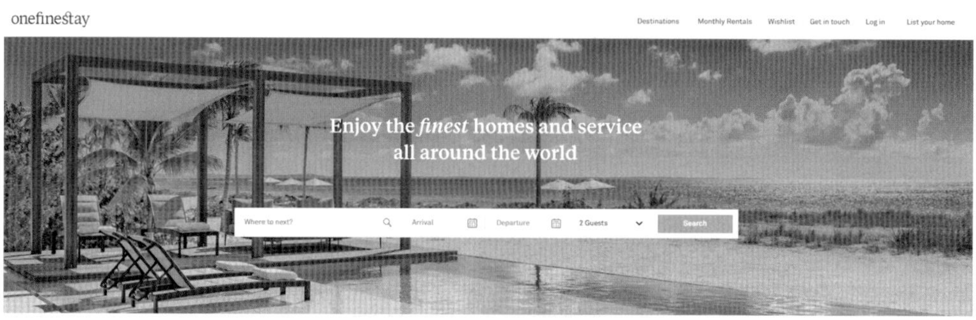

원파인스테이 메인 웹사이트 www.onefinestay.com

3) 러브홈스와프(Lovehomeswap)

미국 LA와 영국 전원에 사는 두 여인이 각자의 집을 바꿔 크리스마스를 지내는 내용의 영화 '로맨틱 홀리데이(The holyday)'에서 착안하여 2011년 각자의 집을 바꿔 사용하는 공유 서비스 기업으로 시작한 러브홈스와프는 처음 250가구에서 시작하였으나 최근 160여 개국, 약 6만 2,000가구 이상의 집을 회원으로 등록한 세계 최대 규모의 주택 교환 공유사이트이다. 회원은 다양한 나라와 지역에 있는 다른 회원의 집 사진을 보고 취향에 맞는 집을 선택할 수 있다. 내 집을 빌려주고 지중해 바다가 보이는 근사한 집에서 머무를 수 있는 일이 현실이 되었다.

러브홈스와프 웹사이트 www.lovehomeswap.com/v2/destinations

3.3.2 차량 공유 서비스: 우버, 집카, 블라블라

차량공유는 공유 성격에 따라 카헤일링과 카셰어링으로 구분된다. 카헤일링(car-hailing)은 이동서비스의 공유, 즉 이동을 원하는 소비자와 차량 및 기사를 제공하는 사업자를 연결해 주는 서비스로서 주로 P2P(peer to peer)형태로 운영된다. 카셰어링(car-sharing)은 '차'라는 자산을 공유하며, 일종의 단기 렌탈 방식으로서 주로 B2P(business to person) 형태로 운영된다.

1) 우버(Uber)

우버는 소비 분야의 차량 공유경제 기업으로 P2P, 즉 개인과 개인을 연결하는 파일 교환 서비스를 개발하였다. IT플랫폼, SNS공유, GPS 서비스의 발달은 이러한 공유경제 비즈니스를 가능하게 하였으며, 성장하게 만들었다.

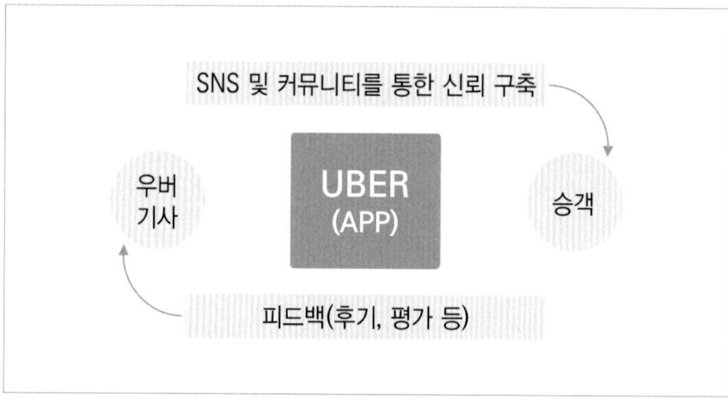

우버는 승객과 운전기사를 스마트폰 애플리케이션으로 연결해 주는 기술 플랫폼이다. 우버 앱을 통해 택시를 소유하지 않은 운전기사도 자신의 개인 차량으로 승객을 태울 수 있다. 우버에는 등록된 택시나 운전기사도 없는 셈이며, 단지 앱으로 승객과 운전기사를 연결해 주는 서비스를 제공하는 허브 역할만 수행한다. 결제는 우버 앱을 통해서만 이루어지며, 요금은 택시처럼 일정 거리 당 요금이 정해져 있는 시스템이 아니라 날씨, 시간, 요일에 따라 차등 적용되며, 수요와 공급에 따라 변동되는 자체 알고리즘으로 요금을 측정한다. 수익 구조는 기사로부터 받는 중개 수수료이다.

우버는 사업을 확장시켜, 차량 공유 플랫폼에서 모빌리티플랫폼 기업으로 확장하고 있다. 모바일 음식 주문 및 배달 플랫폼인 우버잇츠(Uber eats), 헬리콥터 운송시스템인 우버초퍼(Uber Chopper) 등이 있다.

우버의 성공은 비슷한 차량 공유 서비스를 탄생시켰고, 이후 전 세계적인 차량 공유시스템 서비스가 등장하는 데 발판을 마련해 줬다. 우버 서비스는 기존 시장과의 마찰로 갈등이 있으나 이용자 급증으로 우호적 환경이 조성되며, 대부분 국가에서 이용가능하다.

국내에서는 일반인의 자가용을 이용한 승차 공유가 규제대상이므로 국내 우버택시는 현지 택시를 제공하는 서비스이다. 세계 최대 차량 공유기업인 우버는 국내 SK텔레콤 자회사 티맵모빌리티와 합작하여 우티(UT, 우리들의 택시)를 만들어 운행하고 있다. 우버의 검증된 배차 알고리즘과 글로벌 시장에서 쌓은 경험, 그리고 티맵을 가진 운전기사와 고객 풀로 운전기사와 승객, 지역 공동체의 상생을 도모한다는 각오를 보였다.

2) 집카(ZIP CAR)

2000년 미국에서 시작한 집카는 사용한 만큼 돈을 지불하고 함께 빌려 사용하는 개념을 도입한 B2C 카쉐어링(car sharing) 플랫폼으로 우버와는 다르게 회사 소유의 차량을 회원들이 공유하는 방식이다. 집카의 전용 주차장에 주차된 차량을 앱이나 인터넷, 전화를 활용해 빌려 사용하는 방식으로 필요한 시간을 분 단위 혹은 시간 단위로 빌리기 때문에 합리적인 가격에 이용가능하다. 집카는 기존 렌터카와는 달리 연료, 보험, 일상 정비 비용이 요금에 포함되어 있어 예약한 시간만큼 비용을 지불하면 된다.

집카는 공유경제의 특성을 잘 살려 차량 확보가 쉽고 차량이 필요한 지역에 집중적으로 차를 배치하여 소비자의 편의성을 높이고 있다. 또한, 차를 사용하지 않는 시간에 발생하는 시간적 낭비와 차량이 증가함으로써 발생하는 자원과 환경문제까지 모두 해결해 주는 셈이다.

집카는 국내에서 2009년 그린카(Green Car), 2011년 쏘카 서비스를 시작하였다. 두 업체 모두 간편하게 예약하고 반납할 수 있다. 근처 '존'에 있는 차량을 예약해 앱에 포함된 스마트키 기능으로 차 문을 열고 원하는 만큼 이용한 후에 지정 주차장에 반납하면 되는 것이다. 그린카와 쏘카는 현재 국내에서 활발히 운영되고 있으며, 현재 이용자가 꾸준히 증가하고 있다.

3) 자동차 공유 서비스의 파생, 프랑스의 블라블라카(BlablaCar)

장거리 여행에 돈을 내고 합승할 동승자를 구하여, 동승자는 저렴한 비용으로 장거리 여행을 갈 수 있다. 웹사이트에서 거리와 연료비를 기준으로 좌석당 추천가격을 계산하고, 이용자들은 온라인을 통해 빈 좌석을 직접 예약하는 시스템이다. 이용자는 SNS를 통해 의견을 나누고 피드백을 통해 신뢰도를 파악한다. 여성에게는 여성들만 탈 수 있게 하는 여성 전용 서비스도 제공하고 있다.

3.3.3 공유 모빌리티 플랫폼: 공공자전거, 공유 전동킥보드

1) 공공자전거 공유 서비스

자전거를 국가나 지방자치단체에서 개인에게 빌려주고 반납하는 체계를 갖춘 근거리 대중교통 공유 서비스이다. 무인 대여소로 운영되며, 모바일 앱을 사용하여 대여하고 반납하는 방식이다. 공공자전거로 먼저 서울시가 제공하는 '따릉이'가 있다. 따릉이의 누적 가입자 수는 330만 명(2022.01.01. 기준)을 넘어서서 서울 시민의 3분의 1이 이용하는 셈이며, 계속하여 이용자 수가 증가할 전망이다. 이용자가 스마트폰에 따릉이 앱을 깔고 GPS를 통해 위치정보를 제공하면 주변 따릉이를 볼 수 있다. 미리 따릉이를 모바일로 대여 예약을 한 후에 비밀번호를 설정하여 따릉이가 있는 곳으로 가서 따릉이의 화면에 비밀번호를 입력하면 대여가 시작된다. 사용 후 따릉이를 주차할 수 있는 공간에 가서 반납하게 되면 대여가 종료되고 요금이 앱에 등록된 개인카드로 결제된다.

국내 공공자전거 대여 제도로는 서울시 따릉이 외에, 경기도 고양시의 피프틴, 안산시의 페달로, 수원시의 반디클, 세종특별자치시의 어울링, 광주광역시의 타랑께, 대전광역시의 타슈, 경상남도 창원시의 누비자, 전라남도 여수시의 유바이크 등이 있다.

2) 공유 전동킥보드

초소형 1인 이동수단인 마이크로 모빌리티 시장이 성장함에 따라 공유 전동킥보드 시장도 크게 성장하고 있다. 모바일 앱을 사용하여 1인 전공 킥보드를 대여하여 전동 킥보드를 소유하지 않더라도 원할 때마다 자유롭게 이용할 수 있다. 이용방법은 공유자전거와 동일하여 모바일 앱을 통해 주변 공유킥보드를 탐색하여 대여하여 사용하고 등록된 카드에서 자동 결제가 된다. 이용객의 60% 이상이 20-30대 청년층이며, 지쿠터, 디어, 지빌리티, 씽씽이, 킥고잉 등 다양한 업체가 등장하여 운영하고 있다.

공유 모빌리티는 다음과 같은 문제점을 해결해야 한다. 한국교통안전공단에 따르면 모빌리티 교통사고가 연평균 95.5% 증가하여, 이용자뿐 아니라 자동차 운전자나 보행자의 안전까지 위협하고 있다. 그리고 이용자들이 교통 법규를 준수하지 않거나, 원동기 이상의 면허 소지, 안전모의 착용, 차도 주행 등의 이용사항을 어긴다는 것이다. 대부분 업체가 주차 장소를 지자체 등과 협의 없이 임의로 지정하고 있어 전동킥보드가 늘어날수록 민원 발생 등 문제가 될 소지가 크다.

3.3.4 주차 공유 서비스, 저스트파크(JustPark)

저스트파크는 주차공유 서비스로 영국에서 등장하여, 개인 주차장이나 공공주차장과 운전자들을 모바일로 연결하여 주차를 이용할 수 있다. 영국 전역에서 사용되지 않고 있는 주차장을 활용해서 수많은 사람을 연결하여 편리하게 사용하게 하여 주차요금을 최대 70%까지 저렴하게 이용하는 것을 가능하게 했다. 우리나라에서도 비어있는 주차공간을 시간대별로 나눠 이용하는 '모두의 주차장'을 찾아볼 수 있다.

3.3.5 의류 및 가정용 물건의 공유

입지 않은 옷이나 가정용 물건을 공유 장터에 내놓고, 필요한 사람은 저렴한 가격에 구매하는 것으로 열린 옷장, 공유옷장, 프로젝트 앤 등이 있다. 특히 아동복은 사용하는 기간이 짧기 때문에 다른 사람들과 공유하는데 매우 적합하다. 이러한 공유경제 확산은 정부의 창업 지원 프로그램을 통해 이루어졌다.

3.3.6. 음식 공유 서비스

한 호스트가 일정 비용을 받고 외부인을 일반 가정에 초청에 음식을 공유하는 서비스이다. 음식 공유(meal sharing) 서비스는 숙박 공유가 음식 공유로 확장된 것으로 에어비엔비가 낯선 사람에게 집을 제공할 수 있게 되었다는 것을 보여준 후에 음식도 낯선 사람과 공유할 수 있다는 인식의 확산이 가져온 공유 서비스이다. 국내에는 '집밥'이 있었고, 국제적 서비스로는 원파인디너(Onefinedinner), 이트위드(Eatwith) 등이 있다.

'소셜다이닝(social dining)'은 SNS를 통해 관심사가 비슷한 사람들끼리 만나 식사를 하며 인간관계를 맺는 것을 말한다. 이러한 소셜 다이닝이라는 신문화를 확산시켰던 '집밥'은 2012년 5월 문을 열어 밥 친구가 필요한 사람이 "같이 밥 먹을 사람 찾아요"라는 글을 올리면 희망자가 댓글을 다는 형식으로 운영하였다(현재는 서비스 중단). 누구나 소셜 다이닝의 호스트와 게스트가 될 수 있으며 함께 식사를 하면 더욱 맛있다는 모토처럼 식사 공유를 통해 낯선 사람과 친해지는 즐거움을 누릴 수 있다. 이후 공유주방, 쿠킹클래스, 톡파티 등의 소셜다이닝을 매개로 한 식사 공유 비즈니스가 활발하게 이루어지고 있다. 음식 공유는 음식을 레스토랑보다 저렴하게 먹을 수 있고, 이보다 더 큰 장점은 기존의 음식

제공 서비스에서 경험할 수 없는 사회적 경험이 주는 혜택이다. 1인 가구가 늘면서 하나의 소비문화 트렌드가 되면서 음식 공유 공동체로 자리잡았다.

3.3.7 무형자산의 공유, 타임리퍼블릭(Time Republik)

시간 거래는 시간을 화폐로 삼아 서비스를 공유하는 체계로 1시간이 어떻게 사용되건 간에 1시간의 화폐를 갖게 된다. 예를 들어 어떤 사람이 1시간 동안 세탁을 해주면 1시간의 코인(화폐가치)이 생기고, 이 1시간의 가치를 자신이 필요한 일을 해 달라고 요청할 때 그 코인을 사용할 수 있다. 이러한 공유를 운영하기 위해 시간을 거래하는 시간거래소가 생겼고, 미국과 영국 등에서는 이미 1000여 개가 운영되고 있다.

2015년 출범한 타임리퍼블릭은 타임코인(TimeCoin)이라는 시간화폐를 주고받는 대표적인 시간거래소이다. 전 세계 10만 명 이상이 여기에 가입하여 기술과 재능을 공유하고 타임 코인을 받기도 하고 사용하기도 한다(Stephany, 2015).

3.4 공유경제를 넘어 공유사회로...

공유경제를 단순히 자원을 효율적으로 활용하는 경제로만 국한하는 것이 아니라 훨씬 더 넓은 의미로 확장하여 호혜적이며 협력적인 생산과 소비를 통해 공공의 영역으로 확산해야 할 필요가 있다.

공유경제의 대표적 사례로 알려진, '에어비앤비'와 '우버'는 창업 초기 소유한 재산을 공유함으로써 자원의 낭비를 방지하는 데에 목적을 두었지만, 최근에는 수익을 극대화하는 방향으로 운영하고 있으며 그 과정에서 탈세와 고용의 질 저하 등의 문제까지 낳고 있어, 공유경제와 거리가 멀어지고 있다. 두 회사의 최근 모습은 수익 극대화만이 동인이 되는 O2O 서비스로 변화되었다고 할 수 있다. 비금전적 동인으로 참여하지 않고 사회적 관계를 교환하지도 않는 O2O 사업자 공유경제는 대안적 경제모델이 될 수 없으며, 실제로는 공유경제로 포장만 한 것이다.

공유경제의 근본은 '경제적 교환'에 있는 것이 아니라 공유를 통해 자원 남용을 방지하고 사회적 관계를 나누는 '사회적 교환'에 있다. 로렌스 레식 교수의 공유경제 정의를 다시 언급하면, 공유경제를 작동하는 동력이 금전적 보상이 아닌 비금전적 요인, 즉 사회적 관계 요인일 때 비로소 공유경제라고 할 수 있다.

연결을 통한 공유가치는 소유를 통한 가치를 넘어설 것이며, 하나의 문화로 자리 잡을 수 있다. 경제뿐 아니라 정치와 행정, 문화 등 여러 부문에서 공유가치가 기존 사회에서의 문제를 해결해 주는 새로운 방식이라는 인식이 자리 잡아감에 따라 그 역할과 잠재력에 대한 기대가 매우 크다.

4. 생태경제학

생태경제학(ecological economics)은 경제를 생태계의 일부로 보는 관점을 적용한 경제학 분야이다. 1970년대에 인류의 복지 향상을 위해서 인류 사회와 생태계의 지속가능한 발전을 함께 추구해야 한다는 움직임으로 태동하였고, 기후변화 등 지구생태계의 심각한 위험 신호가 발견되어 1990년대부터 지속가능성의 과학이란 기치로 활동을 개시하였다. 경제적 효율성이라는 시장원리로만 풀어가는 주류 경제학으로는 자연생태계와 인간 사회 간의 올바른 관계설정을 수립하는 데 한계가 있다.

경제학자는 경제재, 곧 시장의 재화와 서비스를 다루는 데 비해, 생태학자는 자연환경, 곧 시장성과 상관없이 생명에 필수적인 자연을 다룬다. 하지만 생태학(ecology)과 경제학(economics)은 모두 집을 뜻하는 그리스어(oikos)에서 유래되었고 유사점이 많으나 경제발전으로 환경이 오염되었고 생태학은 환경보호에 앞장섰기 때문에 상반된 성격의 학문으로 인식되어왔다. 생태경제학의 출발점은 자연생태계와 인간 사회에 대한 새로운 관계설정, 즉 자연생태계와 인간 사회는 별개의 것이 아니라 '에너지와 물질의 흐름'으로 서로 연결된 유기적인 체계라는 관점이다. 인간이 어떤 특성의 에너지와 물질을, 얼마만큼의 규모로, 어떻게 이용하는지에 따라 자연생태계는 여러 변화를 겪게 되고, 이것으로 인해 자연생태계의 변화는 인간의 활동에 중대한 영향을 준다.

■ 참고문헌

김대호(2018). 공유경제. 커뮤니케이션북스.

김종익(2021.04.26). Global Commons의 책임 있는 관리, 지속 가능한 시스템 구축. 뉴스프리존 http://www.newsfreezone.co.kr

머니투데이(2014.08.03). 공유경제의 충돌... 사물인터넷 경제에선?

송은주(2020). 포스트휴머니즘과 인류세. 과학철학.

안영인(2017). 시그널, 기후의 경고. 엔자임.

이민화(2018). 공유 플랫폼 경제로 가는 길. KCERN.

이성규(2015). 우버와 에어비앤비는 공유경제 기업이 아니다. BLOTER.

조영탁(2021). 생태경제와 그린 뉴딜을 말하다. 보고사.

최다정(2016). 에어비앤비(Airbnb)의 숙박 가격 결정요인분석: 서울시를 중심으로. 건국대학교 대학원 석사학위논문.

크라우드 산업연구소(2013.07.04). 공유경제이야기.

Austin, Scott(2015). The Billion Dollar Startup club. The Wall Street Journal February 18 2015. Available online at http://graphics.wsj.com/billion-dollar-club/

Botsman, R.(2015). the Evolution of My theories 2010-present. Retrieved from http://rachelbotsman.com/thinking/

Chase, Robin(2016). 공유경제의 시대(이지민 역). 신밧드프레스.

Klein, Naomi(2016). 모든 것을 바꾼다(이순희 역). 열린책들.

Lessig, Lawrence(2008). Remix: Making art and commerce thrive in the hybrid economy. Bloomsbury Academic.

Naomi Klein(2016). 이것이 모든 것을 바꾼다(이순희 역). 열린책들.

Raworth, Kate(2018). 도넛 경제학(홍기빈 역). 학고재.

Rockström, Johan and Owen Gaffney(2021). Breaking Boundaries: The Science of Our Planet. Greta Thunberg.

Schwartz, S.(1994). Are There Universal Aspects in the Structure and Contents of Human Values? Journal of social Issue. 50(4), 19-45.

Steffen, W. and Katherine Richardson, Johan Rockström, Sarah E. Cornell, Ingo Fetzer, Elena M. Bennett, R. Biggs, Stephen R. Carpenter, Wim de Vries, Cynthia A. de Wit, Carl Folke, Dieter Gerten, Jens Heinke, Georgina M. Mace, Linn M. Persson, Veerabhadran Ramanathan, B. Reyers, and Sverker Sörlin(2015) Planetary boundaries: Guiding human development on a changing planet. Science, DOI: 10.1126/science.1259855.

Stephany, A.(2015). 공유경제는 어떻게 비즈니스가 되는가(위대선 역). 한스미디어.

Stockholm Resilience Centre (https://www.stockholmresilience.org/research/planetary-boundaries.html)

Werbach, Adam and Lily Cole(2016). Sharing has been hijacked. Sustainable Brands March 10 2016. Available online at http://www.sustainablebrands.com/news_and_views/business_models/adam_werbach/sharing_has_been_hijacked

제3장 사회적경제의 이해

1. 사회적경제란 무엇인가?

모든 경제문제를 시장의 경쟁원리에 의해 해결하고자 하는 자본주의 시장경제체제가 우리의 삶을 끝없이 풍요롭게 해줄 것이라 믿었는데 오히려 많은 사회·경제적 문제를 낳게 되자 시장경제에 대한 믿음에 균열이 가기 시작했다. 혁신적인 과학기술 발달에 기반한 현대 시장경제는 생산성과 효율을 우선시하며 이윤의 극대화를 추구하는 기업과 효용의 극대화를 추구하는 가계(소비자)의 경제활동으로 인해 크나큰 사회경제의 변화를 가져왔다. 이러한 변화는 기존의 일자리를 없애고 자원의 양극화로 인한 부의 불평등과 빈곤, 자연환경파괴를 심화시키고 있다.

시장실패로 인한 자본주의의 구조적 문제를 해결하기 위해 정부는 최저임금제도와 같은 복지제도를 마련하고 소비 진작을 위한 각종 경기부양책을 내놓는 등 경제정책을 수립하여 이행했지만, 실질적인 효과는 아직까지 미약한 현실이다. 즉 자본주의 시장경제가 발전하면서 나타난 실업, 빈곤, 빈부격차, 양극화, 환경파괴 등의 문제를 해결하려는 노력에도 불구하고 시장경제체제만으로는 해결하기 어려운 점에 봉착했다. 바로 이러한 상황에서 문제를 해결해 줄 하나의 대안으로 '사회적경제'가 등장하여 관심을 받기 시작한 것이다.

다시 말해 사회적경제는 자본주의 시장경제체제에서 발생한 다양한 사회문제를 해결하는 대안적 체제로서 재조명을 받았으며, 이윤(혹은 효용) 극대화가 최고의 가치인 시장경제와 달리 '사람의 가치' 혹은 '사회적 가치'를 우위에 두는 경제체제이다.

1.1 경제체제로서 시장경제, 시장경제를 보완하는 사회적경제

한 나라에서 경제적 자원의 소유와 배분이 어떻게 이루어지고 있는가의 문제는 그 사회의 경제체제의 작동과 관련이 깊다. 자원은 인간의 필요를 충족하거나 목적을 성취하는데 사용되는 수단이므로 경제환경에서 경제주체들은 자원을 더 많이 소유하기를 열망한다. 그러한 자원의 사적 소유를 인정하는지, 자원의 배분을 시장에 맡겨두는지 정부가 계획하는지에 따라 4가지 유형으로 분류해 볼 수 있다(Leiberman & Hall, 2005; 정관영, 2013: 106 재인용).

		지원배분	
		시장	정부
자원소유	개인	① 시장 자본주의	② 정부계획 자본주의
	정부	③ 시장 사회주의	④ 정부계획 사회주의

그림 3.1 경제체제의 유형

출처: Leiberman & Hall(2005)

유형 1은 개인의 자원(사적 재산) 소유를 인정하며 경제의 기본문제를 시장 내 경제주체들의 자유로운 선택에 의해 해결하도록 하는 자본주의 시장경제체제이며, 이와 정반대 형태인 유형 4는 정부가 모든 자원을 소유하면서 정부 관료들의 계획과 통제, 조정에 의해 기본적인 경제문제를 해결하는 사회주의 계획경제체제이다. 우리나라를 비롯한 대부분의 국가는 자본주의 시장경제체제를 통해 경제활동을 하고 있으며, 동유럽 사회주의 국가의 경제체제는 계획경제 혹은 통제경제이다. 그러나 현대사회에서는 정부가 완전하게 통제하여 계획하는 사회주의 경제체제나 시장원리에 모든 것을 내맡기는 순수한 자본주의 시장경제체제의 예를 찾아보기는 어렵다.

어떠한 국가든 정도의 차이는 있겠지만 시장경제와 계획경제가 섞여 있는 혼합경제의 성격을 띠고 있다. 유형 2는 개인이 자원(사적 재산)을 소유하지만 자원 배분을 시장에만 맡겨두기보다 정부가 중앙에서 계획한 경제정책으로 자원이 배분되는 자본주의 계획경제로서 서유럽의 사회민주주의국가들이 이러한 경제체제를 취하고 있다. 유형 3은 국가가 자원 대부분을 소유하지만 시장경제를 통해 개인에게 자원을 배분하는 형태로서 사회주의 국가에서 시장경제를 도입한 중국이 이에 속한다.

시장경제체제는 현재 가장 많은 국가가 채택한 경제체제이며, 시장이라는 유인 메커니즘을 통해 경제주체들이 모든 자원을 효율적으로 배분하도록 의사결정하는 시스템이다.

즉 시장경제를 통해 경제주체들은 자유로운 경제활동을 하면서 능력에 따라 경제적인 만족과 혜택을 누리며 이러한 경제순환을 거듭하면서 기본적인 경제문제를 해결하려는 방식이다. 시장의 수요와 공급에 따라 결정되는 가격 조절 기구가 자유롭게 작동될 때 효율이 극대화되기 때문에 정부의 개입을 반대하는 경제학자들이 있지만, 현실경제에서는 모든 것을 시장에만 맡겨두면 안되는 경우가 있으며 이를 시장실패(market failure)라고 한다. 이에 어느 정도 정부가 시장에 개입해야 하며 정부의 경제적 역할을 중요시하는 케인즈학파는 모든 것을 시장에만 맡겨두기보다 정부가 적극적으로 시장에 개입하여 경기과열이나 경기침체, 물가 불안, 실업, 소득 불평등, 독과점과 같은 문제를 해결해야 한다고 한다. 따라서 현실은 시장경제에 정부가 상당 부분 개입한 국민경제순환을 거듭하고 있으며, 시장경제에 정부가 개입하였는데도 불구하고 여전히 해결되지 않는 문제와 사회발달로 새롭게 부각되는 문제들에 골머리를 앓고 있다.

사회적경제는 시장경제를 대체하는 경제체제가 아니라 시장경제의 약점과 혼합경제에서도 해결하지 못한 부분을 보완하는 대안적 경제모델이다. 일례로 시장경제는 자원배분이 시장에서 자유롭게 이루어지나 자원 소유를 통해 시장지배력이 커지는 경우 그 부정적인 영향력은 자원 배분에까지 미치게 된다. 우리나라와 같이 소수 대기업이 시장경제를 점유하는 비중이 높은 나라는 대기업 중심의 경제성장 구조로 인해 대기업의 시장지배력이 커지면서 지역은 자립적인 경제발전을 제대로 하지 못하는 경향이 있다. 자원의 소유와 배분 관계에 비추어 볼 때 소수기업에게 자원 소유가 지나치게 집중되면 시장에서 자원이 필요한 곳에 효과적으로 배분되지 못할 가능성이 커지기 때문이다. 결과적으로 지역의 시장경제는 자체적으로 성장하지 못하고 소수기업들에 의해 경제활동 대부분이 지배당하는 구조를 초래할 수 있다. 이에 시민사회는 대기업을 포함하여 지역에서 영향력이 높은 기업을 대상으로 '사회적 책임'을 강력히 요구하고 있고 이는 사회적경제의 실천 예가 된다.

1.2 사회적경제의 역사적 발전

사회적경제는 1800년대 초 유럽과 미국에서의 협동조합과 상호부조 조합, 사회적 기업, 커뮤니티 비즈니스에서 그 형태를 찾아볼 수 있다. 로치데일 공정개척자 협동조합이 성공한 이후 부문별 협동조합 모델이 안착되어, 영국에서의 소비자협동조합, 독일의 자금 융통을 위한 신용협동조합, 프랑스의 이익분배 생산협동조합, 스칸디나비아의 농민협동조합 등이 자본주의 선진국을 중심으로 시장경제체제에서 성공적으로 진입하게 되었다. 그러나 2차 세계대전 이후 냉전체제에 따른 국가주의 협동조합의 출현 등으로 협동조합의 정체성에 혼란을 겪기도 하였다.

소비자협동조합의 효시로 알려진 영국 로치데일 직물공장 노동자들이 세운 '공정개척자협동조합(Rochdale Society of Equitable Pioneers)'은 사회적경제의 한 형태인 협동조합의 원형(시작)이라고 할 수 있다. 저임금에 시달리던 노동자들은 상인의 횡포까지 더해져 질 낮은 식료품을 고가에 구매해야 했다. 이에 매주 2펜스씩 1년 동안 1파운드를 모은 28명 노동자의 출자로 1주일에 세 차례 밤에만 여는 상점을 열었다. 처음에는 다섯 가지 생필품만 취급하는 열악한 규모였으나 조합원의 출자 및 운영 참여, 정량의 정직한 물품 판매, 외상금지 및 현금거래, 남녀평등과 1인 1표제, 조합원 교육, 정확한 회계 기록과 정보 공개 등으로 성공한 협동조합이 된 것이다. 이윤보다도 정직과 공정한 거래를 중요 원칙으로 삼았으며 이윤의 일부를 교육기금으로 적립하여 도서관과 학교를 세웠고 양질의 정보를 조합원에게 제공하였다. 조합원에게 좋은 물건을 정직한 가격으로 판매한다는 소문이 나면서 조합원과 지점이 증가했고, 일자리가 없는 조합원을 고용하여 물품을 생산하고 장기적으로 생산, 분배, 교육, 통치가 이루어지는 협동마을 건설을 꿈꾸었다. 현재는 식품, 금융, 여행, 농업, 자동차판매, 장례, 법률, 전기 등 복합적인 사업을 하는 'The Cooperative Group'으로 발전하였다. 그들이 협동조합의 이름을 '공정개척자'라고 한 것도 모든 이익을 공정하게 나누고, 속이지 않고 정직하게 거래하며, 협동조합의 조직과 운영에서 모든 조합원이 의무와 책임을 공평하게 나누어지는 등 정의와 공평이 살아있는 정직한 협동조합을 구상했기 때문이다.

1830년 프랑스의 경제학자 샤를 뒤느와이에(Charles. Dunoyer)는 '사회적경제의 새로운 조류'라는 저서에서 처음으로 사회적경제란 용어를 사용하였고, 왈라스(Léon Walras)는 사회적경제가 노동자 연합과 협동조합 위주로 돌아간다는 것을 이론적으로 발전시킨 최초의 인물이다. 뒤를 이어 개혁적 성향의 샤를 지드(Charles Gide)는 왈라스의 이론에 부자들이 빈민에게 베푸는 자선행위까지 사회적경제에 포함시켰다(Műnkner & Kang, 2006).

실질적인 사회적경제 조직은 1970년대 후반 복지국가의 위기로 인해 복지제도 개혁의 필요성에 따라 공공부문 민영화, 제3섹터가 부각되었다. 1980년 이후 사회적 협동조합이 출현하면서 자본주의 경제체제의 보완으로 다양한 형태의 협동조합 운동이 형성되었다. 또한 1980년대 중반 높은 실업률, 낮은 사회계층 증가 등 사회문제 해결 및 사회통합을 위한 방안으로 사회적기업을 제도화하기 시작했다. 2012년 이후에는 프랑스 정부 내 사회적경제 부처가 정식 설립되었고, 2014년에는 사회연대경제법이 제정되는 등 사회적경제의 토대가 마련되었다. 유럽과 일본, 한국을 중심으로 여러 국가들이 프랑스의 사회적경제를 토대로 각 국가의 상황에 맞추어 사회적경제 시스템을 갖추어 가고 있다.

미국은 자선운동이나 비영리조직 활동이라는 역사적 배경하에서 사회적경제를 논의하고 있다. 1960년대 미국 정부는 빈곤, 교육, 건강서비스 분야 비영리조직에 투자를 아끼지 않았으나 1970년대 후반의 경기침체로 1980년대 복지축소 정책을 단행하였다. 제40대 대통령 레이건에 의해 추진된 레이거노믹스 등장과 함께 연방정부의 사회복지 예산감축, 비영리기관의 재정 자립도 향상 요구가 있었으며, 이로 인해 비영리조직들이 사회적기업, 사회적경제에 관심을 두고 사회적기업을 육성하기에 이르렀다.

일본은 1931년 엔화의 금본위제가 폐지됨에 따라 일본중앙은행은 서구의 임금억제 정책과 상반되게 통화량을 올렸고, 이는 일본 정부의 지출증가로 이어졌다. 세계 경제대공황을 타개하는 좋은 방안이었으나 장기적인 지출증가는 정부의 재정적자를 가져왔고, 복지가 축소되는 결과를 야기시켰다. 장기적인 디플레이션이 지속되었고, 복지 축소를 해결하기 위한 방안으로 협동조합이 설립되었다. 더불어 마을과 가족 중심의 문화로 인해 마을기업 또한 활성화되었다.

우리나라 사회적경제의 역사는 고대부터 유추할 수 있으나 조선시대 향촌 사회의 자치규약인 계, 두레, 품앗이, 향약에서 구체화된 형태나 내용을 찾아볼 수 있다. 근대에 와서는 1960년대 정부 주도로 육성된 농협(농업협동조합)과 수협(수산업협동조합), 그리고 새마을금고와 민간 주도의 금융협동조합인 신협(신용협동조합)과 생협(생활협동조합)과 같은 형태로 발전하였다. 1997년 IMF 외환위기, 2008년 금융위기, 2013년 경제위기를 거치면서 빈곤과 실업 문제가 심각해지고, 사회적 안전망의 필요성이 대두됨에 따라 2007년 사회적기업육성법 제정을 시작으로 하여 2010년 행정자치부의 마을기업 육성사업 지침, 2012년 협동조합기본법 제정, 2012년 국민기초생활보장법 내에 자활기업 관련 조항을 신설하며 제도적 장치를 마련하고 구체적인 사업이 추진되고 있다.

1.3 사회적경제의 개념과 의미

어휘 풀이로 볼 때 사회적경제는 인간의 먹고사는 문제를 해결하는 '경제'와 사회적 가치를 지향하는 '사회적'이라는 단어가 결합된 용어로서, 생활을 위해 물질적 필요와 욕구를 충족하는 다양한 경제활동을 하는데 있어 사회집단 전체의 이익과 사회문제 해결을 추구한다는 의미를 지닌다. 사회적경제의 용어명칭이나 정의는 국가나 시대, 연구자에 따라 다소 차이는 있으나 일반적으로 활동영역과 조직의 관점에서 국가의 공공영역이나 사적인 시장영역에 속하지 않는 제3의 시민사회영역으로 보고, 제3섹터(the Third Sector), 비영리조직(NPO, Non-Profit Organizations), 자원활동조직(Voluntary Organizations) 등과 동일시되고 있다. 일반적으로 비영리단체와 사회적기업이 잘 발달된 미국에서는 비영리조직이라는 용어가, 협동조합이 잘 발전되어 있는 유럽에서는 사회적경제라는 용어가 보편적으로 사용된다.

경제협력개발기구 OECD(2007)는 사회적경제를 국가와 시장 사이에 존재하는 조직에 내재된 것으로 사회적 요소와 경제적 요소를 동시에 추구하는 것으로 정의하였다. 유럽연합(EU)은 사회적경제를 사회참여적인 경영시스템을 갖춘 협동조합과 상호공제조합, 재단 등이 사회적 목적을 추구하기 위해 수행하는 경제적 활동으로 정의하였다(한국사회적기업진흥원, 2019). 이러한 정의들로부터 사회적경제 조직이 조직경영체로 기능하기 위해서는 '사회적 조건'과 '경제적 조건'을 모두 갖추어야 한다는 사실을 알 수 있다.

드푸르니 교수는 아래 그림과 같이 사회적경제 개념도를 제시하였다. 삼각형의 각 부분은 국가, 민간기업, 공동체 영역이며 꼭짓점의 용어는 해당 영역의 운영 원리를 뜻한다. 국가는 세금을 거두는 등의 역할을 통해 '재분배' 원리로 운영되며, 민간기업은 '시장' 원리로, 공동체는 '호혜성(reciprocity)' 원리로 운영된다.

삼각형을 가르는 점선을 살펴보면, ① 사회적 기업은 의사결정 구조로 볼 때 공공(공적)조직이라기보다 민간(사적)조직이다. 사회적 기업은 자율성을 지닌 의사결정 구조를 지니며 국가기관 및 공기업과 다르다는 것이다. ② 사회적 기업은 공식적 의사결정과정에 의해 운영되는 공식조직이다. ③ 사회적 기업은 이윤을 목적으로 하지 않는 비영리조직이다. 삼각형 중앙의 원 영역 안이 사회적 기업 영역이며, 이중 상단인 국가 영역에 가까우면 재분배 원리를 많이 받아들이는 곳으로 정부의 사회서비스 공급역할을 맡고 있는 기업일 것이다. 오른쪽 꼭지점 민간기업 영역에 가까우면 공유경제 기업이나 소셜벤처 유형일 것이며, 왼쪽 공동체 영역에 가까우면 호혜성 원리로 운영되는 곳일 것이다.

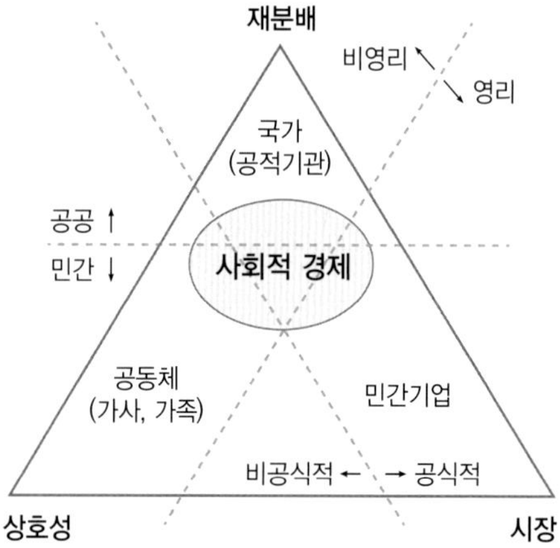

그림 3.2 사회적경제의 개념도

출처: EMES 유럽 연구 네트워크

유럽의 벨기에 왈론 지역권 사회적경제의 심의회(CWES)에서는 사회적경제는 주로 협동조합의 형태를 가지는 회사, 공제회, 자치조직에 의해 수행되는 경제활동이라고 규정하고 있다. 사회적경제 활동에 참여하는 다양한 조직과 기업은 정부와 시장환경, 다양한 자본(사회자본과 및 경제자본)의 지지 기반을 통해 성장한다. 환경과의 밀접한 상호작용을 통해 성장하는 자연생태계처럼 사회적경제 생태계 역시 사회적·경제적 환경을 이루는 다양한 조건들을 충족하며 성장하고 발전하게 된다. 사회적경제를 둘러싼 환경요인으로는 정부 정책이나 관련 제도, 생산과 소비생활이 이루어지는 시장환경, 경제활동의 자원으로 기능하는 다양한 자본들(사회·연대 자본과 금융자본, 인적자본, 지식자본)이 있다. 다양한 사회적경제기업이나 조직은 나무의 열매 같은 존재이며, 사회적기업과 협동조합, 마을기업, 자활기업, 소셜벤처 등의 유형으로 분류된다(한국사회적기업진흥원, 2019).

그림 3.3은 사회적경제와 그것을 둘러싼 다양한 환경의 생태계를 나타낸 것이다. 나무가 성장해 여러 유형의 사회적경제 조직이라는 풍성한 열매를 맺기까지 다양한 환경 조건들이 충족되어야 함을 보여준다. 바꾸어 말해 지역사회에서 건강한 사회적경제 생태계를 조성하려면 지속적인 관심과 지원이 필요함을 의미한다. 그림 3.3은 건강한 사회적경제 조직으로 성장하기 위해 필요한 사회적·경제적 환경조건들을 구체적으로 제시하고 있어 전체론적 관점에서 사회적경제 생태계의 구조를 이해하는데 도움이 될 것이다.

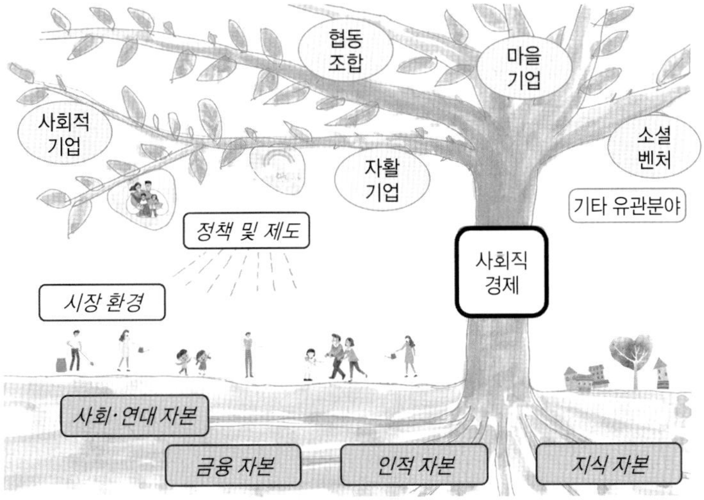

그림 3.3 사회적경제 생태계_사회적경제를 둘러싼 환경

출처: 한국사회적기업진흥원(2019: 2)

우리나라의 경우 현재 발의된 사회적경제기본법(안)에서는 사회적경제를 다음과 같이 정의하고 있다. 윤호중의원 대표발의(안) 제3조1항에서는 양극화 해소, 양질의 일자리 창출, 사회서비스 제공, 지역공동체 재생과 지역순환경제, 국민의 삶의 질 향상과 사회통합 등 공동체 구성원의 공동 이익과 사회적 가치의 실현을 위하여 사회적경제 조직이 호혜 협력과 사회연대를 바탕으로 사업체를 통해 수행하는 모든 경제적 활동이라고 정의하였다.

유승민 의원 대표발의(안) 제2조1항에서는 구성원 상호 간의 협력과 연대, 적극적인 자기혁신과 자발적인 참여를 바탕으로 사회서비스 확충, 복지 증진, 일자리 창출, 지역공동체 발전, 기타 공익에 대한 기여 등 사회적 가치를 창출하는 모든 경제적 활동이라고 정의하여, 사회적경제를 일자리 창출, 사회서비스 제공, 지역공동체 발전, 공익 증진 등의 사회적 가치에 중점을 두는 경제활동으로 개념화하고 있다(임성은·문철우·이은선·윤길순·김진희, 2018).

즉 한국에서 사회적경제란 구성원간 협력과 자조를 바탕으로 재화 및 용역의 생산 및 판매를 통해 사회적 가치를 창출하는 민간의 모든 경제적 활동(사회적경제 활성화 방안, 2017.10)으로 정의할 수 있으며, 사회적경제 조직이 이윤추구 기업처럼 경제활동에 참여하지만 협력과 자조, 그리고 사회적 가치 창출을 더욱 강조한다는 사실을 발견할 수 있다.

사회적경제는 사회적 기업, 사회적 책임, 사회서비스, 사회안전망, 사회적 자본, 사회통합 등과 같이 공적인 것이라는 뜻으로 사용된다. 여기서 사회적이라는 의미는 공적인, 즉 개인의 이익이 아닌 사회의 이익을 위한 어떤 것이라는 뜻이 내포되어 있다(전병길·김은택, 2013). 즉, 사회적경제란 이윤의 극대화가 최고의 가치인 시장경제와 달리 사람의 가치를 우위에 두는 '사람중심의 경제'라고 할 수 있다. 전세계적으로 국제연합(UN)과 유럽연합(EU), 경제협력개발기구(OECD) 등에서 사회적경제를 코로나19 이후 성장전략 및 발전전략으로 주목하고 있다.

1.4 사회적경제의 조건

협력과 자조, 그리고 사회적 가치 창출은 사회적경제를 추구하는 기업이 갖는 중요한 특성이다. 사회적경제 기업은 구성원의 자발적인 참여와 협력을 통해 경제활동을 수행한다. 이것은 사회적경제 기업이 부의 소유나 축적에 우선순위를 두지 않는 점과도 이어지는 특성이다. 사회적경제에 속하는 조직 또는 기업은 경영체로서 조직의 지속적인 운영과 관리를 위해 이윤추구 활동을 한다. 그러나 사회적경제 기업이 이윤추구 기업과 다른 점은 이윤을 획득하는 과정과 방식에 있다. 그들은 지역사회의 공동이득을 위해 사회적으로 연대하고, 그것에 기반해 경제활동을 수행하며, 협력적인 경제활동을 통해 사회적 가치를 실현하고자 하는 사회적 공동목표를 가지고 있다. 그러므로 사회적경제 기업의 경제활동은 사회적 가치나 사회문제 해결에 긍정적인 영향을 미칠 가능성이 높다.

사회적경제 기업이 갖는 이러한 차별화된 정체성은 지역경제 활성화를 위해 정부가 정책과 제도를 통해 사회적경제 활동을 지원하는 목적이기도 하다. 사회적경제 기업은 현재 구성원의 자발적이고 협력적인 참여와 사회적 연대를 통해 지역민의 필요를 충족하거나 지역의 사회문제를 해결한다. 이에 사회적경제는 새로운 지역경제모델이 되고 있다. 현재 사회적경제 기업은 다양한 협동조합과 마을기업, 사회적기업의 형태로 협력과 자조를 바탕으로 사회적 가치를 실현하는 경제활동을 통해 지역경제 활성화에 적극 참여하고 있다.

이 같은 사회적경제를 활성화시키기 위해서는 기본적인 토대 마련이 필요하다. Social Economy Europe(2002)이 채택한 사회적경제 원칙 선언문에 따르면, 사회적경제는 사람과 사회적 목적이 자본에 우선하고, 누구나 자발적으로 가입할 수 있다. 또한 조합원에 의한 민주적 통제가 이루어지고 조합원·이용자의 이익과 일반 이익이 조화를 이루며, 연대와 책임의 원칙을 지켜야 한다. Monzón과 Chaves(2016)는 사회적경제 조직을 운영하기 위해서는 공공기관으로부터 자율성과 독립성을 유지하고, 잉여의 대부분을 지속가능한 발전을 추구하거나 조합원의 이익이나 일반 이익을 추구하는 데 써야 한다고 보았다.

2. 사회적경제의 유형과 현황

2.1 사회적경제의 유형

사회적경제는 한편에서는 민간시장부문과 다른 한편에서는 공공부문 사이에 존재하는 활동영역으로 규정되며 그것은 일반적으로 자원활동, 지역사회 조직들, 재단, 노동조합, 종교집단, 주택조합, 협동조합 등 사회적 조직들을 포함한다고 보았다(Forward & McManus, 2004). 이처럼 사회적경제는 호혜원리에 기반하여 자본주의 사회의 문제를 해결하고자 하는 다양한 조직을 포괄하며, 협동조합(cooperative), 공제조직(mutual), 자발적 결사체(associations) 등을 포괄하고 있다(황덕순·박찬임·길현종, 2015).

우리나라 사회적경제 기업은 법적 근거에 의해 지역에서 경제활동을 수행한다. 주요 4대 사회적경제 기업에는 사회적기업, 협동조합, 마을기업, 자활기업이 있다. 이들 사회적경제 기업은 통합적인 체계를 통해 관리되진 않고 각기 다른 근거 법령과 관계부처를 가진다. 현재 정부 주도하에 일자리 창출과 일자리 안정화 및 지역경제 활성화를 목적으로 통합적인 논의가 활발히 진행되고 있다. 주요 사회적경제 기업을 중심으로 구체적인 개념과 법적 근거 및 관계부처를 제시하면 다음과 같다(한국사회적기업진흥원, 2019: 6).

2.1.1 사회적기업

사회적기업은 사회적 약자인 취약계층과 지역민에게 일자리를 창출하여 제공하고 지역사회에 사회서비스를 제공하거나 공헌함으로써, 지역 주민의 삶의 질을 높이는 등의 사회적 목적을 추구하면서 재화 및 서비스의 생산·판매 등 영업활동을 하는 기업이다. 2007년 「사회적기업 육성법」 제7조에 근거해 시행되었고, 관계부처는 고용노동부이다. 즉 사회문제 해결을 고민하여 공공 이익에 부합하는 사회적 가치를 창출하려는 목적을 가지고 경제활동을 하는 영리기업으로 일자리제공형, 사회서비스제공형, 지역사회공헌형, 혼합형, 기타 창의·혁신형의 유형이 있다. 영업활동을 통해 얻는 수입이 총수입의 일정 비율 이상이어야 하며, 이익은 사업 자체나 지역공동체에 재투자해야 하는 조건이 붙는다. 자원봉사단체나 순수 공익적 목적만을 수행하는 사회복지법인이나 시설 등은 사회적기업이 아니다.

요구르트 회사인 그라민-다농 컴퍼니, 피프틴 레스토랑, 잡지출판 및 판매를 통해 노숙자의 재활을 지원하는 빅이슈, 가전제품을 재활용하는 프랑스의 앙비, 저개발국 치료제 개발 및 판매 기업 원월드헬스 등이 세계적으로 유명한 사회적기업이다. 국내에서도 재활용품을 수거·판매하는 아름다운가게, 지적장애인이 우리밀 과자를 생산하는 위캔, 페타이어 등 재활용품을 활용하여 만든 악기를 통해 소외계층을 위한 공연을 하는 노리단, 컴퓨터 재활용 기업 컴윈, 친환경 건물청소업체 함께 일하는 세상, 장애인 모자생산업체 동천모자 등의 사회적기업이 활동하고 있다.

사회적기업이 되기 위해서는 조직형태, 조직의 목적, 의사결정구조 등이 사회적기업육성법에서 정한 인증요건에 부합해야 하며, 사회적기업육성위원회의 심의를 거쳐야 한다. 인증된 사회적기업에 대해서는 인건비 및 사업주부담 4대 사회보험료 지원, 법인세·소득세 50% 감면 등 세제지원, 시설비 등 융자지원, 전문 컨설팅 기관을 통한 경영, 세무, 노무 등 경영지원의 혜택이 제공된다. 대기업이 지원하고 있는 대표적인 사회적기업으로는 이지무브(현대자동차), 다솜이재단(교보생명), 행복도시락(SK텔레콤) 등이 있다.

2.1.2 협동조합

협동조합은 공동으로 소유하고 민주적으로 운영하는 사업체를 통하여 공통의 경제적, 사회적, 문화적 필요와 열망을 달성하기 위하여 자발적으로 결합한 사람들의 자율적인 결사체이다. 이러한 국제협동조합연맹(ICA, International Cooperative Alliance)의 정의에 따르면, 협동조합은 '공동으로 소유하고 민주적으로 운영'하는 방법으로 '사업체'라는 수단을 이용해서 '공통의 경제·사회·문화적 필요와 열망 달성'이라는 목적을 이루기 위해 '자발적으로 결합한 조합원들'을 주체로 한 '자율적인 결사체' 성격을 띤다.

협동조합은 자조(self-help), 자기책임(self-responsibility), 민주주의, 평등(equality), 형평성(equity), 그리고 연대(solidarity)의 가치를 기반으로 하며, 조합원은 협동조합선구자들의 전통에 따라 정직(honesty), 공개(openness), 사회적 책임(social responsibility), 타인에 대한 배려(caring for others) 등의 윤리적 가치를 신조로 삼는다.

국제협동조합연맹(ICA)은 협동조합의 7대 원칙을 발표하였다.

제1원칙: 자발적이고 개방적인 조합원제도(Voluntary and Open Membership)
협동조합은 자발적이며, 조합원으로서 책임을 다한다면 성(性)적·사회적·인종적·정치적·종교적 차별 없이 모든 사람에게 개방되어 있어서 협동조합의 서비스를 이용할 수 있다.

제2원칙: 조합원에 의한 민주적 관리(Democratic Member Control)
협동조합은 조합원에 의해서 관리되는 민주적인 조직이며, 조합원은 정책수립과 의사결정에 적극적으로 참여한다. 선출된 임원은 조합원에게 책임을 갖고 봉사한다. 단위조합에서 조합원은 동등한 투표권(1인 1표)을 가지며, 협동조합연합회도 민주적인 방식으로 조직하여 운영한다.

제3원칙: 조합원의 경제적 참여(Member Economic participation)
협동조합의 자본은 조합원들에 의해 공정하게 조성되고, 민주적으로 관리한다. 자본금 일부는 조합의 공동재산이며, 출자배당이 있는 경우 조합원은 출자액에 따라 제한된 배당금을 받는다. 잉여금은 (1) 협동조합의 발전을 위해 일부는 배당하지 않고 유보금으로 적립하여 사용 (2) 사업이용 실적에 비례해서 조합원의 편익 제공을 위해 사용 (3) 조합원의 동의를 얻은 협동조합의 여러 활동을 위해 사용한다.

제4원칙: 자율과 자립(Autonomy and Independence)
협동조합은 조합원에 의해 관리되는 자율적이고 자조적인 조직이다. 협동조합이 정부 등 다른 조직과 약정을 맺거나 외부에서 자본을 조달할 때는 조합원에 의한 민주적 관리가 보장되고 협동조합의 자율성이 유지되어야 한다.

제5원칙: 교육, 훈련 및 정보의 제공(Education, Training and Information)
조합원, 선출된 임원, 경영자, 직원이 협동조합의 발전에 효과적으로 기여하도록 교육과 훈련을 제공한다. 협동조합은 일반 대중, 특히 젊은 세대와 여론 지도층에게 협동의 본질과 장점에 대한 정보를 제공한다.

제6원칙: 협동조합 간의 협동(Co-operation Among Co-operatives)
협동조합은 지역 및 국가, 그리고 국외에서 공동으로 협력사업을 전개함으로써 조합원에게 효과적으로 봉사하고 협동조합 운동의 힘을 강화한다.

제7원칙: 지역사회에 대한 기여(Concern for Community)

협동조합은 조합원의 동의를 토대로 조합이 속한 지역사회의 지속가능한 발전을 위해 노력한다.

우리나라 「협동조합 기본법」은 협동조합의 설립운영에 관한 기본적인 사항을 규정하여 자주적, 자립적, 자치적인 협동조합 활동을 촉진하고 사회통합과 국민경제의 균형있는 발전에 기여함을 목적으로 제정되었다. 법인격 부재로 인한 애로사항을 해소하고 새로운 경제사회 발전의 대안모델로 주목받고 있는 협동조합의 설립과 운영을 규정함으로써 경제·사회적 수요를 반영하기 위한 것이다.

표 3.1 협동조합의 유형분류 (협동조합 기본법)

<table>
<tr><th>협동조합의
주목적</th><th>조합원의
참여 동기</th><th>주된 사업의 성격</th><th colspan="2">유형별 협동조합</th></tr>
<tr><td rowspan="8">조합원의
필요 충족
(호혜적 동기)</td><td rowspan="2">생활·소비</td><td rowspan="2">구매 대행 &
서비스나 자산 공유</td><td colspan="2">소비자(구매)협동조합</td></tr>
<tr><td colspan="2">소비자(이용)협동조합</td></tr>
<tr><td rowspan="4">사업·경영</td><td>일자리 제공</td><td colspan="2">직원협동조합</td></tr>
<tr><td rowspan="3">공동업무 대행</td><td rowspan="3">사업자
협동조합</td><td>제조입</td></tr>
<tr><td>서비스업(유통 등)</td></tr>
<tr><td>상가운영(자산관리 등)</td></tr>
<tr><td colspan="2" rowspan="2">상호제공·상호이용</td><td colspan="2">신용협동조합, 공제협동조합</td></tr>
<tr><td colspan="2">다중이해관계자협동조합</td></tr>
<tr><td colspan="3" rowspan="2">사회적 목적의 실현
(공익적 동기)</td><td colspan="2">사회적협동조합</td></tr>
<tr><td colspan="2">보건의료사회적협동조합</td></tr>
</table>

「협동조합 기본법」(제2조1항)에 따르면 협동조합은 '재화 또는 용역의 구매·생산·판매·제공 등을 협동으로 영위함으로써 조합원의 권익을 향상하고 지역사회에 공헌하고자 하는 사업조직'이다. 즉 조합원의 필요에 의해 자발적으로 결성되어 공동으로 소유되고 민주적으로 운영되는 사업체이다. 그중에서도 사회적 협동조합은 조합의 목적 자체가 지역주민의 권익과 복지 증진과 관련된 사업을 수행하거나 취약계층에게 사회서비스나 일자리를 제공하는 위한 것으로, 영리활동을 목적으로 하지 않는다. 협동조합은 「협동조합 기본

법」에 근거하여 2012년 시행되었고, 관계부처는 기획재정부이다.

2.1.3 마을기업

마을기업은 지역 주민이 각종 지역자원을 활용한 수익사업을 통해 공동의 지역문제를 해결하고, 소득 및 일자리를 창출하여 지역공동체 이익을 효과적으로 실현하기 위해 설립·운영하는 마을 단위의 기업이다. 여기서 '마을'은 지리적으로 타지역과 구분되는 경계를 가지면서 지역 내부에 상호관계나 정서적 공감대가 형성되어 있는 곳을 뜻하며, '지역자원'은 지역에 존재하는 유·무형의 자연적, 문화적, 역사적 자산을 말한다. 2010년 행정안전부의 「마을기업육성사업 시행지침」에 근거하여 사회적경제 활동을 시행한다. 마을기업은 지역의 필요와 문제를 누구보다 잘 아는 마을주민이 지역자원을 활용해 수익을 내고, 지역 문제를 해결하는 마을 단위의 기업이다.

2.1.4 자활기업

자활기업은 '지역자활센터'의 '자활근로사업'을 통해 습득된 기술을 비탕으로 1인 혹은 2인 이상의 국민기초생활보장 수급자와 저소득층 주민이 탈빈곤을 위해 생산자협동조합이나 공동사업자 형태로 협력하여 운영되는 기업이다. 여기서 '지역자활센터'는 보건복지부로부터 지정받아 근로 능력이 있는 저소득 주민의 자립과 자활을 지원하기 위해 설립된 자활지원사업 전문 사회복지시설을 말한다. '자활근로사업'은 장기 실직이나 질병 등으로 일정기준 이하의 소득과 재산을 가진 저소득층 중에 근로 능력이 있는 사람들이 일을 통해 자립, 자활할 수 있도록 개인의 특성과 능력에 맞는 다양한 교육과 일할 수 있는 기회를 제공하여 자기 삶의 주체로 살아갈 수 있도록 국가와 사회가 지원하는 사업이다. 자활기업은 2012년 「국민기초생활보장법」에 근거해 시행되었고, 관계부처는 보건복지부이다.

사회적경제기업은 지금까지 살펴본 사회적기업, 협동조합, 마을기업, 자활기업 외에도 최근 등장한 〈소셜벤처〉를 포함시킬 수 있다. 소셜벤처는 사회적 문제를 해결하기 위해 혁신적인 비즈니스 모델을 통해 사회적 가치를 창출하는 기업이다(한국사회적기업진흥원, 2020년 3월 25일). 사회적 혜택을 제공하는 것을 이익보다 우선시한다는 점에서 일반 벤처기업과 차이가 있다. 창의성을 기반으로 하여 빈곤과 불평등, 환경오염 등을 해결하면서도 사업을 지속할 수 있는 수익 창출을 목표로 한다.

2.2 사회적경제의 현황

우리나라에서 사회적경제 정책 성과로 주요 4대 사회적경제 기업은 매년 그 수효가 늘어나고 있으며 일자리 제공 수준이 지속적으로 증가하고 있다(2017년 16,701개, 2018년 19,295개, 2019년 22,017개). 그림 3.4는 2019년 사회적경제기업의 전국 현황으로 사회적기업과 협동조합, 마을기업, 자활기업의 조직 수와 고용 규모를 보여준다. 사회적경제 조직 중 조직 수효가 가장 많은 것은 '협동조합'이고, 가장 적은 것은 '자활기업'이다. 조직(고용) 규모는 '사회적기업'이 가장 많고, 그다음은 협동조합, 마을기업, 자활기업의 순이다. 즉 우리 사회의 사회적경제 활동은 협동조합의 참여가 대부분이고, 사회적기업을 통해 일자리가 많이 창출되고 있음을 알 수 있다.

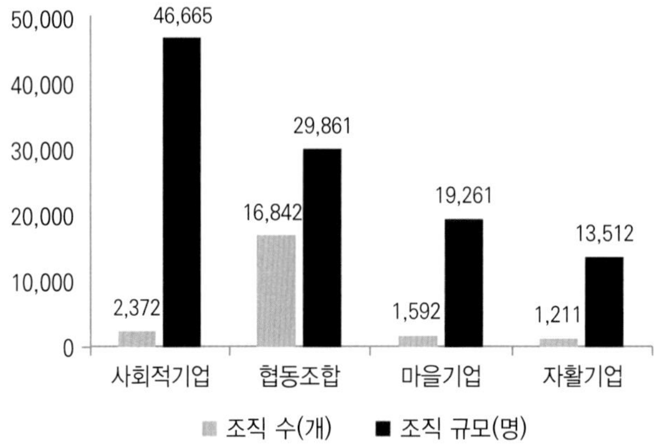

그림 3.4 사회적경제 유형별 조직 수와 조직 규모(전국)

출처: 통계로 보는 2019 사회적경제 현황(사회적경제미디어 라이프인, 2019.12.30 기준)

광주광역시 지역을 대상으로 사회적경제 조직 유형의 현황을 살펴보면 그림 3.5와 같다. 「광주사회적경제지원센터」의 통계(2020년 10월 기준)에 따르면, 사회적기업은 141개소(협동조합 16개, 마을기업 2개, 자활기업 7개 포함), 협동조합은 848개소(일반 806개, 사회적기업 37개 포함), 마을기업은 6개소(협동조합 30개, 사회적기업 2개 포함), 자활기업은 57개소(협동조합 2개, 사회적기업 37개 포함)이다. 전국과 마찬가지로 조직 수는 협동조합이 가장 많았다. 그러나 지역마다 '사회적경제를 둘러싼 사회·경제적 환경'이 다르므로 사회적경제 조직 유형의 형태는 매우 다양할 것이다. 또한, 지역별로 사회적경제 생태계를 지원하는 사회·경제적 환경과 지역민의 인식에는 분명히 차이가 있을 것이다. 그러한 이유로 지역경제의 활성화와 지역민의 정주의식(定住意識)을 높이는 지역성장모델은 각기 다른 특성을 가질 것이다. 지역의 사회·경제적 환경에 적합한 차별화된 지역 성장모델을 개발하는 것은 건강한 사회적경제 생태계를 조성하는 일과 무관하지 않기 때문에 지역민의 관심이 지속적으로 요구된다.

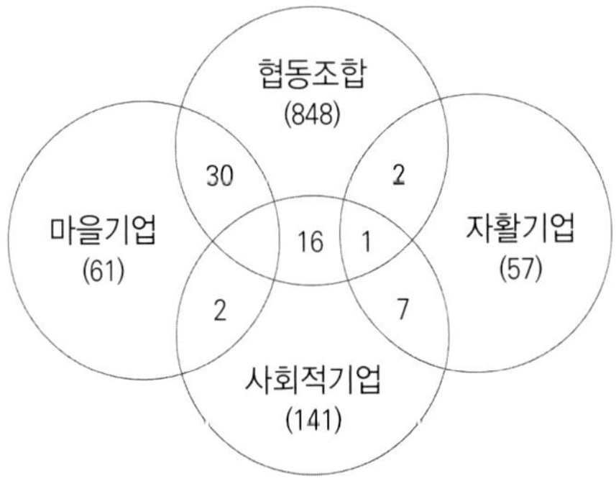

그림 3.5 광주지역 사회적경제기업 유형별 조직 수

출처: 광주사회적경제기업 현황(광주사회적경제지원센터, 2020.01.01 기준)

3. 사회적경제의 사회적 연대

3.1 사회적 연대를 위한 상호작용 접근모델

사회적경제기업이 사회적 가치를 실현하고 사회문제를 해결하기 위해 사회적 네트워킹을 강화하는 것과 구성원 간 협력 관계를 구축하고 그것을 지속적으로 유지하는 것은 조직 성장을 위해 중요한 일이다. 사회적경제기업이 어떤 사회적 영역들과 연대 네트워크를 구축하고 있는가? 이와 관련하여 사회적경제에 대한 이해와 역사가 짧은 우리 사회에 적합한 개념으로 정관영(2013)은 Quarter 외(2009)의 '상호작용적 접근모델'을 제안하였다. 이 접근모델은 사회적 목적을 추구하고 실천하려는 조직들을 서로 연결해 주는 상호작용에 초점을 두고, '분명한 경제적 목표를 가지고 자신들이 제공한 서비스와 구매를 통해 경제

적 가치를 창출하는 활동(Quarter 외, 2009: 4)'을 사회적경제로 정의 내린다. 이것은 사회적경제기업이 경제활동에 참여할 때 관련 조직들과 시민사회단체가 연대하여 서로를 지원해주는 것을 의미한다.

상호작용적 접근모델에서 사회적경제기업은 그림 3.6과 같이 지역의 경제발전을 위해 공공영역과 민간영역, 시민사회영역 등과 역동적으로 상호작용한다. 이것은 사회적경제활동을 통해 공공영역(정부)과 민간영역(개인 및 가계), 민간사회조직(시민사회조직)이 긴밀하게 연대하고 관계를 맺는 과정이며, 이러한 사회적 연대는 사회적경제기업이 지역에서 성장할 수 있도록 지원하는 '지지자본'의 역할을 한다. 사회적경제기업은 다른 영역들과의 상호작용을 통해 사회적 연대를 구축하고 서로 협력하며 지역의 사회문제 해결에 기여하는 경제활동을 수행한다.

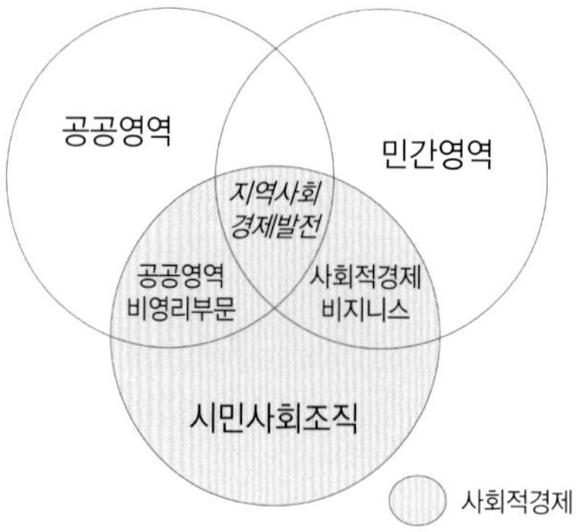

그림 3.6 사회적경제, 상호작용적 접근

출처: Quarter 외(2009: 7). 정관영(2013: 187 인용)

예를 들어, 공동육아유치원 협동조합은 육아에 어려움을 겪는 개인이나 개별 가정이 서로 연대하여 그들의 공동목적인 육아문제를 해결하기 위해 설립한 사회적경제조직이다. 이 협동조합 경영체의 구성원은 육아활동에 적극 참여할 뿐 아니라 조직의 운영에도 관여하므로 새로운 연대 관계를 구축해야 한다. 구성원 간 협력적인 연대 관계를 기반으로 공동육아유치원 협동조합은 기존의 영육아유치원 시설과는 다른 방식으로 육아문제를 해결하기 위해 노력한다. 나아가 이 협동조합은 지역사회의 더 나은 육아문제 해결을 다른 협동조합이나 사회적기업 및 소셜벤처, 마을기업 등과 정보를 공유하고 활동을 함께하는 연대 네트워크를 구축할 수 있다. 이와 같이 추구하는 사회적 가치와 목적을 성취하기 위해 사회적경제 조직 또는 기업은 다른 영역의 조직체와 상호작용을 통해 사회적 연대 자본을 형성하고 지속적인 성장을 도모해 간다.

3.2 사회적 연대 네크워크의 실제

앞서 설명한 상호작용 접근모델은 사회적경제기업의 사회적 연대가 정부와 민간영역 및 시민사회조직영역 간에 경계를 넘어 역동적인 상호작용의 중요성을 설명하는 이론적 틀이다. 이에 반해 우리 사회에서는 사회적경제기업이나 조직의 사회적 연대가 다양한 네트워크 구축을 통해 이루어지고 있다. 현대 사회·연대 자본으로 기능하는 사회적경제 네트워크는 '당사자조직 네트워크'와 '지원조직 네트워크'로 분류된다.

먼저 〈당사자조직 네트워크〉는 사회적경제기업 유형에 속하는 조직체들이 구축한 사회적 연대 네트워크이다.

1) 한국사회적경제연대회의(2012년 11월): 사회적경제에 대한 대중의 이해와 정부 대응력을 갖추기 위해 사회적경제연대회의와 협동조합기본법 제정 연대회의가 통합해 만든 네트워크
2) 한국사회적기업중앙협의회(2008년): 사회적기업에 대한 정부와 기업 및 시민사회의 관심과 지원유도, 사회적기업 활성화를 통한 사회통합을 목적으로 한 사회적기업 연대 네트워크
3) 전국협동조합협의회(2019년): 정부정책 파트너로서의 대표성 확보, 정책제안, 협동조합 네트워크의 네트워크 역할 수행을 목적으로 하는 협동조합기본법상 협동조합의 전국조직 연대 네트워크
4) 한국협동조합협의회(2009년): 국내 협동조합 발전과 연대, 정부정책에 공동대응 및 국제교류활동 등을 목적으로 한 신협중앙회, 농협중앙회, 수협중앙회, 새마을금고중앙회, 산림조합중앙회, 아이쿱생협연합회 등 개별법 협동조합 간 연대 네트워크
5) 한국마을기업중앙협회(2012년): 마을기업 활성화를 위한 연대와 협력체계 구축과 지역공동체 회복과 지역사회 통합을 목적으로 전국 마을기업 제품의 홍보, 판매, 유통 등 관련 사업을 수행하는 전국단위 연대 네트워크
6) 한국자활기업협회(2018년): 조직력 강화와 자활기업의 목소리를 대변할 목적으로 구축된 자활기업 연대 네트워크

다음으로 〈지원조직 네트워크〉는 정부와 시민사회단체, 관련 조직이나 단체들이 교류와 협력을 통해 사회적경제기업을 지원하는 사회적 연대 네트워크이다.

1) 사회적기업·협동조합 통합지원기관 전국협의회: 정부 정책-실행 파트너십과 지역 기반 성장생태계 조성 및 관련 영역 섹터 간 협력적 파트너십 조성을 목적으로 하는 중앙부처의 사회적기업 및 협동조합 지원업무를 담당하는 광역단위 지원기관이 참여하는 전국 네트워크
2) 사회적경제 활성화 전국네트워크(2011년): 사회적경제 활성화를 위한 생태계 조성을 목적으로 YMCA, YWCA, 경제정의시민연합 등 3개 시민사회단체가 주축이 된 연대 네트워크
3) 임팩트얼라이언스(2019년): 소셜 임팩트 생태계 조성을 목적으로 최초로 조직된 연대 네트워크

네트워크 구축을 통해 형성된 사회·연대 자본은 '사회적경제 조직이나 기업가, 관련 단체, 공동체가 네트워크와 신뢰, 호혜성을 근거로 자원을 동원하고 부가가치를 창출하는 사회적 연대 인프라'이다(한국사회적기업진흥원, 2019). 사회적경제기업에게 사회적 연대 네트워크를 통해 형성된 사회·연대 자본은 대기업 중심의 자원 분배 구조에서 벗어나 경제활동에 필요한 사회적, 경제적 자원을 지원하는 기능을 수행한다. 그러므로 사회적경제기업이 네트워크를 구축하는 주요 목적은 개별 조직이 해결할 수 없는 사회적 문제(정부정책에 대한 대응, 정책 제안, 사회적경제 활동의 홍보 등)를 연대와 협력을 통해 공동문제로 해결해가는 것에 있다.

3.3 사회적 가치를 추구하는 사회적경제

최근 한국의 대기업들[8]이 '사회적 가치'를 기존의 경제적 패러다임을 변화시키는 중요한 개념으로 인식하는 경향이다. 사회적경제미디어 라이프인(2019년 12월 23일)은 사회적

8 SK그룹 최태원 회장은 〈베이징포럼 2019년〉에서 "많은 기업이 사회적 가치가 지속 가능한 기업성장의 토대가 된다는 것을 목도하고 있다"라고 하였다. 또한 롯데그룹 신동빈 회장은 직원들에게 "사회적 책임을 다해야 더 큰 가치를 창출할 수 있다"라고 말하였다(사회적경제미디어 라이프인, 2019년 12월 23일 인용).

가치 개념이 공공부문 및 영리부문의 사회적 책임을 강조하며 지속가능한 사회를 위한 공익적 노력의 일환으로 사용하고 있다고 보고, 2019년 사회적경제를 상징하는 단어로 'VALUE'를 선정하였다. 그림 2.5는 사회적경제를 대표하는 다섯 가지 세부 키워드로서 미래 사회로 나아가기 위해 우리가 지향해야 할 핵심가치이다. 사회적경제의 성장을 위해 이러한 핵심가치에 담긴 의미를 이해하는 것은 사회적경제기업의 경제활동과 그 역할을 잘 이해하도록 도울 것이다.

첫째, 소셜벤처(V)는 '혁신성'과 '사회적 가치'를 추구하는 스타트업(start-up) 단계에 진입한 창업조직을 말한다. 소셜벤처는 최근 한국의 경제환경에 변화를 주도하는 사회적경제의 조직유형으로 성장하고 있다. 소셜벤처가 추구하는 두 가지 가치를 통해 사회적경제기업으로서의 소셜벤처의 특성을 이해할 수 있다. 그들이 추구하는 혁신성 가치는 기존 벤처기업과 동일하나, 사회적 가치의 추구는 사회적기업과 같다. 이것은 소셜벤처가 혁신적인 기술과 아이디어를 기반으로 하지만 공동 이익을 추구하기 위해 협력적인 경제활동을 지향하는 사회적경제 조직체임을 말해준다.

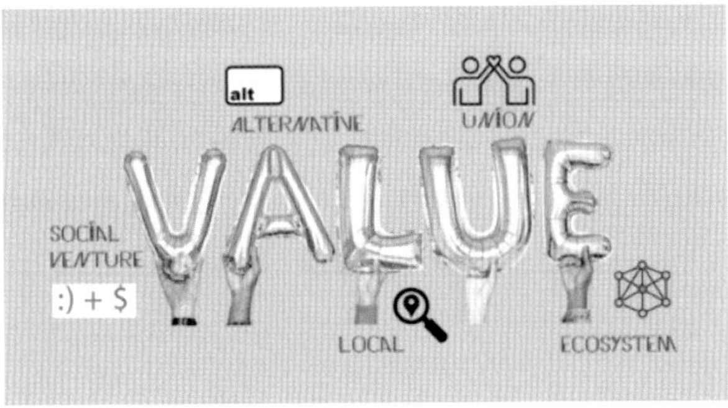

social Venture(소셜벤처)
Alternative(대안)
Local(지역)
Union(연합)
Ecosystem (생태계)

그림 3.7 2019 사회적경제 트렌드 키워드_VALUE(가치)

출처: 사회적경제미디어, 라이프인(2019년 12월 23일 인용)

둘째, 대안(A)은 지역 경제발전에 기여하는 대안으로서의 사회적경제기업의 역할을 의미한다. 사회적 가치를 함께 생각하는 사회적경제는 기존 시장경제를 약점을 보완하는 대안적인 경제시스템이 될 수 있다. 사회적경제기업의 경제활동은 이윤추구를 우선순위에 두는 시장경제가 갖는 결점과 해결하지 못한 다양한 사회문제를 새롭게 인식하는 계기를 마련해줄 수 있다.

셋째, 지역(L)은 지역의 경제발전에 초점이 맞추어져 있는 키워드이다. 주민이 참여하는 경제활동을 통해 지역이 겪는 다양한 문제를 자발적으로 해결하는 사회적경제기업의 경제활동과 관련된다. 현재 사회적경제기업은 지역에 필요한 재화와 서비스를 제공하는 경제활동을 통해 지역사회에 점점 더 많은 일자리를 제공하고 있다.

넷째, 연합(U)은 사회적경제 내에 다양한 방식의 협력과 연대 네트워크를 구축하여 사회적경제기업을 지원하는 지원시스템을 말한다. 예를 들어, 재단법인 '한국사회가치연대기금'은 소규모 사회적 금융기관들이 사회적기업에서 필요로 하는 재원을 공급하는 '도매금융'의 역할을 수행한다. 또한 지역과 업종에 상관없이 모든 협동조합이 연대를 통해 협동경제를 조성하려는 목적을 가지고 '전국협동조합협의회'와 같은 사회적 연대 네트워크를 결성하여 서로 지원하고 있다.

다섯째, 생태계(E)는 지역의 경제발전에 긍정적 영향을 주는 건강한 사회적경제 생태계를 조성하는 작업이다. 이것은 '사람중심 경제'를 실천하는 일과 관련된다. 실업과 양극화 문제, 지역경제의 격차 문제, 소외계층이나 사회적 배제 등과 같은 사회문제는 기존의 시장경제시스템에서 해결하지 못한 것들이다. 건강한 사회적경제 생태계란 이러한 사회적 문제들을 해결하는데 사회적경제기업의 경제활동이 효과적일 수 있음을 의미한다.

저성장 자본주의 상황에서 경제주체인 가계-기업-정부 간에는 균형있는 경제시스템이 작동하는 사회가 바람직하며, 이를 구현하기 위해 시장환경을 재정비할 필요가 있다. 사회적경제활동은 기업에게 사회적 책임을 요구하는 것 이상을 의미한다. 사회적경제는 '경제활동을 통해 사회문제를 해결하는 전략이며, 지역민의 요구나 필요를 이윤보다 우선하여 생산하고 소비하는 경제체계'이기 때문이다(정관영, 2013: 177). 무엇보다 사회적경제기업은 나와 나의 가족이 일상생활을 영위하는 지역에서 경제활동을 수행하고, 그들의 경제활동이 자원 소유를 통한 부의 축적보다는 개인이나 시민사회, 정부가 보유한 자원을 활용하여 지역사회의 공동이득을 위해 어떻게 배분할지에 초점을 두고 있다. 따라서 사회적경제는 우리 사회가 '보유한 자원을 합목적적으로 배분, 사용하는 방식'으로 볼 수 있다. 이를 통해 사회적경제기업은 새로운 지역경제모델이 될 수 있다.

4. 사회적경제기업 사례

4.1 사회적기업

4.1.1 NID(Neo Image Dream)

광주광역시에서 하루에 수거되는 현수막의 양은 10~20톤 정도이며, 매일 1,000개 이상의 폐현수막이 나오고 있다. 수거된 폐현수막들은 대부분 소각처리 된다. 폐현수막을 소각처리하는 데에는 많은 환경문제를 야기되므로 디자인을 하는 청년들이 모여 폐현수막을 재활용하는 사회적기업 NID를 창업했다.

NID에서는 폐현수막을 이용해 환경캠페인과 함께 쓰레기 분리수거 구조통을 만드는 일을 하고 있으며, 최근 기초자치단체에서 관심을 보여 폐현수막으로 만든 분리수거통 납품계약을 체결했다. 환경캠페인의 일환으로 다른 사회적기업과 함께 기획한 '쉼' 콘서트도 진행했다. 쉼 콘서트는 코로나19로 지친 시민, 취약계층, 공무원들을 위로하는 음악공연과 토크콘서트로 업사이클링 제품 홍보, 환경캠페인 등도 함께 진행하였다.

디자인기업이 일반기업이 아닌 사회적기업이 된 이유로 NID 대표는 디자인과 업사이클링에 대한 매력을 꼽았고, 두 번째 이유로는 직원들의 복지 향상을 들었다. 사회적기업은 수익의 70%를 사회에 환원하도록 하고 있다. 수익의 일부를 직원들에게 복지로 돌려주고 또 취약계층과 지역민 대상 업사이클 교육, 환경캠페인으로 환원하면서 사회적 가치를 실현하는 것이 NID를 만든 이유라고 했다.

4.1.2 우시산과 호재

'우시산'은 고래 관광업과 기념품을 판매하는 기업이었으나, 현재는 플라스틱으로 고통받는 고래들을 돕기 위해 업사이클링 사업에 주력하여 제품을 만들어 판매하는 친환경기업이다. 폐플라스틱을 얻어 분쇄하여 가루로 만들고 실과 솜으로 가공하여 인형과 에코백을 제작하고 있다. 고래를 보호하고, 바다를 살리자는 목표를 가지고 사업을 시작하여 폐플라스틱에 관심을 두게 되었고, 이후 폐플라스틱을 활용한 사업을 시작한 것이다.

사회적기업의 목표인 취약계층 일자리 창출, 지역경제 활성화로 인한 대기업과의 경쟁적인 문제를 보완하기 위해 SK이노베이션, 울산항만공사와 같은 기업, UN 환경기구들과 협업하고 있다. 최근 약 22톤의 폐플라스틱을 재활용하여 제품을 생산하였고, 처음엔 선박 플라스틱에서 주로 재료를 얻었다가, 지금은 발전소, 커피숍 등 많은 곳에서 플라스틱을 얻고 있다.

사회적기업 '호재'는 울산에서 프리사이클링(물건을 구매하기 전부터 미리 환경을 생각해 폐기물을 최대한 줄이는 소비)을 실천하는 기업으로 지역 환경산업발전과 환경 인식 개선에 기여하고 있다. 한부모 및 미혼모가정 등 사회 취약계층에게 일자리를 창출하여 제공해 주어 취약계층의 소득증대와 삶의 질 개선을 위해 노력하는 기업이다. 친환경 소재 및 재활용 소재를 연구하여 생활용품을 개발, 생산, 판매하고 있으며, 친환경 공예 교육 및 강사를 양성하고 있다. 생분해성 플라스틱을 활용하여 빨대와 휴대용 아이스컵, 뚜껑, 포크, 숟가락, 나이프 등을 생산하여 판매하고 있다. 특히 울산을 알리는 색을 넣어 실용적으로 사용할 수 있는 친환경 때타올, 대나무 칫솔, 플라스틱을 대체할 수 있는 친환경 생활용품 등을 기념품으로 제작하여 울산을 알리고 환경을 보호하는 기업이다.

4.1.3 굿윌스토어

'자선이 아닌 기회를'이라는 슬로건으로 후원자들로부터 사용이 가능한 물품 등을 기증받아서 상품화 작업을 통해 전시, 판매하며, 수익금으로 장애인 일자리 확대 등을 위해 노력하는 기업이다. 굿윌스토어는 13개 지점에서 수많은 장애인에게 기증접수, 기증센터, 기증품 수거 등의 다양한 부문의 업무를 할 수 있도록 하고 있다. 굿윌스토어에 기부하거나 쇼핑을 하면 지역사회의 장애인을 도울 뿐 아니라 환경문제 또한 도움이 된다. 사용하지 않은 물건을 기증함으로써 환경보호에 큰 힘이 된다는 것이다. 굿윌스토어에 다양한 기업과 단체가 참여함으로써 다양한 사회공헌의 실현을 위한 발판이 되고 있다. 오뚜기 등의 대기업뿐만 아니라 다양한 재단, 협회에서도 장애인의날을 맞아 굿윌스토어에 상품을 기부하는 등의 사회공헌을 실현하고 있다.

4.1.4 고요한 택시

서울, 경기, 대전에서 운영 중인 택시로 청각장애인 기사가 운행하는 택시이다. 택시 앞자리와 뒷자리에 설치된 태블릿을 이용하여 목적지 설정부터 결제까지 간단하게 이용하며 소통할 수 있다. 이 기업은 택시기사로 취업을 희망하는 청각장애인에게 자격취득부터 취업 연계와 적응, 사후관리까지 돕는다. 청각장애인은 교통사고 발생률이 1.2%로 전체 교통

사고 발생률과 크게 차이나지 않고, 비장애인에 비해 시야가 1.5배 넓은 것이 강점이기도 하다. 민원도 거의 없다고 한다.

4.1.5 담심포(淡深浦), 공예학교

담심포는 맑고 깊은 포구라는 의미로, 경력단절 여성의 새로운 출발을 상징하며 경력단절을 겪는 여성의 사회참여를 돕고, 그 활동을 통해서 시각장애 아동을 위한 공익적 활동을 하는 기업이다. '경력단절 여성을 응원하는 DIY 인형'이라는 주제로 펀딩을 진행하여 목표를 훨씬 초과하는 성공을 거두기도 하였다. 담심포의 기존 공예가들과 함께 그들의 자립을 도우면서 동시에 시각장애 아동의 점자 촉각책과 교구를 개발, 보급하는 일을 하고 있다. 경력단절 여성들이 공예를 통해 기반을 확립해 가는 과정에서 사회적으로 긍정적인 영향을 미칠 수 있도록 주도하는 기업이다.

4.1.6 드림스폰

드림스폰은 전국지역, 기관, 학교, 학생 등을 한곳으로 연결하는 장학금 생태계의 허브 역할을 하는 사회적기업이다. 다양한 소통 창구를 통해 장학금 정보를 한번에 얻을 수 있고, 이를 통해 학생들에게 3,000여 개의 장학금 정보를 제공해 준다. 현재 19만 명의 사용자가 서비스를 이용하고 있으며, 이는 청년들의 경제적, 정보적 격차를 해소함으로써 대학생의 학비와 생활비 부담을 덜 수 있게 지원해 준다.

4.2 협동조합

4.2.1 동네발전소협동조합

서울 양천구의 '동네발전소협동조합'은 2014년 4월 소규모 가게를 운영하던 동네 사장님과 청년 기획자, 디자이너 3명이 지역공동체를 통해 사람들이 위로와 안식을 얻고, 삭막해 보이는 동네에 따뜻한 숨결을 불어넣기 위해 모임을 시작했다. 2015년 8월 협동조합 형태의 양천구 마을공동체가 되었고, 이후로 오랫동안 골목 상권 활성화와 공동체의 발전을 위해 다양한 프로그램을 진행해오고 있다.

동네발전소 협동조합은 이름 그대로 동네의 발전을 위한 일에 열심인 협동조합이다. 이들은 서로의 지식과 재능을 나누는 공동체 기반의 재능 나눔 프로젝트인 '동네 야학당', 지역 내 선후배를 연결해 주어 서로의 고민을 공유하고 함께 해결해 주는 멘토링 사업인 'MOT테이블', 골목상권 내 자영업자들이 독립 점포를 낼 수 있을 때까지 장인가게로 발굴, 유지, 계승시켜주는 '장인가게 찾기 사업'을 진행해오고 있으며, 이 외에도 마을 발전을 위해 지속적인 사업을 발굴하여 진행하고 있다.

최근에는 고도제한으로 인해 낮은 건물이 대부분인 이 지역에 주로 거주하는 중장년층이 주축이 되어 도시농업에 관심이 있는 주민들과 수경 재배를 하고 로컬푸드에 대해 알아가는 푸드 플랜 아카데미를 운영하고 있다. 또한 여기서 수확한 농산물을 가공·판매하는 한편 생산한 로컬푸드를 활용해 골목장터에서 페스티벌과 시식회 등을 여는 등 문화교류의 장을 마련해 다양한 연령층과 직업, 성별, 국적으로 구성된 동네 주민 모두 함께 참여하고 소통하며 상생하는 공동체 모델로 자리잡고 있다.

4.2.2 한살림과 한살림햇빛발전협동조합

'한살림'은 농사를 짓고 물품을 만드는 생산자들과 이들의 마음이 담긴 물품을 믿으며 이용하는 소비자들이 함께 결성한 생활협동조합이다. 시장 개방이 확대되면서 우리 농업의 자급 기반이 더욱 위태로워지고 건강한 밥상을 위협하는 때에 생명 농업을 바탕으로 생산자와 소비자 간의 직거래운동을 펼치며 어려운 이웃과 더불어 살아가며 절제된 소비, 자연과 조화를 추구하며 지구를 지키는 생활 실천을 목표로 하고 있다.

'한살림햇빛발전협동조합'은 한살림 연합에서 2012년에 설립한 협동조합으로 햇빛발전소를 설치하는데 한살림 조합원이 참여하도록 시작되었다. 아이들에게 핵 없는 세상을 물려주기 위해 조합원들과 함께 햇빛에너지 농사를 짓겠다는 것이다. 화석연료와 원자력을 대체할 수 있는 무공해 에너지인 햇빛발전으로의 에너지전환 운동이 우리의 에너지 자립과 주권을 지키는데 중요한 의미가 있다. 2013년 한살림 횡성 햇빛발전소를 시작으로 대전, 안성 등 한살림생산지나 한살림물류센터 등 건물의 지붕에 태양광 패널을 설치하여 설비용량 957,58kw, 연간 약 56만kwh의 햇빛발전 농사를 짓고 있다. 이 태양광 발전소로 전기를 만들어 1년 동안 약 570톤의 이산화탄소 배출 절감효과를 가져왔다고 한다.

한살림햇빛발전소협동조합은 설립 초부터 지금까지 조합원의 출자금으로만 햇빛발전소를 준공하였고, 이사회를 중심으로 여러 활동과 사업을 조합원과 함께 해오고 있다. 햇빛

교육위원회를 중심으로 조합원, 한살림 지역생협, 지역공동체 모임, 한살림 생산지 등에 원전이나 화석연료를 대체할 수 있는 대안에너지의 필요성에 대해 교육한다. 이 조합은 라이팅칠드런 캠페인 사업을 운영하여 에너지 취약국가에 교육 활동으로 만든 태양관 랜턴을 기부하고, 라오스 에너지 빈곤마을에 햇빛발전기와 전등을 설치해 주고 있으며, 취약계층의 전기세도 지원하고 있다.

4.2.3 박하향기협동조합

귀촌인이 주축이 되어 협동조합(마을기업)을 결성한 이후, 지역 내 유휴지를 활용하여 박하를 재배하고 가공제품 판매·체험 프로그램 운영을 통해 공동체 소득 및 일자리 창출을 하는 기업이다. 우리나라 토종박하의 보존 및 보급을 위해 우리나라의 '토종박하'의 활용을 원칙으로 하고 있다. 박하향기 협동조합은 지역 내 유휴지 곳곳에 박하를 재배하여 박하 정원을 조성하여 산책길 조성, 돌탑 쌓기 등을 더해 지역 경관개선을 위한 실천을 하고 있다.

협동조합운동 사례: 아이쿱소비자생활협동조합

아이쿱소비자생활협동조합은 다음과 같은 '협동조합의 장점을 살리고 약점을 보완하는 혁신적인 제도와 규칙'을 찾아 적용하여 우수사례로 선정되었다.

(1) 강력한 네트워크를 통해 사업을 확대함
- 1998년 7개 회원조합과 4개 준회원조합에서 현재 전국 99개 지역생협으로 사업 확대

(2) 조합원의 주체적·일상적 참여시스템을 구축함
- 친환경 식품의 종류를 늘리는 과정에서 조합원이 물품 개발 및 사업 운영, 새로운 사업 개발 등에 참여하는 시스템을 구축함
- 가공과정을 통제하여 조달하는 방법을 통해 어린이들에게 이롭지 않은 가공식품의 대체 물품을 만들어냄

(3) 일자리 창출을 통해 농민-가공업체 간 상생관계를 유지함
- 질 좋은 일자리 창출과 농민 및 가공업체에게 안정적인 공급처를 제공하고 연대기금을 운영해 상생의 연결고리를 활성화함

(4) 비수도권 생협조직 설립해 소외된 농촌지역사회의 활성화함으로써 지역사회의 사회적 자본 창출에 기여함

(5) 전국 조합원과 직원의 연대로 소외지역과 농촌지역에 문화센터를 개설·운영하여 지역사회에 활력과 회복을 제공하여 도농간의 균형발전에 기여함

(6) 제도 혁신을 통해 자본조성과 사업 및 조직 운영에 조합원들의 참여를 유도함

- 연합회는 사업을 집중 수행하고, 의사결정구조를 중앙으로 모아 규모경제 실현함
- 선출직 조합원 대표가 전문적 직무수행이 가능하도록 교육연수를 진행하는 등의 리더그룹을 육성함. 특히 조합원 리더 활동을 계량화하여 총량을 축적 기록함

(7) '아이쿱놀e터' 라는 어플을 협동조합 경영 및 홍보에 적극 활용함

- 어플을 이용해 소모임, 교육참가 및 물품활동, 지역연대, 생산자와 만남, 매장활동, 캠페인 등을 기록하고 그 성과에 따라 복지, 교육, 공정여행 등의 혜택을 누릴 수 있도록 제도화함

(8) 필요에 따라 분야별 자회사를 설립해 사업의 효율성을 추구함

- 사업규모 확장시 의사결정이 쉬운 위계적 구조를 채택하기보다는 자회사를 설립해 회사 간 긴밀한 네트워크를 구축하여 각 조직별의 책임자 권한과 책임을 강화하면서 빠른 의사결정을 가능하게 함

출처: 사회적경제미디어(2020년 3월 7일자)

4.3 마을기업

4.3.1 서당골

2014년 전체 26농가 중 21농가가 650만원씩 출자해서 만든 순천시 문성마을의 마을기업 '서당골'은 2020년 한 해 5억여 원의 매출을 올리는 성공한 마을기업이다. 마을 입구에 쓰레기장을 방불케 한 대나무숲을 없애는 일로 주민의 의견이 나뉘어 매주 마을 회의를 하면서 토론을 하게 되었다. 그 과정에서 주민들 사이에 반목은 없어지고 화합을 이루게 되었고 일은 일사천리로 진행되었다. 농가별로 현물 출자해서 메주를 만들어 파는 일을 시작했는데 그 결과가 매우 성공적이었다. 주민들은 수익 일부를 마을기금으로 적립했고, 부족한 자금은 출자해 가공공장을 설립했다. 정부지원금 없이 주민이 주주이고 주주 전부가 등기이사인 마을기업 서당골은 그렇게 탄생했다.

현재 마을주민들은 출자에 대한 배당은 물론 서당골의 직원으로서 받는 월급까지 합해서 3,000만원이 넘는 연소득을 올리고 있다. 여기에 체험을 위해 마을을 찾는 손님들에게 판매하는 농산물 매출까지 합하면 농가소득은 더 높다. 마을기업 시작 전 농가당 평균 연소득이 600만원이었던 것과 비교하면 엄청난 변화이다. 면적이 0.49㎢에 불과하고, 그중 95%가 산림지역으로 변변한 자원이 없던 가난한 농촌 마을 서당골은 이렇게 성공한 마을기업으로 거듭났다.

4.3.2 낙안읍성, 큰샘

큰샘은 낙안읍성 내에 거주하는 마을주민들이 함께 만든 마을기업이다. 낙안읍성의 고유한 문화유산을 지키고 이어나가는 작업은 실제 낙안읍성에서 생업과 조상의 얼을 이어나가고 있는 마을주민으로부터 시작된 것이다. 큰샘은 많은 이들에게 올바른 문화유산을 전달하고 실제 낙안읍성에서 진행하는 다양한 전통문화체험, 지역음식문화와 예술문화 소개, 방문객에게 유익한 정보제공, 낙안읍성 토속 민박 이용 지원 등의 다양한 활동을 한다. 줄어드는 낙안읍성 주민과 고령화된 지역사회 속에서 지역 주민의 다양한 일사리 기반을 마련하여 소득을 증대시키고 낙안읍성 토속품, 로컬푸드, 지역예술품, 민속용품, 기념품, 전통체험 계승 및 전달, 공동체 활성화를 위해 노력하고 있다.

4.3.3 함개하자냥

함개하자냥은 대구 반려동물산업협동조합에서 운영하는 가게로 2020년 대구광역시 마을기업으로 선정되었다. 애견미용 교육장, 애견 수제음식 교육장, 미용샵, 놀이터, 루프탑 훈련사 교육장이 마련되어 있다. 미용샵과 수제음식 판매로 수익을 창출하고 있다. 경력단절 여성과 청년 등을 대상으로 펫아로마, 펫케어, 행동심리 수업을 운영하여 취·창업할 수 있는 선순환 시스템 구축, 지역경제 경쟁력 강화에 기여하고 있다. 지역내 반려동물이 증가함에 따라 반려동물 생활환경의 문제점을 해결하고 반려동물과 반려인의 나은 삶을 위해 교육 및 캠페인 등의 올바른 반려문화를 선도한다.

4.4 자활기업

4.4.1 꽃가람

꽃가람은 인천광역시 계양구에 위치한 자활기업으로 수급자 2인, 자활 특례자 1인으로 구성된 자활기업으로 저렴한 가격에 맛있는 차와 커피를 즐길 수 있는 카페를 운영한다. 특히 공정무역 커피를 사용하는 카페이다. 꽃가람이라는 이름에 맞게 카페 안에 다양한 화초가 있어 차를 마시며 화초를 감상할 수 있다. 이러한 화초는 판매도 하며, 전국 꽃 배달 서비스로도 이용할 수 있다. 이 카페는 마스크, 에코백, 앞치마 등을 직접 만들어 판매한다. 이 기업은 환경을 생각해 일회용품과 쓰레기를 줄이고 여러 번 사용할 수 있는 제품들을 수공예로 만든다고 한다.

4.4.2 고래의 꿈

노동 취약계층의 일자리 창출을 통해 사회공헌을 실현하는 건물 위생관리업, 소독방역업을 하는 기업이다. 울산 남구 자활센터 청소사업단에서 일하던 6명이 함께 공동창업하면서 취업과 창업의 현실적인 어려움으로 위생관리업을 선택하였다. 현재 기초생활수급자와 노인들의 현실적 취업의 어려움을 해소하기 위하여 취약계층 일자리 창출에 힘을 쓰고 있다.

■ 참고문헌

광주광역시 사회적경제지원센터. 홈페이지 https://gjsec.kr:452/

김동현·송슬기·박송미·김진형·이동현·조성철(2017). 사회적 경제를 활용한 친환경 소비 확산 방안. 한국환경정책평가연구원.

사회적경제미디어 라이프인(2019년 12월 23일). 2019 사회적경제 트렌드 키워드VALUE(가치). http://www.lifein.news/news/articleView.html?idxno=5531

사회적경제미디어 라이프인(2019년 12월 30일). 19. 통계로 보는 2019 사회적경제 현황. http://www.lifein.news/news/articleView.html?idxno=5645

사회적경제미디어 라이프인(2020년 3월 7일). 사회적경제분야 주목할만한 성과를 분석하다(1): 협동조합. http://www.lifein.news/news/articleView.html?idxno=6366

서울특별시 사회적경제지원센터. 홈페이지 https://blog.naver.com/sehub/222565217724

유승민 외 14인(2016). 사회적경제 기본법안(유승민의원 대표발의).

윤포중 외 26인(2016). 사회적경제기본법안(윤호중의원 대표발의).

일자리위원회 관계부처 합동(2017년 10월). 사회적경제 활성화방안.

임성은·문철우·이은선·윤길순·김진희(2018). 사회적경제의 사회·경제적 가치 측정을 위한 통합지표 개발 연구. 한국보건사회연구원.

전병길·김은택(2013). 사회혁신 비즈니스. 생각비행.

정관영(2013). 이제는 사회적경제다-지역과 사람을 살리는 희망경제론-. 경기도 고양시: 공동체.

한국사회적기업진흥원(2019). 한국의 사회적경제.

한국사회적기업진흥원(2020년 3월 25일). 알기쉬운 한국의 사회적경제(리플릿).

한살림햇빛발전협동조합. 홈페이지 http://solar.hansalim.or.kr/

황덕순·박준식·장원봉·김신양(2014). 사회적기업의 유형별 심층사례 연구. 한국노동연구원.

황덕순·박찬임·길현종(2015). 사회적경제 이슈와 쟁점 연구. 한국노동연구원.

Leiberman, M., & Hall, E. R.(2005). Active Learning Guide: Introduction to Economics. South-Western College Publisher.

Műnkner, H. H. and Kang, I.(2006). Social economy and promotion oriented economics: How do we define a common denominator for enterprise in social economies cooperatives and non-profit organizations. The Korean Journal of Cooperative Studies, 24(1), 203-224.

OECD(2007). Social Economy: Building Inclusive Economics.

Quarter, J., Mook, L. & Amstrong, A.(2009). Understanding the Social Economy: A Canadian Perspective. University of Toronto Press.

2부

지속가능한 소비생활을 위한 소비가치

SUSTAINABLE SOCIETY AND CONSUMER LIFE

■

지속가능한 사회를 꿈꾼다면, 지속가능한 소비생활을 실천하는 힘은 바로 소비자에게 있다. 소비자가 주인인 새로운 경제체제에서 새로운 인류인 소비인간(homo consumericus)이 탄생하였다(Gilles Lipovetsky, 2009). 인간이 추구하는 주요 가치가 실제 그들의 소비생활을 통해 나타나고 있다. 특히 우리 사회에서 핵심 소비자층인 밀레니얼세대의 소비가치는 한국의 변화하는 라이프스타일과 소비트렌드를 주도한다.

소비자들은 최근 소비행복(Consumption Happiness)에 주목하고 있다. 소비생활에서 자주 행복감을 경험하는 사람들은 전반적인 생활 만족도나 주관적인 행복감도 높아진다(Desmeules, 2002). 또한 지구의 환경을 고려하고 타인을 배려하여 기꺼이 자신의 소비 생활방식을 바꾸어 절제하고 간소하게 살아가는 사람들이 있다. 개인의 소비절제는 곧 사회의 지속가능성(sustainability)과 연결되어 있다(Agarwal, 2013). 어떤 사람들은 기부와 후원을 통해 소비하면서 기부할 수 있는 소비생활을 실천하기도 한다. 현대 사회에서 소비인간은 자신이 중요하게 생각하는 소비가치를 실천하는 사람들이라고 할 수 있다.

지속가능한 사회에서 소비생활을 위한 패러다임(1부)과 우리 사회의 경제생활 뿐만아니라 사회 전반에 미치는 소비의 실제(3부)로 이어지는 가교 역할로써 2부에서는 지속가능한 소비생활을 위한 소비가치를 제안하기 위해 '소비와 행복(4장)', '소비절제와 간소한 삶(5장)', '기부와 후원(6장)'을 다루고자 한다.

제4장 소비와 행복

도입 스토리: 생활 속 심리학_행복과 소비

행복한 삶은 모든 인류가 소망하는 대표적인 가치이다(남승규, 2009; Rokeach, 1973). 18세기에는 핵심가치가 자유였고, 19세기는 평등이었으며, 20세기가 평화였다면, 21세기의 핵심가치는 행복이다. 행복은 누구와 무엇을 어떤 마음으로 하는가에 의하여 결정되는데, 가장 중요한 것은 어떤 마음인가이다(남승규, 2014). 왜냐하면 행복은 우리가 정원을 가꾸고 키우는 것처럼 마음의 힘(power of heart and mind)을 가꾸고 키우는 것이기 때문이다. 마음의 힘은 그 크기와 모양 그리고 색깔이 삼위일체를 이루어야 하는데, 마음의 크기를 큼직하고 넓게, 마음의 모양을 멋지고 예쁘게, 마음의 색깔을 밝고 희망차게 만들어야 한다.

행복이란 심리적 체험은 다양한 영역에서 그리고 다양한 수준에서 체험될 수 있는데, 소비를 할 때도 예외가 아니다. 소비가 사람들을 행복하게 만든다는 것에 대해서는 이론의 여지가 전혀 없다고 단정적으로 말할 수 없지만, 소비 그 자체는 행복체험의 중요한 요인임은 틀림없다. 적어도, 소비하는 그 순간만큼은 사람들을 충분히 행복하게 만든다. 물론 리차드 플로리다(Richard Florida, 2010)와 같은 학자는 소비가 사람들을 행복하게 만드는 것이 아니라, 과소비처럼 소비를 어리석고 무의미한 것이라고 취급하기도 한다. 고인이 된 법정스님도 '무소유'를 평생에 걸쳐서 설파하였다. 그러나 현대사회에서 소비는 무엇보다도 중요한 경제활동의 동력원이고, 소비자는 현대 경제의 중심이고, 생활의 중심이며, 관심의 중심이기도 하다. 질 리포베츠키(Gilles Lipovetsky, 2009)는 소비자가 주인인 새로운 경제체제에서 새로운 인류인 소비인간(homo consumericus)이 탄생했다고 하였다.

행복을 돈으로 살 수는 없다. 그러나 우리의 행복을 위하여 돈은 반드시 필요한 것이다. 현명하게만 사용한다면 충분히 그럴 수 있다. 우리의 행복을 위하여, 우리의 행복을 향상시키기 위하여 우리는 현명하게 돈을 사용할 줄 알아야 한다. 돈은 우리의 행복한 삶에 다양성을 지원하고 확충시켜주기도 한다. 인생에서 돈이나 건강이 문제가 되면 행복은 위협받게 된다. 어느 정도의 돈을 소유해야만 우리는 행복해진다. 그러나 일단 기본생활이 보장되고 나면, 돈이 무조건 많아진다고 삶의 만족도도 덩달아 커지지 않는다.

많은 학자들이 보다 행복한 소비를 위하여 돈을 잘 사용하는 방법을 제안하였다. 예를 들어, 던과 길버트 및 윌슨(Dunn, Gilbert, & Wilson, 2011)은 소비자들이 자신의 돈을 보다 더 행복하게 사용할 수 있도록 도움을 줄 수 있는 8가지 원리를 제안하였는데, 원리 중의 하나가 소비자가 더 많은 행복을 얻고자 한다면 경험은 더 많이 사고 물질적인 재화는 더 적게 사야만 한다는 것이다. 새로운 스포츠카나 선글라스와 같은 물질 소유보다 휴가나 데이트와 같은 경험에 돈을 더 많이 쓰라고 권한다. 아아커, 러드, 및 모글리너(Aaker, Rudd, & Cassie Mogilner, 2011)는 돈과 행복에 초점을 맞추는 것에 부가하여, 행복에 대한 시간의 영향을 고려하는 것이 도움이 된다면서 5가지 원리를 제안하였는데, 그 중의 하나가 자신과 맞는 사람들과 시간을 보내라는 것이다. 가족과 친구들과 보내는 시간은 상사, 동료 및 단순히 알고 있는 지내는 사람과 보내는 시간보다 더 큰 행복을 생성한다고 제안한다. 시간의 사용시간을 보다 정교하게 이해하는 것이 행복을 이끄는데 도움이 된다는 것이다. 챈셀러와 루보머스키(Chancellor & Lyubomirsky, 2011)는 어떻게 소비보다 검약이 더 큰 행복을 이끌 수 있는 가에 대하여 5가지 제안을 하였는데, 그 중 하나는 검약이 괴로움을 주는 빚을 청산하는 결과를 낳고, 이것은 더 큰 행복을 이끌 수 있다. 행복에 이르는 경로로 검약에 초점을 맞추는 것은 행복을 이끄는 상당한 잠재력을 가질 뿐만 아니라, 예상하지 못한 재정적인 어려움과 수요가 생겨날 때 충격을 완화해준다고 한다.

돈과 소비가 우리를 행복하게 만들 수 있는 방법 네 가지를 실천해보자.

첫째, 유형의 물질에 투자하지 말고 무형의 경험에 투자하라. 행복한 경제심리학자들은 "무형의 경험에 투자하라"라고 말한다. 내 눈 앞에 있는 자동차의 가치는 계속해서 떨어진다. 그런데 여행의 경험과 추억은 시간이 지날수록 점점 더 소중해진다. 여행은 새로운 우정을 만들어주고 기존의 우정을 더욱 돈독하게 해준다. 모든 것이 사라졌을 때에도 여전히 남아 있는 게 두 가지가 있다. 우리 머릿속에 있는 것과 우리 가슴 속에 담긴 사람이 그것이다. 인간은 모든 변화에 민감하다. 우리는 과거와 비교해서 현재를 평가하고, 더 좋은 쪽으로 변화가 이루어졌을 때 비로소 행복해졌다고 생각한다. 물질적 성장도 중요하지만, 정신적 성장을 경험하는 것은 행복에 매우 중요하다. 성장의 느낌은 행복으로 나아가는 여정에서 매우 중요한 요소이기 때문에 무형의 경험에 소비하고 투자하는 것은 우리를 행복하게 만들어준다.

둘째, 큰 것 하나에 모든 돈을 쓰지 말고 작은 것에 나누어 써라. 수많은 작은 행복의 순간들이 하나의 큰 행복보다 더 낫다. 『스펜트(Spent)』의 저자 제프리 밀러(Geoffrey Miller, 2010)는 상식적으로 우리가 어떤 물건을 사는 것은 그것을 가지면 즐거울 거라 생각해서지만, '득템'의 즐거움은 얼마 못 간다고 한다. 따라서 한 번에 자신의 가진 돈을 모두 쏟아 붓는 식의 '큰' 씀씀이는 삼가야 한다. 조금씩 잠깐씩이라도 기쁨과 만족을 주는 '작은' 씀씀이가 필요하다.

셋째, 나를 위해서 쓰지 말고 남을 위해서 써라. 내가 남을 위해 사는 커피 한잔에서부터 기부금에 이르기까지 액수와 상관없이 남을 위해 돈을 쓰고 나면, 항상 자신이 더 부자가 된 느낌을 갖게 된다. 부자란 스스로 충분히 가졌다고 생각하는 사람이다. 당신을 위해서, 모든 이를 위해서. 최고로 장기적인 수익을 낼 수 있는 투자는 관계이다. 정말 좋은 친구 한두 명은 그저 그런 사이의 친구를 두세 배쯤 가진 것보다 훨씬 더 소중하고 든든하다. 돈을 나를 위해서 쓰는 것은 하수이고, 남을 위해서 쓰는 것은 상수이다. 최고는 좋은 것이고, 더 좋은 것이 최고다(Best is good, better is best).

끝으로, 적당한 소비를 즐길 필요가 있다. 건강과 행복을 위해서, 관계를 위해서, 일을 위해서, 다른 사람을 위해서, 행복한 기억을 위해서 적당한 사치를 즐길 필요가 있다. 자신을 위해서 조금은 사치를 누려야 한다. 진정한 행복이란 다른 사람에게 선행을 베풀거나, 친구나 가족과 함께 시간을 보내거나, 안식을 찾거나, 명상을 함으로써 얻을 수 있다. 우리를 행복하게 만드는 것은 다른 사람이 아닌 바로 우리 자신이다. 나 자신에게 가치 있다고 생각되는 일이나 물건에 돈을 쓰는 것이 중요하고, 그러기 위해서는 내가 정말로 원하는 것이 무엇인지에 대한 인식과 실천이 필요하다.

출처: 남승규(2019). 생활 속 심리학: 행복과 소비. 한국심리학회 웹진.

1. 행복가치와 소비행복의 특성

1.1 행복가치의 특성

행복(幸福, Happiness)은 생활에서 충분한 만족과 기쁨을 느끼어 흐뭇하거나, 또는 그러한 상태를 의미한다(국립국어원 표준국어대사전). 인간은 행복한 감정을 자주 느끼기 원하고, 그것을 위해 다양한 활동에 참여한다. 생산과 소비는 개인이나 가족이 다양한 욕구를 충족하기 위한 경제활동이다. 건강한 경제활동을 통해 개인이나 가족은 삶의 균형감을 유지하고 만족이나 행복을 경험할 수 있다. 사람들에게 소득 활동은 생활에 필요한 금전 자원이나 예산의 확보를 위해 필요한 일이다. 만약 돈이 많아진다면 그만큼 뭔가를 구매할 수 있는 우리의 능력은 증가할 수 있다. 또한 제한된 예산이나 금전 자원 및 신용 등을 이용해 수행하는 적절한 소비활동은 우리에게 소비행복을 느끼게 해 줄 수 있다. 여기서 중요한 것은 경제활동, 특히 괜찮은 소비는 사람들을 행복하게 한다는 점이다.

1.1.1 소득과 행복의 관계

먼저 소득과 행복의 관련성을 살펴보자. 소득은 개인이나 가족에게 시장에서 필요한 재화와 서비스를 구매할 수 있는 경제적 능력이다. 기본적으로 소득이 있어야 비로소 소비생활이 가능하기 때문이다. 많은 소득을 버는 소비자는 낮은 소득을 가진 사람보다 구매력이 더 높다. 구매력은 원하는 것을 더 많이, 그리고 더 자주 소비할 수 능력과 관련이 있다. 그러므로 경제활동에서 소득의 획득은 인간의 생활 만족감과 주관적 행복감을 이끄는 중요한 삶의 조건이 될 수 있다. 특히 자본주의 경제사회에서 사람들은 대부분 소비를 통해 욕구를 충족하고 그것을 통해 만족감을 느끼기 때문에 많은 소득이나 금전 자원을 확보하는 것은 장기적으로 더 나은 소비생활을 즐기고, 전반적인 삶의 질을 증진하는데 필요한 일이 될 수 있다.

그러나 이스털린 파라독스(Easterlin's paradox)[9]는 많이 벌어 더 소비하는 것이 반드시 우

9 이스털린 파라독스는 1974년 미국 경제사학자 리처드 이스털린(1995)이 밝힌 것으로, 1946년부터 30개 국가의 1인당 국민총생산(GNP) 비교연구를 통해 '소득이 특정한 수준(만족점)을 넘게 되면, 소득이 증가하더라도 행복이 비례적으로 증가하지 않는다'는 현상에 관한 것이다. 이후 대니얼 카더먼과 앵거스 디턴(2010)는 2008~2009년 45만명 미국인을 대상으로 한 연구를 통해 소득-행복 간 비례관계가 연간 소득 75,000달러 이후 유지되지 못함을 증명하였다.

리를 행복하게 만들지 않는다는 점을 알려준다. 즉 돈이 많다고 행복한 것은 아니라는 것이다. 벌어들이는 소득이 많아질수록 행복감은 증가하겠지만, 어느 정도 소득 수준에 이르게 되면 행복이나 만족 수준은 더 이상 증가하지 않는다(Easterlin, 1995). 이는 소득이나 구매력이 제공하는 행복감에 한계가 있음을 말해준다. 무엇보다 사람들은 현실 세계에서 원하는 만큼 돈을 많이 벌지 못한다. 따라서 보유하고 있는 한정된 소득으로 행복한 소비생활을 어떻게 할 것인가의 문제만이 우리에게 남겨진다.

1.1.2 소비와 행복의 관계

경제활동에서 행복 가치는 소비를 통해 더 많이 경험될 수 있다. 소비생활에서 느끼는 행복감은 소비 활동의 결과보다 소비 활동 자체에서 느끼는 긍정적인 감정과 연관성이 높다. 그것은 소비행위에 대한 외적 동기보다 내적 동기가 밀접하게 관련되기 때문이다. 외적 동기가 어떤 활동의 결과나 결과에 따른 보상에 초점을 둔다면, 내적 동기는 그 활동 자체에 초점을 두고 하고 싶어서 스스로 하는 것을 강조한다. 경제학자 프라이(Frey)는 주류경제학이 갖는 시장원리를 비판하며 경제활동이 갖는 내적 동기가 행복감과 밀접하게 관련되어 있다고 주장하였다. 따라서 경제활동에서 인간이 느끼는 행복감은 소득보다는 "사람들이 직접 경험하면서 보고한 주관적 안녕감(reported subjective well-being)"으로 측정할 수 있다(홍훈, 2020: 333).

그림 4.1과 그림 4.2는 2020년 10월 1,000명의 30대와 60대를 대상으로 행복한 삶과 소비에 대한 인식 조사 결과이다(KDI 경제정보센터, 2020년 11월 27일자). 그림 4.1은 행복한 삶에 대한 세대별 인식 차이를 보여준다. 30대에게 행복한 삶은 추구하는 가치와 욕구를 충족하는 것에 있고, 이것이 절대 우위(50%)를 차지하고 있다. 그 다음은 경제적 풍요로움(31.8%)이 행복감에 영향을 주었다. 한편 60대는 행복한 가정을 이루는 삶(38.2%)과 원하는 것을 충족하는 삶(37.8%)이 행복한 삶을 이루는 주요 요인으로 나타났다.

그림 4.2는 소비와 행복에 대한 세대 차이에 관한 것이다. 30대 소비패턴은 미래지향 소비(36.8%)보다 현재 행복지향 소비(40.8%)가 더 높았다. 이와 반대로 60대는 현재 행복지향 소비(33.6%)보다 미래지향 소비(39.4%)가 더 높았다. 이것은 젊은 세대의 소비패턴이 현재 경험하는 행복에 맞추어져 있고, 이를 위한 소비생활을 더욱 중시하고 있음을 나타낸다.

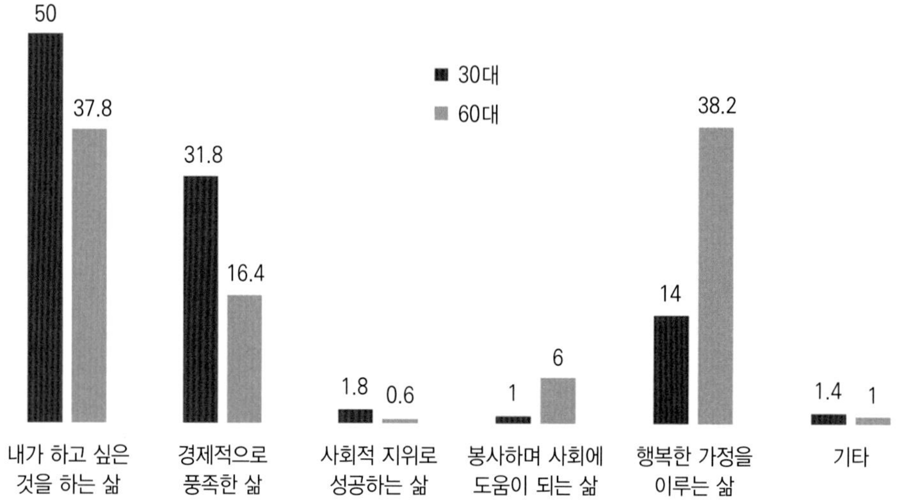

그림 4.1 30대와 60대 행복한 삶에 대한 인식 차이(단위: %)

출처: KDI 경제정보센터(2020년 11월 27일자). 30대와 60대의 삶에 대한 인식조사트렌드. 저자 재구성

그림 4.2 30대와 60대 소비-행복 관계에 대한 인식 차이(단위: %)

출처: KDI 경제정보센터(2020년 11월 27일자). 30대와 60대의 삶에 대한 인식조사트렌드. 저자 재구성

이러한 결과는 세대에 따라 행복한 삶을 추구하는 사람들의 인식과 소비패턴에 차이가 존재함을 반영한다. 현재 소비시장에서는 젊은 세대가 추구하는 소비가치와 라이프스타일 및 소비패턴이 소비트렌드를 주도하고 있다. 이는 젊은 세대가 추구하는 현재 지향적인 행복추구 소비 행동이 우리 사회의 소비환경에 변화를 줄 것이라는 예측을 이끈다.

1.2 소비행복의 특성

1.2.1 소비심리와 소비가치

리포베츠키(Lipovetsky, 2009)가 제안한 호모 컨슈머리쿠스(homo consumericus), 즉 '소비인간'이란 소비사회가 되면서 이전 시대보다 소비시장에서 소비자의 역할과 영향력이 더욱 커지고 있음을 뜻한다. 인간은 행복을 추구하는 존재이고, 소비생활로부터 경험하는 만족과 행복 수준이 전반적인 삶에 대한 만족감과 주관적 행복감으로 이어진다. 그러므로 사람들이 삶의 질 향상을 위해 소비생활에서 행복감을 경험하는 것은 매우 중요하다. 소비행복의 특성을 이해하기 위해 먼저 소비 행동을 이끄는 몇 가지 소비심리와 소비가치를 간단히 살펴보고자 한다.

가. 소비심리

소비시장에는 사람들의 소비 행동을 자극하는 소비심리가 존재한다. 소비심리는 일반적으로 개인적 소비가치나 집단적 소비가치와 밀접하게 관련된다. 또한 기업은 소비자 선택 행동을 유도하기 위해 소비자 심리를 마케팅 전략에 적극 이용하기도 한다.

◆ 스놉효과

스놉(Snob)효과는 잘난 척 하는 '속물'효과이다. 소득이 높은 사람이 자신을 저소득자나 일반 사람들과 구분할 목적으로 특정 재화를 구매하고자 한다면, 그것은 자신을 드러내거나 과시하려는 소비행태이다. 까마귀 무리에서 혼자 고고하게 서 있는 백로를 상상해 보라. 그런 의미에서 '백로효과'라고 한다. 경제학적 관점에서 일반적으로 특정 상품에 대한 소비가 증가하면 희소성은 떨어지고, 희소성 감소는 그 상품의 수요를 점점 줄어들게 만든다. '희소성'에 초점을 둘 때, 스놉효과는 너무 비싸 다른 사람들이 구매하기 어려운 상품을 오히려 더 구매하고 싶어 하는 과시적 심리와 관련된다. 그 밖에 소비자는 자신이 남과 다르다는 생각을 가지고 '차별화'되기를 원하는 욕구가 고가의 희소성 있는 특정 제품을 구매하도록 이끌 수 있다(KDI 경제정보센터, 시사용어사전). 예를 들어, 어떤 사람은 친구들 사이에서 돋보이려고, 또는 과시하려고 값비싼 명품 구매를 선호할 수 있다.

◆ 밴드워건 효과

밴드웨건(Bandwagon)효과는 유행에 따르는 동조 심리가 작용하는 소비 현상이다. 다른 사람들을 따라 유행 상품을 구매한다는 점에서 '편승효과'라고도 한다. 밴드웨건효과 또는 편승효과는 미국 서부 개척시대 금광 발견 소식에 많은 사람들이 몰려들었던 것처럼, 특정 상품의 수요가 다른 사람들의 수요나 집단적 소비가치에 의해 영향을 받는 것을 의미한다. 개인의 소비가치나 선호보다는 또래 친구들이나 동호회 등 준거집단의 소비 행동을 단순히 따라 하는 소비이다(KDI 경제정보센터, 시사용어사전). 예를 들어, 어떤 사람은 모방심리나 동조심리가 작용하여 연예인이 광고하는 제품을 사거나, 또래 친구들 사이에서 구매하는 아이템을 의도적으로 구매하기도 한다.

◆ 유행과 트렌드

유행은 일시적 기간 또는 짧은 시간 내에 사회구성원들에게 전파되는 행동성향이다(한국민족문화대백과사전). 어떤 사회집단에 속한 일정 수의 사람들이 일정기간 동안 유사한 행동양식과 문화양식을 선택하는 현상이다. 유행은 빠르게 전파되었다가 단기간에 소멸된다. 유행 제품 구매는 한편으로 주변 사람들과 비슷하게 행동하여 안도감을 얻으려는 동조심리와 관련된다. 다른 한편으로 유행은 차별화 심리를 유발시키기도 한다. 유행되지 않는 상품을 의도적으로 선택하는 소비자는 자신이 유행 상품 구매자와 구별되는 소비행위를 했다는 점 때문에 만족할 수 있다. 그러므로 유행에 민감한 사람은 타인을 의식하거나 다른 사람들에게 동조하려는 심리의 작용으로 나타난 소비행동으로 볼 수 있다.

유행이나 일시적 유행(FAD, For A Day)에 비해 트렌드(trend)는 3년 이상 지속 되는 변화의 동향이나 추세이다. 디지털시대 우리 사회와 문화는 어떻게 변화하고 있는가?, 코로나와 함께 살아가면서 우리의 일상생활과 라이프스타일은 어떻게 변하고 있는가?, 또는 세계에서 유행하고 있는 한류 콘텐츠는 어떠한가? 등이 관련된다. 트렌드는 지속적이고 장기적인 흐름을 반영한다. 그런 점에서 소비트렌드는 소비시장을 주도하는 추세나 동향이다. 저출산 고령화 사회와 같은 인구통계학적 변화를 비롯하여 삶의 가치관과 태도 및 생활양식의 변화는 소비욕구 및 소비패턴을 변화시켜 소비트렌드를 형성한다. 소비트렌드는 소비시장에 영향을 미치는 강력한 변화의 흐름으로 작용한다.

그림 4.3은 트렌드를 지속기간에 따라 '마이크로 트렌드 - 패드(일시적 유행) - 트렌드 -

메가트렌드-문화'로 분류하고 있다. 반면 지속기간이 짧아질수록 변화의 다양성이 크다. 바꾸어 말해서 트렌드 지속기간이 길어질수록 변화의 다양성이 줄어들고 다수의 사람들에 의해 수용되면서 어떤 문화를 형성하게 된다. 이것은 바로 어떤 사회에서 구성원들 간 공유하는 문화적 특성이 서로 비슷한 이유이다.

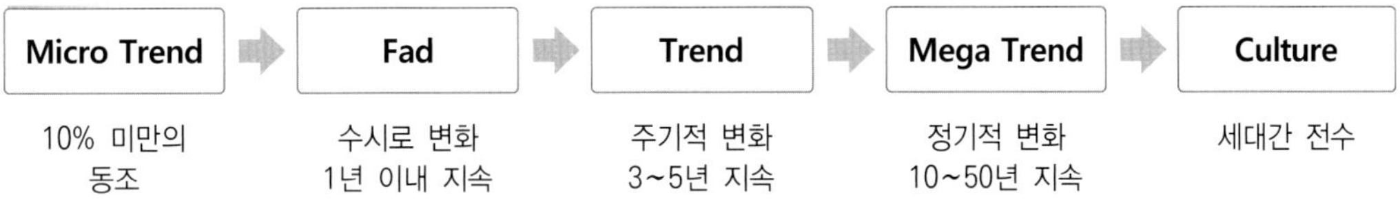

그림 4.3 트렌드의 종류: 지속기간과 스타일 다양성의 차이

출처: 이순종(2010). 디자인의 시대 트렌드의 시대. p.167. 저자 재구성

나. 소비가치

가치는 '특정 상황이나 당장 성취해야 하는 목표를 넘어 인간으로서 궁극적으로 추구하는 최종 상태에 도달하도록 행동과 판단을 이끌어 주는 지속적인 신념'이다(Rokeach, 1969). 로키치의 가치 개념은 목적 가치와 수단 가치의 이중 구조를 가진다. 목적 가치가 가정의 행복이나 마음의 평화, 자유, 행복한 생활 등과 같이 인간이 추구하는 바람직한 상태라고 한다면, 수단 가치는 책임감이나 봉사, 정직, 겸손 등 일상생활에서 인간의 행동에 영향을 주는 요인들이다.

인간은 삶의 질 향상과 전반적인 생활 만족감, 일-삶 균형 등과 같은 궁극적인 목적 가치를 성취하기 위해 만족한 소비생활을 영위하고자 할 것이다. 그러므로 소비가치는 이러한 소비생활 만족이나 행복을 이끄는 소비자 선택 행동에 영향을 미칠 것이다. 따라서 소비가치는 소비자의 선택 행동을 결정짓는 주요 요인이며. 소비자가 어떠한 소비가치를 추구하느냐에 따라 소비자가 경험하는 만족이나 행복의 수준은 달라질 수 있다. 일반적으로 소비자가 추구하는 가치를 다음 네 가지로 설명할 수 있다.

◆ 합리적 소비

소비 행동에서 '합리성'을 보는 관점은 다양하다. 경제학적 관점에서 합리적 소비는 최소 지출 대비 최대 이득이나 효용을 얻는 것이다. 즉 소비자의 선호나 감정보다는 효율적인 자원관리나 경제성에 초점을 둔다. 한편 심리학적 관점에서 합리적 소비는 개인의 주관적 특성이 소비생활에 일관적으로 반영되는 것을 의미한다. 개인은 삶에서 자신의 가치나 선호, 취향, 생활양식 등을 추구하며, 이를 소비자 선택 행동을 통해 표출하는 것과 관련된다. 그밖에도 개인을 넘어 사회적 이득이나 효용 및 사회적 책임을 추구하는 소비 행동을 합리적 소비라고 할 수 있다(박명희, 2002: 383; 김난도, 2003: 89-92).

◆ 쾌락적 소비

소비자가 궁극적으로 원하는 것은 소비생활에서 즐거움과 만족감 및 행복감을 경험하는 것이다. 쾌락적 소비는 제품과 서비스 구매할 때 실용적 가치 보다 상징적 가치에 초점을 두는 것을 말한다. 그림 4.4는 소비자 태도를 실용적 차원과 쾌락적 차원으로 나누어 설명하고 있다. 쾌락적 가치를 추구하는 소비자는 쇼핑 그 자체를 즐긴다. 그들은 쇼핑 후 결과보다는 쇼핑 과정에서 느끼는 내적·주관적 즐거움을 중요하게 생각한다. 반면 실용적 가치를 가진 소비자에게 쇼핑은 정보를 이용해 수행해야 할 중요한 과업으로 인식된다. 그러므로 그들은 쇼핑 자체의 감정적 즐거움보다 효율적인 구매과정과 쇼핑 결과가 더 중요하다(Holbrock & Hirschman, 1982).

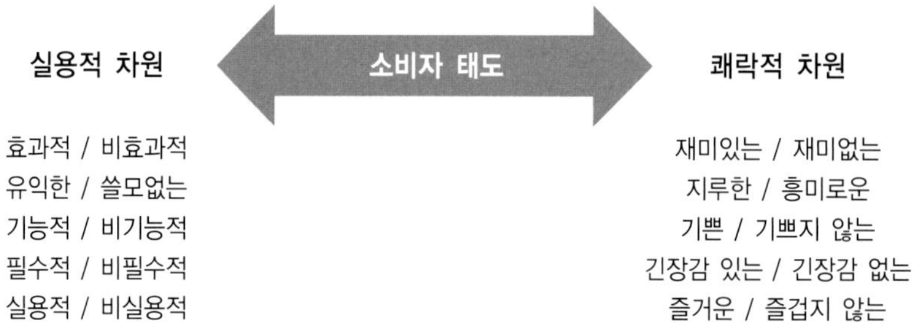

그림 4.4 소비자 태도: 실용적 차원과 쾌락적 차원

출처: 박명희 외(2013). 소비자 의사결정. p.174. 저자 재구성

일반적으로 소비는 소비자에게 제품의 효용을 제공하고 원하는 것을 가질 수 있게 할 뿐 아니라, 쾌락이나 즐거움 같은 긍정적 감정을 촉진하거나 심미적 가치를 향유하도록 돕는다. 또한 소비를 통해 소비자는 자신이 속한 집단 정체성을 나타내기도 한다(Aaker, Rudd, & Mogilner, 2011). 소비는 분명히 즐거운 경험을 사람들에게 제공하고 있다.

◆ 윤리적 소비

윤리적 소비는 '착한 소비'라고 한다. 윤리적 소비자에게 상품의 선택 기준은 주로 환경과 지역경제, 인권, 동물복지, 공정거래와 공정무역, 생산과정 전반의 윤리성, 기업의 사회적 책임 등 다양한 관심사와 관련이 된다. 그러므로 윤리적 소비는 지속가능한 사회발전 목표를 달성하는데 필요한 소비생활 영역의 실천 활동으로 볼 수 있다. 윤리적 소비는 다른 사람이나 사회 전체의 이익을 고려해 의도적으로 수행하는 소비 실천 행동이다.

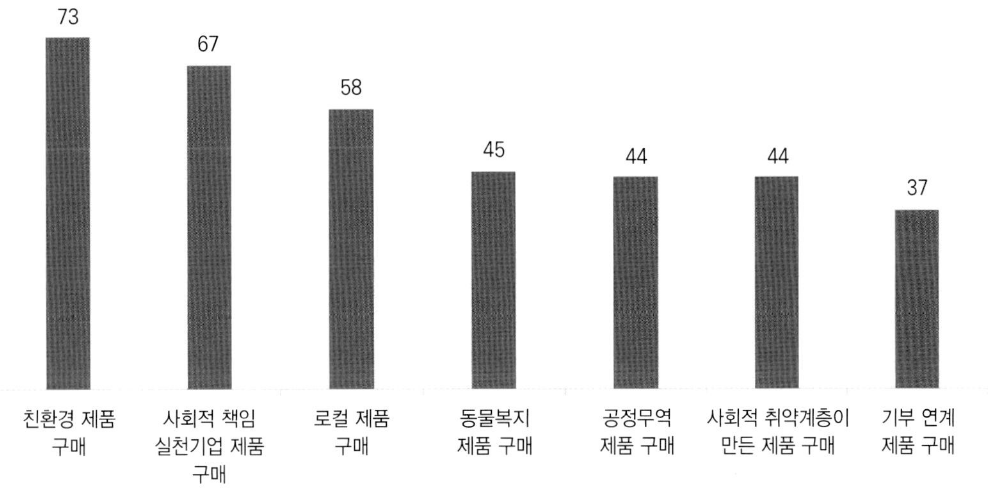

그림 4.5 소비자가 생각하는 윤리적 소비 태도(%)

출처: KDI경제정보센터(2020년 11월호). 이슈: 소비자 47% 윤리적 소비경험. 저자 재구성

2020년 9월 조사(KDI경제정보센터, 2020년 11월호)에서 윤리적 소비 경험자가 응답자의 47%를 차지하였다. 윤리적 소비는 친환경 제품 구매(73%)와 사회적 책임을 실천하는 기업의 제품 구매(67%) 및 로컬제품 구매(58%)를 중심으로 실천되는 경향이다(그림 4.5).

참고로 이 조사에서 가격이 비싸도 친환경 제품이나 사회적 책임을 실천하는 기업 제품을 구매할 의향(56%)이 그렇지 않는 경우(44%)보다 더 높게 나타났다. 또한 제품의 질이 우수해도 비윤리적 기업 제품은 구매하지 않는다는 응답(62%)이 구매한다는 응답(38%)보다 더 높았다. 이것은 한국에서 윤리적 소비가치가 소비자 의사결정의 중요한 기준이 되고 있음을 시사한다.

◆ 관계적 소비

소비자는 소비를 통해 관계를 형성하고 유지하며, 나아가 관계를 촉진한다. 관계적 소비 가치는 사회적 관계를 유지하기 위한 경험적이고 체험적인 소비행위이다. 관계를 소비하는 사람들은 동조 소비와 같이 타인에 준거하거나 타인을 의식한 소비 활동에 참여한다. 또한 사람들은 종교나 통과의례, 명절, 집단의례, 가족행사 등과 같은 의례 관련 소비를 통해 개인은 사회적, 문화적 차원에서 다른 사람과 인간관계를 유지하고 있다.

그 밖에 우리 사회에서 선물 소비는 사회적 관계 유지뿐만 아니라 즐거움이나 만족을 주고받는 방법으로 적극 활용되고 있다. 당신에게 선물 소비는 어떤 의미인가?

1.2.2 소비행복의 의미와 원칙

소비생활을 통해 사람들은 진정한 만족과 행복을 느끼고 있을까? 일반적으로 인간은 다양한 필요와 요구들을 가지며, 이러한 욕구들을 충족함으로써 만족감을 경험한다. 단지 개인마다 욕구 충족 시기가 다르고, 느끼는 만족감 또는 불만족감 수준이 상이할 뿐이다. 추측하건대, 욕구나 욕망을 느끼는 시점과 실제 구매를 통해 욕구를 충족하는 시점 간에 시간 차이가 짧을수록 만족감 수준은 높아질 것이다. 반면 구매한 상품과 서비스가 기대한 만큼 품질을 제공하지 못하면 그것의 충족 시기와 상관없이 사람들이 느끼는 만족감 수준은 낮을 것이다. 따라서 우리는 실제 돈을 어떻게 사용할 때 행복을 경험하는 지 생각해 보아야 할 것이다.

가. 소비행복의 의미

현대 시장경제 환경에서 삶의 질에 영향을 미치는 중요 가치는 소비생활을 통해 얻게 되는 소소한 행복 경험들이다. 이는 우리가 일과 삶의 균형에 긍정 효과를 주는 문화여가 활동에 지출을 하거나 조금 더 지불 하더라도 지속가능한 소비에 돈과 시간을 쓰는 이유이다. 소비행복(Consumption Happiness) 또는 소비자 행복(Consumer Happiness)이란 사람들이 소비를 통해 경험하는 주관적인 행복감이다. 소비자의 선택행동은 일상에서 빈번하게 일어나는 일이므로 소비행복을 자주 경험하는 것이 중요하다. 일상에서 느끼는 소비행복이 사람들의 전반적인 생활 만족도나 주관적인 행복감에 긍정적인 영향을 미치기 때문이다 (Desmeules, 2002). 소비자는 소비를 통해 다양한 필요(need)와 요구(want) 문제를 해결하고,

자신이 추구하는 가치 소비로부터 행복감을 느낄 수 있다. 그러므로 소비자 행복은 총체적인 소비행복 경험이다. 소비자는 행복한 소비 경험으로부터 느끼는 긍정적 기분과 감정 및 인지적 평가를 종합하여 전반적인 생활 만족감과 행복감을 인식한다.

나. 소비행복의 원칙들

평소에 소비행복을 자주 경험하기 위해 우리는 행복하게 돈을 사용하는 방법을 알아야 한다. 던과 길버트 및 윌슨(Dunn, Gilbert, & Wilson, 2011)은 돈을 어떻게 사용하면 행복해질 수 있는가에 초점을 두고 소비생활에서 행복감을 최대로 증진하는 8가지 원칙들을 제안하였다. 이것은 일종의 행복하게 돈을 사용하는 방법이다. 진정한 소비행복을 찾기 위해 이 원칙들이 어떤 측면에서 사람들을 행복하게 만드는 지 살펴볼 필요가 있다.

【원칙 1】 물건 대신에 경험을 구매하자(Buy experiences instead of things). 유형의 '소유소비'보다 무형의 '경험소비'가 우리를 더 행복하게 만든다. 일반적으로 물건을 사는 것 보다 여행을 하거나 강습을 받거나 친교 활동을 할 때 우리는 더 많이 행복해진다.

【원칙 2】 내 자신 보다 다른 사람들을 돕는 것이다(Help others instead of yourself). 미국 오리건 대학교 연구에서 자발적으로 남을 도운 사람 외에도 강제로 자선활동에 참가한 사람들의 뇌도 행복할 때 활성화되는 '보상 부위' 세포들이 바삐 움직였다.

【원칙 3】 큰 기쁨을 주는 소수보다 소소한 즐거움을 주는 많은 것들에 돈을 사용하는 것이다(Buy many small pleasures instead of few big ones). 한방에 행복해지는 것이 진정한 행복일까? 작은 기쁨들이 모이고 쌓이면서 우리는 행복을 자주 느끼게 된다.

【원칙 4】 보험 가입처럼 많이 산다고 해서 더 행복해 지는 것은 아니다(Buy less insurance). 사람들은 '곧 후회할 줄 알면서도' 구매할 때가 있다. 실제 우리는 온라인 쇼핑이나 대형할인매장에서 많은 돈을 쓴다. 마찬가지로 많은 보험에 가입되어 있다고 해서 나의 건강과 행복이 보장되는 것은 아니다. 쓸데없이 많이 보험을 가입하기 보다는, 다시 말해서 무조건 많이 구매하기 보다는 일상에서 '소소한 행복을 주는 경험들'에 돈을 쓰는 것이 오히려 우리를 더 행복하게 만들어 줄 수 있다.

【원칙 5】 지금 지불하고 그 다음에 소비하자(Pay now and consume later). 신용카드는 지금 소비한 후 나중에 지불하는 방식으로, 당장 채우기를 원하는 욕구 충족에 초점이 맞추

어져 있다. 이러한 소비 행동은 자칫 일시적이고 순간적이며 쾌락적일 수 있다. 그래서 행복감이 오래 지속되지 않을 수 있다.

【원칙 6】 미쳐 생각하지 않았던 것들을 고려해보자(Think about what you're not thinking about). 이것은 너무 구매의 장점만 보아서는 안된다는 의미이다. 당신이 살고 싶은 집(예, '호수가 있는 한적한 숲속의 집')을 상상해 보자. 평화롭고 조용하며, 언제든 낚시를 하고, 보트 놀이를 즐기고, 저녁엔 붉은 노을을 감상할 수 있다. 그러나 그런 집 구매에 돈을 쓰려면 모기와 벌레들, 응급 상황시 걸리는 오랜 시간, 보트 유지비, 냉난방비 등을 세세하게 생각해보아야 한다. 정말 행복하려면 구체적인 문제들에 접근해야 한다.

【원칙 7】 비교 구매를 다시 생각해보자(Beware of comparison shopping). 물건을 살 때 우리는 비교 구매 정보를 탐색한다. 비교구매 사이트에는 사려고 한 물건의 다양한 속성들이 비교되어 있어 이상적이고 합리적인 구매가 가능하다. 그러나 우리가 생각할 점은 비교구매 사이트에 제시된 제품의 다양한 속성들이 정말 나를 행복하게 만드는 속성들로 구성되어 있느냐이다. 거기에는 나에게 행복을 주는 속성이 없을 수도 있다.

【원칙 8】 머리보다 경험을 공유하자(Follow the herd instead of your head). 영화를 보기 위해 영화 트레일러나 유튜브의 스토리 요약을 보는가? 아니면 평점이나 별의 개수에 민감한 편인가? 이것들은 소비자에게 영화를 보도록 자극하고, 영화 선택의 효과적인 방법이기도 하다. 그러나 영화 선택의 최고의 방법은 그 영화를 본 많은 사람의 경험을 들어보는 것이다.

1.2.3 소비경험의 양면성: 행복경험과 갈등경험

소비경험에는 양면성이 존재한다. 평소 소비생활을 통해 우리는 즐겁고 만족스러운 긍정적인 결과를 얻기도 하지만, 때로는 손해를 입거나 불쾌한 감정을 느끼는 부정적인 경험을 갖기도 한다. 일반적으로 행복하고 만족스러운 소비경험은 삶의 질을 증진하고, 부정적 소비경험은 과시욕, 상대적 박탈감, 우월감, 자격지심 등의 감정과 연결되어 충동구매나 과시소비 및 과대소비를 부추긴다. 이와 같이 소비생활에는 행복경험과 갈등경험에 영향을 주는 다양한 요인들이 관련되어 있다. 표 4.1은 서울지역 30~50대 중산층 기혼여성의 심층인터뷰를 통해 현상학적 관점에서 행복경험과 갈등경험의 관련 요인과 이러한 소비경험에 영향을 주는 결정요인들을 제시한다(이성림 외, 2011).

표 4.1 소비경험의 양면성: 행복경험과 갈등경험

소비경험	주제개념과 하위 개념들
행복경험	① 높은 효용가치: 자녀에 대한 투자, 기대 이상의 효과, 저렴한 구매 ② 소유보다 관계: 행복한 가정, 정성과 대접, 소유에서 벗어난 자유로움 ③ 마음의 풍요: 나를 업그레이드하기, 삶의 이야기가 있는 소비, 더불어 살기 ④ 나만의 자신감: 창의적인 소비, 가족과 타인으로부터 인정
부정개념	① 부족함과 낭비: 여유없는 생활, 과도한 소비행위 ② 남들처럼 해야 하나? 남들만큼 못하나?: 동조/비자발적 소비, 비차별적 소비 ③ 가족 간 소비갈등: 의견 불일치와 소비가치관 차이, 경제권 없음 ④ 속성 지배하는 소비사회: 통제범위를 벗어난 소비환경과 소비방식
결정요인	① 자신감과 믿음: 휩쓸리지 않는 소신, 종교 ② 소비자 역량: 소비자 정보/지식/기술/열정, 소비자 의식(외압에 대한 의식) ③ 합리적-비합리적 소비원칙: 통합적/본질적 사고, 단편적/임시방편적 사고, 물질주의와 보상심리 ④ 자율성: 수동성, 합리화(핑계대기), 자존감

출처: 이성림 외(2011). 소비생활에서의 행복과 갈등. p.148, 153, 158. 저자 재구성

첫째, 행복경험은 높은 효용가치를 갖는 소비와 소유보다 관계와 관련된 소비자 선택행동, 소비 후 마음의 풍요를 느낄 때, 자신감을 증진시키는 소비일 때 나타났다.

둘째, 부정경험은 부족함과 낭비를 하였다고 느낄 때와 비자발적인 동조소비나 차별적이지 못한 소비를 할 때, 가족과 소비 가치관 차이가 있고 경제 권한이 없을 때, 통제하지 못하는 소비 생활방식 등과 관련이 있다.

셋째, 주요 결정요인은 자신감과 믿음, 소비역량, 합리적-비합리적 소비원칙 및 자율성 수준으로 나타났다. 구체적으로 행복경험은 소신과 높은 소비자 역량, 합리적인 소비원칙을 가지고 소비를 할 때, 자유의지에 의한 주도적 소비 행동을 통해 획득될 수 있다.

1.2.4 소비행복의 지향성

돈을 쓰는 내용과 방식은 소비행복의 지향성에 따라 달라진다. 즉 소비행복의 지향성은 '나'를 행복하게 만드는 소비, '너'에게 행복을 주는 소비, '우리'가 행복해지는 소비로 구분될 수 있다. 이것은 "나, 너, 우리가 행복한 소비"를 의미하는 소비철학과 관련된다(이희숙, 2019년 1월호).

첫째, 〈나를 행복하게 하는 소비〉는 "개인 소비자가 가치를 크게 둔 것에 돈을 쓰는 것, 그래서 소비하는 개인을 가장 행복하게 하는 것"이다. 즉 자신에게 가치가 있다고 생각하는 소비에 돈을 사용함으로써 내가 행복해진다. 따라서 내가 행복한 소비는 '개인적 소비가치'를 반영한다. 그러므로 나의 선호와 취향을 반영하거나 나의 특별함을 돋보이게 하여 나를 다른 사람과 구별 짓는 상품과 브랜드, 서비스를 선택함으로써 나의 소비행복 수준이 더욱 증진될 수 있다.

행복경험을 위해 내가 돈을 쓰는 재화와 서비스는 다른 사람과 상이할 수 있다. 또한 가치소비 측면에서 내가 행복한 소비를 위해 나를 만족시키는 상품과 서비스에는 과감하게 돈을 쓰고, 그렇지 않은 영역이나 활동에는 소비를 절제하기도 한다.

둘째, 〈너에게 행복을 주는 소비〉는 "내가 번 돈이지만 그 일부를 다른 사람이 소비할 수 있도록 기부함으로써" 나도 행복하게 되는 소비를 말한다. 대표적으로 기부나 후원과 관련된다. 내가 원하는 곳에 일정 금액을 직접 기부하거나 후원할 수 있고, 또한 봉사활동에 참여하는 노동기부나 재능기부를 통해 우리는 만족감과 행복을 느낄 수 있다.

한편 내가 하는 소비를 통해 간접적으로 기부나 후원을 할 수도 있다. 예를 들어, 코즈 마케팅(Cause Marketing)은 특정 상품이나 서비스에 돈을 사용할 때마다 일부가 간접적으로 기부되는 방식이다. 이것은 기업의 판매전략의 하나로 소비자에게는 행복경험을 제공하기도 하지만, 그러지 못한 경우도 있다. 소비자의 가치소비와 일치하거나 공감하는 소비인 경우 코즈 마케팅은 성공할 가능성이 높다. 소비자는 자신의 소비가 기부하고자 하는 곳이나 목적에 맞을 때 비로소 행복경험을 느낄 수 있다.

셋째, 〈우리가 행복해지는 소비〉를 통해 우리 모두는 행복해질 수 있다. 우리가 행복한 소비는 미래 세대에 까지 영향을 주는 지속가능한 소비이고, 착한소비나 윤리적 소비, 친환경소비 및 로컬소비 등이 해당된다. 지속가능한 소비는 '사회적 가치'를 실천하는 가치 있는 소비로서 소비자 실천과 사회적 책임이 관련이 깊다. 소비자는 지속가능한 소비생활에 참여함으로써 행복과 삶의 질을 경험할 수 있다. 우리가 행복한 소비경험은 지속가능하고 책임감 있는 '소비패턴'이나 '소비유형' 등과 밀접하게 관련되기 때문이다(Kilbourne 외, 1997).

1.2.5 소비행복의 구성요인들

개인마다 추구하는 가치소비 활동이 각각 다르고, 경험하는 소비행복 수준도 각각 상이하고 주관적이다. 소비행복의 진정한 의미를 탐색하기 위해 추상적인 소비행복 개념을 구체화할 필요가 있다. 장현선(2014)은 개인의 소비행복 수준을 측정할 목적으로 소비행복을 2가지 하위차원, 4가지 구성요인으로 세분하였다(표 4.2). 소비행복에 영향을 주는 수준은 각각 어떠한가? 체크리스트를 이용하여 당신의 소비행복의 원천을 찾아볼 수 있다.

표 4.2 소비행복 구성요인과 체크리스트

구성 요인		체크 리스트
물리적 환경	소비 능력	1. 원하는 것을 살 수 있을 정도의 경제적 여유가 있다.
		2. 특별한 날에 작은 사치를 할 만한 경제적 여유가 있다.
		3. 하고 싶은 것을 포기하지 않아도 되는 경제적 여유가 있다.
		4. 사랑하는 사람의 경제적 요구를 들어 줄 만한 경제적 여유가 있다.
		5. 소비를 편안하게 할 수 있는 육체적 건강이 있다.
		6. 소비를 여유롭게 할 만한 시간적이 있다.
	소비 공유자	7. 소비를 언제든 함께 공유할 대상이 있다.
		8. 나의 소비를 격려하고 지지해주는 대상이 있다.
		9. 소비를 함께 공유하고 싶은 커뮤니티를 가지고 있다.
심리적 환경	소비 자율성	10. 나의 소비를 당당하게 할 수 있는 자유를 가지고 있다.
		11. 내가 소비 품목을 누군가에게 굳이 말할 필요가 없을 만큼 자유를 가지고 있다.
		12. 나의 소비를 능동적으로 결정하는 소비 자율성이 있다.
	소비 자신감	13. 누구보다 현명하게 소비할 수 있는 자신감이 있다.
		14. 새로운 결제방식이나 포인트 적립 등 복잡한 소비기술을 쉽게 익힐 수 있다.
		15. 다른 사람의 조언보다 나의 주체적 판단이 더 좋은 소비결과를 가져온다는 자신감이 있다.
		16. 같은 금액으로 다른 사람보다 더 합리적으로 소비할 수 있다.
		17. 누구보다 소비를 합리적으로 잘할 수 있는 나만의 소비 원칙을 가지고 있다.

출처: 장현선(2014). p.151. 저자 재구성

표 4.2에 의하면, 일반적으로 사람들이 느끼는 소비행복은 물리적인 환경과 심리적인 환경과 관련된다. 물리적 환경은 소비생활에서 소비행복을 느끼게 하는 외부 요인으로서, 소비능력과 소비공유자로 구성된다. 한편 심리적 환경은 소비행복을 느끼는 내부 요인으로서 소비 자율성과 소비 자신감으로 설명될 수 있다. 일반적으로 사람들은 가치소비의 실천

의 측면에서 소비자가 경제적으로 소비능력이 높을수록, 나의 소비생활을 지지하는 소비 공유자가 존재할수록, 추구하는 소비가치에 대한 소비 행동에 자율성을 가질수록, 그리고 자신의 소비자 선택행동과 소비 생활방식에 자신감이 높은 사람일수록 자신의 소비행복 수준이 높다고 평가할 수 있다.

2. 소비환경과 행복추구 소비트렌드

2.1 소비환경의 변화

자본주의 시장에서 소비자의 위치는 과거보다 그 중요성이 커지고 있다. 소비자의 가치와 욕구 및 라이프스타일을 반영하는 소비패턴은 사회적으로 소비트렌드를 형성하고 시장을 지배한다. 이것은 기업이 고객인 소비자의 선택 행동에 주목하는 이유이기도 하다.

역사적으로 초기 산업사회에서 영국의 산업혁명은 대량생산체제 발달의 토대가 되어 과거보다 더 많은 상품과 서비스가 시장에 공급되었다. 생산자 중심의 시장환경은 품질의 한계, 정보 부족, 유통 문제 등에도 불구하고 소비자보다 생산자가 우위를 점유하던 시대였다. 이후 근대 산업사회에 이르러 기술적 발전은 기업의 생산력 증대로 이어져 기업은 국가의 경제발전에 주된 역할을 담당하였다. 한국에서는 몇몇 대기업을 중심으로 국가의 산업경쟁력이 발달하였다. 자본주의 시장경제가 발달할수록 기업의 시장지배력은 날로 높아졌다. 동시에 소비자 피해가 점점 증가하고 다양화되었다. 이에 소비자는 소비자단체 등 시민운동을 통해 기업에 대응하고 소비자 권리 강화를 위해 노력하였다. 기업의 시장지배력은 여전히 높지만, 소비자 목소리가 커지는 사회가 되어 갔다. 의식있는 소비자들의 요구와 시민활동이 정부가 지원체계를 마련하도록 촉진하였다. 현재 한국은 소비자 주권 실현을 위해 제정된 〈소비자법〉에 의거하여 전담기구인 〈한국소비자원〉을 통해 법적·제도적 측면에서 소비자 피해구제 활동이 활발히 추진되고 있다. 또한 다양한 생활영역에서 소비자 권리를 대변하는 소비자 단체들이 활동하고 있으며, 학교와 기업, 정부기관, 지역 시민단체 등에서 소비자 교육이 다각적으로 이루어지고 있다. 소비자 주권 시대가 도래한 것이다.

기업에 대한 소비자의 영향력이 커지면서 소비자가 추구하는 가치와 욕구 및 라이프스타일은 기업에게 중요한 정보 원천이 된다. 대다수의 기업은 현재 고객만족에 초점을 둔 소비자중심경영Consumer Centered Management, CCM)[10]을 슬로건으로 내세우고 있다. 그 이유는 사회적 변화와 흐름을 반영하는 소비트렌드가 소비자의 선택 행동으로부터 비롯되며, 이러한 소비트렌드가 기업의 생산 활동에 지대한 영향을 미치기 때문이다. 코로나19 등 예측하지 못한 사회적·국가적 문제로 인해 소비자의 삶에 갑작스런 변화가 야기되면서 기업은 소비자의 선택 행동에 더욱 민감하게 반응하고 있다. 특히 20대와 30대 젊은 소비자는 한국의 소비시장에서 트렌드를 이끄는 주요 소비층으로 부상하고 비대면 사회가 지속되면서 디지털세대의 시장 영향력이 더욱 커질 것으로 예측되고 있다. 젊은 세대 소비자들은 행복 가치를 충족해 주는 제품과 서비스를 기꺼이, 그리고 의도적으로 선택하는 세대이다. 이에 기업은 이들 핵심 소비자층에 관한 다양한 정보를 획득하고자 한다. 한편 젊은 세대 소비자들은 자신들이 추구하는 가치와 욕구에 부응하는 기업의 경영 활동과 함께 기업의 사회적 활동에까지 관심을 기울이고 있다. 현재 이러한 소비자 관심이 기업의 제품 구매로 이어지고 있다. 따라서 기업의 ESG 경영 활동과 사회적 책임 노력이 소비자 선택 행동에 영향을 주는 주요 요인이 되고 있다.

2.1.1 기업의 ESG 경영과 소비자 선택의 관계

2021년에 이어 2022년 한국 주요 기업들의 공통 화두는 “ESG 경영과 디지털, 고객”이다(YTN, 2022년 1월 4일자). 지속가능한 사회를 위한 목표 달성을 위해 기업에게 ESG 경영이 요구되고 있다. 기업의 지속가능성 수준이 투자의 주요 기준이기 때문이다. 따라서 지속가능성을 지향하는 사회에서 기업이 성장하려면 ESG 경영 전략이 필요하다고 할 수 있다. ESG 경영의 핵심 요소는 환경(Environment)과 사회(Social), 지배구조(Governance)이다. 기업의 ESG 경영이란 친환경과 사회적 기여, 지배구조 개선을 통해 만들어 낸 ‘비재무적’ 성과가 생산성 증진에 영향을 주어 궁극적으로 ‘재무적’ 이득을 창출하는 경영체계를 의미한다.

10 소비자중심경영 인증 제도는 기업이 수행하는 모든 활동을 소비자 관점에서 소비자 중심으로 구성하고, 관련 경영활동을 지속적으로 개선하고 있는 지를 인증하는 제도이다. 이 제도는 공정거래위원회가 인증하고, 한국소비자원이 운영하는 법정인증제도이며, 유효기간은 2년이다.

그림 4.6 ESG 공시항목

출처: KDI 경제정보센터(2021년 7월호). 지속가능한 성장을 위한 기업의 노력, ESG 경영. 저자 재구성

UN은 책임감 있는 기업 투자를 위한 원칙들로 ESG의 3가지 요소를 제시하였다. ESG 요소는 2004년 UN보고서에서 처음 제안되었다. 한국은 기업 특성을 감안한 ESG의 3가지 요소를 그림 4.6과 같이 공시하고 있다(KDI 경제정보센터, 2021년 7월호). 구체적으로 기업이 ESG 경영을 통해 탄소배출을 줄이거나 안전한 친환경 제품을 생산하는 것, 기업이 공정무역[11]을 실천하거나 공정경쟁 사회 실현을 위해 노력하는 것 등이 관련된다. 한국 금융위원회는 코스피 상장사를 대상으로 2030년까지 기업의 지속가능경영 보고서 공시를 의무화할 계획이다. 이는 기업의 ESG 경영과 구체적인 기업 활동이 소비자의 선택에 영향을 주기 때문이다. 다시 말해서, 현재 한국의 소비자들은 ESG 경영을 하는 기업의 제품이나 서비스를 의도적으로 선택하는 경향을 가지고 있다.

그림 4.7과 그림 4.8은 기업의 ESG 경영이 소비자의 선택 행동에 영향을 미치고 있음을 보여준다. 의식 조사에 참여한 소비자 가운데 약 63%가 제품 구매시 ESG 경영 기업의 활동에 영향을 받는 것으로 나타났다(그림 4.7). 또한 그림 4.8과 같이 조사대상 소비자의 약 88%가 향후 ESG 우수경영을 하는 기업의 제품에 대한 추가 지불 의향을 가졌다(대한상공회의소, 2021년 5월 30일자). 이것은 지속가능한 성장을 위해 노력하는 기업의 활동들이 소비자 선택에 영향을 주는 중요한 기준이 되고 있음을 의미한다.

11 공정무역이란 빈곤을 겪고 있는 국가에서 생산된 농산물이나 원재료를 구입할 때 정당한 값을 치러 생산자에게 이익이 돌아가게 하는 것. 넓은 의미로 국가 간에 동등한 위치에서 이루어지는 무역이다.

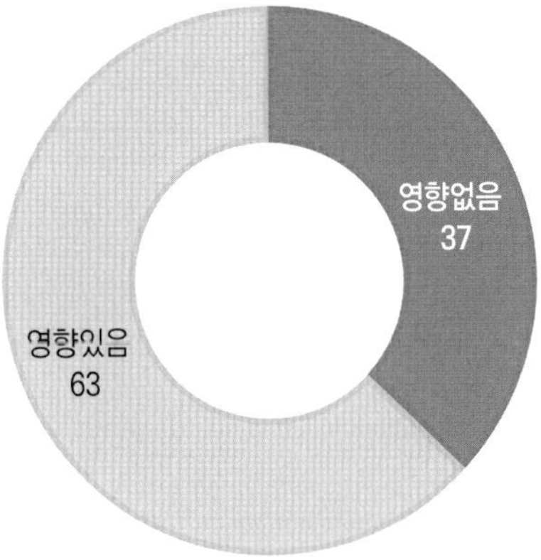

그림 4.7

기업 ESG 활동이 제품구매에 미치는 영향(%)

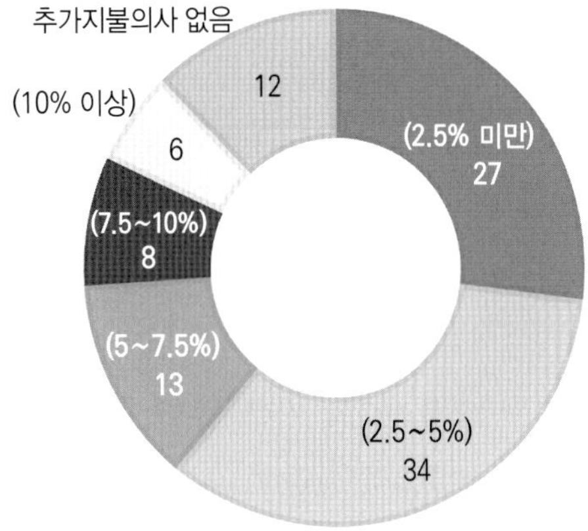

그림 4.8

ESG 우수기업 제품구매시 추가 지불 의향(%)

출처: 대한상공회의소(2021년 5월 30일자), ESG 경영과 기업의 역할에 대한 국민의식 조사. 경제로 세상읽기(2021년 7월호). 지속가능한 성장을 위한 기업의 노력, ESG 경영. 저자 재구성

2.1.2 기업의 사회적 책임(CSR)과 소비자 선택의 관계

기업은 과거 생산자 중심 역할을 넘어 지속가능한 사회의 구성원 역할을 담당하는 사회에서 경제활동을 수행해야 한다. 이에 기업은 사회적 가치 실현과 관련해 '사회적 책임(CSR, Corporate Social Responsibility) 또는 사회적 공헌 활동'에 관심을 기울이고 있다. 핵심 소비자 계층인 젊은 세대는 사회적 가치를 추구하는 소비자들로, 그들은 더 비싸더라도 착한 소비에 돈을 쓰다(산업정책연구원, 2020). 글로벌 정보분석 기업, 닐슨의 '미국의 새로운 세대의 쇼핑 인사이트' 보고서에 따르면, 상품 구매시 기업의 CSR 활동이 구매 선택에 영향을 미치는 것으로 나타났다. 구체적으로 CSR 활동을 하는 기업의 제품을 구매할 가능성은 일반인(32%)보다 밀레니얼 세대(42%)가 더 높았다(NewsQuest, 2019년 1월 21일자). 20대와 30대 젊은 세대는 착한 소비나 윤리적 소비, 가치 소비를 추구하므로 기업의 CSR 활동에 관심을 가지며, 이러한 관심이 소비행동으로 이어지고 있음을 반영한다.

한국소비자원의 2016년과 2017년 조사에서 일반 제품보다 10~20% 비용을 더 많이 지불하더라도 친환경 제품을 구매한다고 응답한 소비자가 91% 이상을 차지하였다. 또한 통계청 자료에서 2010년부터 소비자의 환경부담금 지불 의사 수준이 지속적으로 상승하는 추세이다(월간환경, 2021년 10월 5일자). 현대 소비자들이 사회적 이슈인 환경문제에 관심이 있고, 개인의 소비생활에서 친환경의 사회적 가치를 실천하려는 태도를 가지고 있음을 알 수 있다. 따라서 기업의 사회적 책임 의식과 실천 노력은 소비자 선택에서 중요한 판단 조건이 될 수 있다. 예를 들어, 어떤 기업이 사회적 대의에 동참하면서 동시에 경제적 이득을 창출하는 대표적인 마케팅 전략으로 코즈 마케팅(Cause Marketing)을 하고 있다면, 이것은 사회적 이슈가 되고 있는 환경오염이나 빈곤·기아, 사회적 약자 보호 등에 기업이 공감하고 이를 마케팅으로 연결한 시도이다.

〈자료 4-1〉과 〈자료 4-2〉는 친환경 가치를 기업 전략으로 이용한 상반된 사례이다. 〈자료 1〉은 소비자의 친환경 가치와 신념에 부응하여 성공한 기업 사례이다. 반면에 〈자료 2〉는 소비자의 친환경 가치를 역이용하여 실패한 경우이다.

〈자료 4-1〉 사회적 가치, 브랜드가 되다.

기술의 발달로 제품의 품질은 상향 평균화된 지 오래다. 기업은 자사 제품과 타사의 것을 구별하기 위해 고유한 이미지가 필요해졌다. 그래서 탄생한 것이 브랜드다. 따라서 브랜드는 사회적 이슈에 민감하며 대중, 즉 소비자들이 지향하고 긍정하는 가치를 추구한다. 그리고 오늘날 소비자들은 양극화 해소, 친환경, 안전과 보건, 자아실현 등 지속가능한 가치들에 주목하고 관심을 보이고 있다.

산업정책연구원이 발표한 '2020 소비자 체감 기업의 사회적 가치 지표 연구'에 따르면 10명 중 6명이 가격이 10%가 더 비싸더라도 착한 소비를 할 수 있는 제품을 선택할 것이며, 평균 70%의 응답자가 같은 가격일 시 착한 소비를 할 것이라고 응답했다. 바야흐로 상품이 아니라 신념이 팔리는 시대가 된 것이다.

■ 【사례】 우리 옷을 사지 마세요 - 파타고니아

파타고니아는 미국의 3대 아웃도어 브랜드다. 월스트리트의 쟁쟁한 기업들 사이에서 단체복으로 유행하고 있고, 실리콘밸리의 교복이라 불릴 정도로 인기가 높다. 이러한 파타고니아는 2011년, 돌연 판매 불가를 선언했다. "Don't Buy This Jacket."이라는 문구가 적힌 포스터를 내건 것이다. 이 재킷을 사지 말라는 문구 아래에는 파타고니아에서 생산한 재킷 사진이 들어가 있었다. 파타고니아는 과도한 의류 구입이 환경을 오염시키니 꼭 필요할 때만 옷을 사라는 메시지를 전한 것이었다. 결과는 대성공이었다.

자사의 제품을 사지 말라는 광고가 역설적으로 친환경 제품이라는 이미지를 부각시킨 것이다. 지금도 파타고니아는 성공적인 글로벌 의류 브랜드로서, 우리나라에서도 인기리에 판매되고 있다. 사회적 가치를 추구하는 기업의 브랜딩이 단순히 제품 이미지를 포장하는 수단을 넘어 매출과 직결되고 있는 것이다.

출처: 국민권익위원회(2020년 9월). 기업윤리 브리프스.

〈자료 2〉는 기업의 '그린워싱(Green Washing)'에 관한 문제이다. 그린워싱은 소비자의 가치소비 성향을 역이용한 상술로서, 기업이 친환경 상품을 판매하는 것처럼 소비자를 속이는 것이다. 그린워싱은 환경주의를 위장한 기업의 허위·과장 광고를 이용하여 사회적 가치를 추구하는 기업 이미지를 홍보하려는 의도를 포함한다. 이러한 현상은 기업의 사회적 책임실천 노력과 그린워싱 사이에서 소비자의 현명한 선택 행동이 더욱 중요해지는 시대가 되고 있음을 의미한다.

〈자료 4-2〉 진화하는 기업들의 그린워싱, 속지 않기 위해 필요한 것들

■ 그린워싱의 의미와 연원

'그린워싱(Green washing)'이란 단어는 1980년대 환경운동가 제이 웨스터벨트가 기업의 가짜 친환경 홍보를 비판하며 처음 제시했다. 그린워싱은 기업이 표시·광고 등을 통해 상품이나 서비스가 친환경적인 것처럼 홍보하는 '위장환경주의' 활동으로 경제적 이익을 보는 경우를 말한다.

2007년 캐나다 친환경마케팅기업인 테라초이스(Terra Choice)의 〈그린워싱이 저지르는 6가지 죄악들〉 보고서에서 ① 상충효과 감추기 ② 증거 불충분 ③ 애매모호한 주장 ④ 관련성 없는 주장 ⑤ 거짓말 ⑥ 유해상품 정당화 ⑦ 부적절한 인증라벨 등으로 유형화하였다. 이 기준은 각국 규정에 반영되거나 많은 민간단체에서 인용하고 있다.

■ 기업들이 그린워싱 하는 이유

2009년 글로벌 컨설팅 회사 딜로이트는 조사를 통해 제품의 환경성은 소비자의 선

택을 결정 짓는 제1의 요소는 아니지만 가격, 품질과 함께 구매의 3대 결정 요인으로, 다른 여건이 동일할 경우 최후 의사결정을 이끄는 타이 브레이커(tie-breaker)라 밝혔다.

따라서 기업들은 상품 또는 기업의 이미지뿐 아니라 이윤을 위해 상품을 홍보할 때 친환경을 내세우게 된다. 또한 녹색기업 지정제도의 시행에 따라 기업들은 다양한 정책적 혜택과 함께 완화된 규제 적용을 받기도 한다.

■ 그린워싱 방지를 위한 방안

영국 공정거래위원회의 2021년 1월 조사에서 그린워싱 사례 중 50% 이상은 소비자가 판단할 수 있을 만큼 충분한 정보를 제공하지 않아서 발생했다. 그렇기 때문에 공공뿐 아니라 민간에서도 투명하고 정확하고 이해하기 쉬운 정보 제공을 체계화하는 것이 필요하다.

또한 기업의 환경성과를 평가하는 표준평가체계 및 위반 시 엄격한 제재 등 사전·사후관리를 위한 제도 구축이 필요하다. 그리고 제품의 진정한 환경성은 제품의 일면만 보고 판단할 것이 아니라 '전 과정 평가'에 의해 판단되어야 한다.

마지막으로 상품 또는 기업을 선택하는 최종 소비자의 인식이 가장 중요하다. 이를 돕기 위해 온·오프라인의 다양한 매체를 통해 그린워싱에 대한 홍보 및 교육 방안을 마련하는 등 소비자의 인식을 확장해 나갈 필요가 있다. 예로 영국 광고대행사 퓨테라의 〈그린워싱 가이드〉는 몇 가지 광고 실례를 제시하며 소비자가 그린워싱의 요소들을 찾아보게 하는 실습 경험을 통해 소비자의 관점과 인식은 빠르게 향상할 수 있다.

다양한 리스크가 증가하는 기후위기 시대, 소비자가 최종 선택자로서 '소비자 주권'이라는 강력한 무기를 가지고 있음을 인지하도록 소비자 주권운동을 확산해야 한다.

출처: 오마이뉴스(2021년 11월 10일자). 일부 내용 생략.

■ 【사례】 친환경 위장한 '예쁜 쓰레기', 그린워싱 주의보 - 스타벅스

국내 그린워싱 논란은 카페 체인점 '스타벅스'에서 불거진 바 있다. 당시 스타벅스는 전국 스타벅스 매장에서 음료를 주문하면, 일회용이 아닌 다회용 컵에 음료를 담아주는 '리유저블컵 데이' 행사를 진행했다. 이 행사는 스타벅스 50주년 기념 및 일회용 제

품 사용 절감을 장려하는 취지로 진행됐다.

그러나 일부 누리꾼, 환경단체 사이에서는 리유저블컵 데이가 본래 취지와 맞지 않는다는 주장이 제기됐다. 우선 스타벅스가 제공한 다회용 컵이 플라스틱의 일종인 폴리프로필렌(PP) 소재로 만들어졌다는 게 문제가 됐다. 비록 컵 자체는 20여회 정도 재사용 가능하지만, 텀블러 같은 용기와 비교하면 턱없이 적어 진정한 다회용이라고 볼 수 없다는 것이다. 또 한정 리유저블 컵을 모으기 위해 소비자들이 늘리면서 오히려 플라스틱 소비가 늘어났다는 지적도 있었다.

스타벅스 측은 이에 대해 "단기적인 이벤트가 아닌 장기적인 일회용 컵 사용 중단 계획의 일환으로 봐주셨으면 한다"며 "오는 2025년까지 전국 스타벅스 매장에서 일회용 컵 사용을 중단하고 리유저블 컵으로 운영할 것"이라고 강조했다. 그럼에도 그린워싱 논란은 여전히 끊이지 않고 있다. 환경운동연합은 스타벅스 행사에 대해 "오히려 자원 낭비와 새로운 플라스틱 쓰레기를 양산하는 행태이며 소비자를 우롱하는 그린워싱"이라며 "진정 친환경 경영이 목표라면, 일회용 컵 전면 사용을 철회하고 고객의 개인 텀블러 등 다회용 컵 사용을 적극적으로 응해야 한다"라고 질타했다.

출처: 아시아경제(2021년 10월 6일자). 일부 내용 생략.

2.2 행복추구 소비트렌드

2.2.1 소비시장을 지배하는 주력소비자, MZ세대

기술 발달로 생산 능력을 갖춘 기업은 더 많은 이윤 창출을 위해 소비자중심경영 전략을 채택하는 경향이다. 구체적으로 기업은 주력소비자의 요구와 선택 기준에 맞추어 제품을 생산하거나 서비스를 제공하고 있고, 그들에게 호소하는 홍보 전략을 개발한다. 현재 소비시장에 영향력을 행사하는 주요 소비층이 바뀌고 있다. 주요 소비층은 소비트렌드를 주도하는 주력소비자를 말한다. 소비트렌드는 핵심 소비층의 라이프스타일과 소비성향을 반영하여 나타나는 사회적 현상으로 소비시장의 구매력에 영향을 미친다. 따라서 기업은 주력소비자에 대한 정보를 탐색하고자 노력한다.

한국에서 소비시장을 이끄는 주요 소비층과 관련하여 두 가지 변화가 크게 나타났다. 첫 번째 변화는 주력소비자가 베이비붐세대(1945~1964년생 출생자)에서 밀레니얼세대(1988~1999년생 출생자, M세대)로 바뀌었다는 점이다. 두 번째 변화는 우리가 1인 미디어 시대에서 살고 있다는 점이다(국가인권위원회, 2020: 2-3). 밀레니얼세대는 대개 20대와 30대 연령대이고, 저출산 국가인 한국에서 10대와 20대 연령대의 구매 영향력이 더욱 높아지고 있다. 그림 4.9와 같이 전 세계적으로 향후 15년간 밀레니얼세대(20대와 30대)와 Z세대(10대와 20대)의 소비력(spending power)이 계속 상승할 것으로 전망된다(하나금융경영연구소, 2018).

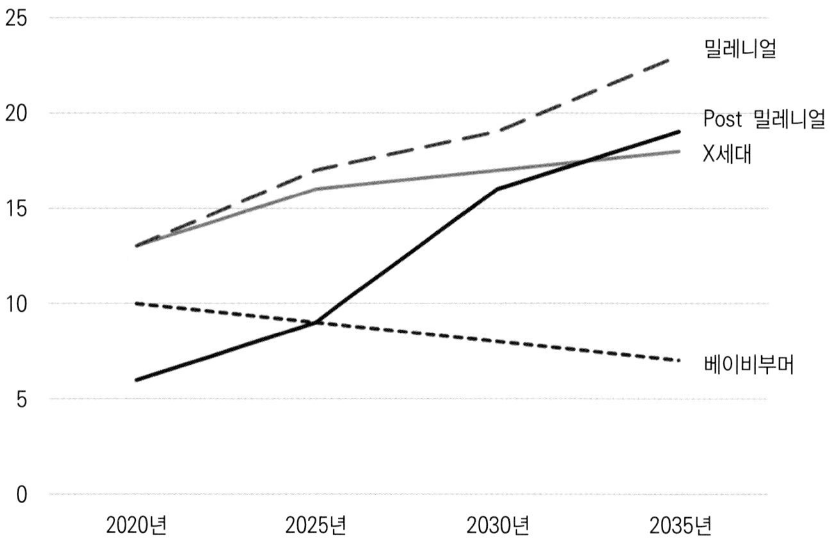

그림 4.9 전세계 세대별 소비력 전망(단위: 조 달러)

출처: 하나금융경영연구소(2018). 밀레니얼 모멘트(millennial moment)의 도래. 저자 재구성

밀레니얼세대인 20대와 30대는 일과 생활 균형을 중시하는 워라밸 세대이다. 그들은 행복한 삶을 영위하기 위해 직업적 성취와 함께 일 이외의 다른 생활영역에도 관심을 가지며 돈과 시간을 사용하고 있다. 그 결과 밀레니얼세대의 여가생활이나 관심사에 대한 소비지출이 이전 세대보다 높아지는 경향이다. 그들의 라이프스타일과 소비패턴은 사회적으로 소비트렌드를 형성하여 소비시장에 영향을 주는 중요 요인이 되고 있다. 이에 기업은 젊은 소비자들을 핵심 소비층으로 보고 그들의 소비트렌드와 소비패턴에 주목한다.

한편 밀레니얼 세대에게 SNS 사용은 매우 익숙한 것이며, 이것은 이전 세대와는 구별되는 특성이기도 하다. 한국에서 세대 구분은 사회인구학적 특성과 삶의 역사적 사건에 의거해 베이붐세대와 X세대, 밀레니엄세대, Z세대로 나뉜다(조영태, 2021). 그러나 구체적인 연령별 구분은 명확하지 않다. 밀레니얼세대는 경제성장과 함께 컴퓨터와 인터넷, 스마폰으로 이어지는 기술 발전과정과 함께 성장해 온 세대이다. 반면 Z세대는 스마트폰 시대에 태어나서 빠른 인터넷 속도와 디지털콘텐츠 사용에 매우 익숙한 세대이다. 따라서 10~30대 MZ세대(밀레니얼세대와 Z세대)의 소비생활이 다양한 디지털콘텐츠와 플랫폼이 존재하는 고속의 인터넷 환경에서 활발하게 이루지고 있다.

MZ세대는 디지털 원주민(Digital Native)으로 불리며, 소셜네트워크서비스(SNS)를 통해 인간관계를 형성하거나 유지한다. 디지털 환경에 익숙한 젊은 소비자들은 자신의 제품 및 서비스 사용 경험과 정보를 빠르게 공유하기 위해 스마트폰이나 유튜브를 사용한다. 또한 기업의 비윤리적인 행동까지 신속하게 전달하여 문제의식을 확산시켜 사회적 여론을 불러일으키기도 한다. 그 밖에 윤리적 소비에 관심이 높아 그들은 사회적 책임을 실천하는 건강한 중소기업 사례를 발굴하고, 이를 SNS를 이용해 적극 홍보하기도 한다. 2020년 코로나19 이후 오프라인 소비시장이 위축되는 상황이지만, 온라인 소비시장에서 MZ세대의 SNS활동은 빠른 인터넷 속도를 타고 더욱 활성화되고 있다. 즉 젊은 소비자층의 디지털미디어 이용 능력 덕분에 기업의 사회적 책임에 대한 감시 활동과 관련 정보 교류 활동은 여전히 활발히 이루어질 것으로 예측된다.

소비시장에서 주력소비자인 MZ세대의 주요 특성을 이해하기 위해 다음 자료들을 참고할 수 있다. 〈자료 4-3〉은 기업 마케터의 관점에서 분석한 MZ세대의 7대 욕구이다. MZ세대는 인구의 44%를 차지하며, 집단이나 단체 안에서 안정감과 소속감을 느끼는 이전 세대와는 달리 "고양이를 닮은 세대"의 특성을 보인다. 그들은 진정성과 재미, 편리함 등을 추구하며, 중요하거나 선호하는 가치와 욕구를 반영하는 상품과 서비스를 소비하고자 한다. 그리고 이러한 소비 행동을 통해 그들은 만족이나 행복감을 느낀다. 한편 코로나19의 영향으로 소비 영역에서 변화가 나타나고 있다. 특히 MZ세대의 주요 소비 특성으로 인식된 온라인을 이용한 디지털소비가 기존 세대로 확산되는 '뉴노멀' 시대가 시작되었다(최명화·김보라, 2020: 9-14).

〈자료 4-3〉 MZ세대의 주요 욕구 7가지

1. 부족사회가 다시 오고 있다.

끼리 끼리 문화는 더 강화된다. 기존의 사회적, 경제적 계급이 아니다. 문화, 취향, 감성을 기준으로 나뉜 공동체로 더 큰 연대감을 갖게 한다. 비즈니스와 상관없이 커뮤니티를 활성화하는 것은 필수 생존 조건이 된다. CEO의 직함 옆에 'Head of Community' 타이틀이 추가되는 시대다. 작고 강한 핵심 집단이 뭉쳐 전체를 움직이는 시대다.

2. 시간과 공간의 구분은 의미 없다.

디지털은 시간과 공간의 제약을 거둬갔다. 모호한 시공간에 모두가 머물고 있다. 옛날 것이 다시 수면 위로 떠오르며 브랜드의 환생이 가능하기도 하다. 할아버지가 수십년 전에 열광했던 브랜드가 손주들의 '인싸템'으로 등극하기도 한다.

3. 우리가 알아서 좋아해 줄 것이다.

MZ세대는 브랜드가 과시하는 내용에는 전혀 관심이 없다. 대형 미디어에 대한 외면도 가속화된다. 구체적 리뷰가 선택 기준이 되고, 경험자의 한마디를 찾아 디지털 노마드가 되기도 한다. 유튜버의 추천으로 이뤄지는 완판 행진도 계속될 것이다. 이들은 어설프게 나서서 떠들지 말라고 한다. 그럴 만한 자격이 된다면 우리가 알아서 띄워주겠다고 말한다. 죽어가는 브랜드를 살리기도 하고, 개점휴업 상태로 밀어 넣기도 한다. 거들떠보지 않다가, 어느 순간 다시 화려한 무대 위에 세워주는 존재가 이들이다. 그렇게 소비자 우위의 시장 계급화가 더 뚜렷하고 빠르게 이뤄질 것이다.

4. 하나의 모습은 지루하다. 변신을 좀 해줄래?

멀티 페르소나의 시대다. 이를 부캐(부가 캐릭터)라고도 부른다. 일관적이고 신뢰를 주는 하나의 모습 뒤에 헐겁고 부족해 보이는 인간적인 모습이 늘 함께할 것을 기대한다. 스마트폰과 함께 성장해온 MZ세대에게 이 세상은 코딩으로 이뤄진 곳이다. 언제든지 변신과 재조립이 가능하며, 각각이 다 다른 것들로 넘쳐나는 수평적인 공간이다. 그들의 세상은 재미있는 것으로 가득찬 디지털 게임 공간과 같다.

5. 새로운 구매 경험, 그 자체가 소비이다.
1인 셀러, 인플루언서 중심으로 형성되어 있던 소비 세포 마켓이 코로나19로 인해 라이브커머스로 번지고 있다. 경험 중심 소비가 온라인으로 이동했다. 영상 쇼핑의 메카 홈쇼핑을 능가하는 규모다. 재미있고, 규제가 덜하며, 양방향 소통이 가능한 이 새로운 구매 경험에 대기업, 중견기업, 향토기업 등 모두가 뛰어들고 있다.

6. 일상 속 습관으로 만들어주세요.
MZ세대는 좋아하는 것을 찾으면 집착하고 옹호한다. 적극적으로 목소리도 낸다. 최고의 브랜드 경험은 소비자의 라이프스타일에 자연스럽게 스며들어 한데 섞이는 것이다. 특별한 날, 특별한 소비가 아니다. 큰맘 먹고 하는 소비도 아니다. 어떻게 하면 그들의 일상 속 일부가 되게 할 수 있을까? 공유하고, 구독하고, 일상의 한 부분에서 우리 브랜드를 소비하게 하는 것이 답니다.

7. 개념있는 사람으로 보이고 싶다.
젊은 세대는 브랜드에서 개념을 찾고 있다. 대부분은 '나의 삶과 직접적 연관이 있는' 한정적 의미의 개념이다. 환경, 위생, 안전에 대한 기준이 점점 높아지고, 건강하고 균형 잡힌 삶에 대한 욕구는 한층 선명해졌다. 브랜드 소비를 통해 내가 가진 가치를 드러내고 싶어 한다. 이를 통해 더 나은 세상을 위해 나도 무언가를 하고 있다는 자기만족을 추구한다.

출처: 최명화·김보라(2020: 11-14). 지금 팔리는 것들의 비밀. 저자 일부 재구성

〈자료 4-4〉는 대한상공회의소에서 실시한 소비자 1,000명의 '코로나시대 소비행태 변화와 시사점 조사'를 통해 코로나19 이후 나타난 소비트렌드 키워드이다(중소기업뉴스, 2021년 6월 28일자). 즉 코로나시대 변화된 소비트렌드를 보여준다. 코로나는 MZ세대를 대표하는 강력한 소비 특성이 전 연령대로 확산되는 뉴노멀 현상을 일으키고 있다.

구체적으로 코로나19의 영향으로 집에 머무는 시간이 늘어나면서 온라인 쇼핑이 증가하였고, 건강에 관심을 기울이는 현상이 나타났다. 특히 온라인 사용과 관련하여 구독서비스

와 플랫폼을 이용한 중고거래, 라이브커머스 등의 이용이 증가하였다. 그러한 가운데 윤리적 소비와 함께 소비행복을 주는 보상 소비가 실천되고 있다.

〈자료 4-4〉 코로나시대 소비트렌드_'뉴노멀'

〈H〉 홈코노미(Home + Economy): 코로나 이후 집 체류시간 증가(93.6%)
〈O〉 온라인쇼핑(Online shopping): 온라인 쇼핑 이용 증가(78.4%)
〈M〉 건강에 더 관심(More health): 건강에 신경쓰이는 일 증가(78.1%)
〈E〉 윤리적 소비(Ethical consumption): 상품구매시 사회와 환경 영향 고려(40.4%)
〈S〉 구독서비스(Subscription): 경험자 중 향후 이용·확대 의향(84.9%)
〈T〉 중고거래(Trade of used goods): 경험자 중 향후 이용·확대 의향(92.2%)
〈A〉 보상소비(Act of reward): 나만의 행복과 자기만족 위해 기꺼이 지불 의향(62.6%)
〈Y〉 라이브커머스 등 새로운 채널(Your new channel): 경험자 중 향후 이용·확대 의향(85.7%)

출처: 중소기업뉴스(2021년 6월 28일자). 코로나 이후 소비트렌드는 'H.O.M.E. S.T.A.Y.'

다음은 2019년 1월 ~ 2020년 12월까지 카드 거래내역과 거래금액 자료를 이용하여 연령별 온라인 소비경험 비교 현황이다(하나금융연구소, 2021). 그 결과, 코로나 상황에서 2030세대는 명품소비 증가와 함께 중고거래도 증가하였다(그림 4.10과 그림 4.11). 반면 5060세대는 온라인 결제 증가율이 크게 높아져 "온라인 소비"에 집중하는 경향을 보였다(그림 4.12와 그림 4.13). 코로나19는 MZ세대를 넘어서 이전 세대에 이르기까지 온라인 소비시장의 이용을 촉진하는 변화를 일으키고 있다.

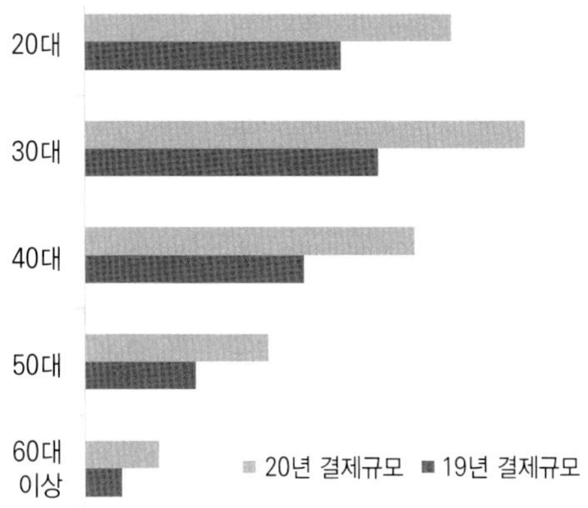

그림 4.10 온라인 명품구매 결제금액 규모
(19년과 20년 결제규모 비교)

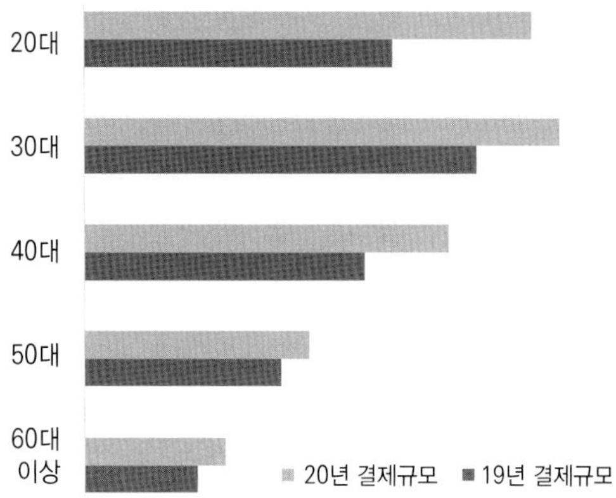

그림 4.11 중고거래 카드결제 금액 규모
(19년과 20년 결제규모 비교)

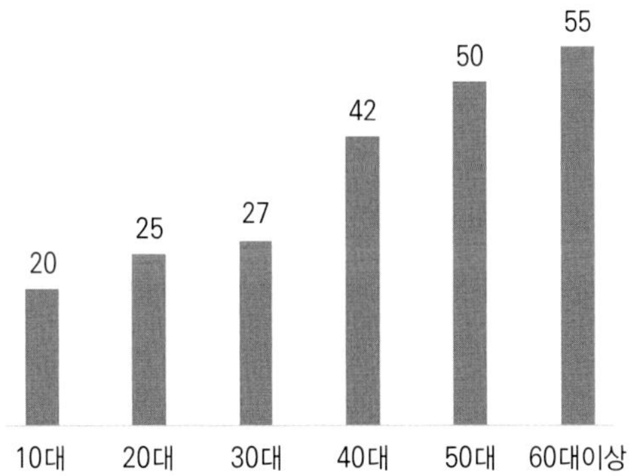

그림 4.12 온라인 카드 결제액 증가율
(19년 대비 증가율 기준, %)

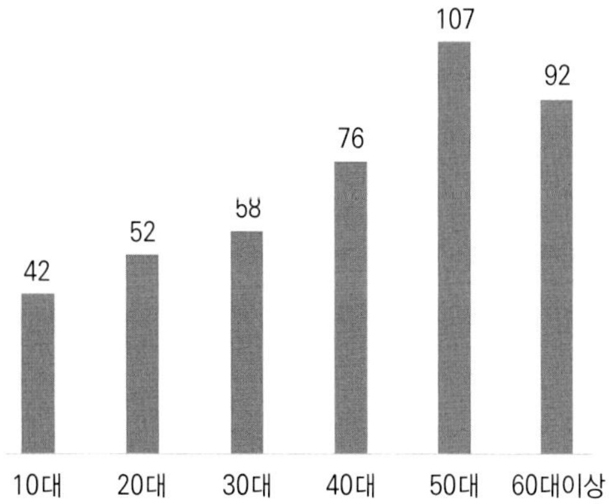

그림 4.13 앱(App)과 인앱(In-App) 결제액 증가율
(19년 대비 증가율 기준, %)

출처: 하나금융경영연구소(2021). 세대별 온라인 소비 행태변화와 시사점. 저자 재구성

2.2.2 MZ세대의 가치소비 트렌드

경제적 혜택을 받으며 디지털 생활환경에서 성장한 MZ세대 소비자는 기존 세대보다 '글로벌 이슈'에 관심이 높다. 그들은 '윤리적 욕구'도 이전 세대보다 더 높기 때문에 기업의 ESG 경영과 사회적 책임(CSR) 역할을 중요하게 생각하는 소비자이다. 그들은 사회적 가치를 실현하는 기업의 브랜드를 의도적으로 선택하기도 하고, 그린워싱과 같은 사회적 가치를 위반한 기업에 대한 불매 행동에도 참여한다. MZ세대는 소비행복을 위해 자신이

추구하는 가치소비와 라이프스타일을 충족하는 기업이나 제품과 서비스에 대한 정보의 탐색과 공유, 그리고 여론 형성에 SNS 능력을 적극 활용한다.

가. 라이크커머스 시대 MZ세대의 소비자 선택 행동 모델

소비시장에서 변화를 이끄는 주력소비자로서 MZ세대의 행복추구 가치소비는 어디에서 비롯되었다고 생각하는가? 소비트렌드 분석에 의하면, 그들은 가성비보다는 '가심비(價心比)'에 초점을 둔 소비생활을 추구한다. 그들은 가격에 비해 심리적 즐거움과 만족을 주는 상품과 서비스에 돈과 시간을 사용한다. 일상에서 느끼는 소비만족이나 소비행복 수준은 그들의 삶을 더욱 풍요롭게 만든다. 이러한 행복추구 소비트렌드나 소비패턴은 일반적으로 개인의 소비경험으로부터 얻는 소소한 행복, '소확행'에서 기인한다고 볼 수 있다.

핵심 소비자층으로 부상하고 있는 MZ세대의 차별화된 취향이나 소확행 중심 소비패턴은 2022년에도 이어질 전망이다. 가심비 소비트렌드가 더욱 중시되면서 '라이크 커머스(Like Commerce) 시대'가 도래하고 있기 때문이다(김난도 외, 2021). 마음에 들고 좋아하면 바로 소비한다. 비대면 상황에서 SNS를 이용한 쇼핑이 일상화됨에 따라 소비자에게 즐거움을 주고 공감을 주는 콘텐츠가 포함된 상품들이 소비자에게 선택받을 가능성이 높다. 따라서 MZ세대는 시장에서 재미와 행복추구 소비트렌드를 주도할 것이다.

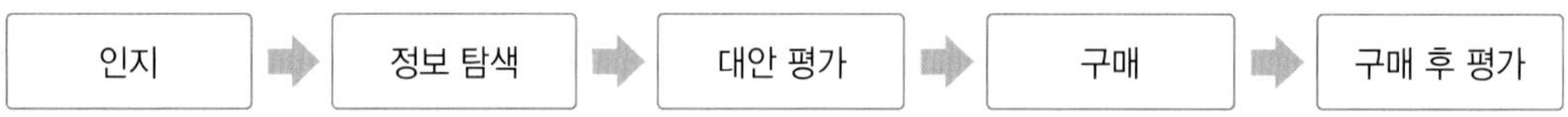

그림 4.14 전통적 소비자 의사결정 모델

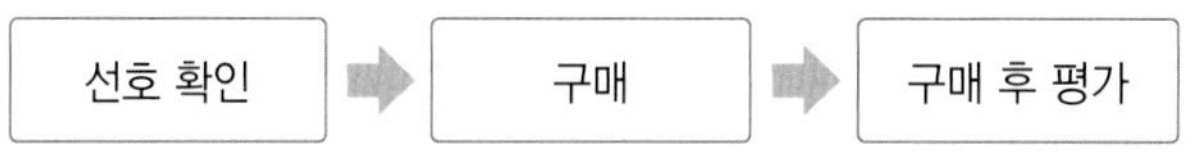

그림 4.15 라이크커머스 시대의 소비자 의사결정 모델

출처: 김난도 외(2021: 398). 트렌드 코리아 2022. 저자 재구성

라이크 커머스 시대에 MZ세대의 소비자 선택 행동은 그림 4.14와 그림 4.15에서 제시한 바와 같이 전통적인 소비자 선택 행동과 차이가 있다. 전통적 소비자 의사결정 모델에 의하면, 소비자는 일반적으로 소비 필요성을 인식한 후 정보탐색과 대안평가를 하고, 실제

구매와 구매 후 평가가 이루어지는 일련의 구매 의사결정 과정을 거친다. 반면 라이크 커머스 시대 소확행과 가심비를 중시하는 소비자들은 SNS를 통해 공유된 정보를 기반으로 자신의 선호를 확인하는 즉시 구매를 신속하게 결정한다. 동시에 구매후 평가 정보를 SNS를 이용해 빠르게 그리고 즉각적으로 전달한다.

나. MZ세대의 가치소비 트렌드

윤리적 소비나 착한 소비 등 사회적 가치를 실천하는 소비생활은 MZ세대로 하여금 다른 차원의 소비행복을 느끼게 해준다. 소비행복을 느끼는 이유는 개인마다 다양하다. 여기서 중요한 것은 소비자가 사회적 가치를 실현하는 기업을 의도적으로 선택한다는 점에 있다. 이러한 소비자 선택 행동은 소비자에게 더 높은 수준의 소비행복이나 소비만족감을 경험하도록 만든다. 특히 반복적인 구매행동으로 이어지면서 개인의 윤리적 소비패턴을 형성하고, 나아가 사회의 윤리적 가치소비 트렌드로 확산된다. 이전 세대와 달리 젊은 소비자들은 소비생활에서 만족이나 행복을 증진하기 위해 단순히 필요한 것을 구매하는 것을 넘어 자신이 추구하는 사회적 가치의 실현 방법의 하나로 가치소비를 실천하고 있다.

가심비에 이어 MZ세대에게 나타난 주요 소비트렌드는 가치소비 트렌드이다. 가치소비란 소비자가 자신이 추구하는 가치 실현에 기여하거나 만족감 높은 재화와 서비스를 기꺼이 선택하는 것을 의미한다. 따라서 그들은 개인의 추구 가치에 해당되지 않은 영역에서의 소비를 간소화하거나 절제하는 실속있는 소비성향을 보이기도 한다. 가치소비 개념은 과거에도 있었다. 그러나 주력소비자인 MZ세대가 추구하는 가치는 내용적인 측면에서 기존 세대와 다르다. 젊은 세대 소비자층의 가치소비 트렌드에는 몇 가지 키워드들이 밀접하게 관련되어 있기 때문이다. 주요 키워드는 미닝아웃(meaning out)과 그린테일(greentail) 및 페어플레이어(fair player) 등이다. 이러한 가치 소비 경향을 가진 Z세대 등장으로 기업의 사회적 책임(CSR)이나 사회적 공헌 활동이 그들의 관심사가 되고 있다.

구체적으로 〈미닝아웃〉은 자신의 가치나 신념(meaning)을 표출(cominng out)하는 것으로, '소신소비'[12]로 불리운다. 소비자는 특정한 제품과 서비스의 선택 행동을 통해 자신의 추구 가치나 신념을 표현하고자 한다. 〈그린테일〉은 기업이 상품의 개발-생산-판매 및

---

12 소신소비란 '특정 상품을 구입하고 공유함으로써 자신의 취향이나 신념 등을 표현하는 일'이다. 소신소비는 문화체육관광부와 국립국어원은 미닝아웃을 소신소비를 제시하고 있다.

소비 등 유통과정에서 친환경 요소를 채택하는 것을 의미한다. 기업은 판매(retail)를 위해 소비자의 친환경(green) 추구 성향을 적극 반영하고 있다. 〈페어플레이어〉는 모든 생활에서 공정함을 추구하는 젊은 소비자들은 기업의 실천하는 선한 영향력이나 사회공헌활동을 구매 기준으로 삼는다. 이는 소비시장에서 그들의 영향력을 의미하는 것으로, 이러한 가치 추구 성향이 소비시장, 특히 기업 경영과 제품 생산에 변화를 일으키고 있다.

한편 MZ세대가 추구하는 새로운 가치소비에 따라 가치소비자를 세 가지 유형으로 구분할 수 있다(김경자, 2020).

첫째, '자족형 가치소비자'는 타인보다 자신의 개인적 욕구 충족에 초점을 두고 소비한다. 그들은 자존감 유지와 심리적 만족감을 추구한다. 자족형 소비자는 다양한 배움을 통한 자기계발과 성장, 여행, 취미활동, 건강 증진, 심리적 안정과 힐링을 위해 소비하며, 품질을 중시하는 경향이다.

둘째, '실속형 가치소비자'는 타인을 의식하지 않으며 가격 대비 최고의 품질을 추구한다. 그들은 다른 소비자에 비해 유명 브랜드를 지향하지 않으며, 유통업체 자체 브랜드(PB: Private Brand) 상품을 더 선호하기도 한다. 그들의 추구 가치는 스마트하고 합리적인 소비를 통해 얻는 성취감과 자신감에 있다. 따라서 실속형 소비자들은 정보 탐색 후 비교 구매를 하는 똑똑한 소비자로서의 자신감을 가지며, 정보 공유를 통해 가치소비 트렌드를 보급하는 소비전문가이기도 하다.

셋째, '의미형 가치소비자'는 개인적 소비 욕구보다 친환경이나 공정함, 공존, 윤리 등 사회적으로 의미 있는 가치를 추구한다. 그들은 제품의 품질이나 가격보다 제품이 생산-유통-소비의 전 과정에서 제기된 여러 문제와 관련 이슈에 관심을 갖는다. 예를 들어, 생산 과정에서 동물복제나 노동 착취 및 환경오염물질 배출, 갑질 행위를 하는 기업 브랜드를 거부하거나 불매운동을 한다. 반대로 소비자의 가치관을 반영하는 기업에 관심을 갖고 그들이 생산한 제품과 서비스를 적극 구매한다. 최근에 그들은 크라우드펀딩에 참여해 자신의 추구 가치를 대변하는 제품의 생산에 기여함으로써 브랜드 육성자 역할을 하기도 한다. 그들은 SNS를 이용해 자발적 홍보에 동참한다. 현재 의미형 가치소비자들이 계속 많아지면서 시장에 미치는 영향력이 점차 커지고 있다.

표 4.3은 소신소비 유형에 관한 것이다. 자기 평가를 통해 당신은 현재 어떤 소신소비 유형인 지, 그리고 앞으로 어떤 소신소비 행동을 실천하려고 노력할 수 있는 지를 탐색할 수 있다.

표 4.3 소신소비 유형 체크리스트

문항	1. 나에게 소비란 단순히 돈을 쓰는 것 이상의 가치가 있다고 생각한다.
	2. 조금 불편하더라도 쓰레기를 줄여보려는 생활방식에 동참하고자 한다.
	3. 사회적 메시지가 담긴 티셔츠나 가방, 배지 등을 구입해 사용한 적이 있다.
	4. 이왕이면 기부나 후원으로 이어지는 제품에 관심이 더 간다.
	5. 가치관이나 신념에 반대되는 제품을 불매한 적이 있다.
	6. 제품 구매시 가능한 한 친환경적인 것을 고르려고 노력하는 편이다.
	7. 판매자의 신념에 공감하여 크라우드 펀딩을 통해 제품을 구매한 적이 있다.
	8. 특정 제품을 살 때 사회에 미칠 영향을 생각한다.
	9. 공정무역 제품이라면 한번 더 구매를 고려하게 된다.
	10. 의식적으로 일회용품 사용이나 구매를 줄이려고 노력한다.
	11. SNS에 소신소비에 대한 글을 공유한 적이 있다.
	12. 사회적 기업에 관심이 많다.
유형	【단순소비형】 문항 0~3개_일상에서 복석에 충실한 구매나 쇼핑을 즐기는 유형
	【신중소비형】 문항 4~8개_소비가 사회에 미치는 영향을 고려하기 시작하는 유형
	【윤리소비형】 문항 9개 이상_기준과 소신에 따라 윤리적 소비를 실천하는 유형

출처: 소비자시대(2021년 3월호). 착한 소비의 힘, 나는 '소신 소비'형 인간일까?. 한국소비자원.

그림 4.16은 2019년 맥키지 조사에서 보고된 한국의 Z세대 소비자 유형에 관한 것이다. 여기서 제시된 Z세대 특성은 밀레니얼 세대 특성까지 포괄적으로 포함하고 있다. 아시아 6개국 중 한국의 Z세대 54%가 쇼핑과 정보탐색을 즐긴다. 상품 비교 시간을 쓰는 프리미엄 쇼퍼홀릭 소비자(28%)와 신념과 사회적 책임 추구 윤리적 소비자(26%)로 나타났다. 브랜드 고려형 소비자(14%)는 브랜드를 선호하고 유행에 민감하지만, 쇼핑을 즐기지는 않은 편이다. 가격 비교형(13%)은 최저가 탐색과 온라인 정보 수집과 쇼핑을 즐기는 소비자이다. 쇼핑 저관여형 소비자(10%)는 쇼핑에 가능한 적은 시간을 투자하는 경향이다. 품질민감형 소비자(8%)는 자신만의 품질 기준에 맞는 상품들을 구매한다(동아일보, 2020년 7월 2일자).

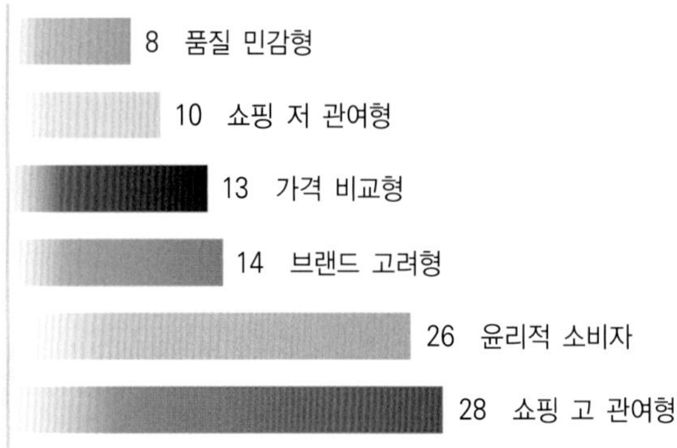

그림 4.16 한국의 Z세대 소비자 유형(단위: %)

출처: 동아일보(2020년 7월 2일자). '작지만 큰손' 한국 Z세대. 저자 재구성

3. 지속가능한 소비와 소비행복 원천

3.1 지속가능 소비경험자 특성

사회 전반에서 지속가능한 소비가치를 추구하는 경향이 두드러지게 나타나고 있다. 주력 소비자층인 MZ세대 소비자는 소신소비 행동으로 시장의 소비트렌드를 주도한다. 이에 대응하여 기업의 지속가능한 ESG 경영과 사회적 책임(CSR) 전략이 소비자에게 선택을 받고 있다. 이러한 소비환경에서 사람들이 소비생활의 어떤 지점에서 소비행복을 느끼는 지를 이해할 필요가 있다. 이것은 사람들에게 지속가능한 소비생활 영역과 진정한 소비행복의 원천에 대한 정보를 제공할 수 있다.

지속가능한 소비생활은 소비자에게 행복감을 제공한다. 개인마다 소비행복을 주는 지향성(나를 위한 소비, 너를 위한 소비, 우리를 위한 소비)이 다르고, 구매 과정과 활동에 있어 소비자가 행복감을 느끼는 지점이 상이하다고 할지라도, 친환경 소비 등 지속가능한 소비를 실천하는 소비자는 그렇지 않은 소비자보다 생활 만족감이나 주관적 행복감 등의 긍정적인 감정을 더 많이, 또는 더 자주 느낄 수 있다.

그렇다면 소비자에게 행복을 제공하는 지속가능한 소비는 어떠한 소비경험과 관련되어 있는가? 표 4.4는 지속가능한 소비경험자를 5가지 유형으로 구분하고 각 유형별 특성을 설명한다(박미혜, 2017).

표 4.4 지속가능한 소비경험자 유형과 주요 특성

유형	주요 특성*
생태적 삶 지향성	(환경인식) 환경과 다음 세대 고려, 소비의 환경적 영향 인식, 자원절약 인식 (개인상황) 지향하는 가치와 선호, 계기와 여건이 주어짐 (실천행동) 친환경 자원과 에너지 사용, 쓰레기 줄이는 처분행동, 자급과 관계를 이용함, 반소비행동, 자발적 학습과 체험 (계기/기회) 구조적인 문제인식, 자신의 모순직면, 영향력있는 역할모델 (변화/감정) 녹색정체성, 긍정적인 변화인식, 스스로 뿌듯함
건강과 안전 추구형	(환경인식) 환경과 다음 세대 고려, 소비의 환경적 영향 인식, 안전 우려, 환경의 역습 (개인상황) 계기와 여건이 주어짐, 안전성 이슈 (실천행동) 친환경적 구매, 구매의 신중함, 후원과 참여, 반소비행동, 함께하는 활동 (계기/기회) 관계에서의 갈등, 온·오프라인 교류
자원 절약형	(환경인식) 환경과 다음 세대 고려, 자원절약 인식 (실천행동) 구매의 신중함, 친환경 자원과 에너지 사용, 쓰레기 줄이는 처분행동, 자급과 관계를 이용함
트랜드 지향성	(개인상황) 지향하는 가치와 선호, 친환경적 트렌드와 인식 (실천행동) 친환경적 구매, 자발적 학습과 체험, 함께하는 활동 (계기/기회) 구조적인 문제인식 (변화/감정) 녹색정체성, 스스로 뿌듯함
사회 참여형	(환경인식) 환경과 다음 세대 고려, 소비의 환경적 영향 인식, 자원절약 인식, 안전 우려, 환경의 역습 (개인상황) 지향하는 가치와 선호, 계기와 여건이 주어짐, 안전성 이슈 (실천행동) 후원과 참여, 친환경 자원과 에너지 사용, 반소비행동, 자발적 학습과 체험, 함께하는 활동 (계기/기회) 구조적인 문제인식, 관계에서의 갈등, 자신의 모순직면, 온·오프라인 교류, 영향력있는 역할모델, 심리적 방어기제 (변화/감정) 녹색정체성, 긍정적인 변화인식, 스스로 뿌듯함, 관심과 실천의 확대, 개인에서 사회로

* 주요 특성: 강/중/하 특성 중에서 '강'을 중심으로 구성함
출처: 박미혜(2017). 소비자의 지속가능한 소비생활 경험에 관한 근거이론. p.99. 저자 재구성

지속가능 소비생활 경험자의 실천 행동은 환경인식과 개인적 상황, 실천행동, 지속가능 소비행동을 하게 된 계기나 기회 및 실천 행동 후 나타난 변화/감정 등의 다양한 요소들과 관련된다. 소비자 유형에 따라 지속가능한 소비행동과 변화를 이끄는 주요 요인들을 파악할 수 있다.

첫째, '생태적 삶을 지향하는' 소비자이다. 그들은 환경 및 자원 인식과 함께 개인적 가치와 여건이 다양한 친환경 행동을 실천하도록 이끌었다. 또한 사회 구조적 문제 인식과 자신의 모순된 행동 인식 및 역할모델도 지속가능한 소비를 실천하는 계기로 작용하였다. 그들은 지속가능한 소비생활을 실천함으로써 정체성 변화와 긍정적 감정을 경험하였다.

둘째, '건강과 안전을 추구하는' 소비자 유형이다. 환경 인식과 안전성 이슈가 그들의 친환경 제품 구매와 후원 활동 참여에 영향을 주는 것으로 나타났다. 실천 행동은 다양한 교류 활동와 관련이 있음을 알 수 있다.

셋째, '자원 절약을 중시하는' 소비자이다. 그들의 다음 세대를 고려한 환경 인식과 자원 절약 인식이 친환경 중심의 구매 행동을 적극적으로 이끌고 있었다.

넷째, '트렌드에 따라 행동하는' 소비자이다. 그들은 개인이 지향하는 가치와 선호 및 사회적 트렌드 인식, 그리고 사회 구조적 문제 인식에 기초해 지속가능 소비를 실천하는 유형이라고 할 수 있다.

다섯째, '사회적 가치를 실천하는' 소비자이다. 사회적 관심과 문제 인식 및 개인적 계기가 활발한 실천 행동과 교류 활동으로 이어졌다. 지속가능한 소비 행동의 실천은 소비자에게 개인적으로 긍정적 변화와 함께 관심사를 사회적으로 확장시키는 계기가 되었다.

3.2 소비행복의 원천

3.2.1 소비활동과 소비행복 수준

소비자가 참여하는 소비활동은 매우 다양하다. 윤리적 소비나 친환경 소비 등과 같은 지속가능한 소비활동 외에도 사람들은 삶을 유지하기 위해 생존에 필요한 일상소비 활동과 여가활동, 재테크, 수집, 타인을 위한 선물이나 후원, 의례, 외모 가꾸기 등의 다양한 영역에서 소비생활을 한다. 지속가능한 소비활동이 사람들에게 의식과 행동을 변화시키고 긍정적 감정을 증진하여 전반적으로 생활 만족감이나 주관적 행복감에 영향을 미친다고 할 때, 소비자가 느끼는 소비행복 수준은 어느 정도나 될까? 소비자가 참여하는 다양한 소비활동을 비교하면, 윤리소비나 친환경소비의 소비행복 수준은 각각 어느 정도 일까?

이 질문에 대한 답을 탐색하기 위해서는 소비행복 수준의 측정방법을 고민해야 한다. 라선아(2017: 35)는 "소비행복(consumption happiness)"을 매개과정으로 설명한다. 대부분의 사람들은 소비활동 자체가 삶의 행복감을 느끼게 한다고 생각하지만, 사실 삶의 행복감은 소비활동으로부터 즉각적으로, 또는 직접 느껴지지 않는다. 오히려 소비행복감을 경험하고 나서야 비로소 전반적인 생활 만족감이나 주관적 행복감이 간접적으로 찾아오게 된다는 것이다. 그림 4.17은 생활만족감에 미치는 소비행복의 매개적 특성을 그림으로 도식화한 것이다. 즉 개인이나 가족은 일상에서 다양한 소비활동에 참여하면서 각기 다른 수준의 소비행복을 경험하게 되고, 이러한 소비행복은 결과적으로 전반적인 생활 만족감이나 주관적인 행복감에 영향을 미친다.

그림 4.17 소비행복의 매개적 특성

이러한 소비행복의 매개적 관점에 근거하여 소비활동을 9가지로 세분하고, 각 활동별 소비행복 수준을 비교해볼 수 있다. 어떤 사회에서 소비행복 수준은 그 사회의 경제적 상황, 사회문화적 준거, 개인적 특성에 따라 다르게 나타날 것이다. 중요한 것은 당신이 어떤 소비생활 영역에서 어느 정도의 소비행복을 느끼고 있는 지를 점검해보는 것에 있다. 만일 윤리적 소비나 친환경 소비에서 소비행복 수준이 높거나 낮다면 그 원인은 무엇인지 생각해보는 기회가 될 수 있다.

표 4.5는 소비자가 일상생활에서 참여하는 소비활동을 제시한 것이다. 각 소비 활동에서 느끼는 소비행복 수준을 비교하기 위해 최저 1점~최고 10점을 기준으로 점수화할 수 있다.

그림 4.18은 소비활동 유형별 소비행복 수준을 순서대로 나타낸 것이다. 2013년 연구(성영신 외)와 2017년 연구(라선아)의 결과에서 각 소비행복의 점수는 각각 다르지만 소비활동별 소비행복 수준의 순위는 일치하는 경향이다. 구체적으로 놀이소비의 소비행복 수준이 가장 높고, 그 다음은 윤리소비와 수집소비, 친환경소비, 외모 가꾸기 소비이고, 이어서 일상소비와, 재테크, 상징소비이며, 의례소비의 소비행복 수준이 가장 낮았다. 당신의 소비행복 수준은 어떠한가? 어떤 영역에서 차이가 있는가? 그러한 차이가 나타난 이유는 무엇인가?

표 4.5 소비활동과 소비행복 수준

소비활동	정의	소비행복 수준
일상소비	생존과 생산 활동을 유지하는데 필요한 소비	( )점
놀이소비	여가시간을 활용하는데 필요한 소비	( )점
재테크	미래를 위해 재산을 증식하려는 다양한 소비	( )점
수집소비	경제적 목적과 상관없이, 유형 무형의 제품을 모으는 소비	( )점
상징소비	타인을 위해 소비하거나, 타인의 평가를 의식한 소비	( )점
의례소비	전통과 예의를 지키기 위한 행위와 관련된 소비	( )점
외모가꾸기	아름다운 외모를 갖기 위한 소비	( )점
윤리소비	사회에 대한 기여와 나눔을 목적으로 한 소비	( )점
친환경소비	사람과 환경이 공존하는 지속가능한 소비	( )점

출처: 성영신 외((2013). 소비유형별 소비행복의 비교. p.21. 저자 재구성

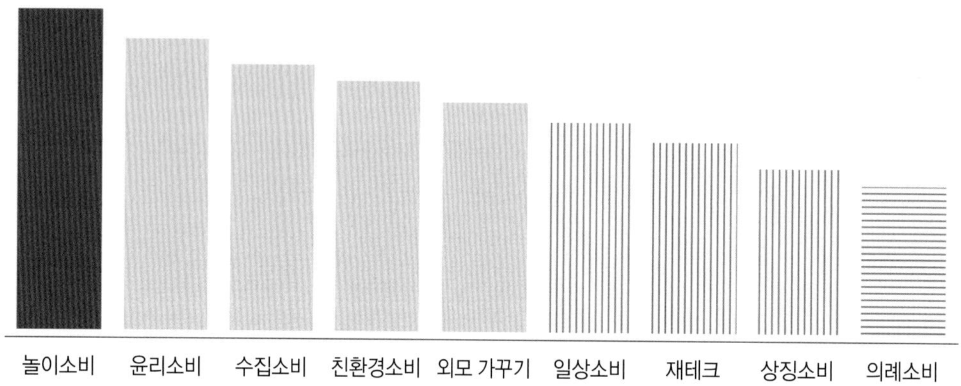

그림 4.18 소비활동별 소비행복 수준

출처: 성영신 외(2013). 소비유형별 소비행복의 비교. p.14.
라선아(2017). 행복한 소비자. p.34. 두 연구의 결과를 저자 재구성

이러한 소비 활동 유형에 따른 소비행복 수준의 경향성으로부터 우리가 경험하는 소비행복에 차이가 있다는 사실을 알 수 있다. 여기에는 행복한 소비자가 되기 위한 몇 가지 흥미로운 단서들이 존재한다.

첫째, '놀이소비'와 '수집소비' 는 여가 관련 소비활동으로, 자유 의지에 따라 선택하는 긍정적이고 다양한 경험을 주는 활동과 관련된다. 이러한 특성이 소비자에게 높은 수준의 행복감을 느끼게 한다. 반대로 소비행복 수준이 가장 낮게 나타난 '의례소비'는 의무적인 소비활동이다. 제사나 명절 등 전통적이고 의무적인 소비활동은 일반적으로 개인의 소비행복을 낮추는 활동이 될 수 있다.

둘째, '상징소비'는 전 연령대에서 보편적으로 나타나는 소비 현상으로, 명품소비나 과시소비 현상과 관련된다. 다른 사람이나 상황, 사회적 지위 등을 의식한 물질적 소비라는 점에서 상징소비 활동은 소비자에게 강력한 행복감을 주지 못한다.

셋째, '윤리소비'와 '친환경 소비'는 외모 가꾸기나 일상소비 등 사적 소비생활에 비교해 개인의 소비행복감을 높이는 소비활동으로 나타났다. 윤리소비와 친환경 소비는 개인 소비를 넘어 지속가능한 사회를 위한 사회적 의미를 지닌 소비활동이다. 이는 MZ세대의 가치소비 트렌드와 일치하는 것으로, 소신소비가 소비자에게 높은 수준의 행복감을 제공하고 있음을 반영한다.

3.2.2 소비행복의 원천

어떤 일을 하고, 어떤 곳에서 살아야 나는 행복할 수 있을까? '나 다움'을 찾는 확실한 방법은 자신의 라이프스타일을 살펴보는 일이며, 라이프스타일에 가장 큰 영향을 미치는 영역이 바로 '소비'이다(모종린, 2020: 9). 소비생활을 통해 라이프스타일이나 소비 요구가 충족될 때 소비자는 행복을 느낀다. 나아가 그것은 그 사람의 전반적인 생활 만족감과 주관적 행복감에 긍정적 영향을 준다. 따라서 개인이나 가족의 소비생활을 탐색하는 것은 소비행복을 제공하는 원천을 찾는 방법이 될 수 있다.

라선아(2017)는 소비행복을 경험한 소비자들의 259가지 내러티브 분석(narrative analysis)으로부터 5가지 소비행복 원천을 도출하였다(표 4.6). 소비자는 정보탐색-구매-구매 후 행동에 이르는 전체 구매과정에서 소비행복을 경험하고 있었다.

표 4.6 소비행복의 원천과 유형별 정의

원천	소비행복 유형	정의와 (특징)
상품, 브랜드, 고객관리	본원적 소비	제품/서비스/이벤트 등을 통해 얻은 혜택을 소비함으로써 얻는 행복 (상품이 제공하는 효용, 원하는 제품 획득/소유, 품질과 혁신성, 제품과 서비스의 실용적/쾌락적 혜택, 맞춤 상품 등)
	마니아적 소비	브랜드 이미지/상징성의 충성적 소비 통해 얻는 소비행복 (명품/소유가치 있는 브랜드에 대한 충성도, 브랜드 동일시, 수집)
	고객케어 소비	진정성 있는 고객응대와 고객케어를 받으면서 얻는 소비행복 (고객문제 해결, 고객감동서비스, 선제적 응대, 존중, 고객공감, 기대 이상의 실패 복구, 인간관계 형성, 심리치유적 서비스 등)
소비활동 자체	착한 소비	윤리적 소비를 실천하면서 얻게 된 행복 (공정무역상품 구매, 상생적 소비, 기부, 웰빙 소비, 생태적 소비 등)
	합리적 소비	심리적이고 합리적 소비 활동을 통한 행복 (가격 대비 효용 극대화, 낭비 지양, 욕망 절제 등)
	자족적 소비	자신의 소비환경, 소비역량, 선택에 대한 자기만족 (소비/선택 자부심, 풍요로운 소비환경, 타인 보다 자기만족 중시)
	쇼핑 플로(flow)	쾌락적 쇼핑 경험이 주는 몰입된 도취감 (쇼핑 통해 플로/도취감 경험, 쇼핑 자체의 즐거움, 놀이적 쇼핑)
소비자 자신	자기보상 소비	소비 통해 자신의 노력/상처 등을 보상받음으로써 얻는 행복 (자신을 위한 선물, 자기 치유적 소비 등)
	내적 집중 소비	소비 통해 자신의 내면에 집중, 성찰하는 기회로부터의 행복 (나를 위한 시간, 여행, 사색, 감상에 소비)
	자기향상 소비	소비 통해 자신의 이미지, 능력 등을 향상함으로써 얻는 행복 (학습/교육, 자신의 내적·외적 발전, 미래 꿈 실현을 위한 투자)
인간관계	가족지향 소비	소비 통해 가족관계를 향상할 때 느끼는 행복 (기족관계 회복, 가족공유시간, 사랑표현, 부모님 감사 위한 소비 등)
	사회적 관계 지향 소비	소비 통해 가족 외의 사회적 관계를 제고할 때 얻는 행복 (타인과의 관계발전, 갈등해결, 화해를 위한 소비 등)
삶의 이야기	나와 제품의 이야기 창조	특정 제품이 자신의 삶에 주는 의미의 회상/기억이 제공한 행복 (추억 속 특정 제품에 담긴 이야기, 특정 제품/브랜드에 대한 깊은 애착/그리움, 자신의 정체성과 제품의 존재에 대한 서사적 기억 등)
	삶의 관계 속 제품의 이야기 창조	자신과 중요 타인 간 관계를 매개하는 특정 제품이 제공한 행복 (매개체로서의 특정 제품에 대한 서사적 이미지/기억, 타인에 대한 감정이 전이된 제품과의 애착 관계 등)

출처: 라선아(2017). 행복한 소비자. pp.73-75. 저자 재구성

또한 제품과 서비스의 소비가 자신이나 타인과의 관계에 긍정적으로 작용할 때 소비행복감을 느꼈다. 그 밖에 제품과 서비스 관련 스토리텔링과 추억 및 회상 등에 의해서 소비자는 행복하다고 인식하였다.

첫째, 소비자는 구매 상품의 혜택과 제품 충성도, 고객케어관리에서 행복감을 느낀다. 즉 구매 상품이 제공하는 효용은 소비자를 만족하게 하고, 마니아적 소비가 소비자를 즐겁게 하며, 만족스러운 고객응대 태도와 신속한 조치 등은 소비자 행복감은 경험하도록 이끈다.

둘째, 소비활동 자체가 소비자에게 행복감을 제공한다. 구체적으로 소비자는 소신소비와 착한소비에 참여함으로써 소비행복을 경험한다. 또한 가격 대비 효용이 높은 합리적 소비와 자기만족에 초점을 둔 자족적 소비를 통해 소비만족감이 증가한다. 추가적으로 소비가 제공하는 몰입감이나 즐거움, 다양한 경험 자체가 소비행복을 준다.

셋째, 소비자 자신에게 가치가 있고 혜택을 제공하는 소비활동에서 행복감을 경험한다. 자신을 위한 보상 소비와 나의 내면에 집중하기 위한 소비 및 능력 향상에 기여하는 소비를 통해 소비행복이 나타난다.

넷째, 가족 관계나 사회적 관계를 촉진하는 소비는 소비행복감을 느끼게 해준다. 소비자는 가족관계나 사회적 관계를 회복 및 증진을 목적으로 한 소비를 통해 소비활동의 만족수준이 높아진다. 이와 같이 소비활동은 관계 증진에도 기여할 수 있다.

다섯째, 특정 제품이나 브랜드가 자신의 삶에 의미를 제공하기도 하고, 중요한 관계를 이어주는 매개체가 되기도 한다. 특정 제품이나 브랜드는 이러한 추억과 회상 및 스토리텔링의 매개체 역할의 영향으로 소비자에게 소비행복감을 제공한다.

토론 문제

1. 젊은 세대에게 명품소비는 '과시 소비'입니까, 아니면 '가치 소비'입니까? 그렇게 생각하는 당신의 선택 기준은 무엇인지 이야기해주십시오.
2. 당신의 소비행복 경험을 공유해주십시오. 어떤 소비 활동에서 만족이나 행복을 느꼈습니까? '나를 행복하게 만드는 소비', '너에게 행복을 주는 소비', 그리고 '우리가 행복해지는 소비'로 구분하여 소비행복 에피소드를 각각 이야기해 봅시다.
3. 사회적 책임을 실천한 기업의 사례를 찾아봅시다.
4. 소비자 요구를 적극적으로 수용해 제품을 생산하거나 서비스를 제공한 기업의 사례를 찾아봅시다.
5. MZ세대를 대상으로 한 기업의 상품과 서비스 판매 및 홍보 방법 중에서 성공한 사례와 실패한 사례를 비교해봅시다.

■ 참고문헌

국민권익위원회(2020년 9월호). 기업윤리 브리프스. Vol. 93.

김경자(2020). 이슈: 라면과 김밥만 먹던 그가 스페인에 가는 이유. KDI 경제정보센터. 2020년 11월호. 24-25.

김난도(2003). 소비합리성의 개념에 대한 연구. 소비자학연구. 14(3). 85-106.

김난도·전미영·최지혜·이향은·이준영·이수진·서유현·권정윤·한다혜·이혜원(2021). 트렌드 코리아 2022. 미래의 창.

남승규(2009). 소비자분석. 학지사.

남승규(2014). 행복심리학. 양서원.

남승규(2019). 생활 속 심리학: 행복과 소비. 한국심리학회 웹진.

대한상공회의소(2021년 5월 30일자), ESG 경영과 기업의 역할에 대한 국민의식 조사.

농아일보(2020년 7월 2일자). '작지만 큰손' 한국 Z세대. nate 뉴스.
https://news.nate.com/view/20200702n01158

라선아(2017). 행복한 소비자. 서울: 지식의 날개.

모종린(2020). 인문학, 라이프스타일을 제안한다. 지식의 숲.

박명희(2002). 소비자 의사결정론. 학현사.

박명희·박명숙·제미경·박미혜·정주원·최경숙(2013). 소비자 의사결정. 교문사.

박미혜(2017). 소비자의 지속가능한 소비생활 경험에 관한 근거이론 연구. 소비자학연구. 28(3). 77-110.

산업정책연구원(2020). 2020 소비자 체감 기업의 사회적 가치 지표 연구.

소비자시대(2021년 3월호). 착한 소비의 힘, 나는 '소신 소비'형 인간일까? 한국소비자원.

성영신·유창조·이진용·박은아·양윤재·정수정(2013). 소비유형별 소비행복의 비교. 소비자학 연구. 24(2). 1-23.

아시아경제(2021년 10월 6일자). 친환경 위장한 '예쁜 쓰레기', 그린워싱 주의보 - 스타벅스.
https://www.asiae.co.kr/article/2021100515325796101

오마이뉴스(2021년 11월 10일자). 진화하는 기업들의 그린워싱, 속지 않기 위해 필요한 것들. [ESG 바른 사용 설명서 ④] 그린워싱 구별법과 규제 방안.
http://www.ohmynews.com/NWS_Web/View/at_pg.aspx?CNTN_CD=A0002786253

월간환경(2021년 10월 5일자). [기획특집] 기후변화 위협 '그린워싱' ESG 내세운 기업… 실상은 자본주의 살리기?

이성림·손상희·박미혜·정주원·천경희(2011). 소비생활에서의 행복과 갈등. 소비자학연구. 22(1). 139-166.

이순종(2010). 디자인의 시대 트렌드의 시대. 미래의 창.
이희숙(2019년 1월호). 나만의 소비철학: 나, 너, 우리가 행복한 소비. 소비자 시대. 한국소비자원.
장현선(2014). 소비자의 소비행복을 어떻게 측정할 수 있나? 한국가정관리학회지. 32(6). 139-154.
중소기업뉴스(2021년 6월 28일자). 코로나 이후 소비트렌드는 'H.O.M.E.S.T.A.Y.'
http://www.kbiznews.co.kr/news/articleView.html?idxno=83237
조영태(2021). 인구 미래 공존. 북스톤.
천경희·홍연금·윤명애·송인숙(2014). 윤리적 소비의 이해와 실천. 시스마프레스.
최명화·김보라(2020). 지금 팔리는 것들의 비밀: 새로운 소비 권력의 취향과 열광을 읽다. 리더스북.
하나금융경영연구소(2018). 밀레니얼 모멘트(millennial moment)의 도래. 금융경영브리프. 제8권 13호.
하나금융경영연구소(2021). 세대별 온라인 소비 행태변화와 시사점. 하나은행 보고서.
홍훈(2020). 경제학자의 인간 수업. 청림출판.
KDI 경제정보센터(2020년 11월 27일자). 30대와 60대의 삶에 대한 인식조사트렌드.
KDI 경제정보센터(2020년 11월호). 이슈: 소비자 47% 윤리적 소비경험.
KDI 경제정보센터(2021년 7월호). 지속가능한 성장을 위한 기업의 노력, ESG 경영.
YTN(2022년 1월 4일자). 2022년 기업들의 화두는 "ESG 경영과 디지털, 고객.
Aaker, J. L. Rudd, M., & Mogilner C.(2011). If money does not make you happy, consider time. Journal of Consumer Psychology, 21, 126-130.
Chancellor, J., & Lyubomirsky, S.(2011). Happiness and thrift: When (spending) less is (hedonically) more. Journal of Consumer Psychology, 21(2), 131-138.
Desmeules, D.(2002). The Impact of Variety on Consumer Happiness The Impact of Variety on Consumer Happiness: Marketing and the Tyranny of Freedom. Academy of Marketing Science Review 12(12).
Dunn, E. W., Gilbert, D. T., & Wilson, T. D.(2011). If money doesn't make you happy, then you probably aren't spending it right. Journal of Consumer Psychology, 21(2), 115-125.
Easterlin, R. A.(1995). Will raising the incomes of all increase the happiness of all? Journal of Economic Behavior & Organization, 27(1), 35-47.
Florida, Richard(2010). 그레이트 리셋: 아이디어 중심 창조경제로 비즈니스의 새판짜기(김민주·송희령 역). 비즈니스맵.
Holbrock, M. B. & Hirschman E. C.(1982). The experiential aspects of consumption: consumer fantasies, feelings, and fun. Journal of Consumer Research, 9, 132-140.
Kahneman, D. & Deaton, A.(2010). High income improves evaluation of life but not emotional well-being. Center for Health and Well-being(August 4, 2010), Princeton University, Princeton, NJ 08544.
Kilbourne, W.E., McDonagh, P. & Prothero, A.(1997). Sustainable consumption and the quality of life:

A macromarketing challenge to the dominant social paradigm. Journal of Macromarketing, 17(1), 4-24.

Lipovetsky, G.(2009). 행복의 역설(정미애 역). 알마.

Miller, Geoffrey(2010). 스펜트(김명주 역). 동녘사이언스.

NewsQuest(2019년 1월 21일자). '밀레니얼 세대'의 쇼핑법 "CSR 충실한기업 제품에 지갑 연다". https://www.newsquest.co.kr/news/articleView.html?idxno=70028

Rokeach, M.(1969). Rokeach Value Survey (RVS). https://scales.arabpsychology.com/s/rokeach-value-survey-rvs/

Rokeach, M.(1973). The nature of human values. New York: Free Press.

제 5 장 소비절제와 간소한 삶

도입 스토리: 간소한 삶에서 행복 찾기, 미니멀 라이프

가치 중심의 소비, '미니멀 라이프'

물건이 '과잉'된 상태에 살다 보니 사람들은 쉽게 피로감을 느끼게 된다. 그리고 단순한 것을 선호하는 경향이 뚜렷해진다. 이런 단순하고, 근본적인 것으로 회귀하려는 대중적 심리가 잘 드러난 것이 바로 요즘 유행하는 '미니멀 라이프'다. 미니멀 라이프란 미니멀리즘을 라이프스타일에 적용한 것인데. 원래 미니멀리즘은 최소한을 뜻하는 'minimal'과 사상을 뜻하는 'ism'의 합성어로, 1960년대 이후 미국을 중심으로 나타난 단순함과 간결함을 추구하는 예술 사조다. 이와 비슷하게 미니멀 라이프도 간결한 삶을 추구하며, 최소한의 것으로 최대한의 행복을 누리는 것이 콘셉트다.

미니멀 라이프가 트렌드로 자리잡은 데는 몇가지 이유를 꼽아볼 수 있다. 먼저 1980년대부터 2000년대 초반 출생한 밀레니얼 세대가 소비 트렌드를 이끌면서 미니멀리즘이 더욱 지지를 받게 됐다. 밀레니얼 세대는 세계적인 금융위기를 겪으며 물질적 풍요 대신 현재의 행복을 중요시하는 성향이 강해졌다. 현재를 즐기는 'YOLO(욜로)족', '소확행' 등의 신조어가 그들의 가치관을 대변한다. 그들은 단순하고 합리적인 소비를 지향하고, 물질을 소유하는 것보다 경험에 가치를 둔다. 밀레니얼 세대의 이런 성향과 최소한의 소비를 콘셉트로 하는 미니멀 라이프가 시대적으로 잘 맞아 떨어진 것이다.

미니멀 라이프가 인기를 끈 또다른 이유는 물건을 소유하는 것이 아닌 공유하는 '공유경제'가 발달했기 때문이다. 공유경제란 플랫폼 등을 활용해 자산이나 서비스를 다른 사람과 공유해 사용함으로써 효율성을 높이는 것으로 셰어하우스나 우버 서비스,

공유 주방 서비스가 대표적이다. 굳이 집을 매매하지 않아도 셰어하우스를 통해 세계 어디든 살아보는 '경험'을 할 수 있고, 굳이 차를 소유하지 않아도 차량을 이용하고, 남들과 주방을 함께 사용하며, 음식을 판매할 수도 있다. 공유경제는 밀레니얼 세대의 소비 패턴과도 일맥상통한다. 이런 여러 요인이 복합적으로 작용해 미니멀 라이프가 선풍적 인기를 끌게 된 것이다.

영미권에서 본격적으로 미니멀 라이프가 대두된 것은 2010년 조슈아 필즈 밀번과 라이언 니커디머스가 '더 미니멀리즘 닷컴'이라는 사이트를 개설하면서부터다. 두 남자는 억대 연봉을 받으며 많은 물건을 가졌지만 행복하지 않다고 느꼈다. 주 80시간씩 일하고 더 많은 물건을 사들이는 일로는 공허함을 채울 수 없다고 생각했다. 결국 두 남자는 좋은 차와 집을 팔고, 물건을 줄여 목적이 분명한 삶을 살기로 한다. 그리고 일련의 과정을 홈페이지를 통해 공개한다. 일본에서도 같은 해 정리 컨설턴트 곤도 마리에의 '인생이 빛나는 정리의 마법'이 출판되며 인기를 끌었다. 최소한의 것으로 최대의 행복을 만드는 라이프 스타일 '미니멀 라이프'가 세계적으로 주목받기 시작한 것이다.

우리나라에서도 2~3년 전부터 미니멀 라이프에 대한 관심이 늘고 있다. 돈을 벌어 물건을 사고, 또 다른 물건을 사기 위해 돈을 버는 과정에 피로감을 느낀 사람들이 '정말 내가 원하는 것은 무엇일까?'라는 근본적인 물음을 던지기 시작한 것이다. 그러면서 집을 차지하는 짐을 비우고, 정리하기 시작한다. 미니멀 라이프는 단순히 물건을 버리는 것이 아니라 삶을 간소화하는 작업을 통해 정말 나에게 필요한 것, 중요한 것이 무엇인지 솎아내는 과정이다. 언제 어떻게 샀는지도 모를 택배 상자들에 가려진 당신의 마음을 채워줄 무엇을 찾고 싶다면, 미니멀 라이프를 실천해보자.

출처: 한국조폐공사(2021년 1월 28일자). 간소한 삶에서 행복찾기, 미니멀 라이프. 블로그 중 일부.

1. 소비절제의 의미와 세계관

1.1 소비절제의 의미

오늘날 소비자는 구매 행위를 통해 단순히 시장에서 원하는 물건을 교환하는 행동을 초월하여 그 이상을 표현하고 있다. 가격 대비 질 좋은 상품을 구매하는 합리적인 소비활동이 여전히 중요하지만 그것이 반드시 최고의 소비자 선택이라고 말할 수 없다. 이제 소비자는 자신의 소비행동에 의미를 부여하고 있으며, 그러한 소비를 통해 행복한 감정을 느끼고 싶어한다. 개인이 부여하는 소비의 의미는 개인적 동기나 사회적인 동기와 관련될 수 있다. 지속가능한 사회를 지향하는 사람들에게 소비는 자신의 개인적 가치와 사회적 가치를 반영하는 매개체로서 사람들의 욕망과 선호, 취향, 라이프스타일, 소비패턴 및 우리 사회의 소비트렌드와 소비문화를 나타내는 수단과 방법이 되고 있다.

소비절제는 소비행복을 얻기 위해 소비자가 자발적으로 선택하는 소비자의 행동방식으로, 간소한 삶을 지향하는 소비자의 가치와 세계관을 포함하는 소비생활이다. 소비절제와 관련된 생활은 간소하고 단순하게 보이는 소비생활 행태이지만, 지속가능한 사회를 지향하는 소비라는 측면에서 결코 간소하지 않은 의미를 지니고 있다.

환경과 미래를 위한 윤리적 소비자 행동들 중에서 물질적 소유를 거부하거나 자제하는 소비 행동이 있다. 이를 소비절제(anti-consumption)라고 한다. 소비절제란 소비자가 어떤 의도나 목적을 가지고 소비를 스스로 자제하거나 통제하는 행동을 말한다. 일반적으로 사람들은 지속가능한 소비를 환경 유지 및 보존을 위한 친환경 소비나 자원절약 소비라고 생각한다(한국소비자원, 2005). 다시 말해서 지속가능한 소비는 친환경 제품과 서비스를 의식적으로 선택하는 소비자의 노력을 포함한다. 또한 지속가능한 소비는 소비자들이 양적 측면에서 상품의 양을 줄여나가는 의도적인 활동과 관련이 깊다. 따라서 소비절제는 지속가능한 소비행동이라고 할 수 있다.

한편 지속가능한 소비행동에는 마음챙김 소비(mindful consumption)의 개념이 포함되어 있다(Sheth, Sethia, & Srinivas, 2011). 이는 소비의 결과를 의식하는 생각과 행동이 연관되어 있음을 의미한다. 즉 마음챙김 소비는 자신과 가족 및 사회공동체, 자연환경 등을 고려하는 의식을 가지고 소비생활을 영위하는 것이다. 그러므로 소비절제는 마음챙김 의식을 가지고 실천하는 윤리적인 소비행동이라고 할 수 있다.

이상에서 제시한 마음챙김과 자원 절약과 관련된 의식적인 소비행동은 간소한 삶을 지향하는 소박한 소비양식으로 나타난다. 이와 관련하여 '채우는 사회에서 비우는 사회'로 전환하고, 간소한 삶을 유지하는 생활양식을 실천하는 사회를 위해 비움 비즈니스(less business)와 비움 소비(less consumption)의 개념을 제시하였다(한국트렌드연구소, PFIN, 2010: 322-326; 박명희 외, 2013: 291). 비움 비즈니스 방식은 비우는 사회를 목표로 소비와 생산을 줄이는 것에 가치를 두는 경제체계를 의미한다. 따라서 비우는 사회가 되려면 생산과 소비 영역 모두에서 변화가 필요하다는 점을 강조한다. 구체적으로 소비 영역에서 소비하는 양 자체를 줄여야 한다. 또한 생산 영역에서 생산자는 효율적인 자원 절약 기술을 개발하여 원료 생산에서 폐기에 이르기까지 친환경 생산과정을 통해 상품을 소비자에게 제공하는 책임감있는 사회적 가치 실현을 실천해야 하는 것이다. 이와 같이 비우는 소비절제는 지속가능한 사회를 위해 개인의 소비행동과 사회 생산체계에 변화를 일으키는 소비생활방식이라고 할 수 있다.

천경희(2019년 12월 23일자)는 사회적 책임을 강조하는 윤리적 소비와 개인의 소비절제와 간소한 삶의 관련성을 다음과 같이 소개하였다.

> "윤리적 소비란 소비자가 개별적, 도덕적 신념을 가지고
> 인간, 사회, 환경에 대한 사회적 책임을 실천하는 소비행동이다. 소비자가 소비를 할 때
> 개인의 사적인 이익만을 생각하지 않고 자신의 소비가 이웃, 사회, 환경 등
> 더 넓은 범위에 어떠한 영향을 미치는지 고려하여 의사결정을 내리는 것이다.
> 나아가 윤리적 소비는 구매의사결정 뿐만 아니라 궁극적으로
> '일상생활 전 과정에서 불필요한 소비를 줄이고 간소한 삶을 지향하며
> 절제하고 나누는 삶'을 실천함으로써 인간, 사회, 환경의 지속가능성을
> 구현하는 소비 실천행동을 의미한다. 결국 윤리적 소비, 착한 소비는
> 지구환경과 인간 그리고 세상을 변화시킬 수 있는 것이다."

지속가능한 사회를 추구하는 소비자는 자기절제와 통제력을 가지고 불필요한 소비를 줄여나가며 간소한 삶을 유지하려는 관점을 갖는다. 이것은 산업사회에 사는 사람들 대부분이 수행하는 소비 행동방식과 다른 소비방식으로, 지속가능한 사회로의 변화를 위해 소비절제와 간소한 삶을 지향하는 사람들은 나름의 삶의 관점이나 세계관을 보유하고 있음을 의미한다.

1.2 소비절제를 이끄는 세계관

소비절제는 지속가능한 소비사회를 실현하기 위해 간소한 삶을 지향하는 마음과 의식이 실천 행동으로 이어지는 소비방식이다. 그런 점에서 소비절제를 추구하는 사람들의 차별화된 관점이나 세계관이 존재한다. 소비절제와 간소한 삶을 추구하는 사람들은 대개 산업사회의 보편적인 소비방식을 지양한다. 그 대신 생태학적 사회를 지향한다. 소비생활에서 나타나는 절제와 간소함의 행태를 이해하기 위해서 우리는 그들이 추구하는 생태학적 사회가 지닌 세계관을 살펴볼 필요가 있다. 생태학적 사회를 지향하는 사람들이 추구하는 삶의 방식은 우리에게 절제와 간소함을 이끄는 소비방식이 지속가능한 소비를 이끄는 중요한 생활양식이라는 사실을 일깨워 준다.

듀안 엘진(Duane Elgin)은 저서, 「소박한 삶의 철학(1993)」에서 산업사회와 생태학적 사회에서 나타나는 다양한 삶의 특징을 설명하였다(Elgin, Duane 저, 김승욱 역, 1999). 산업사회와 생태학적 사회가 지향하는 바가 삶의 다양한 측면에서 각각 다르게 나타난다. 산업사회와는 달리 생태학적 사회를 지향하는 사람들은 자연과의 관계나 환경과의 상호작용을 중요하게 생각하며, 이는 소비생활에서 절제와 간소함 추구로 이어지는 경향이다. 그러므로 생태학적 관점을 가진 사람들은 소비절제와 간소한 삶을 추구할 가능성이 높다. 표 5.1은 삶의 다양한 측면에서 산업사회와 생태학적 사회의 특성을 비교 설명한 것으로, 여기서 우리는 산업사회에서 추구하는 주요 관점과는 다른 생태학적 사회의 주요 세계관과 특성들을 이해할 수 있다.

첫째, 삶의 목적 측면에서 생태학적 사회는 물질적 진보와 성장을 추구하는 산업사회와는 다른 관점을 가진다. 생태학적 사회를 추구하는 사람들은 물질적인 측면과 함께 정신적인 측면이 서로 조화를 이루고 균형을 유지하는 삶을 추구한다.

둘째, 소비 만족 측면에서 산업사회와 생태학적 사회는 차이를 보인다. 생태학적 세계관을 가진 사람들이 충족하고자 하는 소비행태는 과시소비에 있지 않다. 과시소비는 산업사회에서 가시적으로 나타나 돈의 많고 적음과 일시적 만족 또는 쾌락과 관련된다. 그러나 생태학적 사회에서 지향하는 소비생활은 현재의 변화와 미래의 삶에 초점을 두는 장기적 만족감 또는 누적되는 만족감을 의미한다.

생태학적 사회를 지향하는 사람들은 궁극적으로 필요한 만큼 소비하고, 자원을 보존하며, 일상생활에서 검소함을 유지하는 소비생활을 추구한다. 이러한 소비절제와 간소한 생활방식을 실천하기 위해 그들은 다른 사람들과 협력하거나 합의된 사회적 규칙들을 지키기 위하여 기꺼이 노력하고자 한다.

표 5.1 산업사회와 생태학적 사회의 세계관 비교

구분	산업 사회	생태학적 사회
삶의 목적	물질적 진보	물질과 정신의 조화와 균형 발전
소비 만족	과시소비 (쾌락과 돈 추구)	보존과 검소한 소비 (필요한 만큼 소비)
가치평가 기준	물질 소유와 사회적 지위	사랑과 창조적 삶에 참여하는 것
정체성	육체 강조, 외로운 존재	독특한 존재, 사회적 관계 지향
행동 추구 동기	자신의 이득과 보상 중시	생명 존중 행동을 실천함 (필요 이상의 이득과 보상을 추구하지 않음)
경쟁	치열한 경쟁	협력과 공정한 경쟁 사회 추구
대중매체의 역할	고도의 소비문화를 추구하는 자극제로서 대중매체를 적극 활용함	인간과 환경의 호혜적 상호작용을 촉진하는 정보와 메시지 전달자로서 대중매체를 적극 활용
개인 대 관계	개인적 자율성과 유동성 강조	상호작용하는 유대감과 공동체

출처: Elgin, Duane(1999). 소박한 삶의 철학. 저자 재구성

셋째, 산업사회에서는 물질적 소유나 사회적 지위가 사람들을 평가하는 중요한 기준이 되고 있다. 반면 생태학적 관점을 가진 사람들은 인간의 가치를 평가할 때 이러한 기준에 전적으로 의존하지 않는다. 그들은 사랑을 가지고 창조적인 생활에 참여할 때 비로소 인간이 지닌 참된 가치가 드러난다고 생각하고 있다.

넷째, 인간의 정체성 인식에도 차이가 있다. 생태학적 관점은 인간을 단지 보이는 육체로 평가하거나 외로운 존재로 인식하지 않는다. 오히려 인간은 개인마다 독특한 특성을 가진 존재하고 생각한다. 생태학적 사회는 인간의 정체성을 신체적인 특성에만 의존해 한정짓거나 규정하지 않기 때문에 사람들이 갖는 각기 다른 생각과 외모 및 행동방식을 인정하고 수용하려고 노력한다.

다섯째, 산업사회와 생태학적 사회에서 사람들의 행동을 이끄는 추구 동기는 각각 다르다. 산업사회에서 사람들은 대부분 더 많이 소유하거나 보상받으려고 행동한다. 그러나 생

태학적 사회를 지향하는 사람들은 '생명 존중'의 관점을 가지고 그것에 맞은 실천적인 행동을 추구하려고 한다. 생명을 중시하는 그들의 관점은 필요 이상의 이득이나 보상을 추구하지 않는 행동을 이끄는 동기로 작동하고 있다.

여섯째, 산업사회에서 사람들은 자기 이득 및 보상 추구 욕구 때문에 치열하게 경쟁을 한다. 남을 딛고 이겨야 승자가 될 수 있기 때문이다. 그러나 생태학적 관점을 가진 사람들에게 경쟁은 다른 의미를 갖는다. 그들에게 경쟁이란 다른 사람들과 협력해서 일하는데 필요한 공정한 경쟁을 말한다.

일곱째, 산업사회와 생태학적 사회에서 대중매체는 어떤 역할을 하는가? 산업사회에서 대중매체는 서로를 의식하는 소비문화를 조장하는 자극제로 기능한다. 이것은 우리 사회에서 현재 과장광고나 허위광고 등이 만연하는 이유이기도 하다. 그러나 생태학적 사회에서 대중매체는 인간을 현혹하기 위한 수단으로 작동하지 않는다. 그들의 관점에 의하면, 대중매체는 인간과 생활환경 간에 호혜적인 상호작용을 유지하거나 활성화하기 위한 목적으로 필요한 정보와 메시지를 주고받는 수단이나 방법으로 활용되고 있다.

여덟째, 산업사회는 개인이 보유한 능력이나 유능함을 강조한다. 따라서 개인이 가진 능력을 발휘하기 위해 자율성과 유동성이 무엇보다 중요하다. 반면 생태학적 관점이 지배하는 사회는 개인을 넘어서 사회적 관계성을 더 중시하게 생각한다. 이것은 더 나은 발전을 도모하는 인간 상호 간의 유대감과 공동체를 강조하는 것이다.

제시한 바와 같이 어떤 사회가 추구하는 삶의 지향점에 따라 사람들의 행동 동기와 실천방식에 차이가 나타날 수 있다. 우리 사회에서 서서히 등장하고 있는 소비절제와 간소한 삶의 방식은 산업사회에서 지향하는 관점과는 다르며, 생태학적 사회를 지향하는 세계관과 연관성이 높다고 보여진다. 생태학적 관점은 인간과 사회환경의 선순환적인 상호작용과 호혜적인 관계를 중요하게 생각한다. 그러므로 이러한 관점을 가지고 소비생활을 영위하는 소비자에 의해 소비절제와 감소한 생활방식이 실천되고 있다. 삶의 생태계를 건강하게 유지하며 살아가기를 원하는 사람들은 소비절제 행동을 실천하고자 하며, 개인 이득을 넘어서 사회적 이득을 추구하는 소비자 행동을 기꺼이 선택한다. 이에 사람들의 소비절제 행동은 사회적 가치와 책임을 인식하는 관점이 기저에 존재하고 있기 때문에 현재 '윤리적 소비'로 인식되고 있다.

1.3 소비절제를 위한 원칙들

절제는 성취한 것이 적을지라도, 또는 소유한 것이 적지만 지금 가지는 것에 만족하면 행복하다는 철학적 관점과 관련된다. 양적으로 적고 사소하게 보일지라도 만족을 주는 소비자 선택이거나 소비방식이라면, 그것은 소비자에게 소비행복을 제공하는 원천이 될 수 있다. 소비절제는 개인의 욕망을 적절하게 통제하는 소비활동을 통해 소박하지만 만족하는 간소한 삶으로 보여진다. 이는 "자발적 소박함(voluntary simplicity)"을 의미한다. 리처드 그래그(1936)가 제시한 자발적 소박함은 내적으로 삶의 목적과 성실함, 정직이 관련되고, 외적으로는 중요한 삶의 목적과는 관계없는 소유물을 축적하지 않는 실천 행동과 관련된다(박명희 외, 2013: 289 재인용). 간소한 삶을 목적으로 소비절제 행동을 실천하기 위해서는 이를 돕는 적절한 기술이 요구된다.

고대 그리스 시대부터 모든 사회적·윤리적 활동에 절제는 시민이 갖추어야 할 기본적인 품성으로 여겨졌다. 즉 다른 모든 덕을 익히려면 기본적으로 절제의 기술을 배우고 실천해야 하는 것이다. 절제의 기술로 제시된 5가지 원칙이 있다(Svend Brinkmann 저, 강경이 역, 2021: 18-21). 이 원칙들은 최대 만족보다는 적정한 만족을 추구하기를 권유한다. 다시 말해 적은 것에 만족하는 삶을 지향한다. 즉 우리가 살아가면서 원하게 되는 수없이 많은 욕망을 자제하여 소유 중심의 삶으로부터 벗어나도록 돕는 원칙들이라고 볼 수 있다. 다음에 제시된 5가지 절제 기술은 절제와 간소함의 미덕을 발휘하는 삶을 위한 소비행동을 이끄는 역할에 유용할 것이다.

가. 첫 번째 절제 기술: "선택지를 줄이기"

소비생활에 적용할 때 소비절제는 자신의 상황이나 환경에 맞는 선택을 하는 것이다. 심리적으로 절제 행동은 자기통제력과 관련된다. 간소한 삶의 목적을 실현하기 위해 소비자는 의지를 가지고 소비를 통제할 수 있다. 그러나 목적 의식과 의지만으로 소비절제 행동을 계속 이어나가기는 어렵다. 이를 극복하려면 무엇보다 나의 한계, 즉 나의 상황과 환경을 파악하는 것이 중요하다. 현재의 생활 수준을 알고 만족스럽지 않더라도 받아들이는 태도는 오히려 자기통제력을 강화하여 소비절제를 가능하도록 이끈다. 따라서 소비절제를 실천하는 자기절제 능력은 개인의 굳은 의지와 같은 개인적 특성이기보다는 소비사회의 시민이 갖추어야 하는 기본 덕성이나 역량이라고 할 수 있다. 이것은 개인의 소비절제 행동이 개인이 처한 상황과 사회적·문화적 사회 환경과 밀접하게 관련되어 있음을 의미한다.

소비를 통해 많은 것을 소유하게 된다고 할지라도 인간이 가지는 욕망을 모두 채울 수 없다. 오히려 소유할수록 만족보다 지루함을 느끼게 되어 원할수록 채워지지 않는 끝없는 욕망의 덫에 갇히게 된다. 더 많이 소유하더라도 행복이 계속 유지되지 않기 때문이다. 심리학은 이것을 '쾌락 적응'이나 '쾌락 쳇바퀴'라고 한다. 소비행복은 한정된 시간 또는 정해진 시간에 어떤 선택을 하느냐에 좌우된다. 그러므로 나의 상황과 환경에 비추어 내가 정말 원하는 것이 무엇인지 아는 것은 내 한계에 맞는 소비생활을 가능하게 만든다. 이와 같이 자발적으로 내 안에서 선택의 자유를 추구하는 것, 그것이 바로 자기절제이며 소비절제 행동을 이끄는 힘이다.

가격이 매우 비싸거나 다른 사람이 좋다고 하는 것들이 반드시 나에게 만족감을 제공하지 않는다. 나에게 진정한 만족감을 느끼게 하는 것은 내가 정말 좋아하거나 원하는 것들이기 때문이다. 그러므로 소비행복을 얻기 위해 시장에서 가장 비싸고 가장 좋다는 평판을 가진 제품이나 서비스보다는 나의 소비 수준에 비추어 괜찮은 것을 선택하거나 적정 예산에 비추어 적정한 가격이 책정된 것을 선택할 필요가 있다.

나. 두 번째 절제 기술: "진짜 원하는 것 하나만 바라기"

이것은 소비자 행동에서 가장 좋은 것보다 어느 정도 괜찮은 것을 선택하는 것과 관련된다. 가격이 매우 비싸거나 다른 사람이 좋다고 하는 것들이 반드시 나에게 만족감을 주지 않는다. 무조건 최고의 것을 찾기보다는 구매하기에 적당한 것, 다시 말해서 어느 정도 수준을 유지하고 있어 그것을 사용하거나 이용하기에 어느 정도 괜찮은 것들이 우리의 삶을 더욱 여유롭게 만들어 줄 수 있다. 최고만을 지향하는 사람들은 만족감 결여로 자주 우울해지거나 다른 사람들의 눈을 의식하는 소비생활에 빠질 수 있음을 명심해야 한다.

'만족할 줄 아는 사람'이 되려면 먼저 연습이 필요하다. 소비를 절제하고자 하는 마음만으로 만족감 높은 간소한 삶을 살기 어렵다. 실제 소비생활에서 일정한 수준을 갖추고 있는 재화나 서비스에 충분히 만족할 수 있다면, 소비절제 행동을 계속 지속할 수 있다. 그런 행동이 지속되면서 소비자는 더 자주, 더 많이 소비행복을 느끼게 될 것이다. 즉 간소한 삶을 지향하고 실천하는 사람들은 소비절제 행동에 만족감을 얻고 그것을 지속하면서 전반적으로 삶에 만족할 줄 아는 행복한 사람이 되어 가는 것이다.

다. 세 번째 절제 기술: “감사하고 기뻐하기”

소비절제는 결정한 일에 따른 결과나 성과의 기대치를 낮추는 일이 될 수 있다. 어떤 일을 수행할 때 기대한 만큼 성과가 나타나지 않는 경우는 종종 발생한다. 기대와 성과의 차이가 클수록 우리는 그 결과에 더욱 좌절하게 되어 불만족감 수준은 높아진다. 이런 경험이 실제 소비생활에서 빈번하게 발생한다. 예를 들어, 우리가 과장 광고나 허위광고에 속아서, 그리고 다른 사람들의 사용 후기에만 의존하여 구매한 상품이 기대에 미치지 못하는 경우이다. 소비자는 항상 합리적으로 행동하는 존재는 아니라는 사실을 인정할 필요가 있다. 윤리적인 가치소비가 중시되는 오늘날 소비환경에서 소비절제와 간소한 삶의 방식을 이해하기 위해서는 무엇보다 어떤 소비생활이 나를 즐겁게 하는지 알고 있어야 한다.

심리적 측면에서 더 나은 삶에 영향을 미치는 것은 만족감을 자주 경험하는 것이다. 자주 만족이나 행복감을 느끼기 위해 우리는 먼저 내가 선택한 것과 내가 수행한 일에 대한 기대 수준을 낮출 필요가 있다. 현재 사는 세상에서 우리는 자신의 삶에 대한 통제권을 온전히 갖기 어렵기 때문에 현재의 삶에 만족하려면 나의 기대 수준에 변화를 주는 주도적인 행동이 요구된다. 절제의 기술 측면에서 기대치를 낮출수록 결과에 만족할 수 있다. 또한 만족이나 행복을 자주 경험할수록 우리의 전반적인 생활 만족도나 주관적 행복감이 상승하게 된다.

라. 네 번째 절제 기술: “단순하게 살기”

소비절제는 지속가능한 삶을 실천하려는 주도적인 결정이면서 동시에 정치적 결정이기도 하다. 우리는 누구나 관심이 있고 흥미를 끄는 일에 몰두할 때 집중이 잘되었던 경험을 가지고 있다. 몰입할 때 시간은 너무 빨리 지나가 버리고, 무엇보다 그 시간을 사용한 것에 아쉬워하지 않는다. 그런 경험을 다시 하고 싶다면, 지금 나에게 의미가 있는 중요한 일이 무엇인지를 알아야 한다. 의미 있는 일이란 다른 사람이 아닌 오직 나에게 가치가 있는 중요한 일이기 때문에 다른 사람들의 것과 다를 수 있다. 생태학적 세계관을 가지고 간소한 삶을 지향하는 사람들에게 소비절제가 매우 의미 있는 가치있는 일이기 때문에 실천 행동으로 이어질 수 있다.

자본주의 사회에서 부의 기준은 양적인 풍요와 사회적 성공에 있다. 동시에 산업사회가 고도로 발달할수록 자연 훼손이나 자원고갈, 생활환경의 오염, 소비시장의 무질서 등이 나타나고 있다. 특히 자본주의 소비사회에서 소비시장환경은 사람들을 양극화시켜 우리 사회에 불평등 문제가 표출되고 있고, 사람들이 겪는 상대적 박탈감은 심각한 수준이다. 간소한 삶을 지향하는 사람들은 그러한 사회적 문제들로 부터 벗어나기를 원하며, 그것을 위해 소비절제 행동을 선택하고 있다. 그들에게 의미가 있는 일이란 삶의 만족을 성취하기 위해, 나아가 미래세대를 위해 지속가능한 삶을 유지하는 것이며, 그것을 위해 소비절제를 실천하는 것이다. 다른 사람들의 삶과 비교할 때 이러한 삶의 태도와 생활방식은 단순하게만 보일 수 있다. 그러나 자발적 소박함을 실현하기 위해 그들은 소비를 절제하는 삶을 즐기며 행복을 느낀다.

마. 다섯 번째 절제 기술: “기쁜 마음으로 뒤처지기”

소비절제는 다른 사람보다 조금 뒤처지더라고 기꺼이 즐겁게 그것을 실천하는 것이다. 우리는 종종 더 많은 것을 성취하지 못한 이유가 자신의 노력 부족이라고 생각한다. 더 노력하면 성공할 수 있다는 생각은 자기계발에 더 많은 시간을 다시 투자하도록 이끈다. 이와 같이 실패 극복을 위해 ‘다시 노력해보기’를 시도하는 것은 대부분 경우 위기를 벗어나는 올바른 태도라고 볼 수 있다. 그러나 우리가 최선을 다해 노력하더라도 모든 것을 성취하지 못할 수 있다는 사실을 인정할 필요도 있다. 모든 일에는 나의 노력 외에도 다른 요인들이 결과에 영향을 미칠 수 있기 때문이다. 예를 들어, 대학 졸업 후 취업을 하지 못하는 것은 근본적으로 나의 노력 부족으로 실력을 갖추지 못했기 때문일 수 있다. 그러나 우리 사회의 구조적 문제나 경제적 상황에서 기인할 수도 있다.

다시 생각해 봐야 할 점은 우리가 현재 이룬 것에 만족할 줄 모르고 끝없이 만족을 추구하는 행동만을 반복하는 삶을 살고 있는 것은 아닐까? 라는 의문에 관한 것이다. 만일 채워지지 않는 만족 때문에 고민하고 있다면, 진정한 만족이나 행복의 의미를 다시 생각해야 한다. 아동기 발달과정에서 아이가 스스로 이룬 것에 자주 즐거워할수록 자존감(self-esteem)이 증진되듯이, 사회의 보편적인 기준보다 조금 뒤처져 보이는 일이지만 이에 개의치 않고 하고 싶은 괜찮은 일에 자주 시간을 쓰고 그 시간을 즐기고 있다면 만족감을 자주 느끼는 경험을 갖게 될 것이다. 소비절제는 소비경제사회에서 소비자가 의도적으로 소비생활을 단순화하여 자주 만족감을 느끼는 삶을 실천하는 것을 말한다. 특히 소비윤리적 소비가치를 실천하기 위해 소비절제를 선택하는 사람의 소비 행동은 사회적 가치를 실현하는 일을 중요하게 생각하는 그의 삶의 방식을 반영하는 것이다. 그러므로 소비절제를 즐기는 소비자는 단순하게 보이는 간소한 소비생활을 하고 있지만, 사실 지속가능한 사회의 구성원 역할을 성실히 수행하고 있다고 볼 수 있다.

2. 소비절제와 간소한 삶의 특성

2.1 소비절제의 목적과 소비선택의 균형

2.1.1 소비절제의 목적과 윤리적 소비

생태학적 관점에서 간소한 삶을 지향하는 사람들은 개인적 또는 사회적으로 환경과 미래에 영향을 미치는 지속가능한 소비행동방식을 선택하고 자발적으로 실천한다. 이것은 바로 스스로 소비활동을 자제하거나 통제하는 소비절제 행동으로 직결된다. 따라서 소비절제를 추구하는 사람들의 궁극적 목적은 현실에서 간소한 삶을 자발적으로 실천하는 것에 있다고 할 수 있다. 그들은 지속가능한 사회와 집단 공동체를 영위하기 위해 스스로 소비생활을 조절하거나 통제하고 있지만, 그들은 자발적 간소한 삶의 방식에서 만족이나 행복을 느끼며 살아간다.

소비절제는 일종의 윤리적 소비이다. 20세기 후반 고소득과 고소비 시대에 진입하면서 소비생활과 관련하여 다양한 문제들이 발생하였다. 이러한 소비문제들의 해결 대안으로 소비절제 현상이 나타났다. 환경적인 측면에서 무분별한 소비는 지구환경을 훼손하였고, 사회적인 측면에서 과도한 소비는 경제적 불균형과 양극화 문제로 이어졌다. 개인적인 측면에서 기대에 미치는 못하는 소비는 개인의 불만족감을 증가시키고, 상대적 박탈감과 같은 심리적 겹핍을 야기하였다. 이러한 현상들에 대한 위기 인식과 문제 의식은 지속가능한 삶을 지향하는 사람들을 중심으로 자신의 소비 태도를 변화시키는 소비절제 행동으로 나타나기 시작하였다.

소비절제는 우리가 사는 지구의 환경을 고려하고 타인을 배려하여 자신의 소비생활방식을 바꾸려는 의도를 가진 사람들이 자신의 소비자 욕구나 욕망을 변화시켜 나가는 것이다. 즉 개인의 소비절제는 곧 사회의 지속가능성(sustainability)과 연결된다(Agarwal, 2013). 지속가능한 삶을 추구하는 사람들, 그리고 사회적 가치를 실현하기 위해 윤리적 소비를 실천하는 사람들에게 소비절제는 중요한 소비가치이다. 그러므로 소비를 거부하는 '반(反)소비'의 관점보다는 오히려 목적 의식을 가지고 자발적으로 소비행동을 통제하는 '적극적인 윤리적 소비'의 관점을 가지고 소비절제 행동을 이해할 필요가 있다.

윤리적 소비 의식은 〈기초단계-성장단계-성숙단계〉의 변화 단계를 거치면서 다양한 형태의 윤리적 소비 행동으로 발달되어 왔다. 그렇다면 소비절제 행동은 윤리적 소비 중에서 어떤 단계에 속할까? 먼저 〈기초단계〉의 윤리적 소비는 소비윤리를 실천하는 상거래 활동, 윤리적 상품의 구매운동, 불매운동 등이다. 다음으로 〈성장단계〉의 윤리적 소비는 지속가능한 사회 건설을 목표로 하며, 녹색소비와 로컬소비, 공정무역 등으로 구체화된다. 마지막으로 인간의 윤리적 소비 의식이〈성숙단계〉에 이르면 전반적인 소비생활 영역에서, 그리고 삶 전체에서 윤리적 가치를 실천하는 사람들이 나타난다. 대표적인 윤리적 소비는 공동체 운동, 절제와 간소한 삶, 기부와 나눔 등이 해당된다(천경희 외, 2017). 즉 간소한 삶을 지향하는 소비절제는 윤리적 소비 의식이 성숙단계에서 이르렀을 때 비로소 나타나는 소비자 행동이라는 사실을 알 수 있다. 그러므로 자발적인 소비절제는 소비생활 뿐만 아니라 전반적인 삶을 지배하는 생활방식이라고 할 수 있다. 따라서 간소한 삶을 지향하는 소비절제의 궁극적 목적은 일상의 소비생활에서 윤리적 소비 행동을 실천하는 생활방식을 실천하는 것에 있다고 할 수 있다.

〈자료 5-1〉은 소비절제와 같은 소신소비가 개인을 넘어서 사회적 영향력을 미치는 윤리적 소비가 되고 있는 사회적 현상을 설명하고 있다.

〈자료 5-1〉 친환경부터 동물복지까지 생산자도 소비자도 웃는 '윤리적 소비'

몇 해 전 공정무역 운동에서 비롯된 '윤리적 소비'. 코로나19 팬데믹이 확산하면서 소비를 통해 세상에 좀 더 선한 영향력을 끼치려는, 윤리적 소비를 지향하는 사람이 늘고 있다. 가격 대신 가치로 윤리를 실천하기 시작한 소비자들과 품질만큼 기업 윤리를 의식하기 시작한 기업들. 이들이 결코 작지 않은 훈풍을 일으키고 있다.

■ 팬데믹이 가져온 가장 환영할 만한 변화

올해 초 영국 BBC는 코로나19가 윤리적 소비를 촉진하고 있다는 기사를 발표했다.

유례없는 보건 위기를 겪으면서 소비자들이 환경과 생태계, 지속 가능성, 기후변화, 인권, 동물복지 등 윤리적 가치에 더 큰 관심을 두게 됐고 소비 습관에도 주목할 만한 변화가 생겼다는 것이 기사의 주요 내용이었다.

그런가 하면 올해 초 프랑스에서는 제품의 친환경 정도를 도식화해 전면 라벨로 표기하는 '에코 스코어(Eco-scorc)'가 처음으로 등장했다. 경영컨실팅 회사 액센츄어의 소사에 따르면 설문에 참여한 소비자의 60%가량이 팬데믹 발생 이후 보다 친환경적이고 지속적이며 윤리적인 소비를 하게 됐다고 응답했다. 그중 90%는 코로나19가 종식되더라도 이러한 소비습관을 유지하겠다고 답했다.

대한상공회의소가 지난 6월 소비자 1천 명을 대상으로 실시한 '코로나 시대 소비행태 변화와 시사점 조사'에서도 40.4%가 '코로나19 이전과 비교해 상품 구매 시 가격과 품질로만 구매 결정을 하지 않고 소비 행위가 다른 사람이나 사회·환경에 미치는 영향을 더 고려하게 됐다'고 밝혔다. 응답자의 41.3%는 코로나19 이전 대비 환경보호에 도움이 되는 제품을 구매하는 일이 많아졌고, 53.8%는 사회적 책임을 다하는 기업 제품을 이용하는 편이라고 답했다.

정연승 한국유통학회 회장은 "비대면 사회로의 급속한 전환에 따른 사회와 환경에 대한 관심 증가가 기업의 사회적 책임을 중시하는 윤리적 소비를 촉진시켰다"고 말한다. (중략)

지난 30년간 각 기업과 제품을 윤리적 관점에서 평가하며 정보를 제공해 온 영국의 격월간지 『윤리적 소비자(Ethical Consumer Magazine)』는 "자본주의 사회에서는 소비가 가장 정치적인 행위가 될 수 있다"고 말한다. 소비라는 행동은 우리의 지갑 속에 들어 있는 또 다른 투표권이기 때문이다. 실제 이러한 소비행동의 변화에 부응해 가을, 겨울철만 되면 모피 제품을 앞다퉈 선보이던 해외의 명품 브랜드들도 최근에는 동물모피를 지양하고 인조모피에 해당하는 '에코 퍼(eco fur)' 제품을 선보이고 있다.

'착한 소비'로 불리기도 하는 윤리적 소비는 가치에 부합하는 제품에 대해서는 비용을 더 지불하고, 가치에 맞지 않는 제품은 불매할 수 있는 '소신'에 더 가깝다. 사회적 경제 미디어인 이로운넷은 비윤리적으로 생산되는 제품의 구매를 막는 불매운동과 윤리적 제품을 권장하는 구매운동을 대표적인 윤리적 소비의 실천 방법으로 꼽는다. 이산화탄소 배출을 줄이고 환경친화적인 소비를 하는 '녹색 소비', 지속 가능한 소비를 위해 로컬푸드 등 자신이 거주하는 지역 내에서 생산된 상품과 서비스를 구매하는 '로컬 소비', 쓰레기배출을 줄이기 위한 소비 절제, 생산자에게 정당한 가격을 지불하는 공정무역 제품 구매, 여행지와 원주민을 배려하는 '공정여행', 사회문제 해결을 위한 비전을 갖고 기업활동을 하는 사회적 기업의 물품과 서비스 이용, 지역경제 선순환에 도움이 되는 지역화폐 사용 등도 윤리적 소비로 향하는 지름길이다.

■ '나' 아닌 '모두'를 위한 선택을 하는 소비자들

LG경제연구원은 보고서를 통해 2008~2009년 금융위기 당시 윤리적 소비가 늘어난 통계를 분석하며 경기침체기에 윤리적 소비가 증가하는 이유를 세 가지로 설명한다. 첫째, 현대인의 의미 추구 경향이 소비 영역에서 윤리적 소비로 나타나고 있고 둘째, 가격보다 가치에 더욱 중점을 두는 소비자가 늘고 있으며 셋째, 윤리적 소비의 방법이 공정여행, 사회책임투자(SRI) 펀드 등 더욱 쉽고 다양해졌다는 것이다.

그 중 우리가 주목해야 할 것은 가격보다 가치에 의미를 두는 소비자가 늘고 있는 현실이다. 그간 소비자들을 현혹해 온 '무료, 공짜, 저렴'이라는 말 뒤에는 누군가에 대한 착취와 희생이 숨어 있다. 3천 원짜리 바나나 뒤에는 생산 국가의 농민에 대한 다국적 기업의 착취가 숨어 있고, 저렴한 고기·계란·우유에는 공장식 축산에 따른 동물들의 고통이 들어 있는 것처럼 말이다.

윤리적 소비를 하는 소비자가 늘어나면 자본주의 시스템에 많은 구조 변경이 이뤄질 수 있다. 윤리적 소비가 소비활동과 관계된 정치, 사회, 경제, 문화뿐 아니라 자연과 환경, 인간, 동물까지 모두 포함하는 개념의 행동이기 때문이다. 축산물을 구매하는 사람들이 동물복지 인증마크를 확인하면 동물들의 삶의 질이 나아지고, 값싼 수입 농산물 대신 국내산 농산물을, 그것도 보다 가까운 곳에서 생산된 농산물을 구입한다면 화석연료 소비가 줄어든다.

당장 눈으로 확인할 수 있는 가격 대신, 눈에 보이지는 않지만 훨씬 중요한 가치를 위해 지갑을 열기 시작한 소비자들. 이 현명한 '가치소비자들'이 세상을 보다 '착하게' 바꿔가고 있다.

출처: 임지영(2021년 11월호), 친환경부터 동물복지까지 생산자도 소비자도 웃는 '윤리적 소비'.

2.1.2 소비절제를 위한 소비선택의 균형

소비절제는 지속가능한 소비사회를 실현하기 위해 소비를 자발적으로 통제하는 간소한 삶, 다시 말해서 자발적 소박함(voluntary simplicity)을 추구하는 삶을 말한다. 현재 자발적 소박함을 실천하는 삶은 지속가능성과 행복을 추구하는 소비사회 운동으로 간주되고 있다. 따라서 자발적 소박함을 지속적으로 유지하려면 절제의 기술을 소비생활에 적용하여 실제 소비를 줄이고, 간소한 소비생활에도 만족할 줄 알아야 한다. 소비절제를 실천하기 위해서는 소비자 선택 행동에서 균형을 유지해야 한다. 구체적으로 현대 소비사회에서 보편적인 가치로 인식되는 '이기적 합리주의'와 윤리적 가치를 추구하는 '이타주의적 욕구' 사이에서 소비자는 조화를 이루는 선택 행동을 하고자 노력해야 한다. 간소한 삶을 위한 소비절제의 성공은 이러한 욕구들 사이에서 소비자 선택의 균형점이 어디에 있는 냐에 좌우될 수 있다.

소비사회에서 균형 잡힌 삶을 영위하기 위해 소비자 선택은 중요하다. 표 5.2는 소비절제와 간소한 삶을 실천하기 위해 소비자 선택의 균형점을 어디에 둘 것인가를 설명하고 있다. 소비자 선택에서의 균형(C)은 이기적 합리주의를 대표하는 산업사회의 삶(A)과 이타주의와 지속가능성을 강조하는 생태학적 사회의 삶(B) 사이에 존재하는 어떤 지점에서 이루어진다. 소비절제의 궁극적 목적인 지속가능한 소비생활을 성취하려면 소비절제 행동을 지속할 수 있어야 한다. 따라서 실제 소비절제는 산업사회의 삶을 주도하는 이기적 합리성과 적절하게 협상할 필요가 있다. 소비절제를 통해 실현하고자 하는 이타주의 욕구는 현실에서 이러한 소비자 선택의 균형을 통해 충족될 수 있다.

첫째, 〈더 많은 – 더 적음〉의 측면에서 소비절제를 위한 소비자 선택의 균형은 물질적 소유에 기초하여 사회적 성공 욕구와 윤리적 가치 추구를 통한 자기 실현 욕구 사이 그 어딘가에서 일어날 수 있다.

둘째, 〈큰 것 – 작은 것〉에서 소비절제를 위한 균형은 더 건강하고 행복해지기 위해 더 작은 공간과 더 적은 양, 구매력 줄이기, 덜 과시적인 소비는 어떻게 할 것인가와 밀접하게 관련된다.

셋째, 〈과학 – 윤리〉에서 소비절제는 과학 기술적 혜택과 높아진 윤리 의식 사이에서 조화를 이루는 소비자 선택이 요구된다.

넷째, 〈온라인 속의 나 – 현실의 나〉 사이에서 소비절제를 위한 균형이 필요하다. 여기에서 균형이란 온라인의 비대면 환경에서 개인주의 표출과 현실에서 보호되어야 할 개인정보 사이에서 소비자는 적절한 관리 수준을 선택하는 것을 의미한다.

표 5.2 소비절제와 간소한 삶을 위한 소비자 선택의 균형(C)

구분	소비자 선택의 균형(C)을 찾아서 (Q. 균형있는 삶을 위해 나는 어떤 소비선택을 할 것인가?)
더 많음(A) – 더 적음(B)	A. 많은 소유는 자긍심을 높여주고 사회적 위치와 성공을 보여줌 B. 현대사회에서 나의 가치관과 환경의식도 매우 중요함 C. 소비생활에서 사회적 성공 욕구와 자기실현 욕구 사이에서 균형은?
큰 것(A) – 작은 것(B)	A. 더 넓은 공간과 더 많은 양, 높은 구매력, 과시 소비를 즐기는 삶 B. 더 건강, 행복한 삶 위해 질적 수준과 친환경 요소를 고려해야 함 C. 더 작은 공간과 적은 양, 낮은 구매력, 덜 과시적인 소비는 어떻게?
과학(A) – 윤리(B)	A. 유전자 가공과 복제, 로봇 등 과학 발전이 제공하는 다양한 혜택 B. 높아진 윤리 의식과 과학 발전 방향에 대한 우려 C. 소비생활에서 과학기술의 혜택과 윤리적 문제 사이에서 균형은?
온라인의 나(A) – 현실의 나(B)	A. 비대면 온라인 속에서 나는 훨씬 더 개인주의를 즐길 수 있다. B. 현실에서 나를 드러내는 것 신원확인시스템 등 개인정보관리 중요함 C. 소비생활에서 개인정보는 어디까지 제공할 것인가?
국가(A) – 가족(B)	A. 시공간이 연결된 사회, 더 국제적, 전지구적 공동체 의식을 가짐 B. 과거보다 가정생활 충실과 정서적 가족관계가 더욱 중시됨 C. 소비생활에서 자긍심 욕구와 자기실현 욕구 사이에서 균형점은?
성공(A) – 행복(B)	A. 돈을 추구할 것인가? 성공을 추구할 것인가? B. 성공의 의미가 달라지고 있음. 행복 추구가 중요한 시대! C. 행복하기 위해 돈을 어떻게 쓸 것인가?
이기주의(A) – 이타주의(B)	A. 언제든지 우리는 스스로 자신을 돌볼 수 있어야 함 B. 그러나 다른 사람을 돌보는 데에도 관심이 높아지고 있음 C. 소비생활에서 다른 사람을 돌보는 행동을 실천하는 방법은?

출처: Fairnington, Alan (2011: 362). 이기적 이타주의자(김선아 역)와 박명희 외(2013: 292). 가치소비 시대의 소비자의사결정. 인용. 저자 재구성

다섯째, 〈국가 공동체 - 가족 공동체〉 사이에서 소비절제의 균형은 지속가능한 사회를 위한 전 지구적 목표와 가족 중심의 삶을 어떻게 공존할 수 있는 지에 대한 고민이다.

여섯째, 〈성공 - 행복〉에서 소비절제를 위한 소비자 선택은 사회적 성공과 행복 사이에

서의 균형을 말하며, 구체적으로 소비행복을 얻기 위해 돈을 어떻게 사용할 것인가에 관한 소비문제이다.

일곱째, 〈이기주의 - 이타주의〉 사이에서 소비절제의 균형은 소비생활에서 이기주의적 소비행동에서 벗어나 이타주의적 소비행동을 어떻게 실천할 것인가에 대한 소비자 선택문제이다.

2.2 소비절제의 동기와 행동

소비자가 소비절제와 간소한 삶을 중요한 소비가치로 인식한다고 할지라도, 실제 소비생활에서 이를 실천하지 않는다면 윤리적 소비가 제공하는 사회적 효과는 나타나지 않을 것이다. 그렇다면 소비절제 행동을 실천하도록 이끄는 주요 동기는 무엇인가?

절제와 간소한 삶의 행동의 실천 요인은 동기요소(개인적 동기 - 사회적 동기)와 자발성 여부(자발성 - 비자발성)이다. 다시 말해서 간소한 삶을 지향하는 소비절제는 행동을 이끄는 동기와 자발성이 작동되면서 실천된다. 먼저 소비자에게 소비절제 행동을 유도하는 개인적 동기는 대게 소비자가 추구하는 자아실현, 진정성 있는 삶, 삶의 만족과 행복 등이다. 반면 사회적 동기는 환경의식이나 환경문제, 에너지 자원 문제 등에 따른 사회적·환경적 영향 등이다. 그러므로 개인적 동기에 의한 소비절제는 소비자 자신의 자아실현이나 삶의 행복을 추구하기 위해 간소한 삶을 지향하는 소비를 실천한다. 한편 사회적 동기에 의한 소비절제는 사회적 가치와 지속가능한 환경을 고려하는 소비자 행동이다. 따라서 소비자의 개인적 또는 사회적 동기는 소비 행동에서의 변화를 통해 더 많은 사람이 자발적으로 소비절제 행동을 실천하도록 이끈다.

다음으로 소비절제는 개인의 자발성 수준에 의해 영향을 받는다. 자발적으로 소비행동을 통제하는 것은 지속적으로 소비절제 습관을 유지하도록 돕는다. 표 5.3은 소비동기와 자발성 여부에 따른 소비절제 행동 수준이 어떠한 지를 측정하는 문항들이다. 각 문항은 자신의 소비절제 습관이나 행동의 동기가 어떤 동기에서 비롯되었는지를 파악하도록 도와준다. 또한 각 문항에 〈정말 그렇지 않다(1점) ~ 정말 그렇다(5점)〉 등과 같은 5점 리커트 척도를 적용하여 자신의 소비절제 자발성 수준을 측정해 볼 수 있다. 그것은 자발성 수준에 영향을 주는 문항들이 무엇이고, 그것이 어떤 동기와 관련되는지를 알 수 있게 한다.

표 5.3 소비절제행동의 측정문항

구성 요인	측정 문항
개인적 동기	1. 간소한 생활양식을 실천하기 위해 주로 필수품만 구매한다.
	2. 돈이 있더라도 계획하지 않은 것은 사지 않는다.
	3. 물건 구매시 그것이 정말 필요한 것인지를 먼저 심사숙고한 후에 쇼핑한다.
	4. 물질적 소유보다는 개인의 성장과 성취에 더 관심이 있다.
	5. 사치스럽게 살 만한 여유가 있더라도 간소한 생활양식을 선택할 것이다.
사회적 동기	6. 재활용 재료로 만들어진 제품을 구매하려고 노력한다.
	7. 될 수 있으면 재활용품을 사용한다.
	8. 물건을 살 때 쓰레기가 많이 배출되지 않도록 필요한 양만 산다.
	9. 환경오염과 에너지 절약을 위해 자가용보다 대중교통을 이용한다.
	10. 가능하면 일회용품을 사용하지 않는다.
	11. '낭비하지 말라'는 철학을 따르려고 한다.
	12. 환경문제를 고려해서 소비를 줄이고 있다.

출처: 최경숙·박명숙(2017). 대학생소비자의 소비절제(Anti-consumption) 행동에 관한 연구. p.14. 저자 재구성

2.3 소비절제 라이프스타일과 소비행복

2.3.1 소비절제 라이프스타일

간소한 삶을 지향하는 소비절제는 소비자의 소비절제 라이프스타일을 반영하는 소비자 선택행동이다. 소비절제 라이프스타일에는 개인이 소비절제를 실천하고자 하는 소비자 의식와 행동의 패턴을 포함한다. 따라서 우리는 소비절제 관련 라이프스타일을 분류해 보고, 이를 유형화한 소비절제 패턴을 살펴봄으로써 간소한 삶을 지향하는 소비절제 행동의 의미와 맥락을 이해할 수 있다.

돈의 사용 목적과 태도 및 물질적 소유 의식 수준 등은 소비절제 행동에 영향을 미치는 중요한 요인들이다. 이를 반영하여 표 5.4는 소비절제 라이프스타일을 측정할 수 있도록 구성되어 있다. 소비절제 라이프스타일은 검소함과 자발적 검소함, 강박적 절제로 구분될 수 있다(이희정, 2018). 첫째, 검소함(frugality)을 추구하는 소비자는 재무목표달성과 같은 장기목표 위해 소비를 절제하거나 조절하는 성향을 가진다. 둘째, 자발적 검소함(voluntary simplicity)을 실천하는 사람들은 개인의 선택에 의해 소비를 스스로 줄이고 통

제하는 삶을 추구하는 경향이다. 셋째, 강박적 절제(tightwadusm)에 집착하는 사람들은 소비 자체를 꺼리며 돈을 지불하는 행동을 피하려고 한다.

표 5.4 소비절제 라이프스타일의 측정 문항

구성 요인	측정 문항
검소함	1. 돈을 쓸 때 신중하게 생각하는 편이다.
	2. 돈을 효율적으로 사용하기 위해 스스로 절제한다.
	3. 돈을 절약하기 위해 원하는 구매를 기꺼이 미룰 수 있다.
자발적 간소화	4. 물질적 소유보다 개인적 발전이나 성취를 더 중요하게 생각한다.
	5. 돈이 많아도 간소한 라이프스타일을 즐기는 편이다.
	6. 간소한 삶은 나에게 재정적 독립을 줄 것이다.
강제적 절제	7. 돈을 사용하는데 어려움을 느끼는 편이다.
	8. 돈 쓰는 게 아까워 써야 할 곳에 돈을 쓰지 않은 경우가 많은 편이다.
	9. 돈을 쓰고 나서 스트레스가 쌓이는 편이다.
	10. 가족이 돈 쓰는 것이 아깝다는 생각이 들 때가 있다

출처: 이희정(2018). 소비절제 라이프스타일이 상업적 공유 경제 시스템 수용에 미치는 영향: 공유 효용을 중심으로. pp.37-39. 저자 재구성

이상의 3가지 소비절제 라이프스타일에 따라 상업적 공유경제시스템(Commercial Sharing Systems)에 대한 효용 인식에서 차이가 나타났다. 공유경제 의식은 높은 윤리적 소비 행동과 관련이 깊다. 소비중심사회에서 라이프스타일이 소비트렌드에 영향을 미치는 중요 요인이라는 점에서 소비절제 라이프스타일에 따른 공유경제 의식 수준은 소비절제와 같은 윤리적 소비 행동을 실천 수준을 예측하게 한다.

첫째, 장기적 재무목표 달성에 초점을 두고 '검소함'을 추구하는 소비자들은 개인적 동기에 의해 소비절제를 실천하는 사람들이다. 그들은 제품과 서비스의 소비가치 중 사용가치에 따른 효용을 중요하게 생각하는 경향이다. 따라서 검소함을 추구하는 소비자들은 사회적 동기나 관심이 다른 소비자들보다 상대적으로 낮은 수준이라고 할 수 있다.

둘째, '자발적으로 간소함'을 추구하는 소비절제 라이프스타일을 가진 소비자들은 사용가치보다는 반사업적 효용과 사회적 효용에 긍정적인 인식을 가지는 것으로 나타났다. 그들은 자신의 신념과 가치관을 가지고 자발적으로 소비절제 행동을 실천하고, 개인을 넘어

사회의 공유경제 활동을 적극 지지한다. 대부분 자발적으로 소비절제를 실천하는 소비자들이라고 할 수 있다. 그들은 사회적 동기에 의해 간소한 삶을 지향하는 소비절제 행동을 하고 있으므로 사회적 가치를 추구하는 공유경제 활동에 긍정적인 영향을 줄 수 있다.

셋째, 쓸데없는 곳에 돈을 사용하기 꺼려하는 강박적 절제 성향을 가진 소비자일수록 공유경제시스템이 가지는 사용가치와 효용을 부정적으로 인식하는 것으로 나타났다. 문제는 강박적 소비절제의 경우 자칫 잘못된 소비자 인식을 강화할 우려가 있다는 점이다. 구체적으로 우리 사회에 존재하는 사회적 공유경제시스템과 같은 자원공유 현상에 대해 부정적 인식을 의미한다. 이러한 성향을 가진 소비자는 윤리적 소비 활동과 관련된 사회적 연대 활동에 적극 참여하지 않을 가능성이 높다.

이와 같이 소비절제 라이프스타일에 따라 사회적 가치를 실현하는 공유경제시스템에 대한 효용에 있어 인식의 차이가 있음을 알 수 있다. 특히 자발적인 간소함을 추구하는 소비절제 행동이 우리 사회에서 윤리적 소비를 촉진하고 있다. 그러므로 소비자의 자발적 참여와 소비절제 행동은 지속가능한 사회를 위해 소비생활에서 필요로 하는 다양한 윤리적 소비 활동을 활성화시키는 주요 조건으로 작동할 수 있다. 이것은 소비자의 자발적 참여 자극하는 소비절제 의식과 소비절제 기술이 윤리적 소비를 위한 소비자 교육에 적용될 수 있음을 시사한다.

2.3.2 소비절제 라이프스타일 유형과 소비행복

소비절제 라이프스타일은 지역 내 사회적 경제 활동이나 공유경제 활동 같은 윤리적 소비 행동에 대한 효용 인식이나 미래 발전에 긍정적 또는 부정적 영향을 미칠 수 있다. 현대사회에서 사람들은 소비생활을 중시하는데, 이는 소비행복을 자주 경험할수록 사람들의 전반적인 생활만족이나 주관적인 행복감 수준이 증진하기 때문이다. 그렇다면 소비절제 라이프스타일에 따라 소비행복에 차이가 나타날까? 특히 자발적인 감소함을 추구하는 소비절제 생활방식을 통해 진정한 소비행복 또는 전반적인 삶의 만족감을 정말 획득할 수 있을지 궁금해진다.

성영애(2016)는 20~50대 성별과 연령에 따라 할당표집한 719명의 온라인 설문조사로부터 소비절제를 이끄는 〈개인적 동기-사회적 동기〉와 〈자발성-비자발성 요인〉을 기준으로 소비절제 라이프스타일을 8가지로 세분화하였다(그림 5.1).

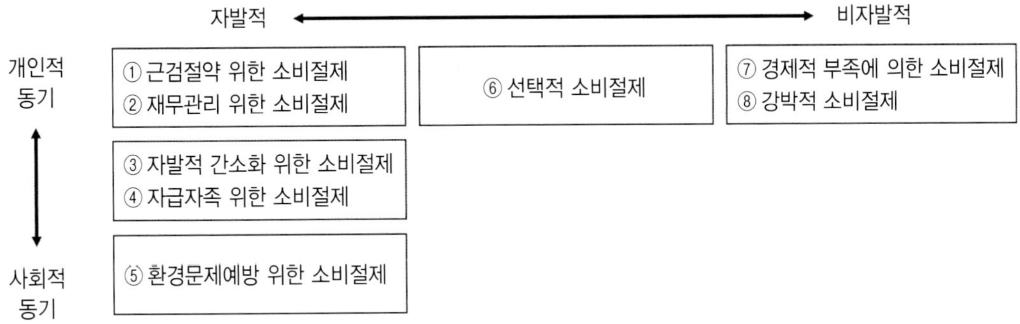

그림 5.1 소비절제 라이프스타일의 유형 분류

출처: 성영애(2016). 소비절제를 추구하는 라이프스타일과 행복에 관한 연구. p.237. 저자 재구성

'자발적인' 소비절제 유형은 ① 근검절약을 위한 소비절제, ② 재무관리를 위한 소비절제, ③ 자발적 간소화를 위한 소비절제, ④ 자급자족을 위한 소비절제, ⑤ 환경문제 예방을 위한 소비절제이다. ⑥ 선택적 소비절제(작은 가치)는 '부분적으로' 자발적인 소비절제 유형이다. 한편 '비자발적인' 소비절제 유형으로는 ⑦ 경제적 부족으로 인한 소비절제, ⑧ 강박적 소비절제이다. 8가지 유형 중 5가지 유형이 자발성이 작동하는 소비절제 행동임을 알 수 있다. 또한 부분적으로 자발적인 동기에 의한 ⑥ 선택적 소비절제(작은 가치)를 포함하는 경우 대부분의 소비절제 행동은 자발성에 의해 실천되고 있음을 알 수 있다. 이는 간소한 삶을 지향하는 소비절제가 윤리적 소비의식의 발달단계에서 성숙단계에 이르렀을 때 나타나는 윤리적 소비 행동으로 소비생활뿐만 아니라 전반적인 삶에 영향을 주는 생활방식이라는 사실을 설명하고 있다.

또한 자발적 소비절제의 생활방식이 주는 우리 생활에 주는 긍정적 효과를 밝히기 위해 8가지 소비절제 유형이 소비행복과 전반적인 삶의 만족에 미치는 영향력을 각각 비교 분석하였다(표 5.5).

그 결과, 자발성 동기에 의한 소비절제 유형 6가지(① 근검절약을 위한 소비절제, ② 재무관리를 위한 소비절제, ③ 자발적 간소화를 위한 소비절제, ④ 자급자족을 위한 소비절제, ⑤ 환경문제예방을 위한 소비절제, ⑥ 선택적 소비절제(작은 가치))는 모두 소비생활만족, 즉 소비자행복감(소비행복)에 매우 긍정적인 영향력을 가지고 있는 것으로 나타났다. 또한 ④ 자급자족을 위한 소비절제 라이프스타일 유형을 제외한 나머지 자발적 소비절제 유형 5가지는 전반적인 삶의 만족감에 매우 긍정적으로 영향을 주고 있었다. 이는 윤리적 소비 가치를 가지는 자발적인 소비절제 행동이 소비자에게 행복을 경험하게 하고, 나아가 전반적인 삶의 만족이나 행복에도 긍정적인 영향을 전달하고 있음을 반영한다.

이와 반대로 ⑦ 경제적 부족으로 인한 소비절제는 소비행복과 삶의 만족을 모두 낮추는 생활방식으로 밝혀졌다. 경제적 이유로 비자발적으로 수행하는 소비절제는 사람들에게 스트레스나 상대적 박탈감 및 불평등감을 주는 주요 요인이다. 따라서 윤리적 소비 의식 증진과 자발적인 소비절제 라이프스타일의 대전환이 필요한 경우 소비절제의 기술을 적절히 이용할 수 있다.

표 5.5 소비절제 라이프스타일의 유형별 소비생활만족과 삶의 만족에 대한 효과

유형	측정 문항	소비만족	삶의 만족
① 근거절약 위한 소비절제	내가 가진 자원(돈, 물건, 시간 등)을 잘 사용하면 기분이 좋아진다.	↑	↑
	아직 쓸만 한데 버려지는 물건들이 많다고 생각한다.		
	내가 가진 물건을 잘 사용한다면 결국 돈을 절약하게 될 것이다.		
	가진 물건을 재활용할 수 있다면 새 것을 사는 것은 비합리적이다.		
② 재무관리 위한 소비절제	미래를 위한 저축을 위해 현재 구매를 절제하고 있는 물건이 있다.	↑	↑
	가진 돈을 효율적으로 사용하기 위한 훈련을 하는 편이다.		
	가진 돈을 절약할 수만 있다면 기꺼이 물건 사기를 미루는 편이다.		
	돈을 어떻게 지출할 지를 심각하게 고민하는 편이다.		
	노후를 위해 또는 미래 사용을 위해 현재의 소비를 줄이고 있다.		
③ 자발적 간소화 위한 소비절제	충동적으로 구매한 적이 거의 없다.	↑	↑
	돈이 있지만 계획하지 않은 물건은 사지 않는 편이다.		
	꼭 필요한 지 심사숙고한 후 물건을 사는 편이다.		
	평소 간소한 생활방식을 고수하며 주로 필수품만 구매하는 편이다.		
	물질적 소유보다는 개인의 성장과 성취에 더 관심이 많다.		
④ 자급자족 위한 소비절제	미래에는 쓸 물건(옷, 생활용품 등)을 직접 만들고 싶다.	↑	
	미래에는 내가 먹을 음식을 직접 경작(농사)하고 싶다.		
⑤ 환경문제예방 위한 소비절제	환경을 생각해서 가능한한 재활용품을 사용하는 편이다.	↑	↑
	물 부족 지역이나 국가를 생각해서 평소 물을 아껴서 사용한다.		
	환경을 오염시키는 일회용품 사용을 자제하는 편이다.		
	환경문제를 고려하여 소비를 줄이는 편이다.		
	환경오염과 에너지 절약 위해 대중교통을 이용하는 편이다.		
	쓰레기가 많이 배출되지 않도록 필요한 양만 구매하는 편이다.		

유형	측정 문항	소비만족	삶의 만족
⑥ 선택적 소비절제	자기만족과 나를 위해 허용 범위 안에서 작은 사치를 즐기고 있다.	↑	↑
	평소엔 아끼지만 스트레스 해소 위해 포기하지 않은 것이 있다.		
	나에게 의미가 있는 소비라면 과감하게 돈을 쓰는 편이다.		
	비싸지 않지만 나만의 작은 사치품(커피, 디저트 등)을 소비한다.		
⑦ 경제적 부족으로 인한 소비절제	갖고 싶은 물건은 많지만 경제적 여건으로 소비를 줄이고 있다.	↓	↓
	물건 구매는 즐겁지만 경제적인 이유로 참고 있다.		
	경제적인 이유로 새로운 제품을 사는 것을 거의 하지 못하고 있다.		
	사고 싶은 것을 사지 못해 스트레스를 받지만 소비를 줄이고 있다.		
	구매하면 생활이 편해지겠만 경제적인 이유로 그러지 못하고 있다.		
	돈만 있다면 사야할 것은 너무 많다.		
⑧ 강박적 소비절제	돈은 쓰면 스트레스가 쌓이는 편이다.		↓
	돈을 쓰면 괴롭다.		
	가족들이 돈을 쓰면 좀 아깝다는 생각이 드는 편이다.		
	돈을 쓰면 걱정되어 써야 할 곳에도 돈을 쓰지 않는 경우가 많다.		
	가족들이 돈을 아껴쓰도록 잔소리하거나 통제하는 편이다.		

출처: 성영애(2016: 242, 247). 저자 재구성

3. 소비절제 트렌드와 사례

3.1 소비절제 트렌드

소비시장의 발달로 소비자 욕구가 변화되면서 소비절제 현상이 나타났다(최순화·주영민·홍선영, 2011: 2). 이와 관련된 세 가지 원인은 다음과 같다.

첫째, 소비절제 확산은 산업사회 자본주의 발달로 소비시장이 발달하면서 스놉[13]이나 밴드웨건[14] 효과와 같은 집단적 소비 열풍에서 벗어나 본질적 소비가치의 실현을 통해 진정한 행복을 경험하고자 하는 소비자들이 점점 증가하고 있기 때문이다. 이것은 소비 경험

13 스놉(Snob) 효과는 대중과의 차별화를 위해 희소한 고가 상품을 구매하는 소비 현상.

14 밴드웨건(Bandwagon) 효과는 다른 사람들이나 대중과의 동조화를 위해 유행하는 상품을 구매하는 소비 현상.

이 많고 소비 가치관이 뚜렷한 고소득과 지식층 소비자들을 중심으로 나타났다. 그러므로 소비절제 현상은 쾌락적이고 물질적인 소비생활보다는 자발적 검소함과 정신적 욕구 충족을 추구하는 소비생활을 지향하는 소비문화와 관련된다고 볼 수 있다.

둘째, 소비절제 행동은 2000년대 이르러 사회적으로 환경오염과 물질적 불평등 등과 같은 무분별하고 무절제한 소비생활로부터 파생된 소비문제를 비판하는 반소비 운동에서 기인한다. 우리 사회에서 표출되고 있는 이러한 사회적 문제에 대해 일반 대중들의 공감과 지지를 얻게 되면서 소비절제 현상은 더욱 가시화되기 시작했다.

셋째, 소비절제 현상은 젊은 세대를 중심으로 윤리적 소비의식이 높아지면서 더욱 확산되었다. 디지털 유목민인 MZ세대를 중심으로 소셜미디어 등을 이용하여 윤리적 소비행동의 참여가 매우 빠르게 전해졌다. 산업 발달로 인한 변화된 다양한 소비자 욕구들 중에서 소비절제와 같은 윤리적 소비가 젊은 세대에게 소신소비로서 인식되고 표출되는 것이다.

기업에게 사람들의 소비절제 실천 행동과 그것의 확산 방식은 주목해야 할 소비생활 현상이며, 소비절제 욕구 분석이 기업의 마케팅 전략으로 이어지고 있다. 최근 기업들은 고객만족경영 전략과 함께 사회적 책임을 중요하게 강조한다. 젊은 세대를 중심으로 확산되는 소비절제 욕구를 파악하고 이에 대응하여 기업은 사회적 가치를 강조하는 다양한 마케팅 전략들을 개발하고 있다. 우리 사회에서 소비자의 욕구와 태도 및 행동 변화가 다른 경제주체들, 특히 생산 영역(기업)의 변화를 촉진하는 현상이 나타나고 있는 것이다.

3.2 소비절제 관련 사례

3.2.1 식품 구매의 절제: 〈사례 1〉 절제는 뉴노멀 시대 식품소비의 기준!

코로나19로 인해 뉴노멀 시대가 되면서 식품소비의 주요 기준으로 '절제'가 강조되고 있다. 따라서 간소함을 지향하는 소비절제는 '개념 소비'로 인식되는 경향이다.

유엔세계식량계획(World Food Programme, WFP)의 한국사무소는 'Stop Food Waste Day' 맞아 '제로웨이스트 제로헝거 캠페인'을 추진하였다. 이 캠페인에 따르면, 각 개인과 기업은 식량 낭비를 줄이는 데 중요한 역할을 할 수 있다. 즉 식당, 개인 및 식품 관련 회사들이 함께 동참한다면 음식물 쓰레기를 줄이고 기아 문제를 해결할 수 있다는 것이다. 매년 생산된 40억 미터 톤의 식량 중 약 1/3이 손실 또는 낭비되고 있어 매년 약 1조 달러의 손실이 발생하고 있다. 이에 WFP의 목표는 '제로 헝거', 식량 손실을 줄이는 것에 있다.

이 캠페인을 통해 WFP는 최종 소비자인 개인은 필요한 음식만큼만 구입해 식비를 절약하고, 음식물 쓰레기를 줄이는 것을 목표로 삼는다. 또한 2019년과 2020년 CJ프레시웨이와 함께 단체급식장에서 '제로웨이스트 제로헝거' 캠페인을 실시하여 평균 잔반량을 줄였다. 2021년에는 유○○ 셰프가 그의 미슐랭 1스타 '두레유 2호점(평창점)' 식당에서 '제로헝거' 메뉴를 제공하였다. 식당 테이블의 QR코드를 통해 소비자는 스마트폰으로 캠페인 정보와 참여 방법을 알 수 있다(WFP 한국사무소, 2021년 4월 28일자 인용).

〈자료 5-2〉는 코로나 시대에 새로운 미덕으로 나타난 소비절제 현상을 보여준다.

〈자료 5-2〉 "목적없는 식품 구입은 끝" 포스트 코로나에 떠오른 '절제'

신종 코로나바이러스 감염증(코로나19) 사태로 일상 속 '노멀'(normal)'은 새로운 세상에서 '뉴노멀'(New normal)로 바뀌는 중이다. 지난 2008년 금융위기 이후 등장한 뉴노멀이 '포스트 코로나(Post-Corona)' 시대에도 찾아온 것이다. 식품 분야의 경우 많은 전문가들은 '뉴노멀'의 기준 가운데 하나로 '절제'를 꼽는다. 이제 소비자들은 쓸데없거나 탐욕에 그치는 식품 구입을 이전보다 덜 하게 됐으며, 포스트 코로나(Post-Corona) 시대에는 '절제'가 새로운 미덕의 기준으로 자리잡으면서 트렌드를 이끌 것이라는 전망이다.

■ **소비습관 재평가하며 '절제' 소비로 전환**

브라질의 트렌드 연구가인 사비나 데위크는 '사물의 미래'(O Futuro das Coisas)사이트를 통해 "목적없이 소비하는 시대는 끝났다"고 언급하면서 앞으로는 '절제 있는 소비', '개념 소비' 시대가 도래할 것을 강조했다. 시장조사기관 유로모니터(Euromonitor)도 최신 보고서를 통해 "소비자들은 이전보다 불필요한 품목은 줄이고, 보다 절제있고 의식있는 소비 행태를 지속할 것"으로 전망했다. 코로나19 사태로 유례없는 일상을 경험하면서 인식이 변화했기 때문이다. 소비자들은 식량 구매의 어려움을 겪은 동시에 인류의 활동이 잠시 멈추자 환경 보호에 긍정적 영향이 미친다는 사실까지 깨달으면서 절제 소비의 가치에 집중하게 됐다는 분석이다. 금전 부족의 경험도 큰 영향을 미쳤다. 심각한 불황과 실업 등을 겪은 소비자들은 신용카드 내역서를 들여다보며 식품 구매에서도 지출을 줄여야 했다. 소비 대상과 목적을 꼼꼼히 따지는 '개념 소비' 전환이 자연스럽게 이뤄진 것이다. 경제 전문가들은 코로나 사태가 소비습관의 재평가 시간을 제공했다고 분석한다. 자신에게 정말로 필요한 식품은 무엇인지, 필요없는 경비는 어느 부분이었는지를 명확하게 구분하기 시작했다는 얘기다.

■ "보상 소비는 일시적 현상에서 그칠 것"

반면 최근에는 '보상 소비'가 늘고 있다는 의견도 나온다. 중국이 대표적인 경우다. 지난 3월 장쑤성 소비자권익보호위원회가 발표한 보고서에 따르면 코로나 사태가 점차 회복 추세로 접어들면서 중국인들은 보상성 소비의 모습을 보이기 시작했다. 이는 그동안 억눌려 있던 기존의 소비계획과 욕망이 일시에 분출되는 소비 현상을 말한다. 부정적 감정을 덜어내기 위한 보상 심리로 거액의 쇼핑을 하는 방식이다. 중국의 배송 플랫폼 어러마에 따르면 중단됐던 밀크티 매장 운영이 이뤄지자, 주문량이 폭증하면서 한 소비자는 한 번에 무려 77잔을 구입하기도 했다. 하지만 전문가들은 절제 소비와 반대되는 보상성 소비가 일시적인 현상에 그칠 것이며 장기적으로는 영향을 주지 않을 것으로 보고 있다.

■ WEF "식량 증산보다 절제된 소비문화와 효율적 식량 시스템 정비" 제안

식품 구입에서 절제된 소비 문화는 전 세계 식량 문제에도 긍정적 영향을 미친다. 세계경제포럼(WEF)은 기관지에서 유엔세계식량계획(WFP)의 최신 보고서를 인용하며 "탐욕적인 세계 경제 시스템이 지나친 생산과 소비의 낭비를 만들면서 현재의 식량 위기를 만들었다"고 비판했다. 유엔세계식량계획은 "코로나로 2020년 말까지 식량 위기를 겪는 사람들의 숫자가 지난해에 비해 두 배로 늘어날 수 있다"고 경고한 바 있다. 세계경제포럼은 "코로나 팬데믹(세계적 대 유행)은 식량 생산과 공급 시스템을 새로 정비할 기회를 제공하고 있다"며 "정부와 각 기관 및 기업은 식량 시스템이 효율적으로 정비되도록 조치해야 하며, 소비자는 더 적은 양의 음식을 구입하는 절제된 소비가 필요하다"고 강조했다.

출처: REAL FOODS(2020년 6월 3일자). 목적 없는 식품 구입은 끝" 포스트 코로나에 떠오르는 '절제'.

3.2.2 미니멀 라이프: 〈사례 2〉 적을수록, 정리할수록 더 행복해진다.

네이버 지식백과에 따르면, 미니멀리즘(Minimalism)은 진정한 사물의 본질을 찾기 위해 “단순함과 간결함을 추구하는 예술과 문화적인 흐름”이다. 미니멀리즘의 영향을 받아 2010년대에 나타난 미니멀 라이프는 “불필요한 물건이나 일을 줄이고, 일상생활에 꼭 필요한 적은 물건으로 살아가는 단순한 생활방식”을 뜻한다. 미니멀 라이프는 자발적으로 간소함을 지향하는 삶을 의미하는 것으로 소비절제를 통해 불필요한 소비를 줄이고 적절한 수준의 소비에 만족하는 라이프스타일을 실천하고자 한다.

〈사례 2〉는 미니멀 라이프를 실천하는 사람들로 유명한 고액 연봉자인 미국인 ‘조슈아 필즈 밀번’과 ‘라이언 니커디머스’의 사례이다. 그들은 일상생활에서 소비를 간소화하는 ‘미니멀리즘’을 실천할 목적으로 직장을 그만둔다. 현재 개설한 웹사이트, 미니멀리스트(www.theminimalists.com)를 통해 그들은 미니멀 라이프에 대한 정보를 제공하고 있다(그림 5.2).

> “미니멀리즘은 당신의 삶에서 과하다고 느껴지는 것들을 제거하며
> 정말 중요한 것에 대해 집중할 수 있게 해주는 도구다.
> 이를 통해 당신은 행복과 충만함, 그리고 자유를 느낄 수 있다.”

그림 5.2 미니멀리스트 웹사이트(www.theminimalists). 2021년 2월 22일 현재.

그들은 가장 중요한 의미가 있는 일에 집중하기 위해 미니멀 라이프가 필요하고, 그것을 실현하는 삶으로부터 행복과 자유를 얻는다고 말하고 있다. 그들의 미니멀 라이프 이야기는 두 개의 넷플릭스 다큐멘터리로 제작되었다. '미니멀리즘: 비우는 사람들의 이야기(2016)'와 '미니멀리즘: 오늘도 비우는 사람들(2021)'이 그것이다(그림 5.3).

그림 5.3 넥프릭스 다큐멘터리: 미니멀리즘

(좌) 미니멀리즘: 비우는 사람들의 이야기(2015). 넷플릭스 다큐멘터리.
(우) 미니멀리즘: 오늘도 비우는 사람들(2021). 넷플릭스 다큐멘터리.

그밖에 그들은 미니멀리스트로 살기 위한 16가지 규칙을 제안하였다(자료 5-3).

〈자료 5-3〉 좀 더 적은 것으로 생활하기 위한 16가지 규칙

(규칙1) 30일 미니멀리즘 게임: 가족/친구와 매월 1일부터 날짜 수 만큼 버리기(재활용, 기부, 판매)

(규칙2) 포토 스캔 파티: 사진 스캐닝 이용한 사진/문서 저장. 인생의 가장 가치있는 추억 찾기

(규칙3) No 잡동사니: 3개 박스(필수품/비-필수품/잡동사니). 무엇이 가치있나? 무엇이 잡동사니인가?

(규칙4) 계절 변동 룰 90 : 90 법칙: 지난 90일 사용했는지? 90일 이후 사용하는지? 계절마다 적용

(규칙5) 1 IN 10 OUT: 충동구매 최소화 위해 하나를 사기 위해 10가지 버리기

(규칙6) 만약에는 없다: 만약을 위해 무의미한 물건을 버리지 못하나? 그것을 버리면 공간이 생긴다!

(규칙7) 긴급물품은 필요하다: 아무리 준비해도 모든 것을 챙길 수 없으니 긴급물품만 보관하기

(규칙8) 언젠가는 쓰는 물건들: 가까운 장래에 반드시 사용할 물건들만 골라 보관하기

(규칙9) 기다림의 룰, 30/30: 온라인 쇼핑, 30불 이상이면 30시간동안 필요한 물건인 지 생각해 보기

(규칙10) 업그레이드 금지: 최신버전이 반드시 필요한가? 이미 필수한 것을 가지고 있다면 그것에 집중하기

(규칙11) 10가지 가장 비싼 물건 목록: 인생에서 가장 가치 있는 10가지 경험 적기. 공통점은? '0'
(규칙12) 매몰 비용 생각 금지: 심리적으로 처음 가격(매몰비용)만큼 중고가격 받을 수 없음을 수용하기
(규칙13) 자연적 연소: 휴대폰에 읽지 않은 기사를 삭제하듯 쌓아 둔 물건을 버리는 시스템 만들기
(규칙14) 나아갈 의지: 내가 가진 소지품에 너무 집착하지 않기
(규칙15) 미니멀리스트가 선물하는 방법: 물질 보다 경험(콘서트, 식사, 휴가, 걷기 등)을 선물하기
(규칙16) 미니멀리스트가 선물받는 방법: 더 나은 경험(좋아하는 빵집, 기부 등)을 선물로 요청하기

출처: 이웃집백만장자(2020년 11월 2일). 미니멀리즘을 시작하기 위한 16가지 규칙.

3.2.3 중고거래 플랫폼: 〈사례 3〉 소유하지 않고 핀매하기

자발적인 간소화 방안으로 중고거래 플랫폼의 이용이 증가하고 있다. 중고거래 플랫폼을 통해 사람들은 필요한 물건을 저렴하게 구매하거나 사용하지 않은 물건을 손쉽게 처리하고 있다. 사람들이 붐비는 대형 쇼핑몰이나 전통시장을 이용하기 보다 인터넷을 이용한 중고거래 시장을 적극 활용하고 있는 것이다. 이것은 중고제품에 대한 인식전환 행동이며, 코로나19가 지속되면서 확산되고 있는 소비생활에서의 변화이기도 하다.

특히 앱 기반의 중고거래 시장은 최근 급격하게 성장하는 추세이다. 2020년 국내 중고거래시장규모는 사상 첫 20조원을 돌파한 이래 지속적으로 성장할 전망이다. 중고거래 플랫폼 시장은 당근마켓, 중고나라, 번개장터, 헬로마켓 등을 중심으로 빠르게 커지고 있다. 스마트폰 이용자 4명 중 1명은 중고거래 플랫폼을 이용하였다(파이낸셜뉴스, 2021년 3월 16일자). 그러나 온라인 거래가 증가하는 만큼 불법 거래도 많아지고 있다(자료 5-4).

〈자료 5-4〉 온라인 중고거래, '이것'은 불법이다?

"사 놓고 안 먹어서 미개봉 상태로 보관 중인 상품입니다"

얼마 전 온라인 중고거래 플랫폼을 구경하다 프로바이오틱스 제품을 판매하는 사람을 발견했다. 주로 책, 옷같은 물품만 중고거래하던 나는 이 판매 글을 보고 의문점이 생겼다. 건강기능식품에도 영업 허가증이 있었다는 사실이 기억나서였다.

아무나 판매해도 되나 싶어 바로 인터넷에 검색해 보니, 건강기능식품에 해당되는 프로바이오틱스 제품은 개인이 거래할 수 없는 물품이었다. 그러나 중고거래 플랫폼에서 '건강기능식품'이라는 단어를 검색한 순간 생각보다 많은 사람들이 거래를 하고 있다는 것을 알 수 있었다. 중고거래 플랫폼에서 '건강기능식품'을 검색해 보니 많은 판매 글이 올라왔다.

식품의약품안전처(이하 식약처)에서 규제하는 품목은 건강기능식품뿐만이 아니다. 식약처에 따르면 식품, 의료기기, 의약품 또한 온라인 거래 금지 품목에 해당된다. 이는 모두 개인이 온라인에서 판매할 수 없는데, 여기서 개인이란 영업신고를 하지 않은 사람을 뜻한다.

식품의 경우 유통기한이 지난 음식은 물론이고 수제 음식, 즉 직접 만들거나 가공한 음식도 판매가 금지돼 있다. 이를 어길 시 3년 이하의 징역 또는 최대 3000만 원의 벌금형에 처해질 수 있다. 의료기기 역시 개인의 중고거래가 금지돼 있지만 의료기기법 제17조에 따라 콘돔, 체온계나 혈당 측정 기능이 결합된 휴대전화 또는 가전제품은 따로 판매업 신고를 하지 않고도 판매할 수 있다.

의약품은 다른 물품보다 규제가 더 강력한 편이다. 약사법에 따라 영업신고를 한 판매자조차 온라인 거래를 할 수 없기 때문이다. 게다가 이를 어길시 5년 이하의 징역 또는 5000만 원 이하의 벌금형을 받을 수 있다.

그러나 이렇게 단순히 이름만 들어서는 어떤 제품이 건강기능식품에 해당되고 어느 제품이 의약품인지 그 판단이 모호할 수 있다. 예를 들어 안마기기나 마스크의 경우에는 판매 금지 물품이 아니지만 소비자 입장에서는 헷갈릴 수 있다. 때문에 식약처는 판매 금지 물품에 대한 세부 정보를 의약품안전나라(https://nedrug.mfds.go.kr/), 식품안전나라(https://www.foodsafetykorea.go.kr/) 누리집을 통해 제공하고 있다. 소비자들은 업체 또는 제품을 검색함으로써 해당 물품이 전문의약품에 해당되는지, 허가를 받은 제품인지 등 물품에 대한 자세한 정보를 얻을 수 있다. 대부분 제품에 건강기능식품, 의료기기, 의약품이라는 것이 명시돼 있다.

또한 식약처는 불법 중고거래를 근절하기 위해 지난달 3일 중고거래 플랫폼인 ▲ 당근마켓 ▲ 번개장터 ▲ 중고나라 ▲ 헬로마켓의 사업자와 업무협약을 체결했다. 실제로 중고나라는 지난 1월 18일부터 31일까지 의약품 거래 집중 모니터링을 진행했고,

식약처가 제공한 '온라인 중고거래 시 유의사항' 카드뉴스를 게시해 이용자들이 쉽게 거래 금지 물품을 인식하도록 했다. 당근마켓 역시 판매 금지 물품인 의약품과 의료기기명 목록을 제공한 모습을 확인할 수 있었다.

한편 공정거래위원회(이하 공정위)는 '전자상거래 등에서의 소비자보호에 관한 법률(이하 전자상거래법)' 개정안을 4월 14일까지 입법예고한다고 발표했다. 현재까지 발표된 전자상거래법 개정안에는 통신판매를 전자상거래로 바꾸는 등 시장 상황에 맞는 용어와 편제로 정비하겠다는 계획과 함께 비대면 전자상거래에서 소비자의 안전과 합리적인 선택권을 확보할 수 있는 제도적 장치를 도입하겠다는 내용이 담겨있다. 또한 소비자들의 피해를 최소화하고 구제하기 위해 임시중지명령제의 활용성을 제고하고 동의의결제, 전자상거래 분쟁조정위원회를 등을 도입하겠다고 밝혔다.

하지만 올바른 중고거래 문화를 만들기 위한 과제는 아직 남아있다. 평소 중고거래 앱을 자주 이용하는 엄 모(46) 씨는 "중고거래 사이트를 이용하면서 의약품, 건강기능식품 등을 판매하는 사람들은 많이 봤지만 불법인 줄은 몰랐다"며 "이에 대한 적절한 조치가 있어야 할 것 같다"고 말했다. 온라인 중고 거래량이 늘어남에 따라 소비자들의 올바른 거래 의식뿐만 아니라 불법 거래에 대한 규제까지 필요할 것으로 보인다.

출처: 대한민국 정책브리핑(2021년 3월 30일자)

현재 모바일을 통한 소비자간 직접 중고품을 거래하는 현상이 하나의 소비트렌드로 자리잡고 있다. 중고거래가 자발적 간소함을 지향하는 소비절제 행동이라고 한다면 이러한 소비선택행동에 따른 소비경험에는 다양한 의미가 존재할 수 있다. 박고은·천혜정(2020)은 소비자간 중고품 거래에 활발하게 참여하는 20대와 30대 소비자 14명을 대상으로 소비자간 중고품 거래 경험의 의미를 탐색하였다. 중고거래를 통해 소비자는 다음과 같은 경험을 하였다.

첫째, 중고거래 소비자는 "합리적 소비와 자기 합리화(self-licensing)의 공존(p.91)"이라는 모순된 경험을 하였다. 중고품 구매는 필요한 것을 시장가격보다 낮은 가격으로 구매하는 합리적인 구매라는 점에서 소비절제 행동이다. 대개 소비자는 '중고 아닌 중고품'을 10-30% 정도 저렴하게 구매할 수 있다. 그러나 이러한 장점은 역으로 충동구매로 이어져 소비자에게 금전 낭비와 실패 경험을 제공한다(연구참여자 E, p.93). 한편 '선착순'이라는 거래 형태 또한 충동구매를 이끄는 요인('원 앤 온리' 마케팅)이 되었다(연구참여자 F, p.93). 그럼에도 불구하고 소비자는 중고 거래를 통해 가격 대비 저렴한 가격으로 구매했다고 평가하거나, 싸니까 다시 되팔 수 있다는 자기 합리화를 하였다.

> "이게 정가보다 싸잖아요. 그냥 심심하면 들어가서 보다가 싸니까 안 사도 되는 걸 자꾸 사게요. 립스틱 한 번 바른 건데 4만 5천 원짜리를 2만원에 판다고 하면 사게 되요, 사람들 글도 엄청 많고 결국 사면 득템한 기분까지 들어요." (연구 참여자 E, p.93)

> "그거를 사람들이 스크랩을 많이 하면 인기가 많은 제품이라는 뜻이고, 번개장터엔 찜이 있었나 하여튼 그게 많으면 인기가 많은 거라 다른 사람이 사기전에 빨리 사야된다는 그런 게 있었던 거 같아요. 그래서 앞뒤 안 재고 사게 되죠." (연구 참여자 F, p.93)

둘째, 소비자는 중고거래를 통해 "사고 팔고, 소비자끼리의 커스터마이징(p.94)" 하는 경험을 가졌다. 중고거래를 하는 소비자는 구매자이면서 동시에 판매자이다. 거래에는 제품에 대한 사용자의 이야기와 거래 후기가 공유하게 된다. 즉 소비자들은 거래를 통해 사용 경험을 정보로 공유하는 것이다(연구참여자 F, p.94). 또한 소비자는 중고거래를 필요없는 '물건을 처분한다'고 인식하는 경향이다(연구참여자 F, p.95).

> "팔 때는 사진에 가장 신경 쓰고 설명도 상세하게 올려요. 사이즈 몇이고 나는 키가 몇이고 평소에 몇몇 사이즈를 입는데 내 기준에 이러이러했다고. 치마가 좀 짧아서 팔았는데 165이하 분들이 사셔야 될 것 같다 이런 식으로 좀 상세하게 쓰지요. 연락 오면 질문도 잘 받아주고요." (연구 참여자 F, p.94)

> "빨리 처분하고 싶은 게 더 커요. 사람마다 어떨지 모르겠지만 저 옷이 되게 많은 편이거든요. 근데 당연히 그중에서 안 입는 것도 많기 때문에. 집에만 있으면 공간만 차지하고 그러니까. 옷을 좋아해서 그런 거 같아요. 그리고 팔고 팔아야 또 새 거 살 수 있고요." (연구 참여자 F, p.95)

셋째, 소비자는 중고거래에서 "예측불가능의 즐거움(p.96)"을 경험하였다. 소비자 간 직접 거래가 재미와 즐거움을 제공하는 것으로 나타났다. 그 이유는 판매자와 구매자 역할을 모두 하게 되면서 일상적 소비보다 훨씬 적극적인 태도로 거래를 참여하게 되기 때문이다(연구 참여자 M, p.96). 또한 거래과정에서 '득템'하는 기분은 소비자의 즐거움으로 연결된다(연구 참여자 N, p.97).

> "게임 속 캐릭터, 예를 들면 상인 이런 거 되어서 게임 하는 기분이 들어요. 심즈 같은 거 하다보면 집안에 있는 물건들 그냥 클릭해서 팔 수 있잖아요. 팔면 바로 돈이 쌓이고. 그런 거 하는 느낌도 나서 재밌어요." (연구 참여자 M, p.96)

> "살 거 없어도 거기서 어떤 노다지를 건질 수 있지 않을까 라는 생각으로 보면 재밌어요. 다른 사람들은 어떤걸 사나 이런거 보는 재미도 있고. 그리고 그냥 보는 것도 재밌어요. 아이쇼핑하는 기분." (연구 참여자 N, p.97)

넷째, 소비자는 중고거래에서 합리적 소비와 즐거움을 경험하지만, 동시에 중고거래가 주는 위험 때문에 "익명의 세렝게티(p.98)"라고 생각하기도 한다. 소비자간 중고거래가 증가하면서 부작용 및 위험 사례가 점점 늘어나고 있다(연구 참여자 K와 H, p.98).

> "번개장터를 통해 신촌에서 직거래를 한 적이 있는데 거래 상대방이 친구를 데리고 나왔더라고요. 뭔가 그쪽도 제가 불안하니까. 여자 분이 남자친구랑 같이 나오거나. 그 심리가 이해가 되긴 하죠."(연구 참여자 K, p.98)

> "저도 당했어요. 한번. 중고나라에서. 예전에 제대하자마자 핸드폰이 너무 안 좋은데, 약정이 남아있는 거에요. 그래서 빨리 간단한 거라도 바꾸려고 10만 원 짜리를 택배 거래했었거든요. 근데 돈을 딱 보내자마자 뭔가 느낌이 되게 쎄한 거에요. 그래서 바로 더치트 이런 거 검색을 해보니까 사기꾼인 거에요. 그래서 했던 문자 같은 거나 그런 거 캡쳐해서 사이버 수사대에 넣었어요. 결국 그 사람 잡히긴 했는데 중고거래 사기가 되게 안 좋았던게 피해자가 직접 찾아보고 계속 연락하지 않는 한 경과나 과정을 알 수가 없고 합의가 필수는 아니라서 돈을 되찾을 방법은 별로 없더라고요." (연구참여자 H, p.98)

토론 문제

1. 생태학적 세계관과 소비절제 행동의 관련성을 설명해주십시오.
2. 당신에게 소비절제란 어떤 의미입니까? 당신의 평소 소비생활에 비추어 '소비절제'를 나름대로 정의해 주십시오.
3. 소비절제를 하는 목적은 다양합니다. 당신이 조화로운 삶을 위해 절제하는 소비 영역이 있다면 그것은 무엇입니까?
4. 소비절제의 기술에 관한 5가지 원칙들을 각각 설명해주십시오.
5. 간소한 삶을 지향하며 소비절제를 추구하는 사람들이 있습니다. 그러한 삶을 지속하려면 개인적인 측면에서, 그리고 사회적인 측면에서 어떤 노력이나 조치가 필요하다고 생각하십니까?
6. 우리 사회에서 모바일을 이용한 중고거래가 매우 활발하게 이루어지고 있습니다. 당신은 중고거래를 이용한 적이 있습니까? 그런 경험이 있다면, 당신의 경험을 이야기해주십시오.

▪ 참고문헌

대한민국 정책브리핑(2021년 3월 30일자). www.korea.kr

미니멀리스트 웹사이트. www.theminimalists

미니멀리즘: 비우는 사람들의 이야기(2015). 넷플릭스 다큐멘터리. https://www.netflix.com/kr/title/80114460

미니멀리즘: 오늘도 비우는 사람들(2021). 넷플릭스 다큐멘터리. https://www.netflix.com/kr/title/81074662

박고은·천혜정(2020). "당근하세요?": 모바일 플랫폼을 이용한 소비자간 중고품 거래 경험의 의미. 소비자문제연구. 51(3). 81-108.

박명희·박명숙·제미경·박미혜·정주원·최경숙(2013). 가치소비시대의 소비자의사결정. 교문사.

파이낸셜뉴스(2021년 3월 16일자). "24兆 시장 잡아라"… 중고거래 플랫폼 빅4 '손안의 전쟁'. https://www.fnnews.com/news/202103161738503692

성영애(2016). 소비절제를 추구하는 라이프스타일과 행복에 관한 연구. 소비자학연구. 27(2). 233-254.

이웃집백만장자(2020년 11월 2일). 미니멀리즘을 시작하기 위한 16가지 규칙. https://bobpocket.tistory.com/324

이희정(2018). 소비절제 라이프스타일이 상업적 공유 경제 시스템 수용에 미치는 영향: 공유 효용을 중심으로. 소비자학연구. 29(6). 27-48.

임지영(2021년 11월호). 친환경부터 동물복지까지 생산자도 소비자도 웃는 '윤리적 소비'. KDI경제정보센터.

천경희·홍연금·윤명애·송인숙·이성림·심영·김혜선·고애란·제미경·김정훈·이진명·박미혜·유현정·손상희·이승신(2017). 행복한 소비 윤리적 소비. 시그마프레스.

천경희(2019년 12월 23일자). 왜 지금, 착한 소비인가? 소비에 뒤따르는 권력과 의무. 인문 360°칼럼. https://inmun360.culture.go.kr/content/357.do?mode=view&cid=2366118

최경숙·박명숙(2017). 대학생소비자의 소비절제(Anti-Consumption)행동에 관한 연구. 소비문화연구. 20(3). 7-25.

최순화·주영민·홍선영(2011). 안티소비, 왜 주목해야 하나? 삼성경제연구소, [SERI] CEO Information. 803. 1-25.

한국트렌드연구소, PFIN(2010). 핫트렌드 2010. 리더스북.

한국소비자원(2005). 지속가능한 소비문화 창출방안 연구. 정책연구보고서.

한국조폐공사(2021년 1월 28일자). 간소한 삶에서 행복찾기, 미니멀 라이프. KOMSCO 블로그. https://komsco.tistory.com/1438

Agarwal, R.(2013). Anti-Consumption: A Literature Review. preceeding of 3rd Biennial Conference of the Indian Academy of Management(IAM), 1-22.

Brinkmann, Svend(2021). 절제의 기술: 유혹의 시대를 이기는 5가지 삶의 원칙(강경이 역). 다산초당.

Elgin, Duane(1999). 소박한 삶의 철학(김승욱 역). 바다출판사.

Fairnington, Alan(2011). 이기적 이타주의자(김선아 역). 사람의 무늬.

REAL FOODS(2020년 6월 3일자). "목적 없는 식품 구입은 끝" 포스트 코로나에 떠오르는 '절제'. 헤럴드 경제: Read, 트렌드. http://realfoods.co.kr/view.php?ud=20200603000034

Sheth, J. N., Sethia, N. K., & Srinivas, S.(2011). Mindful Consumption: A Customer-centric Approach to Sustainability. Joornal of the Academy of Marketing Science, 39(1), 21-39.

WFP 한국사무소(2021년 4월 28일자). 'Stop Food Waste Day' 맞아 제로웨이스트 제로헝거 캠페인 진행. 보도자료. https://ko.wfp.org/news/wfphangugsamuso-stop-food-waste-day-maja-jeloweiseuteu-jeloheonggeo-kaempein-jinhaeng

제6장 기부와 후원

도입 스토리: '가슴이 웅장해지는' MZ세대가 이끈다! 새로운 기부 문화 트렌드

"오른손이 한 일을 왼손이 알게 하라!" 과거의 기부가 겸손을 앞세웠다면 요즘 기부는 소통과 공유를 지향합니다. 그 선두에는 디지털 환경에 익숙하고 소비에 가치를 부여하는 MZ세대가 있습니다. '밀레니얼세대'와 'Z세대'가 합쳐진 'MZ세대'는 온라인을 활용해 다양한 방법으로 기부에 동참하며 하나의 문화로 발전시켜 나가고 있죠. 특히, 사회 이슈에 적극적으로 목소리를 내고자 하는 MZ세대의 특징이 기부 참여 확대로 이어지고 있는데요. SNS를 통해 지속적으로 소통하며 기부에 대한 이슈나 의견을 공유하고 함께 실천하는 그들은 마땅히 해야 하는 일들을 조금은 호들갑스럽게 이뤄가며 선한 영향력을 전하고 있습니다. 아무도 모르게 하는 기부가 아닌 모두가 함께 할 수 있는 새로운 기부 문화, 특히 후원 기관을 운영하고 있는 곳이라면 이러한 트렌드를 놓쳐서는 더더욱 안 되겠죠? MZ세대의 가슴이 웅장해지는 기부 트렌드를 소개합니다.

■ 신념을 소비하다, 변화를 이끄는 가치 기부

소비에 의미를 부여하다: MZ세대의 '미닝아웃(meaning out)'

다양한 SNS 플랫폼과 디지털 환경 속에서 개인의 다양성을 인정받으며 자란 MZ세대의 소비 성향은 상품 자체에 집중하기보다 구매를 통해 얻을 수 있는 경험을 중요시합니다. 단순히 물건을 사는 것에 그치지 않고 그것에 의미를 부여하고 그에 따른 행동을 취하는데요. 즉, 구매 행위를 통해 사회적 가치나 개인의 신념을 표출하는 소비를 하는 것이죠. MZ세대의 특성인 타인의 관심을 끌기 좋아하고 일상생활 속에서 자신만의 색깔을 표현하고 싶어 하는 경향 때문입니다. SNS 등 인터넷에 능숙하고 소통 능력이 뛰어난 그들은 기부 역시 자신의 가치관을 표현하는 또 하나의 소비로 여깁니다.

기부런+기부굿즈+재능기부: 기부에 재미를 더하다

'기부'와 '런(run)'이 합쳐진 '기부런'은 후원금 형식의 참가비를 내고 일정 거리를 달린 후 SNS 인증 게시물을 올리는 방식입니다. 코로나19로 최근엔 자신이 뛰고 싶은 장소를 자유롭게 선택할 수 있는 '비대면 기부 마라톤'도 등장했습니다. 취미와 기부를 동시에 할 수 있다는 매력으로 높은 호응을 얻고 있습니다.

일상 소품을 구매하며 가치 있는 일에 참여하는 만족감을 느낄 수 있는 '기부굿즈' 형태의 가치 기부도 있어요. 배지, 팔지, 에코백 등 다양한 상품을 구매함으로써 후원금을 기부하는 형태입니다. 특히, 월드비전, 유니세프, 라카이, WWF 등 영향력 있는 단체들은 굿즈 제작을 통해 더 많은 사람들의 기부 참여를 독려하고 있습니다.

'재능기부'는 자신의 역량을 경제적 이익 추구에만 사용하지 않고 기부를 통해 적극적인 활동을 벌여 사회에 기여하는 것입니다. 미술, 미용, 촬영, 목소리 등 다양한 재능을 제공하고 그 대가를 후원금으로 다시 기부하는 형식이죠. 실제로 팬데믹 상황에서 실시간으로 코로나 현황을 알려주는 '코로나 맵'을 만들어 주도적이고 자발적인 재능기부를 실천하는 등 다양한 방식으로 참여하고 있습니다.

자신의 취미를 즐기고, 필요한 상품을 구매하고, 재능을 활용하며 기부까지 할 수 있는 것은 비대면 기부 플랫폼의 다양화 덕분입니다. 기부 플랫폼이 다양해질수록 모바일 서비스와의 적극적인 연동으로 이어지게 되고, 이를 바탕으로 사용자 경험을 활용한 더욱 진화된 서비스로 확장될 것으로 보입니다.

■ 놀이처럼 즐기는 선한 영향력, 선행 파도타기

능동적으로 실천하는 기부: MZ세대의 '선취력'과 '선한 오지랖'

사회 이슈에 관심이 많은 MZ세대는 그 관심을 자신의 생활 속에서 어떻게든 표현하고 싶어 합니다. 이에 따라 관심을 두는 이슈에 참여하기 위해 SNS를 통해 이를 공유하는 문화가 확산되고 있는데요. 특히, 불공정한 사례에 대해 적극적으로 자신의 의견을 표출하고, 좀 더 나은 사회로 이끌고자 하는 행동에는 스스럼없이 지지를 드러냅니다. 특히, SNS로 서로의 도전을 공유하고 응원하며 다른 사람들의 행동 변화도 독려하는 '챌린지'를 통해 보다 적극적으로 의견을 표현하고 있는데요. 작은 행동이 모여 큰 변화를 가져오는 그들의 선한 영향력은 거대한 파도타기처럼 즐거운 놀이가 되어 또 하나의 기부 문화로 사회에 긍정적인 영향을 미치고 있습니다.

줍깅(플로깅) + 돈쭐: 선한 영향력에 공감하다

놀이처럼 즐기고 실천하며 기부나 선행을 일으키는 '선취력'을 통해 내가 먼저 나서 '착함'을 실천하고자 합니다. '플로깅'은 쓰레기를 주우며 뛰거나 걷는 활동을 뜻하는데요. 우리말로 '줍깅'으로도 불리는 플로깅은 친환경 메시지를 전하며 언제 어디서나 실천할 수 있는 기부 활동입니다. 내가 살고 있는 집 앞이나 공원에서 줍깅을 하거나 단체로 바닷가 플로깅을 통해 해양 쓰레기 줄이기에 앞장서는 등 문제의식을 제기하는 것에 그치지 않고 스스로 몸을 움직여 변화를 주도한다는 것이 특징이에요.

사회적 이슈에 능동적으로 대응하는 MZ세대는 누구도 피해보지 않길 바라는 '선한 오지랖'을 펼칩니다. 이에 따라 제품 판매와 기부를 연결한 '착한 소비'를 실천하고, 기업은 환경과 보건, 빈곤 등 사회적 문제 해결에 나서 수익 증대와 동시에 공익을 추구하는 '코즈(cause) 마케팅'으로 매출 증대를 꾀하죠. 구매가 기부로 이어지는 소비 트렌드를 통해 기업 또한 사회적 가치나 특별한 메시지를 담은 다양한 제품을 선보이며 선순환 고리를 이어갑니다. 이와 함께 감동이나 공감에 그치지 않고 직접 행동으로 옮겨 구매를 실천하며 '돈쭐 내다' 라는 신조어까지 등장시켰습니다. '돈으로 혼쭐 내자'는 의미의 '돈쭐'은 '정의로운 일을 하여 귀감이 된 가게나 기업의 제품을 집중적으로 구매하여 혼쭐을 내자'는 역설적인 의미로 사용됩니다. 그 어느 세대보다 공정과 정의의 가치를 중요하게 생각하며 윤리적 소비 의식을 실천하는 MZ세대의 선한 영향력의 파장을 보여주는데요. 무엇보다 일시적인 선행의 '냄비근성'이 아닌 지속적으로 실천할 수 있는 '끌올근성'을 통해 만들어가는 새로운 기부 문화를 정착시켜 나가야 할 것입니다.

■ 투명하고 간편한 기부 플랫폼, 디지털 기부 문화

돈보다 색다른 기부 경험이 중요: MZ세대가 이끄는 '기부의 디지털화'

2021년 기부 트렌드 보고서에 따르면, 지난해 코로나19 특별 모금에 참여한 기부자 가운데 약 38%가 MZ세대인 것으로 나타났습니다. 기부를 하나의 문화로 즐기며 친숙하게 느끼는 그들은 후원이나 모금 등 전통적인 방식을 넘어 다양한 기부 경로를 개척해 꼭 돈이 아니어도 할 수 있는 색다른 기부 경험을 추구합니다. 특히, 코로나19가 지속되면서 비대면·디지털 기부로 확대되고, 블록체인 기술과 디지털 자산(암호화폐)을 활용한 플랫폼의 활성화로 보다 많은 참여를 이끌어내면서 기부 문화의 새로운 바람을 일으키고 있는데요. '얼마'가 아닌 '어떻게'를 중심으로, '아무나 할 수 없는' 기부가 아닌 '누구나 참여할 수 있는' 기부로 변화하고 있는 새로운 기부 트렌드는 지금도 계속 진화 중입니다.

블록체인+NFT: 활발한 기부 참여를 이끄는 디지털 플랫폼

'블록체인'이란, 일정 시간 동안 블록에 담긴 거래 내역을 연결하여 네트워크에 있는 모든 참여자에게 전송하는 기술입니다. 즉, 누구나 볼 수 있는 디지털 장부인 '블록'에 거래 내역을 기록하고, 이를 복제해 여러 컴퓨터에 저장하는 방식이죠. 모든 거래 내역이 참여자들에게 고스란히 공개되므로 보다 투명한 자금 운용이 보장됩니다. 최근에는 신뢰를 최우선으로 하는 기부금의 거래 내역과 절차 등을 투명하게 관리할 수 있어 기부 플랫폼의 기본 기술로 활용되고 있어요. 특히, 기부금 모금 현황부터 어느 곳에 얼마나, 어떻게 사용되었는지 기부자가 직접 확인할 수 있어 투명하고 간편한 기부가 가능해지며 점차 확대되고 있습니다.

단순히 성금 모금과 전달에 머물던 기존의 기부가 'NFT(대체 불가능한 토큰)'과 만나 기부자에게 새로운 재미와 수익의 기회를 제공하기도 합니다. '희소성을 갖는 디지털 자산을 대표하는 토큰'을 지칭하는 NFT는 예술 작품이나 게임 아이템, 가상세계 아이템 등에 활용이 가능하며, 위·변조가 불가능한 것이 특징입니다. 특히, 최근 메타버스의 성장과 코로나19 시대의 특성과 맞물려 더욱 주목받고 있습니다. NFT를 활용한 블록체인 기반 앱을 이용하면 기부자가 기부를 통해 만족을 얻는 것 외에도 블록체인으로 발행된 NFT를 수령할 수 있도록 해 지속적인 기부 활동을 장려하고 있는데요. 또한, 앞으로 NFT를 기부 포인트로 바꿔 다시 기부할 수 있도록 하는 등 활용도를 높여 기부 참여를 더욱 확대해 나갈 것으로 전망됩니다.

개인의 취향과 다양성을 인정받길 원하는 MZ세대는 SNS 플랫폼과 디지털 환경을 기반으로 한 생산 및 소비 능력이 뛰어난 소비 계층입니다. 그리고 그들이 추구하는 가치 소비를 통해 이루어지는 가치 기부와 선한 영향력은 하나의 재미있는 놀이 문화이자 인증 가능한 콘텐츠가 되었습니다. 이와 함께 기부 참여를 장려하는 플랫폼이 늘어나고, 기부 경로와 방법은 다양해졌으며, 부담은 덜고 재미가 더해졌습니다. 더욱 편리하고 쉽게, 그리고 즐겁게 기부할 수 있는 사회, MZ세대가 바꿔가는 기부 문화의 새로운 트렌드입니다.

출처: 효성FMS(2021년 10월 5일자). '가슴이 웅장해지는' MZ세대가 이끈다! 새로운 기부 문화 트렌드. 비즈트렌드.

1. 기부의 의미

1.1 일반적 의미

우리는 소비를 통해 개인적 신념을 사회적으로 표출하기도 한다. 기존 세대와는 달리 젊은 소비자들이 자신의 정치적·사회적 가치관과 신념을 소비생활에서 그대로 드러내고 있다. 이러한 현상은 미닝아웃(meanin gout)이다. 미닝아웃은 신념의 의미인 '미닝(meaning)'과 벽장 속에서 나온다는 뜻을 가진 '커밍아웃(coming out)'이 결합된 것이다.

대표적인 미닝아웃 행동으로 기부나 후원 활동이 있다. 최근 사람들이 기부와 후원 등에 관심을 가지며, 사회적으로 가치 있는 일에 소비를 늘리는 경향이다. 이것은 일상소비가 가치소비로 변하고 있음을 보여주는 것이다. 예를 들어, 기업에서 하는 독도 지키기 운동을 동참하기 위해 특별판 운동화를 구매하거나 중국의 동북공정에 저항하기 위해 국제소송

비용 후원에 참여하기 위해 감사 후원박스에 돈을 소비한 적이 있는가?(그림 6.1)

[ETC]라카이코리아 감사 후원박스 (국제소송 후원) (해외배송 가능상품)

상품명	[ETC]라카이코리아 감사 후원박스 (국제소송 후원) [ETC] Lakaikorea Thank-you for Supporting International Litigation
소재	상세페이지 참고
판매가	19,000원
소비자가	50,000원
제조사	LAKAIKOREA
적립금	570원
상품코드	D2019052930100131
국내·해외배송	◉ 국내배송 ○ 해외배송
배송비	2,500원 (20,000원 이상 구매 시 무료)

그림 6.1 감사 후원박스 구매를 통한 기업의 국제소송 후원

출처: 라카이 코리아(www.lakaikorea.co.kr)

이와 같이 〈후원〉은 사람들이 지원하는 다양한 방법을 통칭하는 용어이다. 따라서 후원한다는 말에는 기부와 협찬, 다양한 서비스 제공 등이 포함되어 있다. 최근 기업의 사회적 책임이 중요해지면서 기업 후원이 다양한 방식으로 개발되고 있고, 유·무형의 다양한 가치 활동에 까지 확대되고 있다. 예를 들어, 기업은 유엔경제사회이사회로부터 NGO 최상위 지위인 포괄적 협의 지위(General Consultative Status) 획득한 Save the Children(www.sc.or.kr)에 아동 후원을 위해 파트너십을 체결하고 다양한 방식으로 후원 활동에 참여할 수 있다. 구체적으로 기업이나 단체의 후원방법은 기금참여, 직원참여, 공익연계 마케팅 참여, 중소기업, 프랜차이즈 참여 등이 있다.

〈협찬〉은 기업이 현금, 물품, 기타 재산적 가치를 제공하는 것으로, 대부분의 기업은 기업의 이미지나 상품 홍보를 목적으로 협찬을 한다. 기업에게 후원과 협찬은 기업의 간접적인 마케팅 활동으로 활용되고 있다.

한편 〈기부〉는 목적을 위해 의도를 가지고 현금, 주식, 부동산 등 재산적 가치를 제공하는 것이다. 기업의 경우 기부는 협찬과 같이 현금, 주식, 부동산 등 재산적 가치를 제공하지만 이익을 추구하지 않는다. 단지 개인 기부자나 기업 기부자는 제도적으로 혜택을 받을 수 있다. 예를 들어, 개인이 기부금을 지급한 경우 소득세 감면 혜택이 있고, 사업소득이 있는 거주자(사업자)가 지급한 기부금은 필요경비로 추정될 수 있으며, 사업소득 외 소득이 있는 거주자가 지급한 기부금은 세액공제를 받을 수 있다(찾기쉬운 생활법령 정보, www. easylaw.go.kr).

나눔(giving)은 일반적으로 물품기부나 현금기부를 비롯하여 재능기부나 자원봉사활동 등을 의미한다. 개인의 입장에서 나눔과 기부활동이란 나의 몸과 마음, 그리고 시간과 에너시 및 능력 등을 다른 사람들, 나아가 사회와 공유하는(sharing) 활동이다. 또한 개인이 실천하는 기부와 나눔 활동은 사회가 지속적으로 성장하고 발달하는데 기여하는 소중한 자원이 될 수 있다. 따라서 소비생활과 관련해 개인이 나눔과 기부, 후원을 하기 위해 지출하는 금전비용은 사회구성원으로서 지속가능한 사회를 위해 합목적적인 의도를 가지고 수행하는 자원사용 비용이라고 할 수 있다.

1.2 법률적 의미

2012년 보긴복지부의 나눔기본법(안)에 의하면, 나눔이란 인간의 복지향상 또는 공공복리의 증진을 위하여 자발적인 물적·인적 요소의 이전, 사용, 제공 및 기타 공공의 복리에 도움이 되는 행위를 말한다. 법안에서 나눔의 개념은 구체적으로 세 가지 하위 개념으로 규정되고 있다. 첫째, 〈물적나눔〉은 금전(현금)이나 물품(현물) 등 환가성(換價性)있는 유형물의 나눔이다. 둘째, 〈인적나눔〉은 자원봉사활동 등 개인이나 단체 등의 나눔 주체의 전문적 또는 비전문적인 지식과 기술을 나누는 것이다. 셋째, 〈생명나눔〉은 건강 증진 및 생명 연장을 위한 신체 전부 또는 일부의 나눔을 말한다(김소영 외, 2018). 한편 기부 나눔이란 댓가 없이 자발적으로 금품이나 식품 또는 재능 등을 나누는 행위이기 때문에 사람들은 자발적으로 기부활동을 통해 자신이 가진 물적자원과 인적자원을 지역의 사회적 가치를 실현하는데 사용하고 있다.

정부 법제처(2021)의 〈찾기쉬운 생활법령정보〉에서 기부 나눔이란 어렵고 소외된 사람들과 함께 더불어 살아갈 수 있도록 대가를 바라지 않고, 자발적으로 금품이나 식품 또는 재능 등 우리가 가진 것을 '사회와 공유하는 가장 쉬운 실천 방법'으로 정의하고 있다. 이것은 기부와 나눔 활동은 사회적 가치를 추구하려는 의도와 목적을 가진 개인이 '자발성'을 가지고 실천하는 선택 행동이라는 사실을 의미한다. 최근 기부 나눔의 실천 방법에 있어서 자원봉사 외에 현금기부, 식품·물품 기부, 정치자금 기부, 재능·교육 기부, 포인트·

소셜 기부, 계획기부 등 물질적, 사회·문화적 기부 등과 같은 다양한 방법들이 계속 늘어나고 있다.

표 6.1 법률상 기부 나눔과 사회·문화적 기부 나눔

법률상 기부 나눔	금전이나 물품 등을 반대급부 없이 제공하는 것을 **금품 기부**라고 하며, 성숙한 금품 기부 문화를 조성하고 건전하게 모집된 기부금품이 적정하게 사용될 수 있도록 해야 합니다. 「기부금품의 모집 및 사용에 관한 법률」 제1조 및 제2조
	식품 기부는 생활이 어려운 사람에게 식품 및 생활용품을 지원함으로써 사회복지의 증진 및 사회공동체문화의 확산에 기여하는 데에 목적이 있습니다. 「식품등 기부 활성화에 관한 법률」 제1조 및 제2조
	정치인을 후원하기 위한 후원금과 정당에 기부하는 기탁금 등의 **정치자금 기부**는 「정치자금법」에 따라 이루어져야 하고, 투명한 정치자금의 모집과 사용은 민주정치의 건전한 발전에 필수 요건이라고 할 수 있습니다. 「정치자금법」 제1조 및 제2조
사회·문화적 기부 나눔	전문지식이나 특별한 자격을 가지고 있지 않더라도 우리가 가지고 있는 능력과 마음을 나누며 **재능 기부**에 참여할 수 있습니다.
	교육 기부를 통해서는 기업·대학·공공기관 등 사회가 보유하고 있는 인적·물적 자원을 활용하여 학생들에게 수준 높은 교육기회를 제공할 수 있습니다.
	신용카드 등을 사용하면서 쌓게 되는 포인트를 기부하거나 SNS를 통한 소셜 기부, 소셜펀딩 기부 등 **새로운 기부의 형태**가 등장하면서 기부 나눔이 점차 확대되고 있습니다.
	유산 기부나 기부자조언기금 등 자신이 기부하는 자산의 운영 및 배분에 대해 직접 통제·관리할 수 있는 **계획 기부**에 대한 관심도 높아지고 있습니다.
	그 밖에 장기·인체조직의 기증, 미리 다른 사람의 음식 값을 내는 미리내주기 운동 기부, 자신의 저작물에 대한 저작권을 기부하는 저작권 기부 등 **다양한 방법으로 기부에 참여**할 수 있습니다.

출처: 법제처(2021). 찾기쉬운 생활법령정보: 기부 나눔. 저자 재구성

표 6.1에 의하면, 기부 나눔은 그 의미를 이해하기 위해 〈법률상의 기부 나눔〉과 〈사회·문화적 기부 나눔〉을 구분된다. 특히 법률상의 기부 나눔에는 금품기부와 식품기부 및 정치자금 기부가 있으며 법률에 의거해 기부가 이루어진다. 또한 기부에 따른 소득세 감면이나 법인세 감면 등의 세금감면 혜택을 받을 수 있다. 한편 사회·문화적 기부 나눔에는 재능기부와 교육기부, 소셜펀딩, 유산기부, 장기 기부나 저작권 기부 등이 있다.

1.3 사회적 의미

그밖에 기부와 나눔이 가지는 사회적 의미는 다양하다. 사람들이 인식하는 기부와 나눔의 의미를 탐색하기 위해 빅데이터가 활용되고 있다. 이미나·김동일(2019)은 나눔 문화와 재능기부가 지닌 연결 의미를 찾기 위해 사람들에게 인식되고 있는 키워드를 이용한 빅데이터(2016.08.01~2018.08.20)[15] 분석을 실시하였다. 기부와 나눔에 대한 키워드 분석을 통해 도출된 것은 상위 68개 의미 키워드이다(표 6.2). 기부와 나눔과 관련되는 주요 단어는 구체적으로 재능과 문화, 봉사, 기부, 사회, 활동, 확산, 예술, 지역, 공연, 교육, 함께, 사랑, 참여, 실천, 복지의 순으로 나타났다.

표 6.2 기부와 나눔의 의미에 대한 키워드(상위 68개) 빈도 순위

Rank	word	N	Rank	word	N	Rank	word	N	Rank	word	N
1	재능	3310	18	행사	411	35	청소년	206	52	장애	148
2	문화	3104	19	행복	411	36	시민	193	53	장터	147
3	봉사	993	20	한국	387	37	피아노	184	54	이르신	146
4	기부	948	21	자원	368	38	마을	184	55	홍보	144
5	사회	851	22	음악	336	39	이웃	183	56	계층	142
6	활동	847	23	콘서트	322	40	단체	181	57	만들기	141
7	확산	797	24	센터	293	41	후원	167	58	나눔	141
8	예술	732	25	프로그램	243	42	다양	163	59	생활	139
9	지역	674	26	지원	228	43	주민	158	60	축제	139
10	공연	537	27	사업	224	44	지식	156	61	협약	137
11	교육	490	28	진행	223	45	공헌	156	62	사람	134
12	함께	476	29	개최	223	46	신문	156	63	기여	133
13	사랑	464	30	서울	216	47	재단	153	64	초청	131
14	참여	454	31	희망	213	48	아동	150	65	뉴스	131
15	실천	443	32	운영	208	49	모집	149	66	소외	127
16	복지	413	33	협회	207	50	캠페인	149	67	학교	120
17	음악회	413	34	대상	207	51	체험	149	68	공동체	115

출처: 이미나·김동일(2019). 나눔문화 및 재능기부에 대한 의미 빅 데이터 활용 연구. p.665. 인용

15 빅데이터 자료는 나눔문화+재능기부 키워드로 도출된 총 142,421개(네이버, 다음, 구글) 텍스트이다.

한편 그림 6.2와 같이 주요 키워드 간 연결 중심성을 이용하여 매트릭스 차트로 시각화하였다. 그 결과, 주요 키워드는 재능과 문화, 사회, 확산, 활동, 지역, 기부 등으로 나타났다. 여기서 흥미를 끄는 것은 기준 단어인 재능과 문화 및 기부 등을 제외한 나머지 주요 단어들이 사회, 확산, 활동, 지역 등과 연결 지어 나타나고 있다는 점이다. 이는 사람들의 나눔과 기부 행위가 사회적으로, 지역적으로 확산되고 있는 실천 활동임을 반영하는 결과이다. 따라서 소비생활 측면에서 개인이 실천하는 나눔과 기부 행동은 지역의 사회적 가치를 창출을 위한 사회적 경제 활동이나 공유경제 활동에도 긍정적 영향을 미칠 것으로 예측할 수 있다.

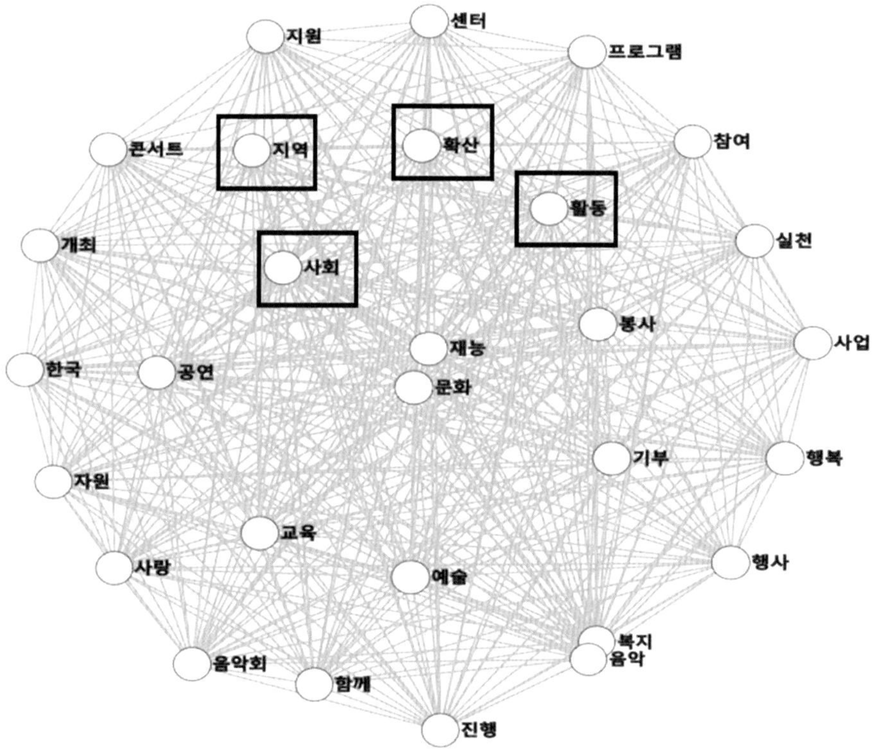

그림 6.2 기부와 나눔의 의미에 대한 키워드 연결망

출처: 이미나·김동일(2019). p.666. 인용

2. 기부의 현황과 평가 및 이론

2.1 기부 현황

2.1.1 기부 참여율

2011~2017년 개인기부 참여율은 계속 감소하는 추세이다(그림 6.3). 개인기부 참여가 2011년 34.5%에서 2017년 23.3%로 급격히 줄었다. 2021년 기부 경험과 향후 기부 의사, 자원봉사활동 경험에서도 감소 추세는 이어지고 있다(통계청, kostat.go.kr).

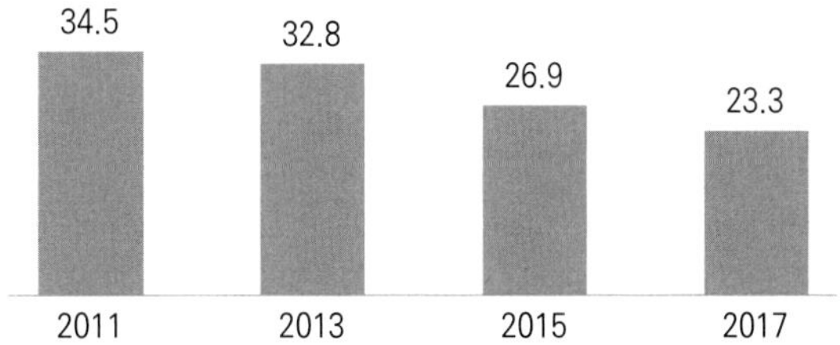

그림 6.3 개인기부 참여율의 변화(2011~2017년, %)

출처: 박미희 외(2019). 2019 기부 및 사회이슈 트렌드. p.94. 인용. 저자 재구성

2.1.2 기부액

기부액은 2011년 11.16조원에서 2017년 12.9조원으로 증가하였다. 그 중 개인 기부는 64.1%이고 법인 기부는 35.9%을 각각 차지한다. 이는 기부금 총액의 측면에서 우리 사회는 개인이 조직보다 더 많은 나눔 자원을 기부하고 있음을 보여준다(그림 6.4).

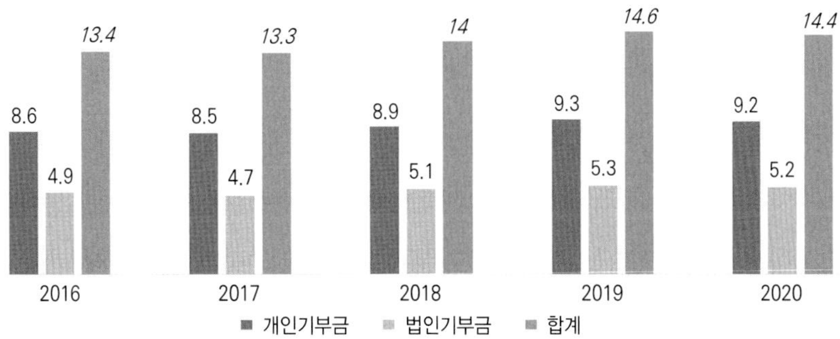

그림 6.4 개인과 법인의 기부금 총액 변화(2016~2020년, 조원)

출처: 아름다운재단 기부문화연구소(2022.01.05). 국내 기부금 총액. 인용. 2016~2020년 자료 재구성

2.1.3 기부 건수

2020년 기부 건수를 살펴보면, 사회복지사업과 학술 및 장학사업이 많았고, 그 다음은 교육사업, 의료, 예술 및 문화의 순이다(그림 6.5). 흥미로운 점은 기부 건수 중에서 기타 영역에 대한 기부 건수가 1,731건으로 높다는 사실이다. 이는 최근 사람들의 기부가 포착되지 못하는 여러 영역에서 다양한 방식으로 이루어지고 있음을 반영하는 결과이다.

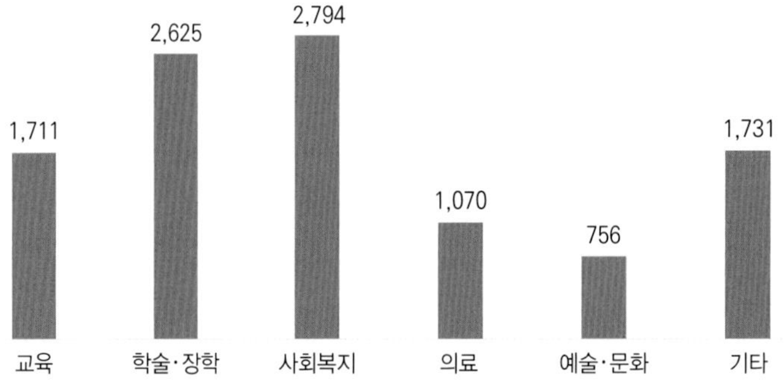

그림 6.5 2020년 공익사업유형별 기부 건수(건)

출처: 1365 기부포털(nanumkorea.go.kr). 기부통계 2020.

2.1.4 기부처

2019년 기부처 우선순위는 자선단체가 가장 높고, 문화예술분야가 가장 낮았다. 지난 10년 동안 1순위와 7순위는 변화가 없었지만, 시민단체 기부는 급격하게 상승하였다. 2017년을 기점으로 의료 기부는 높아졌지만, 해외구호와 교육분야 기부는 감소하였다(그림 6.6).

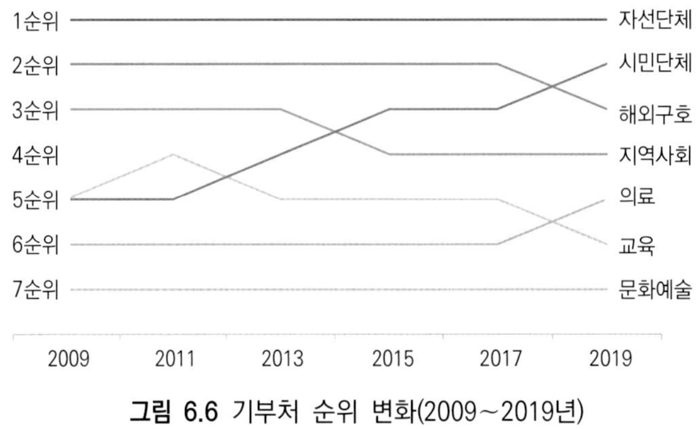

그림 6.6 기부처 순위 변화(2009~2019년)

출처: 아름다운재단(2020.11.27). 7.기부분야. 2020 ISSUE PAPER. p.15. 2009~2019년 자료 재구성

2.1.5 기부하지 않는 이유

기부하지 않는 가장 큰 이유는 경제적 여유가 없어서(57.2%)였다. 그 다음은 기부에 관심이 없기 때문이다(23.2%). 그 밖에 기부단체 불신(8.9%)과 직접적 요청이 없었음(6.35), 기부방법을 알지 못함(4.1%)의 순으로 나타났다(그림 6.7).

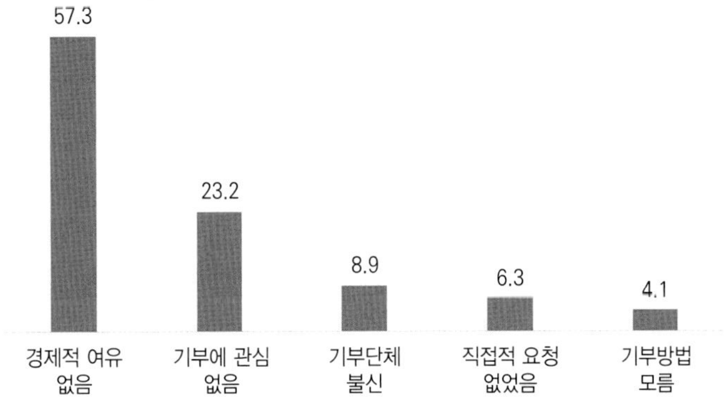

그림 6.7 기부하지 않는 이유(2019년, %)

출처: 아름다운재단 기부문화연구소(2019.11.02). 기부하지 않은 이유. 2019년 자료 재구성

2.1.2 기부 방법

MZ세대 1,000명을 대상으로 한 조사(2021.10.26~11.08)에서 선호하는 기부 방법은 계좌이체(1순위), 정기기부(2), 온라인·모바일 기부(3), 모금함(4) 등을 이용한 '현금기부'로 나타났다. 그림 6.8과 같이 기부 경험자 중 관심 있는 이슈나 대상 관련 캠페인 참여와 같은 '단발성 기부'는 61%이고, 신뢰하는 단체나 기관에 '정기적 기부'는 39%를 차지하였다.

그림 6.8 MZ세대 기부 방법(2021년)

출처: 복지타임즈(2021년 12월 1일자). MZ세대가 가장 선호하는 기부방법은?. 저자 재구성

2.2 기부 지수

2.2.1 세계기부지수

영국의 자선지원재단(Charities Aid Foundation, CAF)은 세계 각국의 기부 수준을 비교 평가하는 세계기부지수(World Giving Index, WGI) 또는 세계나눔지수를 조사하여 국가별 순위를 발표한다. 세계기부지수는 다음의 3가지 질문에 대한 응답에 대한 평균에 의해 산출된다. 지수 산출을 위한 (질문1)은 자선단체에 기부한 적이 있습니까?, (질문2)는 자원봉사 활동을 한 적이 있습니까?, (질문3)은 도움이 필요한 낯선 사람을 실제로 도와준 적이 있습니까? 이다.

그 결과, 2009~2018년 10년 동안 한국의 WGI는 126개국 가운데 57위 수준으로 나타나났다. 세 영역 중 한국의 〈자선단체 기부〉는 126개국 중 38위이다(표 6.3). 최근 2021년 한국의 세계기부지수는 114개국 중 59위를 차지한다(표 6.4).

표 6.3 2009~2018 세계기부지수(WGI)

2009~2018 (126개국)	전체		낯선 사람 돕기		자선단체 기부		자원봉사 참여	
	(순위)	(점수)	(순위)	(점수)	(순위)	(점수)	(순위)	(점수)
Belgium	42	36%	72	44%	30	39%	39	25%
Honduras	43	36%	56	49%	49	28%	23	31%
Tajikistan	44	36%	54	49%	89	19%	8	39%
South Africa	45	36%	12	63%	94	18%	37	25%
Singapore	46	35%	96	39%	21	48%	59	19%
Panama	47	35%	60	47%	43	32%	38	25%
Taiwan	48	35%	59	48%	32	38%	66	18%
Colombia	49	35%	17	61%	71	22%	56	20%
Saudi Arabia	50	34%	15	62%	50	28%	92	13%
Guinea	51	34%	24	57%	78	21%	45	23%
Iraq	52	34%	8	65%	66	23%	94	13%
Nepal	53	33%	80	43%	47	30%	34	26%
Italy	54	33%	68	45%	33	38%	73	16%
Kyrgyzstan	55	33%	62	47%	53	28%	42	25%
Cameroon	56	33%	14	63%	88	19%	75	16%
한국	57	32%	78	43%	**38**	**34%**	53	20%

출처: 영국 자선지원재단(www.cafonline.org). World Giving Index 10th Edition. 42~57위 자료 재구성

표 6.4. 2021년 세계기부지수(WGI)

2021년 (114개국)	전체		낯선 사람 돕기		자선단체 기부		자원봉사 참여	
	(순위)	(점수)	(순위)	(점수)	(순위)	(점수)	(순위)	(점수)
Israel	92	28%	101	40%	47	33%	86	12%
Cambodia	93	28%	87	44%	64	28%	81	13%
Slovenia	94	28%	109	33%	52	29%	32	22%
China	95	28%	80	49%	85	22%	73	14%
Romania	96	28%	59	57%	88	21%	108	7%
Switzerland	97	28%	111	30%	38	36%	46	19%
Kazakhstan	98	28%	90	43%	54	29%	85	12%
Lithuania	99	28%	88	43%	74	25%	65	16%
Spain	100	27%	97	41%	69	26%	84	13%
Greece	101	26%	71	53%	110	12%	72	14%
Jordan	102	26%	42	61%	105	13%	114	5%
Gabon	103	26%	64	56%	109	12%	98	10%
Hong Kong	104	26%	105	37%	43	34%	111	6%
Latvia	105	25%	98	41%	57	29%	109	7%
France	106	25%	110	31%	83	22%	30	23%
Pakistan	107	25%	92	42%	78	24%	106	8%
Lebanon	108	24%	84	46%	96	17%	105	8%
Morocco	109	23%	45	60%	114	3%	112	6%
한국	110	22%	112	29%	**59**	**28%**	100	10%
Italy	111	22%	108	33%	80	23%	103	9%
Belgium	112	21%	113	25%	79	23%	69	15%
Portugal	113	20%	104	37%	106	13%	102	10%
Japan	114	12%	114	12%	107	12%	91	12%

출처: 영국 자선지원재단(www.cafonline.org). CAF World Giving Index 2021: A global pandemic special report. 92~114위 자료 재구성

특히 10년 동안 기부 누적 결과에서 한국의 기부 순위는 경제협력개발기구(OECD)[16] 국가들 중 20위 중하위권이었다. 한편 '공공기관 기부실태 및 기부문화 확산 연구'에서 공공기관의 '사랑나눔실천운동' 참여 인원은 2018년 기준으로 전체 공무원과 공공기관 임직원 대비 0.4%로 매우 낮은 기부 수준을 보였다(YTN, 2020년 5월 4일자).

16 OECD는 2011년부터 145개국 대상으로 자원봉사, 기부, 이웃돕기 활동에 근거로 한 친사회적 행태(pro-social behavior)를 사회통합의 지표로 삼음. 'Society at a Glance' 보고서를 통해 매년 회원국의 친사회적 행태 지수를 소개함(조경환·강소랑, 2019: 2).

2.2.2 공익활동환경평가지수

공익활동활동평가지수(Doing Good Index, DGI)는 아시아 18개국을 대상으로 홍콩의 아시아 필란트로피 자선센터(Centre for Asian Philanthropy and Society)에서 조사하는 공익활동환경에 대한 평가지수이다. 이 지수의 평가지표는 (1)공익활동에 관한 규제, (2)세금 및 재정정책, (3)정부조달 수준, (4)생태계 환경이다. 국가간 비교는 평가지수 결과를 근거로 매우 잘함(Doing Well), 잘함(Doing Better), 보통(Doing Okay), 다소 부족(Not Doing Enough)의 범주로 분류한다(아름다운재단, 2020년 10월 20일자).

DGI는 기부 수준보다는 기부나 후원 등과 같은 사회적 가치를 실현하는데 필요한 실질적인 사회적·제도적 환경 기반이 잘 구축되어 있는 지에 대한 평가라고 할 수 있다. 실제로 어떤 사회나 국가의 기부 수준은 사회구성원의 인식 수준과 사회적 환경에 의해 영향을 받기 때문이다.

2020년 보고서에 따르면, 한국은 아시아 18개국 중에서 '잘함' 의 범주에 속하며, 여기에는 홍콩, 일본, 파카스탄, 필리핀, 베트남이 함께 포함되어 있다. '매우 잘함'의 범주에 속한 국가는 싱가포르와 대만이다. 아시아 국가 중 싱가포르와 대만은 행정의 효율성, 기금의 원활한 흐름, 상대적으로 규제가 적거나 간단하여 비영리단체의 활동과 개인의 기부가 수월하게 이뤄지는 환경으로 나타났다(표 6.5).

표 6.5 2020년 공익활동환경평가지수(DGI)

매우 잘함 (2개국)	잘함 (6개국)	보통 (8개국)	다소 부족 (2개국)
• 싱가포르	• 홍콩	• 방글라데시	• 캄보디아
• 대만	• 일본	• 중국	• 네팔
	• 대한민국	• 인도	
	• 파키스탄	• 인도네시아	
	• 베트남	• 말레이시아	
		• 미얀마	
		• 스리랑카	
		• 태국	

출처: 아름다운재단(2020년 10월 20일자). 공익활동 여건, 싱가포르·타이완이 가장 좋다. 저자 재구성

2.2.3 세계기부흐름연구

세계기부흐름연구(World Philanthropy Tracker, WPT)는 기부금의 국제 흐름을 조사하는 연구로서 세계 각국에서 다른 나라에 지원하는 해외 지원금을 비교 분석 한다. 이 연구는 현재 인디애나대학교의 릴리 가족 기부문화대학(Lilly Family School of Philanthropy, Indiana University)에 의해 수행되고 있다. 세계기부흐름은 국민총소득(GNI) 대비 해외기부금 비율로 파악한다(기부문화연구소, 2020년 12월 4일). 2020년 세계기부흐름연구에 의하면, 한국은 총소득(GNI) 대비 해외 기부 금액은 32개국 중 한국이 14위로 나타났다(그림 6.9).

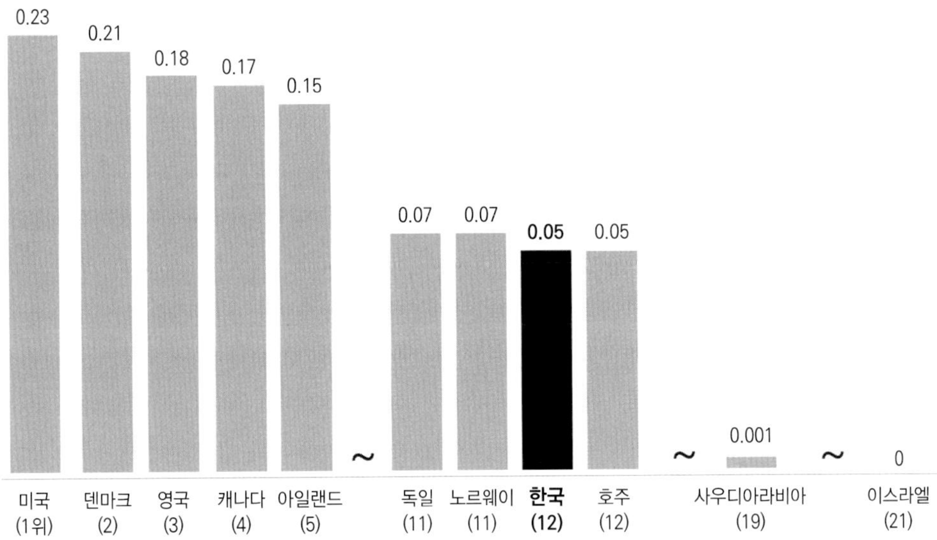

그림 6.9 2020년 세계기부흐름 비교(32개국, %)

출처: 아름다운재단 기부문화연구소(2020.11.27). 세계기부연구. 저자 재구성

2.3 기부 이론

개인의 소유와 경제활동이 삶을 지배하는 자본주의 사회에서 자신의 경제적 이익을 추구하기보다 다른 사람을 위해서, 그리고 지역사회의 성장을 위해서, 나아가 전 지구적인 문제를 해결하기 위해서 기부하거나 나눔을 실천하는 이유는 무엇 때문일까?

사람들의 기부 행동을 설명하는 몇 가지 이론들(천경희 외, 2014: 338-341, 인용)이 있다. 기부와 나눔 행동에 대한 관련 이론들을 간단히 살펴보는 것은 기부와 나눔을 실천하는

20%의 사람들을 이해하고, 나아가 우리 사회에서 나머지 80%의 사람들을 대상으로 기부와 나눔 행동을 촉진하기 방안들을 개발하는데 유용할 것이다.

2.3.1 사회학습이론

인간이 환경과 접촉하여 사회적 행동을 발달시켜나가는 과정에서 사람은 다른 사람의 행동이나 주어진 상황을 관찰하고 모방하면서 행동을 학습한다. 따라서 기부와 나눔과 같은 친사회적 태도를 개발하기 위해 인간이 직접 체험하거나 타인이 하는 그러한 행동을 관찰하는 것(modeling)이 중요하다. 어릴 때부터 부모의 기부나 봉사활동을 관찰하였거나 함께 참여해 본 경험을 가진 자녀는 부모행동을 모델링하는 관찰학습을 통해 기부나 나눔을 실천할 가능성이 높아진다.

2.3.2 사회교환이론

사회교환의 측면에서 인간은 비용과 이익의 균형을 중시한다. 사회는 사회구성원이 지속적으로 상호작용하는 곳으로서 개인은 자신이 지출한 비용만큼 보상을 받을 수 있는 지를 고려해 자신이 취할 행동을 선택하고 결정한다. 기부자는 자신의 시간과 금전, 능력과 에너지 등을 제공하고 그것의 보상으로 만족감과 보람을 느끼고 자부심 획득하는 경험을 통해서 기부행동을 실천하게 된다.

2.3.3 자기확장이론

자기확장이란 자신의 가치와 신념, 태도 등을 다른 사람이나 가족, 집단, 사회조직 등으로 확장시키는 것이다(Belk, 1988). 개인이 가진 기부와 나눔에 대한 가치와 태도를 지역사회나 공동체에 확장하여 공유하기 원하기 때문에 사람들은 실제 기부 행동을 실천하고 있다.

2.3.4 이타주의

이타주의는 자신에게 오는 이득이나 보상이 없을지라도 어떤 사람이나 사회 및 국가를 위해 도움을 주고자 하는 것을 의미한다. 보상에 대한 기대보다는 사람이나 세상을 널리 이롭게 하는 것에 더 초점을 두므로, 이타주의 성향이 높은 사람일수록 기부와 나눔의 실천할 가능성이 높다.

2.3.5 효용극대화이론

인간은 소비를 통해 주관적인 행복을 경험한다. 인간이 기부와 나눔 행동을 통해 얻는 효용(행복감)의 극대화되는 지점은 각기 다르다. 이것은 개인에게 만족과 행복을 느끼게 해주는 기부행동의 선호나 기부액에 차이가 있기 때문이다. 이에 효용극대화 이론에 근거해 우리는 소득이 많을수록 효용의 극대화하기 위해 더 많이 기부할 가능성이 높을 것으로 예측해볼 수 있다.

2.3.6 합리적 선택이론

합리적 선택이론에 의하면 자원봉사와 기부는 경쟁적 행동으로서 서로 대체관계를 이룬다고 가정한다. 두 행동은 서로 다른 비용-편익을 갖게 된다. 이에 근거하여 사람들은 둘 중 한 가지 행동을 선택하거나 거부하게 한다. 즉 자원봉사의 기회비용이 높으면 기부를 선택하고, 기부의 기회비용이 높으면 자원봉사를 선택한다. 그러므로 시간자원의 여유가 있는 사람은 자원봉사를 택하고, 금전 자원이 많은 사람은 소득획득에 대한 시간 비용이 크기 때문에 현금 기부를 선택할 수 가능성이 높다.

2.3.7 공공재 모형이론

공공재모형(public good model)은 합리적 선택이론과 마찬가지로 기부와 자원봉사 간 대체관계를 설명하는 이론 중 하나이다. 어떤 사람이 이타적인 이유에서 공공재 효과를 증진할 목적으로 기부하고자 한다면 가정해보자. 그는 자신에게 제공되는 보상 여부를 따지지 않고 공공재 공급을 최대화하기 위해 기부 행동을 선택할 것이다.

3. 기부 추구 소비트렌드와 사례

3.1 기부 추구 소비트렌드

기부와 나눔 및 후원 행동과 관련하여 몇 가지 소비트렌드가 존재한다. 앞서 〈도입 스토리〉에서 제시한 바와 같이 첫째, 소비자는 의미있는 소비 활동을 추구한다. 일명 미닝아웃으로 불리우는 가치 소비가 가치 기부를 이끄는 새로운 기부 트렌드가 나타나고 있다. 둘째, MZ세대를 중심으로 능동적으로 기부와 후원을 실천하는 기부트렌드가 기부문화로 발전하고 있다. 우리 사회에 작은 행동이 모아져서 함께 큰 변화를 산출하는 '선한 영향력'의 문화가 확산되고 있다. 셋째, 블록 체인 기반 기부 플랫폼이 등장하면서 소비자 입장에서 기부는 더욱 투명해지고 기부하기에 편리하게 관리되고 있다.

이러한 소비트렌드를 토대로 최근 기부와 나눔의 영역에서 사람들의 실천을 이끄는 6가지 예측 트렌드(표 6.6)가 제안되었다(박미희 외, 2019). 개인 기부가 일종의 나를 표현하는 소비 행동이며, 기업의 기부는 사회적 책임으로 인식되는 경향이다. 다양한 기부 방법을 선호한다. 특히 비영리 기관의 마케팅 활동과 투명한 기부금 관리가 중요한 문제로 여겨지고 있다.

표 6.6 기부 영역의 6가지 소비트렌드

2019 예측 트렌드	비고
【Trend 1】 밀레니얼의 기부, '나를 드러내는' 착한 소비	개인 기부자
【Trend 2】 기부자 유동성 증대	개인 기부자
【Trend 3】 기업의 사회공헌에서 사회적 책임으로	개인 기부자
【Trend 4】 두 개의 채널, 두 개의 바퀴: The New Classic	기부 방법
【Trend 5】 공익 활동에 영리적 요소 추가하기: 비영리 마케팅	비영리 활동
【Trend 6】 기부 투명성! 여전히 지뢰밭	비영리 이슈

출처: 박미희 외(2019). 2019 기부 및 사회이슈 트렌드. p.141. 인용

기부행동에 대한 소비트렌드는 정체된 우리 사회에서 기부와 나눔에 대한 관심과 실천행동을 증진하는 방안들을 탐색하는 '괜찮은 정보'로 활용될 수 있다. 구체적인 기부 관련 6가지 소비트렌드와 관련 자료는 다음과 같다.

3.1.1 밀레니엄 세대의 기부는 나를 드러내는 착한 소비이다.

밀레니엄 세대는 소비트렌드를 주도하는 핵심 소비자층이다. 그들은 사회적 이슈에 관심이 높고, 관심 있는 사회문제 해결을 위해 행동한다. 특히 기부와 후원 활동은 '자신을

표현하는 가치 소비'이다. 최근 가치 소비가 확산되면서 사람들의 기부 동기의 순위에 변화가 생겼다. 개인적 감정보다 사회적 책임 의식 기부에 참여 비중이 높아졌다(표 6.7).

표 6.7 기부 동기의 우선순위

순위	기부와 자원봉사를 모두 함(N=452)	기부만 함(N=620)
1	시민이 해야 할 책임이라고 생각해서(34.1%)	불쌍한 사람들을 위해(34.8%)
2	남을 돕는 것이 행복해서(27%)	시민이 해야 할 책임이라고 생각해서(29.4%)
3	불쌍한 사람들을 위해(20.8%)	남을 돕는 것이 행복해서(16%)
4	남의 도움 받은 경험과 이를 갚고 싶어서(11.7%)	남의 도움 받은 경험과 이를 갚고 싶어서(8.1%)
5	기타(4.2%)	기타(6.3%)
6	기부금의 세제 혜택을 받기 위해(1.5%)	기부금의 세제 혜택을 받기 위해(4%)
7	주변/소속 조직의 권유, 영향을 받아서(0.7%)	주변/소속 조직의 권유, 영향을 받아서(1.5%)

출처: 정익중(2018). 기부와 자원봉사의 중복효과; 보완 또는 대체?. 인용

3.1.2 관심 있는 사회적 이슈나 대상에 따라 기부처가 자주 바뀐다.

정기적 기부 비율은 2013년에 급격히 증가하여 2015년부터 차츰 증가하는 추세이다. 단발적인 일시 기부율은 계속 감소하다가 2015년 이후 점점 늘어났다(그림 6.10). 이는 2015년을 중심으로 사람들의 기부 행동에 변화를 주는 요인이 존재함을 의미한다.

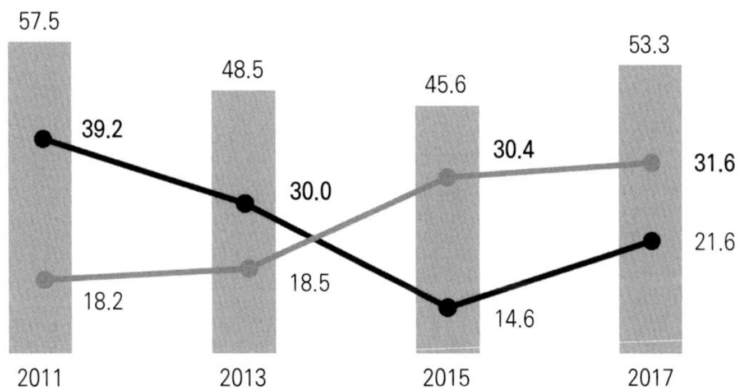

그림 6.10 기부참여율의 변화(2011~2017년, %)

출처: 아름다운재단(2018). 2018 기빙코리아 조사(일반국민조사) 보고서. p.20. 인용

예를 들어, 비영리기관에서 정기기부나 정기후원자에게 지급하는 '굿 굿즈(Good Goods)'의 영향으로 기부자가 굿즈를 모으기 위해 기부처를 바꾸는 현상으로 이어졌다. 정기 기부자를 대상으로 지급하지만 굿즈 지급은 일시적으로 기부자를 증가시키기도 한다. 즉 비영리기관의 굿즈 지급 마케팅이 기부 유인으로 작용하여 기부나 나눔 행동을 하지 않던 소비자의 관심을 끌어 모을 수 있다. 비영리기관이라고 할지라도 흥미를 끄는 괜찮은 기부 유인 요소(편리함과 편의성 등)가 있다면 새로운 기부자들이 나타날 것이고 나아가 그들의 기부 충성도까지도 높일 수 있다.

3.1.3 기업은 이제 사회공헌을 넘어 사회적 책임을 다해야 한다.

이제까지 영리를 추구하는 기업에게 기부는 자선을 베푼다는 의미에서 사회 참여나 사회적 공헌으로 여겨져 왔다. 최근 전 지구적으로 지속가능한 사회 건설을 위한 목표를 향하여 기업에게는 '사회적 책임'이 요구되었다. 기업도 사회구성원이기 때문이다. 구체적으로 UN은 지속가능발전목표(Sustainable Development Goals)를 성취하기 위해 기업의 이윤 추구 과정에서 관련된 환경과 사회, 지배구조, 경제(economic) 문제를 해결하는데 책임을 다할 것을 권고하고 있다. 다시 말해서 사회적 책임을 다하는 기업은 사회 참여나 사회적 공헌을 위해 비영리기관에 기부를 하면서 동시에 중요한 사회문제(일자리 창출, 기업 내 인권, 기업 내 성별 불평등 완화 등)와 생산 과정에서 발생하는 환경문제까지 관심을 기울일 것이 요구되고 있다.

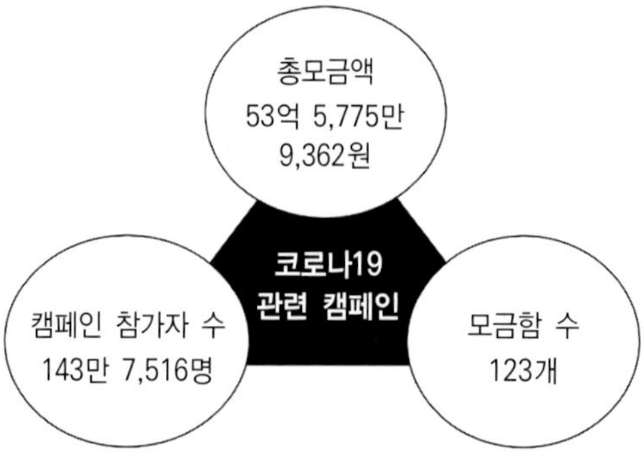

그림 6.11 기업의 기부전용플랫폼을 이용한 코로나19 관련 캠페인 현황(2020년)

출처: 파트너스 위드 카카오(2021.03.23). [카카오같이가치] 2020년 현황 및 주요 캠페인. 저자 구성.

기업에 대한 이러한 사회적 요구 때문에 오히려 비영리기관에 대한 기부에 관심이 줄어들 우려가 있다. 기업의 사회적 책임이 기업의 영리활동과 맞물리게 되는 경우, 자선적 기부에 기업의 관심이 떨어질 수밖에 없기 때문이다. 시대적 요구와 사회적 상황을 극복하기 위해 현재 기업은 업종 특성과 경영 전략과 맞는 기부나 후원 방식을 고려하고 있다.

예를 들어, 카카오는 '카카오'는 '카카오같이가치'와 같은 기부 전용 플랫폼을 만들어 운영 중이다. 2020년 현황을 보면 국가적 위기 상황에 발맞추어 코로나19 관련 모금을 통해 긴급구호키트 지원, 소외계층 긴급생계비 지원, 의료진 및 소방관 응원모금, 소상공인 지원모금, 코로나블루 심리지원 모금 등을 위한 기부활동을 추진하였다(그림 6.11). 역으로 비영리기관 역시 사업 특성에 적합한 기업체를 선별함으로써 기부와 후원이 양측 모두에게 이득이 되는 '파트너십'을 유지할 필요가 있다(그림 6.12).

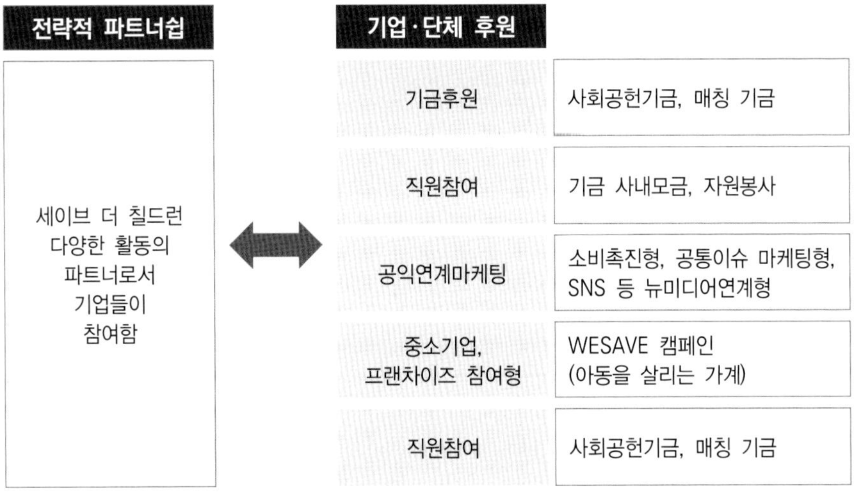

그림 6.12 비영리기관의 기부·후원 활동(2021년)

출처: Save the Children(www.sc.or.kr). 기업·단체 후원. 저자 재구성

3.1.4 기부방법은 전통적 방식과 새로운 방식이 함께 공존한다.

우리 사회에는 두 가지 기부 방법이 공존한다. 한가지는 전통적 기부방식에 익숙한 기부자들이 이용하는 방식으로, 많은 분포 비율을 차지하며 견고하게 기부 행동을 실천하고 있다. 다른 한가지는 대개 젊은 밀레니엄 세대가 선호하는 새로운 기부방식이다. 그들은 플랫폼이나 펀딩클라우드, SNS 등을 이용하여 적극적인 상호작용하며 기부와 나눔 행동을 실천하는 경향이다(그림 6.13).

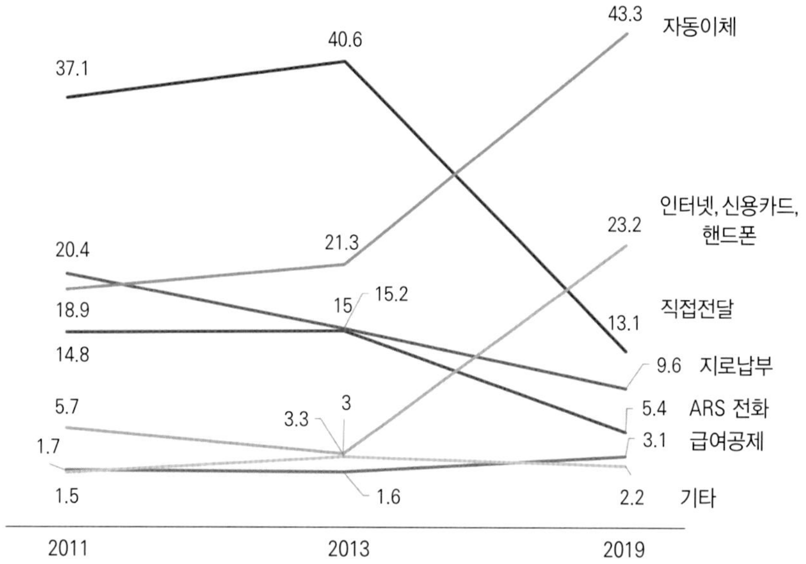

그림 6.13 기부방법(2011~2019년, %, 중복응답)

출처: 아름다운재단 기부문화연구소(2019.11.27). 기부방법. 인용. 2011~2019년 자료 구성

3.1.5 비영리기관도 기부마케팅 활동에 관심을 기울여야 한다.

비영리기관은 기부 활동 등과 같은 공익활동에 영리적 요소를 적절히 이용하는 비영리 마케팅을 개발해야 할 필요가 있다. 현재 기업의 사회적 책임을 강조하는 트렌드를 주도하고 있는 밀레니엄 세대는 새롭고 다양한 기부방식을 선호한다. 기부와 후원을 받기 위해 비영리기관은 주요 기부자인 개인과 기업의 특성과 상황을 고려하여 기부마케팅 활동에 관심을 기울여야 할 것이다. 예를 들어, 최근 비영리기관에서 기부쇼핑몰을 이용한 기부마케팅 활동이 등장하였다. 국경없는의사회의 '95창고'나 굿네이버스의 'GIVESTORE', 그리고 굿임팩트의 '나누기 스토어' 등이 그것이다. 이를 통해 사람들은 기부의 의미와 스토리가 담긴 좋은 품질의 제품을 쇼핑하면서 동시에 기부에 참여하게 된다.

3.1.6 비영리기관은 스스로 투명성에 기준을 제시하고 준수하려고 노력해야 할 것이다.

기부처인 비영리기관에 대한 신뢰가 떨어진다면 기부자는 후원하지 않을 것이다. 현재 한국에서 지속적으로 감소하고 있는 기부 참여비율은 이를 반영하고 있다. 그러므로 비영리기관은 기부자와 적극 소통하는 방법을 개발해야 한다. 기부금 사용에 대한 보고서를 성실히 기획하고, 기부활동 전 과정에 기부자들이 다양한 방식으로 참여할 수 있는 방안을 모색하는 것이 필요하다. 이러한 노력을 기울이는 비영리기관의 투명성은 기부자들로부터 지지와 옹호를 얻을 것이다. 또한 이러한 지지를 실천하고 표현하려는 기부자들에 의해 비영리기관에 대한 기부충성도는 더욱 상화될 것이다.

3.2 기부 관련 사례

3.2.1 코즈 마케팅: 〈사례 1〉 소비하면서 기부하기

코로나19가 지속되면서 소비심리는 위축되고 있지만, 가치 소비에 사회적 의미를 추가된 가치 기부에 대한 소비자의 관심은 그리 감소하지 않는 듯하다. 기업은 이에 주목하여 '코즈 마케팅(Cause Marketing)'에 집중하고 있다. 코즈 마케팅은 소비자들에게 관심이 높은 사회적 이슈를 마케팅에 결합하는 방식이다. 예를 들어, 공정무역에서 '원포원(One for one)' 방식이 그것이다. 기업은 소비자가 제품을 구매할 때마다 도움이 필요한 곳에 기부하게 된다.

〈자료 6-1〉 소비와 기부를 동시에… 유통업, '코즈 마케팅'이 뜬다

최근 유통가에 '착한 소비'를 활용한 코즈 마케팅이 각광을 받고 있다. 환경, 보건, 빈곤 등 사회적 이슈를 활용해 소비자의 감성과 구매 욕구를 자극하는 마케팅 기법, 즉 코즈 마케팅(Cause Marketing)에 업계가 집중하고 있는 것이다. 코즈 마케팅은 하버드대 마이클 포터 교수가 제시한 공유가치창출(CSV) 전략의 구체적인 실천 방안이기도 하다.

코즈 마케팅의 대표적인 사례는 농심켈로그의 세계 식량의 날(World Food Day) 캠페인이 있다. 농심켈로그는 이달 16일 '세계 식량의 날'을 맞아 카카오톡과 초록우산어린이재단을 통해 10만명의 어린이들에게 건강한 한 끼 식사를 제공하는 기부 캠페인을 진행 중이다.

농심켈로그는 지난 2017년부터 매년 세계 식량의 날마다 11번가, G마켓 등 온라인 쇼핑몰을 통해 소비자가 손쉽게 참여할 수 있는 사회공헌 캠페인을 전개해 오고 있다.

켈로그의 코즈 마케팅 활동은 이뿐 만이 아니다. 글로벌 켈로그는 성장기 어린이들의 건강한 식습관 형성을 지원하기 위해 2011년 '어린이의 아침 식사를 도와주세요(Help give a child a breakfast)' 캠페인을 전개한 바 있다. 캠페인 기간 동안 콘푸로스트 700만여개의 판매 수익의 일부를 조식 지원 사업에 적립했다.

생활용품 브랜드인 유한킴벌리는 11번가와 협력해 소비자들의 구매로 도움이 필요한 청소녀들에게 생리대 최대 30만 패드를 전달하는 캠페인을 20일까지 진행한다. 11번가 '힘내라 딸들아' 캠페인 페이지에서 유한킴벌리 생리대를 구매하면 소비자가 구매한 동일한 수량의 생리대가 자동으로 기부, 적립된다. 착한 소비에 동참한 소비자들에게는 '힘내라 딸들아' 로고가 새겨진 기부 인증 배지가 제공된다.

대형마트도 코즈 마케팅을 적극 활용하고 있다. 이마트는 아기 상어 시리즈로 유명한 '핑크퐁' 캐릭터와 콜라보레이션 제품을 출시하며 '기부가 되는 착한쇼핑, 착한댓글' 캠페인을 펼치고 있다. 오는 31일까지 실시되는 이 캠페인은 나눔에 참여하는 소비자들의 쇼핑으로 기부금 총 3,000만원을 적립하는 것을 목표로 한다. 참여 방법은 간단하다. 이마트 모바일 어플리케이션에서 핑크퐁 콜라보 제품을 구매하면 구매 금액의 10%가 기부금으로 적립된다. 적립된 기부금은 저소득층 아이들의 교육을 지원하는 초록우산 어린이재단 프로그램에 전달될 예정이다.

롯데마트는 국제구호개발 NGO단체인 '세이브더칠드런'과 업무 협약을 맺고 '초이스엘 골드 세이브워터'를 출시한 뒤 판매 수익금을 기부하기로 했다. 고객이 이 제품을 구매하면 수익금의 10%가 베트남 까마우성의 식수위생 개선사업에 전달된다. 베트남 까마우성은 메콩강 하류지역에 위치해 있어 매년 수해로 인해 사망자와 부상자가 발생하는 지역이다. 조성된 기부금은 가정용 빗물 집수, 정수 장치의 보급과 홍수 시 수인성 질병을 예방할 수 있도록 고정식 화장실 설치 등에 사용될 계획이다.

업계 관계자는 "코즈 마케팅은 소비자들로 하여금 자연스럽게 기부 캠페인 참여를 독려하고 사회적 이슈에 대한 경각심을 일깨울 수 있다는 점에서 의미가 크다"며 "이에 따라 유통업계에서 사회에 선한 영향력을 펼치는 동시에 소비자의 착한 소비 참여까지 장려하는 캠페인이 계속해 증가할 것"이라고 말했다.

출처: 시사워크(2019년 10월 16일자). 소비와 기부를 동시에… 유통업, '코즈 마케팅'이 뜬다.

3.2.2 크라우드 펀딩: 〈사례 2〉 나도 이제 후원자! 신념을 소비하기

신념을 소비하는 세대로 불리우는 MZ세대가 주력소비자층으로 부상하면서 그들의 디지털 활용 능력은 기부와 후원 등의 가치소비를 더욱 활성화 시키고 있다. 크라우드펀딩 유형 중에서 '리워드(후원)형'은 가치 소비를 실천하는 후원의 방식으로 활용될 수 있다.

리워드(후원)형은 "창업 아이템을 구체화한 스타트업, 신제품을 개발한 기업, 프로젝트를 진행하는 문화예술인들이 주로 참여한다. 해당 아이디어나 신제품, 프로젝트 사안을 펀딩 항목으로 등록한 후 불특정 다수에게 후원받는 형식으로 자금을 조달하고, 펀딩이 성공하여 실행에 옮기게 되었을 때 펀딩 참여자(후원자)들에게 해당 제품이나 프로젝트 참여권을 보상(리워드)으로 제공한다(나무위키, 2022.02.02)." 후원하는 펀딩 규모가 커질수록, 그리고 후원하는 사람들이 많아질수록 다양한 혜택(예, 무료 공연 등)이 제공되기도 한다. 무엇보다 자발적인 홍보가 이루어질 수 있다.

〈자료 6-2〉 크라우드 펀딩, 간편하고 영향력있는 신념 표현의 장

2030 세대의 최근 화두 중 하나를 꼽자면 '가치소비'를 빼놓을 수 없다. 무작정 물건을 사기보단 해당 물건을 사면 사회에 어떤 영향이 나타날지 고민한다. 혹 물건이 노동착취로 만들어진 건 아닌지 한 번 더 검색도 해본다. 가치소비는 단순히 본인에게 필요한 물건을 사는 행위가 아닌 자신의 신념을 표현하고 드러내는 적극적 표현방식이다.

가치소비는 크라우드펀딩으로 가장 잘 표현된다. 다수의 투자자로부터 돈을 모아 물품을 만드는 크라우드펀딩은 기존에 없었던 혁신적인 상품을 테스트해볼 수 있는 놀이터인 동시에 가치소비가 가장 활발히 이뤄지는 시장이다.

최근 한 국내 유명 크라우드펀딩 플랫폼에는 '보호종료아동의 꿈을 담은 버킷백과 배지'라는 제목의 펀딩이 올라왔다. 보호종료아동은 보육원이나 위탁가정에서 생활하다 만 18세가 되면 자립지원금 500만 원을 받고 사회로 나가는 청소년을 뜻한다. 보육원에서 평생을 생활하다 사회로 나간 이들에게 500만 원을 쥐어주고 자립하길 바랄 수 있을까. 돈을 어떻게 써야 할지, 무슨 일을 해서 돈을 벌어야 할지 막막하다 보니 사회에서 사기를 당하거나 제대로 자립하지 못하는 경우가 빈번하다.

이 펀딩은 이러한 보호종료아동의 어려움에 공감하고 이들을 도와주기 위해 보호종료아동이 직접 만든 버킷백과 배지를 선보였다. 펀딩을 주관한 이들은 보호종료아동에게 세 달간 디자인 교육을 실시한 뒤 보호종료아동이 제품 제작과 판매 전 과정을 주도하도록 했다. 생선을 낚아 손에 쥐어주기보단 낚시하는 법을 가르쳐준 셈이다.

이런 취지에 소비자들은 즉각 공감했다. 펀딩이 마감된 10월 15일 기준, 첫 펀딩 목표 액수였던 50만 원을 훌쩍 넘은 1,960여만 원이 모였다. 후원자는 734명이나 된다. 버킷백과 배지를 직접 만든 보호종료아동들은 이번 경험을 통해 사회에서 홀로서기를 할 자신감을 얻게 됐을 것이다. 700여 명의 조그마한 신념이 모여 이들의 삶을 바꿨다 해도 과언이 아니다.

반달가슴곰의 보금자리를 만들어주는 프로젝트도 성공한 가치소비 크라우드펀딩 중 하나로 회자된다. '반달가슴곰이 작은 철창 안에 갇혀 사육되는 것은 옳지 못하다'는 신념하에 많은 사람이 반달가슴곰 모양 배지와 티셔츠를 구매했다. 300만 원을 목표로 한 펀딩에는 총 1,575만 원이 모였고, 해당 돈은 곰의 해먹 등을 만드는 데 쓰였다.

크라우드펀딩을 통한 가치소비는 더욱 확산될 것으로 예상된다. 바쁜 현대인들이 자신의 신념을 표현할 수 있는 간편하면서도 영향력 있는 방법이기 때문이다.

최근엔 주위에서도 가치소비를 이야기하는 지인이 늘었다. 한 지인은 "크라우드펀딩 사이트를 살펴보다 티셔츠를 구매하면 소방관에게 후원금이 전달되는 펀딩을 보고 바로 결제를 진행했다"며 "평소 소방관을 존경했는데 티셔츠도 사고 후원도 할 수 있다는 생각에 만족했다"고 했다.

문득 대학생 시절, 의미 있는 사회활동을 주도적으로 하던 선배가 떠오른다. 탈북자들과 함께 대학교를 찾아가 탈북자 인식 개선활동을 하고, 인종차별 인식을 줄여보겠다며 외국인들과 함께 신촌에서 프리허그 활동을 진행했다. "신념에 따라 조금이라도 실천하다 보면 사회가 바뀌는 거야"라고 말하던 모습이 선하다. 선배처럼 거창하진 못해도, 크라우드펀딩을 통한 가치소비 역시 사회를 바꿔나가는 작지만 큰 실천이다. 그렇게 조금씩 세상이 바뀐다.

출처: 나라경제(2020년 11월호). 라우드 펀딩, 간편하고 영향력있는 신념 표현의 장.

토론 문제

1. 기부와 후원, 협찬의 용어를 각각 구분하여 설명하십시오.
2. MZ세대가 선호하는 기부 방식은 무엇입니까? 그 이유는 무엇입니까?
3. 한국의 기부 지수는 국제 비교 순위에서 낮은 편입니다. 한국의 기부 수준을 높이려면 어떤 노력이 필요한 지에 대해 서로 이야기해봅시다.
4. 당신은 기부를 한 경험이 있습니까? 만약 있다면 당신의 기부와 나눔 및 후원의 경험을 이야기해주십시오.
5. 기부나 후원을 위한 효과적인 방법으로 크라우드 펀딩이 있습니다. 여러 크라우드 펀딩 활동들 중에서 당신이 추천하는 사례가 있다면 그것은 무엇입니까?
6. 현재 기업의 코즈마케팅이 활발하게 전개되고 있습니다. 다양한 기업 코즈마케팅 활동 중에서 성공 사례와 실패 사례를 찾아보십시오.
7. 제안하고 싶은 기부나 후원 방법이 있다면 그것은 무엇입니까? 당신의 아이디어를 이야기해주십시오.

■ 참고문헌

1365 기부포털(nanumkorea.go.kr). 기부통계 2020.

나무위키(https://namu.wiki, 2020.02.02). 크라우드 펀딩.

나라경제(2020년 11월호). 라우드 펀딩, 간편하고 영향력있는 신념 표현의 장. KDI 경제정보센터.

라카이 코리아(www.lakaikorea.co.kr).

박미희·노법래·전원경·유재윤(2019). 2019 기부 및 사회이슈 트랜드. 사회복지공동모금회 나눔연구소. 조사연구 2019-01.

법제처(2021). 〈찾기쉬운 생활법령정보〉 기부 나눔. https://easylaw.go.kr/CSP/jsp/csp1/printP.jsp

복지타임즈(2021년 12월 1일자). MZ세대가 가장 선호하는 기부방법은?. www.bokjitimes.com.

시사위크(2019년 10월 16일자). 소비와 기부를 동시에… 유통업, '코즈 마케팅'이 뜬다. https://www.sisaweek.com/news/articleView.html?idxno=126932

아름다운재단(2018). 2018 기빙코리아 조사(일반국민조사) 보고서.

아름다운재단 기부문화연구소(2019.11.27). 기부하지 않은 이유. 아카이브.

아름다운재단 기부문화연구소(2019.11.27). 기부방법. 아카이브 https://research.beautifulfund.org/blog/2019/11/27/13871/

아름다운재단 기부문화연구소(2019.11.27). 세계기부지수. 아카이브. https://research.beautifulfund.org/blog/2019/11/27/13887/

아름다운재단(2020년 10월 20일자). 공익활동 여건, 싱가포르·타이완이 가장 좋다. 보도자료. https://beautifulfund.org/21979/

아름다운재단(2020.11.27). 7. 기부분야. 한국 기부문화 20년 조망: 기빙코리아 개인기부조사를 중심으로. 2020 ISSUE PAPER. https://research.beautifulfund.org/wp-content/uploads/20210415_085321.pdf.

아름다운재단 기부문화연구소(2020.11.27). 세계기부연구: World Philanthropy Tracker 2020. https://research.beautifulfund.org/blog/2020/11/27/world-philanthropy-tracker/

아름다운재단 기부문화연구소(2022.01.05). [기부통계②] 국내 기부금 총액. 아카이브.

영국 자선지원재단(www.cafonline.org). World Giving Index 10th Edition. caf_wgi_10th_edition_report_2712a_web_101019.pdf(cafonline.org)

영국 자선지원재단(www.cafonline.org). CAF World Giving Index 2021: A global pandemic special report. cafworldgivingindex2021_report_web2_100621.pdf(cafonline.org)

이미나·김동일(2019). 나눔문화 및 재능기부에 대한 의미 빅 데이터 활용 연구. 예술인문사회융합멀티미디어논문지. 9(8). 661-668.

정익중(2018). 기부와 자원봉사의 중복효과: 보완 또는 대체? 제18호 기부문화심포지엄 Giving Korea 2018.

조경환·강소랑(2019). 경제·사회심리적 요인이 기부와 자원봉사에 미치는 영향. 한국정책연구. 19(2). 1-22.

천경희·홍연금·윤명애·송인숙(2014). 윤리적 소비의 이해와 실천. 시스마프레스.

파트너스 위드 카카오(2021.03.23). [카카오같이가치] 2020년 현황 및 주요 캠페인. https://brunch.co.kr/@partnerswkakao/181

통계청(kostat.go.kr).

효성FMS(2021년 10월 5일자). '가슴이 웅장해지는' MZ세대가 이끈다! 새로운 기부 문화 트렌드. 비즈트렌드. https://www.hyosungfms.com/fms/promote/fms_news_view.do?id_boards=13654

Belk, R.(1988). Posessions and Extended Self. Journal of Consumer Research, 15(2), 139-168.

Save the Children(www.sc.or.kr).

Save the Children(www.sc.or.kr). 기업·단체 후원. https://www.sc.or.kr/donate/partnership.do

YTN(2020년 5월 4일자). 한국기부지수 OECD 20위… 공공부문참여 0.4%.

3부

지속가능한 소비생활의 실제, 윤리적 소비

■

우리가 어떤 소비 행위를 하느냐에 따라 소비시장과 우리사회의 모습은 달라지게 된다. 즉, 소비는 단순한 경제활동을 뛰어넘어 사회 전반에 영향을 끼칠 수 있는 활동이기 때문에 소비자가 어떤 생각을 가지고 소비하느냐가 환경이나 사회에 많은 영향을 준다.

최근에는 소비자 최소 비용, 최대 만족의 합리적인 소비에 대한 관심에서 환경과 사회를 생각하는 지속가능한 소비나 윤리적 소비에 관심 갖는 소비자가 늘어나고 있다.

지속가능한 소비는 국가와 국제적인 정책목표로 지속가능발전에 대한 국제적 이슈와 소비자를 연결하는 핵심개념이며(Schrader & Thøgersen, 2011), 기업의 경쟁력과 생존에 있어서도 매우 중요한 개념이다(Lubin & Esty, 2010). 또한 지속가능한 소비는 소비자의 보다 책임있는 행동을 필요로 하는 환경과 다음세대를 고려한 종적 차원의 소비윤리로 윤리적소비의 한 유형이라고 볼 수 있다(Harrison et al., 2005; 송인숙, 2005).

단순한 경제활동으로서의 소비만이 아닌 사회 전반에 미치는 영향까지 고려하는 지속가능한 소비의 실제를 살펴보기 위해 3부에서는 윤리적 소비의 일종인 '상거래에서의 소비윤리와 실천(7장)'과 '지속가능한 환경친화적 소비(8장)', '상생을 위한 공정무역 소비(9장)'에 대해 학습하고자 한다.

제 7 장 상거래에서의 소비윤리와 실천

도입 스토리: 나의 비윤리적 소비행동 수준은?

요즘 윤리적 소비행동에 대한 사회적 관심이 그 어느 때보다 높다. 처음 대학 강의를 시작하던 20년 전만 해도 소비자윤리는 생소한 개념이었다. 그러나 어느새 소비자 주권 및 소비자복지 관련 법제도가 정착됐고, 블랙컨슈머의 행태가 언론에 소개되면서 소비자의 역할 재정립 및 윤리적 소비행동에 대한 사회적·학문적·산업적 측면의 요구가 증대되고 있다.

과거의 소비자역할이 경제적 효용추구에 초점을 뒀다면, 이제는 그보다 확장된 의미로 소비자의 사회적 역할 즉 소비자의 책임 및 윤리적 소비행동을 포함한다. 윤리적 소비는 합리적이며 효율적인 소비행동, 환경(친환경)과 사회(인권 및 노동문제) 영역으로 분류할 수 있다. 환경은 저탄소 제품, 에너지 절약 제품, 동물보호 소비와 같은 친환경제품 소비를 말하며, 사회는 공정무역 등 인권이나 노동문제를 고려한 소비를 뜻한다.

그런데 대부분의 소비자들은 윤리적 소비행동의 필요성을 인식하고 있으나 나하고는 거리가 먼, 혹은 가치 있는 일이지만 실행하기 어려운 영역이라 생각한다. 때문에 윤리적 소비행동을 취하기 위해서는 일상생활에서 요구되는 윤리적 행동에 대한 정확한 이해와 인식이 중요하다. 윤리적 소비실천행동은 상거래 소비윤리, 구매 및 불매운동, 녹색소비, 로컬소비, 공동체화폐, 공정무역, 절제와 간소한 삶, 기부와 나눔으로 구분된다. 자신이 윤리적 소비행동을 하고 있는지를 확인하기 위해서는 비윤리적 소비행동의 지표들을 활용할 필요가 있다.

첫째, 적극적으로 비윤리적 이익을 추구하는 행동이다. 백화점에서 상품 가격표를 몰래 바꿔서 계산하기, 보험금을 청구하기 위해 분실한 것을 도난당한 것처럼 신고하기, 고장 난 상품을 불량품으로 반품 요청하기 등이다.

둘째, 소극적으로 비윤리적 이익을 추구하는 행위로, 거스름돈이 너무 많은데도 침묵하기, 다른 사람이 물건 훔치는 것을 보고도 모른 척하기, 식당에서 계산서에 빠진 것이 있어도 말하지 않기 등이 있다.

셋째, 소비자의 불법행위다. 예를 들어 자동차의 출력을 좋게 하려고 매연제거장치를 제거하고 운행하기, 상점에서 실수로 식품 병을 깨뜨리고 침묵하기, 종합소득신고에 허위영수증 첨부하기, 식당이나 호텔 물품을 몰래 챙겨가기, 이사 간 집에 케이블 TV가 있을 시 명의 변경 없이 그대로 사용하기, 구매 의사 없이 시식하기 등이다.

넷째, 간접적으로 비윤리적 이익을 취하는 행위로, 컴퓨터 게임 프로그램을 친구로부터 복사해 사용하기, 음악테이프를 사지 않고 친구 것을 녹음해 듣기, 물건을 산 3일 후에 같은 상품이 세일하는 것을 보고 산 것을 반품하기 등이 있다.

다섯째, 실제 거래 시장에서의 윤리적 행동이다. 집에 화재가 나서 보험금을 청구하는데 없었던 물건을 소실됐다고 신고하기, 점원의 실수로 가격표가 싸게 잘못 붙은 걸 알면서 그냥 사기, 쓰던 자동차를 이웃사람에게 팔면서 사고 유무는 숨기기 등이다.

평소 위의 지표들과 나와는 상관없는 일이라 여겼을지 모른다. 하지만 지금부터 한 번 생각해보자. 내가 얼마나 비윤리적 소비행동을 하고 있는지에 대해.

출처: 한국소비자원 소비자칼럼 618(2015-12-09)
성신여대 생활문화소비자학과 허경옥 교수

우리는 하루라도 소비를 하지 않고 살아갈 수 없다. 소비의 빈도가 증가한 만큼 소비자와 기업의 상거래 횟수 또한 증가하고 있으며, 이에 따른 소비자와 기업 간 분쟁 또한 늘고 있다. 이러한 분쟁 발생시 과거에는 기업에 비해 정보나 경제력 등에 있어 소비자는 약자라는 인식이 강해 소비자를 보호해야 할 존재로서 바라보았으나 강했으나 최근에는 '블랙 컨슈머'라는 단어가 등장할 정도로 소비자의 비윤리적 상거래 행위에 대한 문제 제기가 잇따르고 있다.

소비사회가 성숙해지기 위해서는 기업의 역할과 도덕성에 대한 반성과 더불어 경제주체로서 소비자의 역할과 도덕성 함양 또한 중요하다. 즉, 한 사회가 올바르게 나아간다는 것은 기업의 사회적 책임과 기업윤리 준수뿐만 아니라 소비자의 바람직한 소비윤리가 함께 정립될 때 건전하게 유지, 발전될 수 있다. 윤리의 핵심이 타인과 사회에 대한 선한 행동에 있다고 했을 때 소비윤리도 마찬가지로 자신의 소비가 타인과 사회에 미치는 영향을 고려해서 선한 결정을 내리거나 적어도 부정적 영향을 주는 행동은 삼가는 것을 의미한다.

그러나 최근까지도 소비자를 약자로 인식하는 문화가 팽배해 소비자 보호와 기업의 사회적 책임에 대해서만 관심을 가질 뿐 소비자의 책임과 윤리는 관심 밖의 일이었다. 현재도 우리사회에 윤리적 소비가 하나의 소비트렌드로 자리 잡았다고 보기에는 무리가 있으며 뜻이 있는 몇몇 연구자와 단체, 그리고 소수의 소비자가 윤리적 소비에 관심을 기울이고 있는 것이 현실이다. 그러나 이들의 윤리적 소비에 대한 관심과 이들이 보여준 행동은 소비의 기준과 개념을 조금씩 변화시키고 있다. 과거 가격 대비 품질을 따지는 합리적 소비에서 이웃과 환경, 미래세대를 생각하며 좋은 뜻으로 정당한 대가를 주고 만든 사회적 가치까지 고려하는 윤리적 소비로 소비의 양상과 의미가 조금씩 변화하고 있다. 저개발국과 노동력을 착취당하는 동시대를 살아가는 이들을 고려해 공정무역 상표의 커피를 구매하고 지구온난화나 환경오염 등을 고려해 친환경마크가 부착된 제품을 구매하는 행위, 또 배송 중에 발생하는 이산화탄소 등을 고려해 이동거리가 적은 지역농산물을 구매하거나 재활용 소비습관을 갖는 것, 그리고 다음세대를 위해 자원을 절약하고 간소한 삶을 사는 것 등이 이러한 변화의 시작을 알려준다. 이에 7장에서는 현대 소비사회의 특성과 변화하는 사회 속에서 소비자 책임과 상거래에서의 소비윤리에 대해 살펴보고 그 의미를 고찰해 보고자 한다.

1. 현대 소비사회의 특성

인간의 소비는 경제활동의 근간으로 하루라도 소비를 하지 않고는 살아가기 힘들 정도로 일상생활에서 큰 비중을 차지하고 있다. 전통사회에서 소비는 욕구를 충족하기 위해 상품을 만들고 사용하고 사용 후 남은 것을 교환하는 정도의 의미를 지녔던 반면 자본주의 사회에서 소비는 돈으로 상품을 거래할 수 있게 되면서 교환가치를 창출하기 위해 상품을 생산하고 구매하도록 변화하였다. 후기 자본주의 사회에서는 소비의 의미가 근본적으로 변화되어 교환가치보다는 상품의 이미지를 중요시하게 되었다. 즉, 인간이 생존 하는데 필요한 것 이상으로 상품이 생산됨에 따라 상품의 유용성보다는 상품의 이미지를 중시하게 되었고, 상품의 이미지와 자신을 동일시하는 소비자들이 늘어났다. 또한 상품이 곧 자신이라는 생각으로 다른 사람과 구별 짓기 위한 소비를 하게 되었다.

즉, 현대사회를 살아가는 소비자에게 물질의 소유가 삶의 중심이 되는 물질주의, 부유함 등을 과시하는 과시소비, 소비행위로 소비자의 자신을 표현하고 드러나게 하는 상징소비, 소비를 하면 할수록 만족하는 소비주의나 과잉소비 등이 보편화 되고 있으며, 이에 관한 현대사회의 소비 특성을 구체적으로 살펴보도록 하자.

1.1 물질주의

물질주의란 물질을 소유하려는 강한 욕망과 함께 물질을 삶의 중심에 두고 추구하려는 가치관(Belk, 1985)이자 생리적 욕구에 기초해 물질적 생존과 더불어 안정감을 느끼는 가치를 의미한다(Inglehart & Wezel, 2005). 즉, 물질주의란 삶에서 물질의 소유와 돈이 중요하다는 가치로 물질의 소유가 삶의 중심이 되며 삶의 안정감을 초래하는 원천으로 정의할 수 있다. 물질주의와 관련된 다수의 연구에 따르면 물질주의 성향이 높을수록 주관적 안녕감이나 자존감이 낮고, 외로움과 불안 수준이 높다는 연구결과를 보여주고 있다. 또한 한국인의 물질주의를 비교한 Flynn 등(2013)의 연구에 따르면 한국의 물질주의는 미국과 아시아의 다른 국가들보다 높게 나타났다.

〈자료 7-1〉 삶을 의미있게 하는 것은 무엇인가?

퓨 리서치 센터(PEW research center)에서 전세계 17개 선진국 성인 1만 9000명을 상대로 "삶을 의미있게 하는 것은 무엇인가?"라는 주제로 설문조사를 실시한 결과 한국인에게서 독특한 경향이 나타났다.

■ 대부분 나라에서 삶의 의미 1순위는 가족

17개국 성인의 '삶의 의미' 순위는 1위 '가족과 아이', 2위 '직업과 업무 경력', 3위 '물질적 풍요', 4위 '친구와 모임 활동', 5위 '몸과 정신의 건강', 6위 '사회활동과 사회적 위치', 7위 '자유와 독립', 8위 '취미와 오락', 9위 '교육과 배움', 10위 '자연과 외부활동', 11위 '낭만적인 배우자', 12위 '봉사활동과 약속', 13위 '여행과 새로운 경험', 14위 '은퇴', 15위 '믿음, 신앙, 종교', 16위 '애완동물' 순으로 나타났다.

■ 한국인의 삶의 의미 1순위는 물질적 풍요

117개국 과반 이상인 14개국에서 '가족과 아이'를 1순위로 뽑은 것에 반해, 한국인의 삶의 의미 1위는 '물질적 풍요(19%)'였고, 다중 선택을 할 수 있음에도 불구하고 한국인의 62%가 '물질적 풍요' 하나만을 선택했다. 2위는 '몸과 정신 건강', 3위는 '가족과 아이', 4위는 '긍정적인 것', 5위는 '사회활동 및 자유' 등의 순이었다.

한국인이 물질적 풍요를 삶의 가치 1순위로 택한 배경에는 돈만 있으면 가족과 아이, 건강, 직업, 사회적 지위 등이 자연스럽게 따라온다는 물질만능주의 사고의 만연을 대표적 이유로 뽑을 수 있다.

표 7.1 선진 17개국 국민의 삶의 의미(1~5위)

구분	1순위	2순위	3순위	4순위	5순위
호주	가족	직업적성취	친구	물질적풍요	사회적지위
뉴질랜드	가족	직업적성취	친구	물질적풍요	사회적지위
스웨덴	가족	직업적성취	친구	물질적풍요/건강	
프랑스	가족	직업적성취	건강	물질적풍요	친구
그리스	가족	직업적성취	건강	친구	취미
독일	가족	직업적성취/건강		물질적풍요/긍정	
캐나다	가족	직업적성취	물질적풍요	친구	사회적지위
싱가포르	가족	직업적성취	사회적지위	물질적풍요	친구
이탈리아	가족/직업적성취		물질적풍요	건강	친구
네덜란드	가족	물질적풍요	건강	친구	직업적성취
벨기에	가족	물질적풍요	직업적성취	건강	친구
일본	가족	물질적풍요	직업/건강		취미
영국	가족	친구	취미	직업적성취	건강
미국	가족	친구	물질적풍요	직업적성취	신뢰
스페인	건강	물질적풍요	직업적성취	가족	사회적지위
한국	물질적풍요	건강	가족	긍정	사회적지위/자유
타이완	사회적지위	물질적풍요	가족	자유	취미

출처: Pew Research Center(2021) 무엇이 삶을 의미있게 하는가? 17개 선진국의 관점
https://www.pewresearch.org

1.2 과시소비

과시소비란 다른 사람에게 뽐내기 위한 소비로 소비를 하는데 있어 실용성이나 편리성을 기준으로 하지 않고 남에게 보이기 위해 부유함을 상징하는 소비에 몰두하는 것을 말한다. 과시소비를 이야기 하는데 있어 베블렌을 빼놓을 수 없는데 베블렌은 「유한계급론(The Theory of the Leisure Class, 1899)」에서 상류사회의 과시적 소비에 대해 신랄하게 비판하였다. 중세사회에서 전사와 사제와 같은 상류계급은 노동을 면제받았는데 노동의 면제는 상류층의 우월한 지위를 상징적으로 표현해 주었다. 이들은 생산활동을 하지 않더라도 재력이 있다는 것을 뽐내기 위한 과시소비를 하며 경제적 우월성을 드러냈는데 여유를 가지고 있다는 의미로 유한(有閑)계급이라고 표현하였다. 과시소비의 문제는 유한계급만의 과시소비에서 끝나지 않고 그들이 소비하던 품목들이 부와 성공의 징표가 되면서 유한계급이 아닌 중산층 계급에게 고급 상품을 소비 할 때에는 동급의 상품을 소비하는 사람들과 내가 같은 계급에 속해 있다는 정체성을 보여줄 뿐만 아니라(Baudrillard, 1970), 가격과 소비량의 비정상적 관계가 더욱 강화되는 문제점을 야기한다.

그림 7.1 유한계급론(1899)

그림 7.2 소비의 사회(1979)

최근에는 SNS가 발달하면서 현실공간에 국한되어 있던 과시소비 행동이 SNS 발달에 따라 보다 확산 되고 있다. 특히 과거에는 과시소비가 차나 명품가방 등에 한정된 반면 최근에는 맛집, 디저트, 스포츠나 호텔 이용 등으로 확대되는 등 젊은 세대의 과시소비가 보다 심화되고 있음을 알 수 있다.

> "인스타그래머블이란?
> 소셜네트워크서비스인 인스타그램(Instagram)과 '할 수 있는'이라는 뜻의 영단어인 able의 합성어로 "인스타그램에 올릴 만한"이라는 의미를 뜻한다.
> 최근 보여주기를 즐기는 젊은이들의 문화에 맞춰 인스타그램에 올릴 만한지 여부가 소비의 기준이자 마케팅의 중요한 요소로 떠오르고 있다.
> 예를 들어 호텔에서는 '인생샷' 스폿을 마련하고, 전시업계는 작품을 배경으로 '인증샷'을 찍을 수 있는 포토존을 기획하는 식이다."
>
> - 네이버 지식백과에서 -

1.3 상징소비

현대 자본주의 사회에서 대부분의 상품은 그것의 본래 실용성보다도 자신을 표현하고 드러내는 소비의 상징성과 의미 전달을 위한 매개체로서의 역할이 중요해지고 있다(Baudrillard, 1993). 따라서 기업들은 자사의 브랜드를 소비하거나 소유하는 것이 곧 성공과 사회적 지위라는 상징을 성취하는 수단임을 확신시키기 위해 브랜드에 특별한 사회적 의미를 부여하려고 부단히 노력한다(한은경, 2001). 자동차 판매원이 편리함이나 성능뿐 아니라 성공과 사회적 지위라는 상징까지 홍보하는 것은 소비는 단순히 기능을 소비하는 것이 아니라 사회적 상징의 의미가 함께 있기 때문이다. 이를 토대로 상징소비를 정의하면 상징소비란 사회 구성원들이 사회문화적으로 공유하는 신분, 지위의 상징성을 획득하거나 유지 내지 현시하려는 의도나 목적으로 상징적 가치가 부여된 제품 및 서비스의 소비를 통해 사회, 경제적으로 능력 있음을 남에게 보이는 소비유형을 말한다(김양하, 2005).

물질주의, 과시소비, 상징소비와 같은 소비주의, 또 소득 불평등에 따른 구매력 문제와 과잉소비에 따른 환경문제는 소비자의 지속가능한 삶에 대한 의문을 제기하고 있다. 이에 소비자의 지속가능한 삶을 위해서는 나를 위한 소비만이 아닌 소비를 하면서 나의 소비가 사회와 환경 등에 미치는 영향을 고려해야만 한다. 이에 현대 소비사회에서 지속가능한 삶을 살아가기 위해 소비자 스스로 어떠한 가치와 의식을 가지고 어떠한 소비행동을 하며 어떻게 살아갈 것인지 숙고할 필요가 있다.

2. 소비자의 책임

소비자에게는 법적으로 보장된 소비자 8대 권리가 있으며, 그에 따른 다섯 가지 책임과 의무를 다하도록 하고 있다. 그러나 소비자의 권리와 책임을 정확하게 알고 이행하는 이는 많지 않다. 이에 본 절에서는 소비자의 권리와 윤리적 소비의 전제조건으로서 소비자 책임에 대해 살펴보고자 한다.

2.1 소비자권리

소비자권리는 소비자운동과 함께 살펴보아야 한다. 소비자운동의 시작은 소비자를 보호한다는 것이 회사나 거대 조직인 공급자에 비해 약자의 위치에 있는 소비자 개인을 보호하자는 것에서 출발했으나 얼마 지나지 않아 소비자 전체가 마땅히 주장하고 누릴 수 있는 권리를 보호한다는 의미로 소비자운동은 발전하였다.

2.1.1 최초 소비자권리

소비자권리를 처음 주창한 사람은 미국의 케네디 대통령이다. 1962년 케네디 대통령은 미국 의회에 '소비자 권익보호를 위한 특별교서'를 보내고, 국민경제에서 최대 집단으로 국민경제에서 총지출의 2/3는 소비자에 의해 행해지므로 연방정부는 전 국민의 최고대변자라는 입장에서 소비자의 요구와 그 이익의 증진을 위해 항상 배려해야 할 의무를 져야 함을 강조하며 소비자의 4대 권리를 선언하였다. 4대 권리를 살펴보면 다음과 같다.

안전할 권리

소비자는 건강과 생명의 피해 및 위험으로부터 안전을 보장받을 권리(Right to Safety)를 지니고 있다. 안전할 권리를 실현하기 위해 정부는 화학물질이 첨가된 식품이나 화장품 판매를 상품 판매를 제한하고, 고속도로나 항공운항에 있어서의 안전을 위해 올바르게 이용하도록 하며, 구매자 위험부담을 판매자 및 정부의 책임으로 규정하도록 하고 있다.

정보를 제공받을 권리(알권리)

소비자가 객관적이고 완전한 제품정보를 제공받아야 할 권리(Right to Informed)로 기업은 상품과 서비스에 대한 객관적인 정부(예, 표준중량, 성능검사, 표준화 등)를 제공하고, 정부는 허위, 과장 광고로부터 소비자를 보호해야 한다.

선택할 권리

소비자가 자유롭게 제품을 선택, 구매할 수 있는 권리(Right to Choose)로 소비자는 경쟁가격 아래에서 다양한 상품과 서비스를 접할 수 있는 가능한 한 모든 것을 보장받아야 하고, 이를 위해 자율 경쟁시장이 전제되어야 한다.

의견을 반영시킬 권리

의견을 반영시킬 권리(Right to be Heard)는 소비자는 생산자만큼 조직화 되어 있지 않아 소비자의 의견을 정부나 기업에 전달하기가 어렵기 때문에 소비자의 이익 보호를 위해서는 소비자의 의사 및 의견이 존중되고 정확히 반영되어야 한다.

케네디 대통령의 특별교서 이후 1975년 미국 포드 대통령은 소비자교육을 받을 권리를 추가하며 소비자교육의 중요성을 주장하였고, 국제소비자기구(Consumers International: CI)는 5가지 권리에 욕구 충족의 권리, 보상받을 권리, 쾌적한 환경에서 살 권리를 추가하였다. 또, OECD 소비자보호정책위원회는 생명 및 건강을 침해당하지 않을 권리, 적정한 표시를 하게 할 권리, 부당한 거래조건으로부터 보호받을 권리, 소비자피해 구제를 받을 권리, 신속한 정보를 제공받을 권리 등 다섯 가지 소비자권리를 규정하였다.

2.1.2 우리나라 소비자권리

우리나라의 경우 소비자보호법은 1979년 국회 통과 후 1980년 소비자보호법이 제정되었고, 2007년 소비자기본법으로 명칭을 변경하며 소비자가 일반적 보호의 대상이 아니라 자주적 권리자임을 표현하였다.

소비자기본법에서는 다음과 같이 소비자 8대 권리를 규정하고 있다.

안전할 권리

안전할 권리는 신체, 생명 및 재산상의 위해로부터 안전하게 보호받을 수 있는 권리를 의미한다. 최근 식품과 약품 산업의 적절한 검사와 규제의 문제를 넘어서 자동차, 전자제품, 장난감 등의 결함이 있거나 해가 되는 경우와 같이 불완전한 소비재 또한 안전성 문제에 있어 중요 이슈로 다루어지고 있다.

정보를 제공받을 권리(알권리)

소비자가 구매의사결정을 할 때 품질, 성능, 내용, 성분, 가격, 거래조건 등 필요한 사항에 대하여 충분한 지식과 정보를 제공받을 권리를 의미한다. 소비자의 합리적인 구매를 위해 기업과 공공기관 등은 소비자에게 적절한 정보를 제공해야만 한다. 정확한 정보는 더욱 효과적인 구매를 창출하고, 정보를 이용할 수 있다는 사실 그 자체가 소비자로 하여금 확신을 갖게 하므로 소비자의 알권리는 존중되어야 하고, 허위 기만 정보로부터 보호받아야 한다. 기업이 광고 등 마케팅 전략을 통하여 상품과 서비스의 결함이나 약점은 알려주지 않고, 장점만을 선전함으로써 소비자 선호를 획득하려 함에 따라 왜곡되고 부정확한 일방적 정보가 기업에서 소비자로 전달될 위험이 상존 하기 때문에 올바른 정보제공은 소비자 알권리 충족에 있어 매우 중요한 요소이다.

선택할 권리

거래의 상대방, 구입장소, 가격, 거래조건 등을 자유롭게 선택할 수 있는 권리이자 공정한 경쟁시장에서 적정한 경쟁가격에 구입 할 수 있는 권리를 모두 포괄한다. 경쟁적인 시장경제에서 소비자 선택은 활발히 이루어지지만 자유경쟁의 제한, 불공정 경쟁, 독과점 등의 심화로 소비자의 적정한 선택은 제한당하고 있다.

의견을 반영시킬 권리

소비자가 소비생활에 영향을 주는 기업의 활동과 국가 및 지방자치단체의 정책 등에 대해 자신들의 의사를 반영시킬 수 있는 권리이다. 소비자를 보호하기 위해서는 소비자 의사 및 의견은 존중되고 정확히 반영되어야 하며, 소비자권익과 소비자주권을 실현하기 위해서는 소비자정책 입안 및 운영에 소비자들의 적극적인 참여가 요구된다.

피해보상을 받을 권리

상품이나 서비스의 사용으로 인해 입은 피해에 대해 신속하고 공정한 절차에 의해 적절한 보상을 받을 권리를 말한다. 이를 위해 소비자피해보상기구, 소비자단체, 한국소비자원, 정부의 관련 기관 등에 신속한 피해보상과 구제를 요청할 수 있다.

교육받을 권리

소비자는 약자이기에 보호가 필요하며, 따라서 그대로 두기보다는 교육을 함으로써 소비자능력을 개발할 수 있다. 오늘날의 소비자는 기술혁신으로 인한 새로운 제품이 범람하고 각종 대중매체를 통한 광고와 선전이 난무하므로 합리적 선택을 유도할 수 있는 소비자 교육이 절대적으로 필요하다.

단체를 조직하고 활동할 권리

소비자 스스로 권익을 옹호하기 위하여 단체를 조직하고, 조직된 단체를 통하여 활동할 수 있는 권리를 말한다. 소비자 개인은 기업이나 다른 이익단체에 비해 자금, 조직력, 정보 등 여러 가지 측면에서 무력한 존재이므로 소비자의 권익 실현을 위해서는 개별 소비자의 노력보다는 소비자 단체를 조직하고 적극적인 활동을 전제하는 것이 보다 효과적일 것이다.

쾌적한 환경에서 살 권리

환경문제가 심각해지면서 건강과 안전에 대한 위험이 증가됨에 따라 건강에 대한 소비자의 관심이 증대되었다. 소비자기본법에 따르면 환경에 대한 소비자의 권리인 쾌적한 환경에서 살 권리를 추가 명시하였다. 따라서 소비자는 단순히 재화와 용역을 제공받는 것을 넘어 소비생활의 근본적인 환경을 보장받을 권리가 있으며, 따라서 사업자는 안전하고 쾌적한 소비생활 환경을 조성하기 위하여 물품 등을 제공함에 있어 환경친화적인 기술의 개발과 자원 재활용을 위해 노력해야 한다. 특히, 소비자가 구입한 상품을 최종 소비하며 환경에 미치는 영향이 크기 때문에 생산과 아울러 소비에서의 책임이 강조된다. 더불어 환경을 파괴할 수 있는 제품의 생산을 규제하는 데에는 많은 비용이 들기 때문에 소비자가 친환경적 의식을 가지고 소비선택을 하도록 교육하는 것이 보다 중요하다.

2.2 소비자책임

소비자권리는 소비자 자신이 이를 자각하고 권리의 주체로서 적극적으로 행동할 때 비로소 실현될 수 있으며, 소비자는 스스로의 권익을 향상시키기 위해 필요한 지식을 습득하고 자주적이고 적극적인 행동을 취하는 등 그 책임을 다해야 한다.

소비자의 책임과 의무는 소비자 권리에 상응하는 능동적인 역할을 강조한 것으로 법 규범보다는 윤리적 규범으로서 이해되어야 한다. 즉, 법적 강제성을 수반하고 있지 않으며 그 책무를 다하지 않았다고 소비자가 비난받아서는 안 된다(이경아, 2009).

소비자책임과 관련해 Stampfl(1979)은 소비자는 개인이나 가계뿐만 아니라 사회의 효용을 극대화시키는 시장선택을 해야 하며, 소비자의 선택이 사회나 환경에 부정적 영향을 미칠 수 있으므로 충분한 소비자 정보를 참조하여 균형 있는 선택을 해야 한다고 주장했다. 또, 소비자는 상품 사용에 따른 물리적 위험을 이해하고 사용지시서에 따라 바람직한 방법으로 사용해야 하며, 다른 소비자의 물리적, 심리적, 환경적 측면의 안전을 침해하지 않도록 상품을 사용하고, 소비자의 욕구, 만족, 불만족에 대한 표현을 하며 필요에 따라 기업과 정부에 정직하고 가치 있는 제언을 해야 한다고 주장했다.

국제소비자기구(CI)는 1980년 5가지 소비자 책임을 채택했다. 첫째, 비판의식으로 소비자는 시민으로서 모든 상품과 서비스 유용성, 가격 및 품질에 대해 비판적인 질문을 던질 수 있어야 한다. 둘째는 적극적 참여로 소비자는 시민으로서 지식과 의식을 터득한 후에는 그들의 요구가 받아 들여 질 수 있도록 확실하게 행동해야 한다. 셋째는 생태학적 책임으로 소비자는 무분별한 자원과 에너지의 사용이 자연환경에 미치는 심각한 영향을 인식해야 한다. 넷째는 사회적 책임으로 소비자는 경제적인 이익 우선으로 자신의 선택이 사회적으로 문화적으로 어떤 결과를 가져오는지 무관심할 수 있으나 사회적인 책임을 인식하고 소비하도록 해야 한다. 다섯째는 단결로 소비자는 공공의 관심과 지지를 확보하기 위해 소비자 조직을 통하여 활동해야 한다.

그림 7.3 소매시장의 경쟁구도(1979)

소비자기본법 제5조에는 소비자의 책무를 다루고 있다. 소비자 책무를 구체적으로 살펴보면 첫째, 소비자는 사업자 등과 더불어 자유시장경제를 구성하는 주체임을 인식하여 물품 등을 올바르게 선택하고, 소비자의 기본적 권리를 정당하게 행사하여야 한다. 둘째, 소비자는 스스로의 권익을 증진하기 위하여 필요한 지식과 정보를 습득하도록 노력하여야 한다. 셋째, 소비자는 자주적이고 합리적인 행동과 자원 절약적이고 환경친화적인 소비생활을 함으로써 소비생활의 향상과 국민경제의 발전에 적극적인 역할을 다하여야 한다.

소비자는 국가 경제를 구성하는 3대 주체 가운데 하나로 책임 있는 소비는 전반적인 국가 경제를 활성화 시킬 뿐 아니라 경쟁력 있는 기업을 만드는 데에도 역할을 한다. 따라서 소비자는 기업이 양질의 경쟁력 있는 상품과 서비스를 공급하도록 격려하고 책임 있는 소비자로서 역할을 다하도록 해야 한다(이경아, 2009). 한편 기업은 이윤추구를 목적으로 하는 조직이므로 사회적 책임을 다하는 데에는 한계가 있다. 따라서 정부가 기업에게 위해 상품 생산금지 및 사회적 환경적 측면에서 제재를 가하는 것보다 소비자가 직접 기업에게 제조물에 대한 책임을 요구할 때 실효성이 높아질 것이다. 또한 정부가 기업에게 아무리 안전한 상품에 대한 규격을 제시할지라도 가격이 비싼 안전한 상품을 소비자가 선호하지 않고 가격이 싼 제품만 선호한다면, 기업은 계속해서 소비자가 많이 사는 가격이 싼 안전하지 않은 제품을 생산할 것이다. 따라서 현명한 소비자라면 자신의 경제적 이익만 생각하는 판단보다는 자신의 소비행동이 다른 소비자 즉 사회에, 그리고 자연환경에 어떤 영향을 줄 것인가에 대한 깊이 사고하고 소비를 해야 할 것이다.

소비자는 소비자 자신의 이익과 더불어 사회적 효용을 동시에 충족 또는 극대화 시켜야 한다. 즉, 소비자 자신의 욕구충족을 위한 소비뿐만 아니라 다른 소비자 또는 다른 사람들의 복리증진도 함께 추구할 수 있는 소비 선택이 합리적 소비이므로 소비자는 단순히 효율적인 선택으로만 소비를 생각할 것이 아니라 경제적 측면 이외에 사회적으로 바람직한 소비, 윤리·도덕적인 소비를 해야 한다.

3. 상거래 소비윤리

3.1 상거래 소비윤리 개념

상거래란 소비자와 공급자 사이에 물품 또는 서비스를 사고파는 행위를 말한다. 거래의 두 주체인 공급자와 소비자 사이에 거래가 원만하게 이루어지기 위해서는 두 주체 모두 신의성실의 원칙하에 신뢰할만한 거래 상대방이 되어야 한다. 공급자가 소비자의 요구에 부응하는 소비자중심의 기업윤리 및 경영시스템을 정착시키고, 정확하고 충분한 상품정보 제공을 통해 소비자와의 신뢰 관계를 구축하듯이 소비자 또한 공급자에게 선택받기 위해 적극적이고 책임있는 소비행동을 해야만 한다.

상거래 소비윤리에 대한 학자들의 정의를 살펴보면 Muncy and Vitell(1992)은 상거래 소비윤리를 소비자가 재화와 서비스를 구입, 사용, 처분할 때 소비자의 행동을 지도하는 도덕적 원칙이나 기준이라고 정의하였고, 닷지(Dodge, 1996)는 소비자가 구매 행동을 할 때 잘못된 행동에 대비되는 올바른 행동으로 상거래 소비윤리를 정의내렸다. 송인숙(2005)은 여러 소비윤리의 차원 중 하나로 소비자가 사업자와 상거래를 할 때 판매자에게 적극적이든 소극적이든 손해를 입히는 행동을 하지 않고, 사용자로서 필요한 주의 의무를 다하며 거래 시에 다른 소비자에게도 피해를 입히지 않는 것으로 상거래 소비윤리를 정의하였고. 유현정(2018)은 상거래 소비윤리란 시장에서 수요자로서 행동하는 소비자가 거래의 상대방인 공급자에게 신뢰할 만한 거래의 상대방이 되는 기준으로 공급자들이 신뢰받으려 노력하도록 충분히 자극할 수 있는 방식으로 소비 행동을 하는 적극적인 노력을 포함한다고 보았다.

여러 연구자들에 의해 정의된 상거래 소비윤리에 대한 개념을 정리해 보면, 상거래 소비윤리란 상거래에서 이루어지는 소비행동에 대한 윤리라 할 수 있으며, 사업자와 거래할 때 정해지는 계약의 의무를 지키는 일, 제품을 사용할 때 지켜야 하는 사용상 주의 의무를 지키는 일, 법에 의해 정해져 있는 소비자 책임을 다하는 것은 상거래에서의 소비윤리라고 볼 수 있을 것이다.

3.2 상거래 소비윤리 실태

3.2.1 블랙컨슈머의 상거래 소비윤리

블랙컨슈머(Black Consumer)란 악성을 뜻하는 블랙(Black)과 소비자를 뜻하는 컨슈머(Consumer)의 합성 신조어로 근로자에게 폭력이나 폭언을 하고, SNS의 파급효과를 무기로 허위사실을 유포하는 등의 악성소비자를 의미한다. 최근 코로나19로 인한 비대면 소비의 성장으로 배달앱과 같은 온라인플랫폼 이용자가 급증함에 따라 소비자의 지위를 남용해 과장·기만성 정보 등으로 별점테러를 일삼는 블랙컨슈머가 급격히 늘고 있다. 구매한 제품의 하자에 대해 기업에 과도한 보상을 요구하거나 거짓으로 피해를 입은 것처럼 보여주고 보상을 요구하는 사례도 블랙컨슈머의 한 형태이다.

국민권익위원회에 따르면 최근 5년(2015~2020) 간 블랙컨슈머 관련 민원 현황은 1,306건으로 연평균 130건이 신고되었고, 한국소비자원의 소비자 식료품·기호품(술, 전자담배 등) 관련 피해 구제 접수 건수 또한 2017년 528건에서 2020년 656건으로 증가하고 있다. 금융분야도 블랙커슈머의 민원이 많은 분야인데 은행·보험·신용카드·저축은행 등 55개 금융회사를 대상으로 설문한 결과에 따르면 2019년 블랙컨슈머의 비중은 전체 민원의 8.9%였고, 대응 비용은 회사별로 평균 4억 9000만원 이었으며, 금융회사의 금융소비자 대응 업무 중 블랙컨슈머 관련 업무 비중은 평균 13.3%였다(서울신문, 2019). 금액만 보면 작아 보일 수 있지만, 블랙컨슈머 탓에 다른 소비자 대응에 방해를 받고 있는 점을 고려하면 직간접적 비용은 훨씬 클 것으로 보인다.

또 경찰청(2016)에 발표에 따르면 악성민원 1위는 블랙컨슈머(3,352명, 43.7%)로 나타났다. 블랙컨슈머가 기타 민원(23.6%), 직장 단체 내 불법행위(14%), 리베이트 비리(8%), 외국인 근로자 착취와 원청업체의 불공정 거래(4.5%), 공직비리(4.2%), 사이비기자 금품갈취(1.9%)보다 월등히 높은 비율을 차지한다는 점에서 상거래에서 소비자의 비윤리적 소비가 심각함을 엿볼 수 있다.

블랙컨슈머는 비단 우리나라만의 문제는 아니다. 강력한 소비자보호 정책을 펼치는 선진국의 경우 실제 피해가 발생하면 기업이 부담해야 할 보상 규모가 크기 때문에 블랙컨슈머에 대해 우리나라보다 더욱 엄격한 기준을 적용하고 있다. 해외 각국의 블랙컨슈머 대응 방안을 살펴보면 미국의 경우 개인의 권리가 조직(기관)의 권리를 침해하면 비이성적인 행위로 간주, 악성 민원이나 블랙컨슈머로 판단한다. 또 제품 이상을 발견한 소비자는 기업체가 아닌 관계당국에 먼저 신고하도록 되어 있어 신고가 접수되면 당국이 먼저 조사에 착수한다. 또 악성 민원은 기업과 개인 간 분쟁으로 간주하고 대부분 당사자 간 소송으로 문제를 해결한다. 주마다 법은 다르지만 소비자에게 문제가 있을 경우 일반적으로 사기죄가 적용되며 양형도 높은 편이다.

일본은 2009년 소비자청을 설립하고 소비자 안전법을 제정한 후 블랙컨컨슈머 대응에 있어 매우 정확하고 철저하다. 불만처리 기록, 불만대응 매뉴얼 등을 마련해 블랙컨슈머를 막고 있으며 제품에 하자가 있으면 소비자가 국가 기관에 먼저 신고하도록 하고 있다. 또한 원리원칙에 입각해 문제를 해결하려 하는 등 각 상황에 맞는 세분화 된 지침을 가지고 있다. 호주는 정부가 블랙컨슈머에 대처하는 실용 가이드를 만들어 배포하고, 옴부즈만 기관과 함께 공동 프로젝트 형태로 대응 매뉴얼을 제작하여 배포하는 등 블랙컨슈머 대응을 위해 노력하고 있다.

표 7.2 국가별 블랙컨슈머 대응 방안

국가	블랙컨슈머 대응 방안
미국	- 개인의 권리가 조직(기관)의 권리를 침해하면 비이성적인 행위로 간주 - 제품 이상을 발견한 소비자가 관계기관에 먼저 신고 - 악성 민원은 개인 간 분쟁으로 간주, 당사자 간 소송 통해 해결 - 일반적으로 사기죄 적용, 죄질이 나쁘면 대형 사기죄
일본	- 2009년 소비자청 설립, 소비자 안전법 제정 - 불만 처리 기록, 불만 대응 매뉴얼 마련 - 제품 하자시 국가 기관에 먼저 신고
호주	- 정부에서 블랙컨슈머에 대처하는 실용 가이드를 만들어 배포 - 옴부즈만 기관과 함께 공동 프로젝트 형태로 대응 매뉴얼 제작

출처: 전자신문(2015) 해외 사례 및 각국 블랙컨슈머 대응 현황

대다수 블랙컨슈머는 기업에 직접 항의하며 제품 교환보다는 금전적 보상을 요구하고, 관련 사실을 언론이나 인터넷에 유포하겠다고 협박하는 경우가 많다. 기업들이 브랜드 이미지 훼손을 우려해 블랙컨슈머의 요구를 수용하고 묵인한다면 블랙컨슈머는 더 많이 양산되므로 블랙컨슈머의 민원을 공개해 같은 일이 재발되지 않도록 해야 한다. 또한 블랙컨슈머에 능동적으로 대처하기 위해서는 기업 뿐 아니라 산업단체, 소비자단체, 정부기관 등이 유기적으로 협력해 사례를 공유하고, 기업 차원의 대응책과 정부 차원의 제도적·법적 장치를 공동 마련하고 건전한 상거래 문화 정착을 위해 노력해야 한다.

3.2.2 노쇼(예약부도) 실태

노쇼(No Show)는 외식, 항공, 숙박업 등에서 예약을 했지만 취소 연락 없이 나타나지 않는 사람을 뜻하는 용어로 예약부도라고도 한다. 급속한 인터넷의 발달과 스마트폰의 대중화는 예매와 취소의 편리성을 가져왔고, 노쇼라는 소비자 무책임의 문제를 야기했다. '나 하나쯤은 괜찮겠지'라는 안일한 생각으로 인한 노쇼의 피해는 고스란히 사업주가 떠안게 되기 때문에 소비자들의 상거래 윤리가 요구되는 분야이다. 현대경제연구원(2015)의 조사에 따르면 서비스 업종별 예약부도율은 음식점 20%, 병원 18%, 미용실 15%, 고속버스 12%, 소규모 공연장 10%로 나타났고, 5대 서비스 업종(음식점·병원·미용실·공연장·고속버스)의 매년 노쇼로 인한 매출 손실만 약 4조 5천억 원에 달했다. 관련 제조업체의 손실 약 3조 8천억 원까지 합치면 8조 3천억 원, 고용손실은 무려 약 11만 명에 달한다.

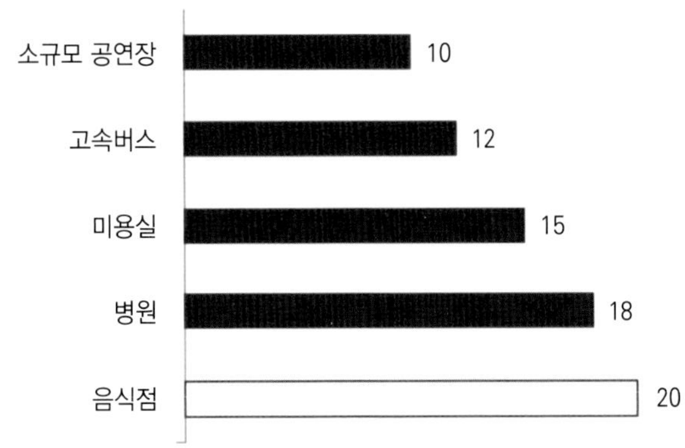

그림 7.4 서비스 업종별 예약부도율(%)

출처: 현대경제연구원(2015)

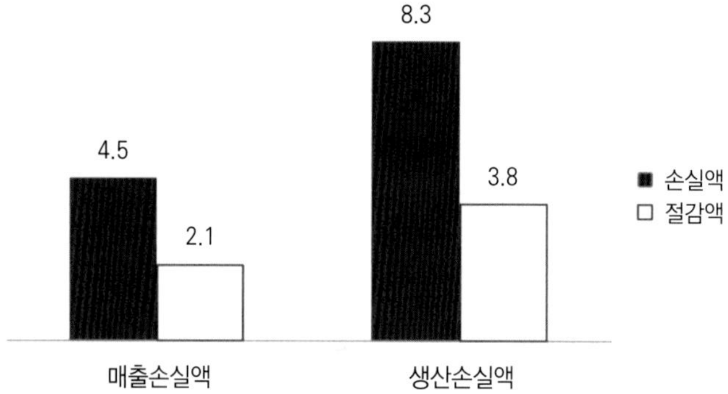

그림 7.5 서비스 5개 업종 예약부도에 따른 매출, 생산손실액(단위: 조)

* 생산손실액: 손실 절감은 연관 산업 손실액-손실액 절감분을 합산

출처: 현대경제연구원(2015)

노쇼는 소비자들의 약속 경시 현상이 주 원인이다. 아직까지 노쇼 고객의 손해배상 책임을 인정한 사례는 없으나 노쇼는 부당한 계약 파기에 해당되므로 식당 주인은 민법의 일반 원칙에 따라 고객에게 민사책임을 물을 수 있다. 다만 손해배생액의 산정이 어렵기 때문에 실제 소송으로 이어진 사례는 아직까지 없다. 2018년 소비자 분쟁해결 기준 개정안에서는 주문 예약을 받을 때 예약보증금을 받을 수 있도록 했으나 법적 강제력은 없는 상태이다.

노쇼는 기본적으로 신의성실 의무를 위반한 것이다. 그로 인한 피해는 소비자가 상상한 것 이상이다. 병원진료의 노쇼는 타인의 생명과 직결되며, 항공업계에 만연한 노쇼는 과도한 취소 수수료 문제를 만들어 내기도 한다. 따라서 소비자는 나의 노쇼가 타인의 기회마저 박탈하는 것이란 것을 명심하고, 상거래에서의 예약과 취소에 대한 성숙한 시민의식을 쌓을 필요가 있다. 더불어 예약보증금을 법제화 하는 등 정부차원의 제도 마련이 시급하다.

3.3 상거래 소비윤리의 실천

〈자료 7-1〉 # '배 째라' 이제 안 통해, 노쇼 대처하는 각종 서비스

■ 노쇼 패널티

가장 기본적으로 성행하고 있는 제도는 바로 '노쇼 페널티'이다. 사전 고지 없이 예약 시간에 나타나지 않거나, 예약 시간 직전에 취소하는 등 업소에 피해가 가는 경우에는 고객에게 서비스 전체나 일부의 값을 치르도록 한다. 또는 예약 시 미리 결제하도록 안내하고, 취소할 시 시간에 따른 위약금을 차등으로 부과하도록 해 피해를 최소화하고 있다. 하지만 이러한 정책에도 '배 째라'는 마음으로 페널티에 따른 수수료 지급을 거부하는 사람도 적지 않다.

■ 노쇼 보증 서비스

해외에서는 '노쇼 보증 서비스'라는 일환으로 매월 회비를 지불하면 노쇼로 인한 피해액 전액을 보상해주는 회사까지 등장했다. 일본의 한 변호사는 "노쇼를 없애기 위해 회사를 차렸다"며 변호사가 직접 나서 무단 취소를 한 고객을 대응하는 서비스를 시작해 언제, 몇 시, 인당 금액, 인원수, 전화번호, 예약명 등 구체적인 증거자료를 입력하여 피해액을 무사히 회수할 수 있도록 돕고 있다. 이 서비스는 무려 회수율 80% 넘겨 성공적인 효과를 거두었다.

■ 항공사 패널티 정책 강화

국내 한 항공사는 노쇼 페널티 정책을 강화해 출국 게이트를 통과해 탑승 구역에 들어온 뒤 항공편을 취소하는 승객을 적극적으로 대응할 것이라 밝혔다. 비행 거리에 따라 수수료를 차등 적용하여 티켓값의 일부를 지불하도록 하고 있다. 항공사는 "이륙 직전에 티켓을 취소하는 손님이 많아, 탑승하려 했던 다른 승객이 불편함을 겪기 때문"이라 페널티 강화의 이유를 밝혔다.

■ 연회시설의 경우, 위약금 강화

2019년부터는 국내에서도 소비자 분쟁 해결기준 개정안이 시행돼 노쇼에 따른 자영업자의 피해를 최소화하기 위해 노력하고 있다. 앞으로는 예약 시간을 1시간 이내로 앞두고 취소하거나 사전에 취소 의사를 밝히지 않은 채 식당에 나타나지 않으면 예약 보증금을 돌려받을 수 없다. 특히 사전에 많은 준비가 필요한 연회시설의 경우 위약금 규정이 더 강화되어, 예약 7일 전 취소할 시 계약금과 총 이용금액의 10%를 위약금으로 지불해야 한다.

출처: 소비자시대(2019) 노쇼, 소중한 약속은 어디에?
https://www.kca.go.kr/webzine/newWebzineSearch/searchWebzineList

소비자가 기업과의 상거래에서 소비윤리를 실천하는 방법에는 어떠한 것이 있을까? 유현정(2018)은 다섯 가지 상거래 소비윤리 실천 방법을 제시하였다.

첫째, 계약의 의무를 다하는 것이다. 예를 들어 소비자가 보험에 계약했다면 자신의 병력 등 보험사에서 요구하는 정보를 거짓 없이 고지하고 보험료를 성실하게 납부해야 하며, 보험사는 사고 발생 시 보험약관에서 정하는 바에 따라 보상을 해주어 상호 계약 의무를 다해야 한다.

두 번째는 사용상의 주의를 다하는 것이다. 이를 위해 사업자는 정해진 방법에 따라 소비자가 제품을 올바르게 사용할 수 있도록 사용설명서를 충실하게 작성해 제공해야 하고, 소비자는 사용설명서에 기초해 올바르게 사용해야 한다.

세 번째는 법에 의해 정해져 있는 소비자의 책임을 다하는 것이다. 소비자기본법 제5조에서는 소비자의 책무로 소비 선택의 책무, 정보수집의 책무, 합리적이고 환경친화적인 소비의 책무 3가지를 제시하고 있다. 소비자 스스로 이들 세 가지 책무를 다함으로써 소비자의 상거래는 보다 원만하게 진행될 수 있다.

네 번째는 보다 정직한 사업자를 분별하기 위해 노력하는 것이다. 정부가 공정거래위원회와 같은 조직을 통해 부당한 사업자를 분별해내려는 노력에도 불구하고 모든 부당사업자를 분별해 낼 수 없기 때문에 바람직한 시장환경을 만들어 내기 위해서는 정부의 소비자 시장 정책과 더불어 소비자 스스로 옳은 판단을 하려는 노력이 수반되어야 한다. 소비자의 옳은 판단을 위해서는 충분한 정보를 수집하는 것, 그리고 교육을 통해 소비자 능력을 기르는 것이 중요하다.

다섯 번째는 신뢰할 수 없는 사업자를 퇴출하기 위해 소비자는 적극적인 노력을 해야 한다. 좋은 사업자의 상품은 적극적으로 선택하고 신뢰할 수 없는 사업자의 상품을 불매함으로써 소비자 스스로 신뢰할 수 없는 사업자 퇴출에 앞장설 수 있다.

그렇다면 소비자들의 상거래 소비윤리를 향상시키기 위해서는 어떻게 해야할까? 선행연구를 통해 상거래 소비윤리 향상 방안을 모색해보면, 먼저 소비자의 물질주의 성향(송인숙·제미경, 2006; 제미경, 2007, 홍은실·신효연, 2010)과 소비자의 사회적 책임의식이 상거래 소비윤리에 영향을 주는 것으로 나타났다(김효정, 2006; 홍은실·신효연, 2010). 또, 김효정(2006)의 연구에서는 소비자가 지식이 많을수록 소비자가 상거래에서 윤리적으로 행동하고, 연령이 낮을수록 비윤리적 상거래 행동을 많이 하는 것으로 나타났다(김효정, 2006; 신상헌, 2000).

이를 정리하면 소비자가 상거래에서 올바른 소비윤리를 함양하기 위해서는 소비자를 대상으로 상거래상의 소비자의 역할, 책임과 가치 등에 대한 소비윤리 교육을 강화·운영하고, 특히 젊은 층의 소비행동이 성인기, 그리고 미래 자녀에게까지 영향을 미친다는 점에서 아동기부터 청년기까지의 소비자를 대상으로 소비윤리와 윤리적 소비행동을 교육하는 것이 효과적일 것이다. 더불어 소비자가 개인의 이기심에서 벗어나 정직성, 신뢰성, 공정성, 책임의식과 같은 기초적인 윤리 의식을 갖추고 상거래에서 윤리적 소비를 실천하기 위해 노력한다면 소비시장에 블랙컨슈머가 아닌 선한 영향력을 행사하는 화이트컨슈머가 확산되는데 도움이 될 것이다.

4. 구매·불매운동

4.1 소비자주권과 구매·불매운동

4.1.1 화폐투표와 소비자주권

투표는 현대사회를 살아가는 개인이 할 수 있는 강력한 정치적 의사표현 중 하나로 정치에서의 투표와 유사한 개념으로 경제학에는 화폐투표(dollar votes)라는 개념이 있다. 화폐투표란 국민들이 정치적으로 행할 수 있는 주권을 가지고 있는 것처럼 시장에서 소비자들은 구매 또는 불매라는 경제적 행위를 통해 투표를 한다는 것이다. 즉, 소비자가 지불하는 화폐는 선거에서의 투표권과 비슷한 역할을 한다는 의미이다. 화폐투표는 투표와 마찬가지로 의사소통의 수단이지만 정치에서의 투표는 4년에 한 번 밖에 행사가 불가하지만 경제학적 투표는 매일 몇 번 씩이라도 행사할 수 있다는 점에서 그 의미가 더 크다고 볼 수 있다.

화폐투표와 함께 소비자주권(consumer sovereignty)을 살펴보면 소비자주권이란 사회 전체의 자원배분이 시장을 통해 사회 전체의 자원배분을 결정하는 것으로, 민주사회에서 국민들이 정치적 주권을 가지듯 시장경제에서 소비자들이 경제적 주권을 갖는 것을 뜻한다. Adam Smith(1776)는 「국부론」에서 "소비야말로 모든 생산의 유일한 목적이며 생산자의 이익은 소비자의 이익을 증진시키는 범위 안에서 고려되어야 한다"고 주장하며 소비자주권의 원리를 제시하였다.

즉, 소비자주권은 자본주의하에서 소비자와 생산자의 상호관계에서 최종적인 의사결정의 힘은 소비자에게 있으며, 이는 단순히 소비생활에 있어서 소비자 선택의 자유가 보장된다는 의미가 아닌 궁극적으로 소비자 개개인의 자유롭고 자주적인 선택권이 시장구조를 통해서 생산자들에게 어떤 제품을, 어떻게, 생산할 것인가를 결정하고 전달하는 기구로서 역할을 해야함을 보여준다.

그림 7.6 소비자의 화폐투표

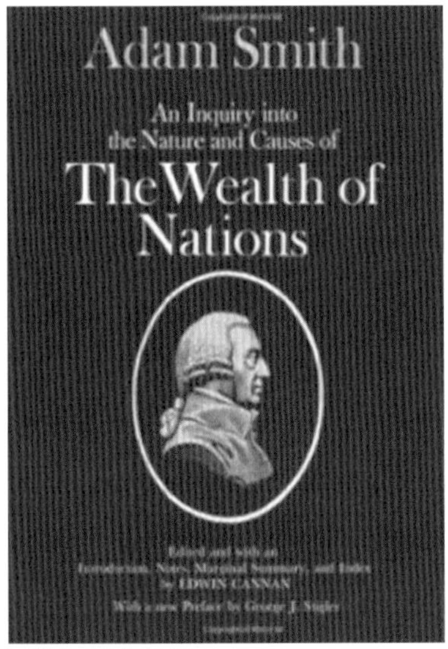

그림 7.7 국부론(1776)

소비자주권이 실현되기 위해서는 시장의 경쟁 질서 확립이라는 객관적 조건과 소비자 스스로 합리적으로 선택을 하고자 노력하는 주체적 조건이 상호작용을 이루며 전제되어야 한다(서정희·이기춘, 1991). 구체적으로 살펴보면, 객관적 조건이란 공정한 경쟁 유지를 포함한 시장의 조건이며, 주체적 조건이란 소비자의 주권의식과 선택 능력의 제고를 말한다. 소비자의 주권 의식이란 권리 의식 뿐 아니라 책임 있는 소비자로서의 책무까지 포함하며, 소비자 개개인이 시장 및 공동체에 미치는 영향을 고려해 소비 행동을 하도록 권장하고 있다. 그렇다면 소비자주권의 실현을 위해서는 경제의 각 주체들이 어떻게 해야할까? 먼저 시장의 조건을 바람직하게 유지 또는 개선하기 위해 정부가 노력해야 한다. 특히 소비자의 생명·건강·안전 등과 직결된 자동차, 의약품, 생활화학 등의 제품뿐만 아니라 기업들의 경쟁제한, 소비자 정보의 문제, 피해보상 제도 마련 등을 위해 정부는 최선의 노력을 다해야 한다. 소비자 스스로의 자각과 노력도 중요한데, 이 때 정부는 소비자 교육 및 정보 제공 등의 지원을 통해 소비자들이 바람직한 소비 가치관과 소비 태도, 소비자 역량을 갖추도록 역할을 다하고 소비자 권익보호를 위해 힘써야 한다.

4.1.2 한국의 소비자주권 현황

현대사회는 정보화, 세계화 등으로 경제활동의 중심이 생산자에서 소비자로 이동하면서 소비자의 선택에 따라 기업의 성패가 좌우되는 소비자주권 시대라고 볼 수 있다. 소비자의 교육수준과 의식 향상으로 소비자는 경제활동의 주체로서 자신의 요구와 권리를 적극 주장 할 수 있게 되었고, 이는 소비자가 더이상 보호의 대상이 아닌 주체적인 존재임을 보여주고 있다. 특히 정보화의 진전으로 생산자와 소비자 간 정보 비대칭성이 개선됨에 따라 소비자들 사이에서 정보나 의견 공유가 용이할 뿐만 아니라 SNS 발달에 따른 개별 소비자의 자유로운 의사 표현인 구매·불매운동은 소비자주권 시대가 도래했음을 알려준다.

한국소비자의 소비자주권은 과거 대비 매우 높은 수준임에도 불구하고 국제사회에서의 한국소비자의 소비자주권은 여전히 낙제섬을 면하지 못하고 있다. 소비자주권 침해 사례를 살펴보면 국내 기업에서 생산한 자동차나 가전제품이 외국에 비해 한국 자국민에서 더 비싸게 팔리고 있고, 자동차나 명품 판매에 있어 국가별 가격차별 정책에서 한국은 가장 고가를 지불하는 나라 가운데 하나이며, 리콜 등에 있어서도 한국만 대상에서 제외하거나 안전 편의 옵션 제외, 짧은 보증기간 적용 등 소비자주권 침해는 다양한 분야에서 일어나고 있다. 소비자가 정당한 비용을 지불했음에도 불구하고 가격, 품질, 서비스에서 차별을 받고 있다는 것은 한국의 소비자를 바라보는 국내·외 기업들의 인식을 엿볼 수 있다.

소비자가 제품을 사면서 비싼 대가를 지불하고, 서비스에서 차별을 당했다면 해당 제품의 판매량은 자연스럽게 감소한다. 품질과 서비스는 제품의 가치에 해당되는데 이 가치가 떨어지거나 가격이 오르면 구매하지 않거나 다른 대체제를 구매하면서 제품의 가격과 판매량은 적절한 균형을 찾아간다. 경제학에서는 이런 수요-공급을 보이지 않는 손이 조정하는데 한국사회 명품, 수입차 시장은 보이지 않는 손의 작동이 멈춘 것 같다. 소비자 스스로 주인으로서의 권리를 져버린 것은 아닌지 돌이켜 보고, 철저하게 반성하도록 해야 할 것이다.

4.2 기업의 사회적 책임과 구매·불매운동

공급자 중심에서 소비자 중심으로 시장환경이 변화하고 있다. 이에 따라 소비자는 자신의 선택에 따른 사회적 영향력까지 고려하며 사회적 책임을 다하는 기업의 제품을 구매하고, 사회적 책임을 저버리는 기업의 제품은 불매하는 등 기업의 사회적 책임 또는 ESG 경영을 고려한 소비생활을 하고 있다.

기업이 소비자로부터 외면받지 않고 소비자와 상생 발전하기 위해서는 사회적 책임 경영을 위한 국제적 표준인 ISO 26000를 인식하고 실천 노력을 다해야 한다. ISO26000은 국제표준화기구(ISO)가 2010년 11월 1일 발표한 기업의 사회적 책임(CSR: Corporate Social Responsibility)에 대한 국제표준으로 사회의 모든 조직이나 기업이 의사결정 및 활동 등을 할 때 소속된 사회에 이익이 될 수 있도록 하는 책임을 규정한 것이다. 구체적으로 산업계, 정부, 소비자, 노동계, 비정부기구(NGO) 등 7개 경제주체를 대상으로 지배구조, 인권, 노동관행, 환경, 공정거래, 소비자 이슈, 공동체 참여 및 개발 등 7대 의제를 사회적 책임 이슈로 규정하고, 이에 대한 실행지침과 권고사항 등을 담고 있다. 2005년부터 5년간 추진돼 온 이 기준은 2010년 9월 77개 개발 참여국을 대상으로 실시한 투표에서 93%의 찬성을 얻어 국제표준으로 최종결정된 바 있다(시사상식사전). 이러한 기업의 사회적 책임에 대한 국제표준인 ISO26000 제정은 소비자가 스스로 마련했다는 점에서 큰 의미를 찾을 수 있다.

ISO 26000의 핵심주제

- 조직지배구조(organizational governance): 투명성, 윤리적 행동, 법규 준수 등 사회적책임의 원칙 실행에 해당
- 인권(human rights): 차별금지, 고충해소, 표현의 자유, 경제적, 사회적, 문화적 권리, 작업장에서의 기본권리, 강제 노동금지, 아동노동금지 등
- 노동 관행(labour practices): 고용관계, 노동조건과 사회보장, 대화, 단체협약, 안전과 보건, 경력 개발 등
- 환경(environment): 오염방지, 자원활용, 기후변화, 자연환경 보전과 복원 등
- 공정운영 관행(fair operating practices): 반부패, 정치관여, 공정 경쟁, 영향력 행사, 재산권 존중 등

- 소비자 이슈(consumer issue): 공정한 마케팅과 정보, 건강과 안전, 지속가능한 소비, 소비자 지원과 분쟁 해결, 개인정보보호, 교육 등
- 지역사회 참여와 개발(community involvement and development)은 교육과 문화, 고용 등의 사회적 투자 해당

그림 7.8 ISO 26000 핵심주제 7가지

이 같은 7개 핵심 주제에 관한 기업의 사회적 책임과 역할이 중요한 만큼 기업은 사회적 책임과 역할을 중시하고 윤리경영 실천에 관심을 가져야 할 때이다. 최근 기업의 사회적 책임과 관련한 새로운 마케팅도 주목받고 있다. 코즈 마케팅(Cause + Marketing)이 이에 해당 되는데 코즈 마케팅이란 소비자가 단순히 물건을 구입 하는 것 외에 부가적인 소비의 명분을 제공하는 것을 의미한다. 소비자가 A라는 물건을 구매하면 구매하는 금액의 일부를 목적성 있는 곳에 기부하여 활용한다고 마케팅함으로써 기업은 제품을 판매함과 동시에 사회적 책임을 다하고, 소비자는 필요한 물건을 구매하면서 동시에 기부에 참여하여 착한 일을 할 수 있다는 장점이 있다.

기업의 사회적 책임과 함께 ESG 경영을 살펴보면 ESG 경영이란 기업이 경영을 함에 있어 환경(Environment) 보호에 앞장서고, 사회공헌(Social)을 하며, 법과 윤리를 철저히 준수하는 윤리경영(Governance) 활동을 해야 지속가능한 발전을 할 수 있다는 것으로 ESG는 개별 기업을 넘어 자본시장과 한 국가의 성패를 가를 키워드로 급부상하고 있다. 실제 소비자들도 기업의 사회적 논란 및 이슈에 대해 불매운동을 벌이는 등 강경한 입장을 취하고

있어 ESG 경영은 소비자의 구매·불매 의사결정에 있어 중요한 역할을 하고 있다.

4.3 구매·불매운동의 동기

소비자들은 구매·불매운동을 왜 하는 것일까? 천혜정(2019)은 소비자 불매운동의 동기를 자기표현, 공감, 정의 실현의 세 가지 동기로 유형화 하였고, 유현정(2018)은 구매·불매운동의 동기를 개인적-사회적 측면으로 이분화하여 살펴보았다. 이 가운데 유현정(2018)이 제시한 동기를 구체적으로 살펴보자.

4.3.1 개인적 측면의 구매·불매운동 동기

가. 경제적 이익 추구 동기

소비자의 경제적 이익 추구 동기는 착한 기업의 제품을 구매하고, 나쁜 기업의 제품을 불매하는 화폐투표 행위를 통해 소비자가 착한 기업의 고품질의 제품을 많이 찾음으로써 원가를 절감하고 이는 결국 소비자의 경제적 이익으로 연결되고, 또한 나쁜 기업 또한 불매운동을 계기로 기술경쟁력 또는 가격경쟁력을 높이는 등의 노력을 펼침으로써 소비자의 경제적 이익을 가져올 수 있다. 안진아(2000)는 이를 도구적 동기로 표현했는데 도구적 동기란 기업에 압력을 행사함으로써 부정행위를 바로잡고 사과 및 보상을 받는 등 경제적 또는 비경제적 동기로 볼 수 있다.

나. 불만족한 소비자의 구체화된 행동

보통의 소비자는 상품이나 서비스 구매에서 오는 불만을 해소하기 위해 불매운동을 한다. 이에 대해 안진아(2000)는 타겟 기업에 대한 부정적인 감정을 표시하기 위한 표현적 동기에 의해 소비자들이 불매운동을 하게 된다고 주장했다.

다. 소비자권익 증진 및 소비생활 향상

소비자가 구매·불매운동을 펼치는 이유는 소비자의 권리를 증진시키고 소비생활의 질을 향상시키기 위해서이다. 소비자는 기업의 부당한 가격 인상이나 고가 제품에 대한 가격 인하 유도하고, 제품이나 서비스의 품질과 허위·과장 광고로 인한 소비자 문제 해결을 위해 소비자들은 구매·불매운동을 펼치게 된다.

4.4.2 사회적 측면의 구매·불매운동 동기

가. 이타적 동기

소비자가 환경을 생각해 버려진 쓰레기를 새활용(업사이클링)해서 만든 의복 브랜드를 구매하는 것, 어린이나 여성 등 제3세계 취약계층의 노동력을 착취해서 생산된 의류나 초콜릿 등을 구매하지 않는 것은 이타적 동기에 의한 구매/불매운동으로 볼 수 있다.

나. 사회적-정치적 문제해결

가습기 살균제로 인해 수많은 생명들이 목숨을 잃거나 치유될 수 없는 피해가 발생했음에도 불구하고 사과와 보상은 커녕 조작과 은폐로 책임을 회피하는 기업, 또 한일 과거사 문제로 일본제품을 불매하는 것, 기업 대표의 정치적 편향성은 불매운동과 더불어 반대 상황에 있는 기업의 제품을 구매운동 하기 위한 동기를 제공해주기도 한다.

표 7.3 구매·불매운동의 사회적 동기

사회적 동기 유형	기업명	사례 내용
이타적 동기	코×	한 번도 팔려본 없는 재고 의류들을 해체해 새로운 옷으로 재탄생시켜 환경 문제 해결 공로 커
	현×	포장재로 쓰레기 문제를 염려하는 윤리적 소비자들의 요구에 대응해 선착순 4000명을 대상으로 1인당 아이스팩을 최대 20개까지 수거하는 캠페인 진행
	디×	공정무역 초콜릿 생산
	나×	여성 및 아동 노동 착취
	나×	매출 확대를 위해 과대광고, 병원과 결탁하여 분유 수유환경이 좋지 않은 나라에서도 분유 수유 확산
사회적, 정치적 동기	옥×	가습기 살균제 피해를 일으킨 기업으로 제품 불매
	스×	팔레스타인 대학살 자행하는 이스라엘에 대항
	조×	미국 쇠고기 수입에 반대하는 촛불 집회에 부정적. 해당 신문에 광고 게재한 기업의 제품을 불매
	유×	일본 대표 의류브랜드인 유X 임원진이 한국인의 국민성으로 인해 유X 불매운동이 오래가지 않을 것이라고 발언함으로써 전략적 커뮤니케이션 실패

출처: 유현정(2018). 행복한 소비, 윤리적 소비. 충북대학교 KOCW.

4.4 구매·불매운동의 변화

불매운동이란 일반적으로 소비자 개인이나 소비자집단이 특정 브랜드나 기업의 제품을 구매하지 않도록 하여 그들이 목표하는 바를 달성하고자 하는 시도(Friedman, 1985)로 소비자가 구매하지 않는 의사결정을 함으로써 자본주의 사회와 기업에 영향을 미치게 된다. 구매운동이란 소비자가 자본주의 사회와 기업에 영향을 미치는 제품을 구매의사결정 함으로써 자신의 의사를 전달하는 방법으로 과거에는 불매운동이 주를 이루었다면 최근에는 구매·불매운동이 구매하지 않는 불매운동 'Boycott'과 구매하는 구매운동 'Buycott'로 이원화되어 펼쳐지고 있다.

불매운동인 보이콧은 부당한 행위에 대항하기 위하여 정치·경제·사회·노동 등의 분야에서 조직접·집단적으로 벌이는 구매 거부운동으로 보이콧이라는 말은 1880년에 영국의 한 귀족영지 관리인인 보이콧이 소작료를 체납한 소작인들을 그 토지에서 추방하려다가 파넬의 지도 아래 단합한 전체 소작인들의 배척을 받고 물러난 데서 생긴 말이다. 최근 불매운동은 개개인의 소비경험에 근거한 불매운동 보다는 기업의 정치색, 혐오 발언 또는 상징 광고, 노동 및 안전 침해, 생명권 침해 등에 따라 신념과 가치에 손상을 입은 소비자가 조직적으로 펼치는 경우가 많아지고 있다.

구매운동과 관련해 최근 MZ세대는 소비를 통해 개인의 기호나 신념을 적극적으로 표출하는 경향을 보이고 있다. MZ세대 사이에서 '돈쭐을 내다', '바이콧'(buycott), '미닝아웃' 등의 용어가 유행하고 있는데 '돈쭐'이란 SNS 등을 통해 알려진 선행을 베푼 업주나 업체를 대상으로 소비자들이 적극적으로 '팔아주기' 운동을 하는 문화이다. 어떤 사람이 사회적으로 옳은 행동을 했을 때 '이 사람은 돈으로 혼나야 한다.'라는 다소 과격하지만 따뜻한 의미를 가진 문화라고 할 수 있다. '바이콧'이란 보이콧의 반대 개념으로, 선행을 베푼 기업의 제품을 구매함으로써 개혁을 위한 의지를 표명하는 것을 말한다. '미닝아웃'은 의미를 뜻하는 'Meaning'과 드러내기를 뜻하는 'Coming Out'의 합성어로, 소비 활동을 통해 개인의 취향이나 신념을 소구하는 것으로 단순히 구매에 그치는 것이 아니라 SNS 등을 통해 자신의 소비 습관을 널리 알리고 이를 사회문제로 환기시킴으로써 완성되는 소비 운동이다.

이 같은 구매·불매운동이 확산되는 이유를 구체적으로 살펴보도록 하자.

첫째, 정보의 비대칭성이 줄어들고 있기 때문이다.

건전한 소비문화를 만드는 데는 무엇보다도 정확한 정보가 제공되어야 한다. 시장에는 수많은 공급자가 있고, 소비자는 공급에 대한 정보를 제대로 파악했을 때, 합리적인 소비를 해낼 수 있다. 이와 관련해 George Akerlof(1970)는 미국 경제 학술잡지에 〈레몬시장: 품질의 불확실성과 시장 메커니즘〉이라는 논문을 발표했다. 레몬마켓은 시장에서 제품을 판매하는 이와 제품을 구입하는 소비자가 같은 정보를 공유하지 못해 결국 품질에 문제가 있는 저급품이 유통되는 상황을 빗대어 말하고 있다. 사실 레몬마켓에서 제품을 판매하는 이들은 그 제품의 장점 못지않게 단점도 잘 알고 있으나 제품을 사려는 구매자는 제품의 품질을 판매자만큼 알기 어려운 '정보의 비대칭성' 문제를 겪게 되는 파는 사람과 사는 사람 간의 정보 불균형은 결국 시장 실패로 이어진다.

둘째, SNS 확산에 따른 정보의 확산 속도가 빠르기 때문이다.

과거에는 소비자 한 명이 기업이 잘못된 행동을 알고 있다 하더라도 구전으로 확산되는 데 그 전달 속도나 퍼지는 범위에 한계가 있었다. 그러나 소비자 한 명이 알게 된 기업의 잘못된 행동들이 클릭 한 번으로 공유되는 시대가 되었다.

셋째, 시장의 성숙으로 대체제가 다양화되었다.

늘어난 제품 생산성도 구매·불매운동 확산의 원인이 된다. 과거와 달리 경쟁업체가 많기 때문에 소비자는 더 이상 하나의 상품과 서비스를 고집하지 않아도 되게 되었다. 이로 인해 소비자 선택권이 늘어나며 구매·불매운동은 활기를 띠게 된 것이다.

4.5 구매·불매운동의 사례

4.5.1 구매운동 사례

"○○농수산물 삽니다"…구매운동 동참 잇따라

코로나19 확산으로 인한 학교 급식 중단으로 팔면 팔수록 손해를 볼 정도로 가격이 폭락해 산지 폐기된다는 보도를 접한 뒤 농가의 어려움을 함께 극복하기 위한 구매운동에 동참하는 개인, 기관, 단체들이 참여해 141톤의 농산물이 판매되어 상생의 힘을 보여주었다.

누리꾼들, '이물질' ○○라면 되레 구매운동

○○라면에서 금속 부속품이 발견돼 소비자의 원성을 샀지만 오히려 누리꾼들이 "○○라면을 먹읍시다"라고 호소하는 사례가 생겼다. ○○라면과 △△라면이 비슷한 시기에 라면에서 이물질이 나왔으나 □□신문에서 자사에 광고를 냈던 △△라면의 이물질 보도는 하지 않고, 광고를 내지 않은 ○○라면의 이물질 보도가 나감에 따라 이를 알게 된 누리꾼들이 ○○라면 구매운동을 펼치게 된 것이다.

"빨리 문열라, 돈쭐내겠다" 잔고 571원 한부모 가정 울린 피자집

형편이 어려운 한부모 가정에게 대가를 바라지 않고 피자를 선물한 피자가게가 알려지면서 사회 곳곳의 '돈쭐' 성원이 이어졌다. 일부 누리꾼들은 거리상 음식을 받을 수 없는 지역임에도 주문을 한 뒤 "맛있게 먹은 거로 생각하겠다, 배달은 필요한 곳에 부탁드린다"고 글을 올렸다.

4.5.2 불매운동 사례

○○벅스 불매운동

○○벅스는 미국 직원들이 BLM(Black Lives Matte) 즉 흑인의 목숨도 소중하다는 문구가 새겨진 티셔츠를 입으려 하자 규정에 어긋난다며 금지 켰다. 그러자 MZ세대를 중심으로 순식간에 스타벅스 보이콧 운동이 시작되었고, 이에 스타벅스는 바로 입장을 바꾸고 BLM이 생겨진 티셔츠 25만 장을 직원들에게 나눠 주었다.

쿠○ 불매운동

쿠○물류센터에서 대형화재가 발생하면서 큰 인명피해 없이 불은 꺼졌지만 진압과정에서 소방관 1명이 순직했다. 이후 화재 초기 스프링클러가 오작동 하는 등 각종 의혹이 제기되고, 노동자 처우 문제와 안일한 대처 방식이 문제가 되며 고객들은 해당 어플리케이션을 지우고, 새벽배송 업체를 변경하는 등 불매운동을 지속했다.

나○○ 불매운동

미국 나○○가 위구르 자치구의 강제 노동에 우려를 표하며 신장지역에서 생산한 면화를 사용하지 않겠다고 밝히자 중국 네티즌들이 나○○에 대한 항의 표시로 나이키 불매운동을 추진하고, 연예인 등은 나○○와의 계약을 종료했다.

4.5.3 구매·불매운동의 올바른 실천 방법

불매운동의 동기가 선하디라도 실친 방법이 부적절히디면 공감을 받을 수 없고 법적인 문제가 야기되기도 한다. 이에 구매·불매운동을 올바르게 실천하기 위해서는 불매운동의 동기나 이유가 사실에 입각해야만 한다. 소비를 하면서 신체나 재산, 경제적인 손실을 입었을 경우 객관적인 손실 부뷰에 대한 문제제기나 배상 요구 등이 이루어져야 하며, 이를 통해 비상식 선의 위자료 지급과 같은 경제적 이익을 추구해서도 안 된다. 최근 배달서비스가 확대됨에 따라 배달후기(리뷰), 평점 등으로 소비자 만족도를 평가하는 시스템이 활용되고 있다. 소비자들에게 정보를 제공해준다는 측면에서 긍정적인 측면도 있지만 악성리뷰로 인해 소상공인들이 어려움을 겪고, 폐업으로까지 이어지는 사례에 관한 보도 또한 심심치 않게 보도되고 있다. 여기서 우리가 생각할 점은 불매운동을 하더라도 그 행동의 동기가 윤리적이어야 하며, 실천방법 또한 합법적인 테두리 안에서 이루어져야 할 것이다.

생각해보기 1

고의 하자 만들어 금전 요구하는 블랙컨슈머…'사기죄'

머니투데이 **권성은** 변호사

이유식을 비롯해 유아 간식 등을 생산하고 있는 한 회사는 최근 블랙컨슈머로 인해 큰 위기를 맞았었다. A씨가 온라인을 통해 주문한 이유식에서 쇳가루가 발견됐다며, 사진을 찍어 회사에 보내온 것. 그리고 직원에게 온갖 욕설을 퍼부어대며 300만원의 보상금을 요구해 왔다.

제조공정에서 쇳가루가 들어갈 수 없어 조사 후 조치를 취하겠다고 응대하자, 각종 온라인커뮤니티에 사진을 올리고 지역 언론에 제보해 회사를 압박해 왔다. 소문이 퍼져 다른 소비자들의 항의가 이어졌고 환불을 요구하는 사례도 속출했다. 매출도 곤두박질쳤다. 그러던 중 우연히 A씨가 비슷한 수법으로 여러 업체에게 보상금을 받아 온 사실을 확인하게 됐다.

회사에서 이 상황에 대해 A 씨가 입장을 밝히길 요구하자 그는 말을 돌리며 회사와의 접촉을 의도적으로 피했다고 한다. 커뮤니티에 올린 허위 내용도 모두 삭제된 상태다. 불행 중 다행으로 일은 잘 마무리됐지만, 회사는 씻을 수 없는 이미지 타격을 입게 됐다.

위의 사례처럼 보상금을 노리고 고의적으로 제품의 하자나 서비스의 불만을 트집잡아 문제를 일으키는 블랙컨슈머 때문에 골머리를 앓는 기업들이 많다. 실제로 대한상공회의소가 국내 300대 기업을 대상으로 설문조사를 진행한 결과, 83.4%의 기업이 블랙컨슈머를 경험 한 적이 있다고 답했다. 이 가운데 50%는 사실과 다른 악성비방 때문에 판매감소까지 경험 한 것으로 나타났다.

◇ 블랙컨슈머에 속수무책 당하는 중소기업

사실 과거에는 진위여부를 떠나 문제가 확산되면 기업의 이미지에 타격을 입게 될 것을 우려해, 소극적으로 대응을 해 왔던 것이 사실. 하지만 블랙컨슈머들의 수법이 날로 교묘해지고 과감해지면서 대기업들을 중심으로 변화의 움직임이 일고 있다.

블랙컨슈머에 대응하기 위한 전담조직을 구성하고, 여기에 필요한 대응 매뉴얼을 만드는 등 저자세로 일관하던 모습에서 변화되고 있는 것이다. 심지어 법적 대응도 불사하며 적극적으로 문제 해결을 위해 노력하는 분위기도 일고 있다. 상황이 이러하자, 블랙컨슈머들은 중소기업으로 타깃을 돌려 자신들의 잇속을 챙기고 있다.

대부분의 중소기업이 별도의 법무팀이나 블랙컨슈머 전담조직을 두지 않고, 오랜 시간과 비용을 필요로 하는 소송에 적극적이지 않을 것이라는 점을 교묘히 노린 것이다. 실제로 2013년 대한상공회의소가 203곳의 중소기업을 대상으로 블랙컨슈머 관련 대응 실태조사를 펼친 결과, 무려 83.7%가 '고의성을 알고 있지만 그대로 수용하겠다'고 응답했고, 14.3%만이 '법적 대응을 통해 적극적으로 대처하겠다고 응답한 것'으로 나타났다.

중소기업들도 소극적인 자세에서 이제는 보다 적극적으로 문제 해결에 나설 필요가 있다. 제품이나 서비스 등에 문제가 없음에도 불구하고, 불필요한 트집을 잡으며 보상금을 요구하거나 허위 사실을 온라인 등을 통해 확산시키겠다는 협박을 받게 되면, 공갈이나 사기, 명예훼손 등의 혐의로 민사소송을 제기하는 형태가 될 수 있겠다.

◇ 민사소송으로 적극 대응… 블랙컨슈머 처벌규정 필요

A씨처럼 이물질을 고의적으로 넣은 후 금전 보상을 요구하는 경우라면, 사기죄로 고소할 수 있다. 이러한 점이 법원으로부터 인정되면 형법 제347조에 따라 10년 이하의 징역 또는 2,000만원 이하의 벌금에 처할 수 있다. 또한 온라인이나 언론 등을 통해 공개적으로 회사의 이미지를 훼손하는 활동을 펼친다면, 명예훼손죄로 2년 이하의 징역이나 금고 또는 500만원 이하의 벌금을 물게 된다.

전혀 근거 없는 허위의 사실을 사실인 것처럼 적시해 명예를 훼손시킨 경우는 5년 이하의 징역에 처하게 된다. 이외에도 지속적으로 전화를 걸거나 매장에 찾아와 업무를 하지 못하도록 방해하는 경우에는 업무방해죄로 5년 이하의 징역 또는 1,500만원 이하의 벌금을 물을 수 있다.

하지만 소비자의 항의가 부당한지 여부를 판별하는 것이 그렇게 쉽지만은 않은 상황이다. 따라서 필요 이상의 보상금을 요구하거나, 협박이나 폭력 등을 행사하는 등 블랙컨슈머의 조짐이 확인이 되면, 즉각적으로 녹취 등 증거가 될만한 사항들은 모두 확보해 두는 것이 좋다.

현재 블랙컨슈머에 대해 직접 적용되는 처벌규정은 없어 개별 행위에 대한 형사고소나 민사소송 형태로 밖에 대응할 수 없다. 따라서 블랙컨슈머로 인해 중소기업들이 피해를 보지 않도록 관련이를 직접 규율하는 처벌규정 내지 특별법 등을 새로 만드는 것이 필요해 보인다. 이러한 규정이 신설되는 것 자체만으로도 블랙컨슈머 예방에 도움이 될 수 있기 때문이다.

출처: 머니투데이(2016.04.20)

생각해보기 2

노동·인권·젠더 모른척? 나쁜 기업 찍힌다

매일경제 **명순영·류지민·반진욱** 기자

국내 기업 ESG 활동은 대부분 환경(E) 분야에 집중돼 있다. 자원을 절약하고 탄소 배출을 줄이는 등 친환경 활동이 쉽게 측정 가능하고 대외적으로 성과를 내보이기 수월하기 때문이다. 외부 기관의 ESG 평가가 정량적으로 파악이 용이한 친환경 활동 위주로 이뤄진다는 점도 기업이 환경 분야에 더욱 신경을 쓰는 이유다.

하지만 최근 ESG 활동이 기업 경영의 핵심적인 화두로 부각하며 사회적 책임(S)과 지배구조(G) 분야의 중요성이 점점 더 커지고 있다.

사회적 책임과 지배구조 개선은 기업 행동이 사회 이익에 얼마나 긍정적인 영향을 미치느냐를 판단하는 기준이 된다. 무엇보다 기업의 투명 경영과 지속 가능한 발전이라는 ESG의 철학을 잘 반영한다는 점에서 여기에 주목하는 이가 많아졌다. 투자자 입장에서도 사회적 책임과 지배구조 우수 기업을 가늠하는 것은 놓칠 수 없는 일이 됐다. 과거와는 달리 '착한 기업'과 그렇지 않은 기업에 대한 소비자 반응이 명확하게 갈리는 분위기가 만들어지고 있기 때문이다. 단순히 제품만 잘 만든다고 끝이 아니라 사회적 책임을 다하고 지배구조가 투명한 기업이 성공한다는 의미다.

◇ 공정성 중시하는 MZ세대 주도

사회적 책임은 기업이 노동권, 인권, 젠더 이슈 등 사회 문제를 인식하고 실천함으로써 주체적으로 사회 정의를 실현하는 것을 가리킨다. 이는 공정과 투명성을 중시하는 밀레니얼세대 부상과도 밀접하게 연관돼 있다. 공정함에 민감한 밀레니얼세대는 '나쁜 기업'을 철저하게 응징하기를 주저하지 않는다. 원칙을 무시하는 기업을 시장에서 몰아내기 위한 연대에도 적극적이다. 반대로 '착한 기업'을 지지하는 모습은 그만큼 열광적이다.

윤리적(사회적) 소비의 대두는 통계로도 나타난다. 지난해 8월 한국리서치가 전국 성인 남녀 1000명을 대상으로 조사한 결과, 응답자 5명 중 3명(62%)은 '공동체와 사회에 미치는 영향을 고려해 소비해야 한다'는 데 동의했다. 시장조사전문 기업 엠브레인 트렌드모니터가 지난해 7월 발표한 조사 결과에서도 '윤리적 경영을 실천하는 기업의 제품이라면 조금 비싸더라도 구매할 의향이 있다'고 밝힌 응답자가 절반 이상(58.8%)을 차지했다.

MZ세대는 말로만 떠드는 것이 아니라 '돈쭐소비(돈으로 혼쭐내주다는 의미)'와 '불매운동' 등 적극적인 소비 활동을 통해 기업을 바짝 긴장시킨다. 활발한 온라인 활동을 기반으로 한 단단한 결속력이 영향력을 키운다. 이은희 인하대 소비자학과 교수는 "이른바 돈쭐내기는 비도덕적 기업 제품을 불매하는 '보이콧(boycott)'과 반대로 자신이 지지하는 기업이나 가게의 상품을 적극적으로 구매하는 '바이콧(buycott)' 행동으로 볼 수 있다. 소비를 통해 해당 기업이나 가게를 칭찬하고 다른 사람의 동참을 촉구하는 것"이라고 해석했다.

(중략) 기업 고민은 더욱 커진다. 눈에 보이지 않는 사회적 책임을 어떻게 효과적으로 추구해나갈 수 있을까. 국내에서 ESG 경영에 가장 앞서 있다는 평가를 받는 ○○그룹은 각 계열사의 ESG 활동을 '금액화'해 평가하는 방식을 도입했다. 구체적으로 사회적 책임 분야의 경우 '삶의 질(공공 이익 증대·범죄 예방·불평등 해소)' '소비자 보호(품질·안전·정보)' '노동(취약계층 고용·구성원 안전과 보건)' '동반성장(공정 거래·상생 협력·사회 공헌·책임 구매)' 등 네 항목으로 나눠 각각의 성과를 화폐 단위로 측정한다. 예를 들어 ○○텔레콤은 내비게이션 앱 '○맵'이 안전 운전을 유도하고 사고율을 낮추는 데 기여했다고 본다. ○맵 사용자와 미사용자 간 평균 사고율 차이, 교통사고 피해 평균 처리 비용, ○맵 서비스 가입자 수 등을 바탕으로 그 가치를 산정한다. ○맵이 사고율 감소를 포함해 사람들의 삶의 질 개선에 기여한 것까지 수치화해 나온 금액은 약 1618억원이라는 식이다. 완벽하게 정확하다고는 할 수 없지만, 현재 수준과 향후 목표를 구체적으로 가늠할 수 있다는 점에서 효과적이다.

허승준 사회적가치연구원 측정팀장은 "사회적 책임을 화폐 가치로 측정하는 이유는 경제적 가치와의 비교 분석에 용이하기 때문이다. 특히 기업 입장이 아닌 이해관계자 관점에서 사회적 책임 가치를 측정해야 실질적인 ESG 활동의 성과를 확인할 수 있다"고 강조했다.

◇ 해외 기업은 다양성 확보 안간힘

지배구조 개선 분야는 국내 기업의 ESG 경영에서 가장 취약한 고리로 평가받는다. '재벌'이라는 우리나라만의 독특한 집단과 오너 중심의 경영 구조를 가진 국내 재계에서는 경영 승계를 둘러싼 지배구조 문제가 늘 논란거리다. 하지만 최근 투명한 기업 운영에 대한 요구가 커지면서 지배구조 개선 활동의 중요성이 빠르게 확대되는 분위기다.

지배구조 투명성은 주주 권리 보호를 비롯해 이사회와 감사 기구 등이 독립성과 전문성을 갖추고 경영진을 충분히 견제할 수 있는지 등을 기준으로 평가한다. 지배구조가 투명해야 새로운 기업 가치를 만들고 기업의 발전과 주가 상승 등을 이끌 수 있어서다. 순환출자 등 복잡한 지배구조로 주주 가치가 훼손될 우려가 있는지도 판단 척도가 된다.

국내 기업의 지배구조 제도와 관행은 아시아 지역에서도 하위권 수준이다. 아시아기업지배구조협회(ACGA)의 보고서 'CG Watch 2020'에 따르면 지난 2년간 한국의 종합 점수는 52.9%로 호주를 포함한 아시아 12개국 중 9위를 기록했다. 한국보다 순위가 낮은 국가는 중국(43%), 필리핀(39%), 인도네시아(33.6%)뿐이다.

보고서에 따르면 한국은 지배구조 공시 의무화 대상 범위와 내용, 의무공개매수제도 등과 같은 소수 주주 보호장치, 규제 예산과 집행 실적의 정보 공개, 사법 독립성, 입법·정책 결정 과정에서의 공공 협의 절차, 사내이사를 포함한 이사회 교육 등에서 미흡했다고 평가했다. 특히 최근 차등의결권 도입 시도와 관련해서는 여당이 추진하는 기업 지배구조 관련 개혁과 모순된다며 개혁의 중대한 후퇴가 될 수 있다고 지적했다.

(중략) 소유와 경영 분리가 비교적 확실하고 주주가 큰 목소리를 내는 해외 기업은 지배구조 개선 분야에 더욱 신경 쓰는 모습을 보인다. 특히 이사회와 직원의 다양성 확보는 지속 가능한 성장을 위한 핵심 과제 중 하나다. 일례로 미국 ○○릭스는 단기간에 전 세계 2억명 이상의 회원을 보유한 글로벌 스트리밍 플랫폼으로 성장하는 과정에서 다원주의를 보장하기 위해 다양한 노력을 기울인다. 여성, 유색인종, 소수인종, 성소수자 등으로 구성된 제작자와 사내 인력 보유율을 개선하는 한편 소외계층 커뮤니티를 구축하는 데 도움이 되는 맞춤형 프로그램을 제공한다. 지난 3월에는 여성 인재를 식별하고 일자리를 제공하는 프로그램에 향후 5년간 매년 2000만달러를 투자한다는 계획을 발표했다.

기업의 지배구조 개선 노력은 금융권의 투자 판단 기준이 되기도 한다. 미국의 대표적인 투자은행인 골드만삭스는 다양성이 결여된 기업들의 IPO(기업공개)를 맡지 않겠다고 밝혔고, 세계 최대 자산운용사 블랙록 역시 여성 이사가 2명 미만인 기업에는 투자하지 않겠다고 선언했다. 지난해 12월 나스닥은 미국증권거래위원회(SEC)에 기업 규모에 따라 최소 두 명의 여성·소수인종 이사를 선임하지 않는 기업을 나스닥에서 퇴출시키겠다는 파격적인 상장 요건을 제안해 월가를 요동치게 만들었다. (중략)

출처: 매경이코노미 제2112호(2021.06.09~2021.06.15)

■ 참고문헌

그리니엄(2021년 11월 19일). 그린슈머? 그린워싱? 오늘 싹 다 정리해줌!.

기업을 움직이는 그들이 온다, 보이콧에서 바이콧으로. http://trendinsight.biz/archives/47013

김효정(2006). 소비자의 비윤리 상거래 행동과 관련변인 분석에 대한 연구, 한국생활과학회지, 15(6), 1015-1023.

매일경제 매경이코노미(2021). 노동·인권·젠더 모른척? 나쁜 기업 찍힌다, 2112호(2021.06.09~2021.06.15).

머니투데이(2016년 4월 20일). 고의 하자 만들어 금전 요구하는 블랙컨슈머… '사기죄'.

서울신문(2021년 1월 27일). 금융소비자에게 짐이 되는 블랙컨슈머.

서정희·이기춘(1991). 소비자주권에 대한 연구, 소비자학연구, 2(1), 58-75.

송인숙(2005). 소비윤리의 내용과 차원정립을 위한 연구, 소비자학연구, 16(2), 37-55.

시사상식사전.

신상헌(2000). 청년층 소비자들의 상거래 윤리에 관한 연구, 소비자학연구, 11(3), 153-168.

안진아(2000). 불매운동 지속의도 및 중단의도에 영향을 미치는 요인: 참여기간 및 강도에 따른 다중집단분석을 중심으로, 디지털융복합연구, 18(4), 163-175.

유현정(2018). 행복한 소비, 윤리적 소비. 충북대학교 KOCW.

이경아(2009). 시장의 변화와 소비자 역할, 한국소비자원.

전자신문(2015년 6월 21일). 해외 사례 및 각국 블랙컨슈머 대응 현황.

김양하(2005). 상징소비의 문화·사회적 의미분석: 상징소비에 영향을 미치는 인구사회학적, 개인적, 사회적 요인의 다차원적 분석을 중심으로, 중앙대학교 박사학위논문.

한국소비자원(2015년 12월 9일). 나의 비윤리적 소비행동 수준은?, 소비자칼럼 618.

한은경(2001). IMC 광고론, 서울: 커뮤니케이션북스.

홍은실·신효연(2010). 대학생 소비자의 윤리적 소비와 관련변인: 교육경험변인과 사회심리적 변인의 효과를 중심으로, 한국가정관리학회지, 28(5), 131-149.

환경부(2019). 2019 친환경차 보급로드맵.

Akerlof, G. A.(1970). The Market for 'Lemons' Quality Uncertainty and the Market Mechanism. Quarterly Journal of Economics, 84(3), 488-500.

Baudrillard, J.(1993). The Transparency of Evil: Essays in Extreme Phenomena, London / New York: Verso.

Baudrillard, J.(1970). The Consumer Society: Myths and Structures. London: Sage.

Belk, R. W.(1985). Materialism: Trait Aspects of Living in the Material World. Journal of Consumer Research 12, 264-277.

Dodge, H. R.(1996). Consumer Transgressions in the Marketplace: Consumers' Perspectives, Psychology on Marketing.

Flynn, L. R., Goldsmith, R. E., & Kim, W. M.(2013). A Cross-Cultural Study of Materialism and Brand Engagement. Journal of Multidisciplinary Research, 5(3), 49-70.

Friedman, M.(1985). Consumer Boycotts in the United States. 1970-1980: Contemporary Events in Historical Perspective. The Journal of Consumer Affairs, 19(1), 96-117.

George, A.(1970). The Market for Lemons: Quality Uncertainty and the Market Mechanism, The Quarterly Journal of Economics, 84(3), 488-500.

http://trendinsight.biz/archives/47013 기업을 움직이는 그들이 온다, 보이콧에서 바이콧으로.

Inglehart. R., & Welzel. C.(2005). Modernization, Cultural Change, and Democracy: The Human Development Sequence. Cambridge University Press.

Muncy, J. A. & Vitell, S. J.(1992). Consumer Ethics: An Investigation of Ethical Beliefs of the Final Consumer. Journal of Business Research, 24(4), 297-311.

Pew Research Center(2021). What Makes Life Meaningful? Views From 17 Advanded Economies. 2021.11.18.

Stampfl, R.W.(1979). Competitive Structure in Retail Markets: The Department Store Perspective. In Partnership with the American Marketing Association of Home Economics, Spring, 22-27.

제8장 지속가능한 환경친화적 소비

도입 스토리: 한끼 식사에 비가 내리고 지구가 뜨거워지는 건에 대하여

고기 섭취를 줄이고 있다. 시작은 기후 위기 때문이었다. 플라스틱 사용을 줄이고 분리배출을 열심히 한다거나, 텀블러를 가지고 다닌다거나, 전기 사용을 줄이는 일련의 시도를 하다가, 결국 음식쓰레기를 줄이고 고기를 덜 먹는 게 가장 지구에 도움이 될 거라는 나름의 결론에 도달했다. 소와 돼지를 먹일 사료를 기르기 위해 경작지를 만들고, 비료를 뿌린다. 경작지가 부족해서 산을 깎고 야생 동물을 몰아낸다. 남은 비료가 강으로 흘러 들어가 생태계가 망가진다. 가축의 방귀와 분뇨가 지구를 파괴한다.

비건 지향을 하면서 몇 가지 달라진 점이 있다. 무엇보다 직접 요리해 먹어야 한다. 식당 메뉴를 보면 모두 소와 돼지와 닭과 생선을 팔고 있다. 바깥은 비육식을 추구하는 사람에게 너무 모질고 추운 곳이다.

자주 요리하려면 시간이 있어야 한다. 순환 재택근무를 하면서 출퇴근 시간이 줄어들어 한 번이라도 더 요리할 수 있게 된 게 비건 지향에 큰 도움이 되었다.

음식 쓰레기를 줄이기 위해 자주 조금씩 장을 보다 보니 동네 마트의 식재료 가격에 일희일비하게 되었다. 요리하기 전에는 그저 필요한 것들을 무심히 장바구니에 넣었다면, 지금은 가격이 익숙해지면서 혼자 중얼거리면서 장을 보게 된다. 아이구 파가 왜 이렇게 비싸졌어, 시금치가 싼데 저걸 언제 다 다듬지, 지금 버섯 사면 일주일 안에 먹을 수 있을까? 조금만 더 지나면 가락을 붙여서 흥얼거릴 기세다.

고기 섭취를 줄였다고는 하지만, 여전히 고기를 먹는다. 다만 소고기보다는 돼지고기를, 돼지고기보다는 닭고기를 먹는다. 돼지고기를 먹는다면 삼겹살보다는 앞다리살을, 앞다리살보다는 뒷다리살을 먹는다. 우리나라에서는 삼겹살 소비량이 높아서 삼겹살 때문에 필요 이상으로 더 많은 돼지가 도축되는데, 막상 뒷다리살은 남아돌아서 폐기하는 경우가 많다고 한다.

밖에서 누군가와 같이 식사할 일이 있으면 굳이 고르지 않고 먹자는 대로 먹는다. 한 명의 완전한 비건도 좋지만 열 명의 불완전한 비건도 좋다는 마음으로. 안 지치고 오래 하자는 마음으로.

다행히 햄버거를 먹으러 가도 비건 패티가 있고, 고깃집에 가더라도 고기는 적게 먹고 버섯을 구워 먹을 수 있다. 하지만 모든 곳에서 이렇게 고기를 먹을 필요가 있을까 하는 근본적인 의문이 든다. 먹방 유튜버들은 하루에 고기를 20, 30인분씩 먹는 걸 콘텐츠로 내보내고, 식당은 고기 메뉴로 가득하다. 모두가 매일 매끼 고기를 먹는다. 인류는 100년 사이 무슨 일을 저지른 걸까? 앞으로 100년은 버틸 수 있을까?

2011년 이후 전 세계 육류 생산량은 연간 3억 톤을 넘었다. (중략) 1969년에 비해 소는 50퍼센트 정도 더 도축되어 소고기 생산량은 두 배가 되었고, 돼지는 세 배 더 많이 도축되어 네 배 더 많은 돼지고기가, 닭은 여섯 배 더 많이 도살되어 열 배 더 많은 닭고기가 생산되었다. 여기에 더해 암탉들은 전 세계적으로 매년 1조 개의 알을 낳는데 이는 1969년 생산량의 네 배에 이르는 수치다.

『나는 풍요로웠고 지구는 달라졌다』

물론 고기는 맛있다. 하지만 고기'만' 맛있진 않다. 습관으로 내던 멸치육수 대신 다시마와 채수로 국을 끓였다. 맛있었다. 고기는 익숙한 맛, 편한 맛이었다.

고기 소비를 줄이려면 사람들이 다른 식재료를 체험할 시간이 있어야 한다. 환경을 지키려면 사람들이 여유가 있어야 한다. 모든 게 연결되어 있고 연결된 영역이 많을수록 문제는 더욱 복잡해진다.… 일단 오늘 저녁 메뉴에서 고기를 줄이는 선택을 한다. 그만큼 땅과 공기와 생태계 다양성이 회복될 거라 기대하면서.

대부분의 경우 우리는 수백 년 전 악습을 고치고 과감하게 도전에 부딪치고 무언가를 건설하고 만들어 낸 사람들만큼이나 고귀하고 허약하고 결함이 있으며 영리하다. 그들처럼 우리에게도 오직 네 가지 자원만 주어져 있다. 땅, 바다, 하늘, 그리고 우리 서로다. 실패할 가능성을 과대평가하지 않는 것처럼, 성공을 거둘 수 있는 우리의 능력을 과소평가해서도 안 될 것이다.

출처: 채널예스(2021) 한끼 식사에 비가 내리고 지구가 뜨거워지는 건에 대하여

윤리적 소비에 있어 환경문제는 빠질 수 없는 화두이다. 특히 산업이 발전할수록 환경을 보호해야 한다는 목소리도 커지고 있다. 이러한 지속가능한 환경친화적 소비에 대한 요구는 소비자들 사이에서도 발 빠르게 번지고 있다. 국제적으로 1992년 유엔환경개발회의에서는 환경문제를 주요의제로 채택하였고, 1997년 일본에서 개최된 기후변화협약에서도 교토의정서를 채택하여 환경문제가 우리나라만의 문제가 아닌 전지구적 관심과 대응이 필요한 문제로 천명되었다. 2015년 제70차 UN총회에서 지속가능한발전목표(SDGs, Sustainable Development Goals) 17개 목표 중 12번째 목표로 지속가능한 소비와 생산 증진을 채택해, 지속가능한 소비, 환경친화적 소비의 중요성이 더욱 확대되고 있다. 현재, 환경친화적 소비는 국내·외에서 지속가능한 소비, 녹색소비, 친환경소비, 윤리적소비 등으로 다양하게 불리고 있으며 또한 정의도 매우 다양하다. 또한 우리나라에서는 1992년에는 환경보전을 위한 국기선언문을 제정하여 환경문제에 대해 지속적으로 관심을 보이고 있다.

환경친화적 소비는 환경을 보전하려는 가치관에 따라 생태계의 지속가능성을 고려하여 소비하는 것을 의미한다. 비슷한 제품이라면 자연 친화적인 친환경 제품을 선호하고, 단순히 예쁘기만 한 아이템보다 환경과 함께 공존할 수 있는 아이템의 제품을, 동물실험을 거치지 않은 제품을, 과다한 에너지를 사용하고 탄소를 배출하며 노동자의 인권이 경시되는 패스트패션보다는 친환경 소재를 이용해 환경에 해가 되지 않고 노동자들의 인권까지 존중되며 지역 내에서 재배·생산·소비·처분하는 로컬소비까지 소비가치와 행동에 있어 크나큰 변화가 일어나고 있다.

이에 8장에서는 지속가능한 환경친화적 소비를 대표하는 녹색소비와 로컬소비에 대해 살펴보고, 이들 소비가 현재 우리의 삶과 미래 세대의 삶에 어떠한 영향을 미치는지 그 의미를 고찰해보고자 한다.

1. 녹색소비

1.1 녹색소비의 개념과 필요성

1.1.1 녹색소비의 개념

우리나라는 1960년대 이후 지속적인 경제성장을 추진해 온 결과 산업화, 도시화로 인하여 환경문제가 심각하게 대두되었다. 환경문제의 특성상 공동대응이 필요한 이유로 1992년 리우 환경회의가 개최되었고, 이후 녹색소비에 대한 관심이 더욱 증대되었다. 우리 정부는 2008년 '저탄소 녹색성장' 정책과 2009년 『녹색성장 국가전략 및 5개년 계획』을 수립하고, 2020년 '그린뉴딜' 정책을 국가비전으로 제시하며 녹색소비, 지속가능한 소비를 지속적으로 추진해 가고 있다.

녹색소비의 개념을 살펴보면 박운아(1997)는 환경을 생각하는 소비로 소비자가 소비행동을 할 때 개인의 욕구와 시장효율성 뿐 아니라 자신의 소비행동의 결과가 사회와 환경에 미치는 영향을 고려한 행동을 녹색소비로 정의하였고, 황은애(2008)는 환경적 지속성과 경제적 효율성, 사회적 건전성을 충족시키고 지향하도록 필요자원의 획득과 계획, 용역·서비스의 구매와 사용, 폐기와 처분 등 소비과정의 수행 활동을 녹색소비를 정의 내렸다. 또, 목건문(2010)은 자원절약, 에너지절약, 폐기물배출 최소화는 물론이고 소비자의 삶, 생활양식 자체를 바꾸어 삶의 혁신적 변화를 가져오는 것을 녹색소비로 정의하였고, 천경희 등(2010)은 녹색소비란 쾌적한 환경을 누릴 소비자의 권리를 실현하기 위한 실천 의무로 정의하였다. 임연희(2018)는 재화와 용역을 구매하고 소비하는 과정에서 발생하는 각종 폐기물오염 등 환경의 문제를 줄이는 생활을 녹색소비로 보았다. 또 UNDP에서는 인간의 기본욕구를 충족시키면서 보다 높은 삶의 질을 가져다주는 재화와 용역을 사용하는 것으로 미래 세대의 욕구를 위태롭게 하지 않는 자연자원의 이용, 유해물질 이용, 폐기물과 공해배출을 최소화하는 소비를 녹색소비로 보았고, 녹색소비와 유사 개념으로 지속가능한소비에 대해 유엔지속가능발전위원회(UNCSD)는 미래 세대의 소비충족 기반을 저해하지 않는 범위에서 현 세대의 소비를 충족하는 행위라고 정의내렸다.

이 같은 개념을 정리하면 과거 녹색소비는 자원절약이나 재활용, 친환경제품 소비 등으로 좁은 의미로 이해되었으나 최근에는 환경오염과 이에 따른 위기의식이 전 지구적으로 확대되면서 자기 자신뿐 아니라 타인, 지구, 미래세대 등을 고려하는 소비로 확대 해석할 수 있다. 즉, 녹색소비란 지속가능한 소비를 위해 인간의 기본욕구를 충족시키면서 자연자원의 이용을 최소화하고 상품의 생산과 소비로 인한 환경파괴를 최소화함으로써 미래세대의 욕구 충족을 저해하지 않는 소비, 또는 친환경적인 제품을 구매하고 이를 친환경적으로 사용하는 일로 미래세대의 소비에 피해를 주지 않으면서 현재세대의 소비를 충족시키는 소비로서 지속가능한 소비, 생태소비, 환경친화적 소비 등의 용어로 혼용되어 사용되고 있다.

표 8.1 녹색소비의 정의(국내)

연구자	관련개념	정의
배순영 (2009)	저탄소 녹색소비	상품 및 서비스의 구매－사용－처분 전 과정에서 탄소배출과 자원사용을 저감하는 소비. 즉 친환경제품 구매, 에너지 효율을 높이는 사용, 자원재활용을 고려한 처분
이덕숭 (2001)	녹색소비	잘 사는 사람들에게는 자연친화적 소비생활 & 어려운 사람들에게는 최소한의 인간다운 생활을 함의
이기명 (1999)	녹색	소비생활 소비양식을 바꾸어 환경지향적인 생활을 하는 것
계선자·강기정 (1998)	녹색소비	생태계 보호차원에서 자원사용을 계획하고 실행하고 평가하는 것
노정구 (1996)	녹색	소비자 상품을 구매할 때 환경을 소비행동의 기준으로 삼는 사람들

출처: 한국산업기술진흥원(2009). 〈2010 세상을 바꾸는 생각〉 재인용

1.1.2 녹색소비의 필요성

가. 한정된 자원

지구에서 얻을 수 있는 자원은 한정적인 반면, 재화를 만드는 데는 끊임없이 많은 자원과 에너지가 투입되어야 한다. 이 과정에서 발생하는 각종 오염 물질은 지구온난화를 일으키고, 생산 후 남은 폐기물들을 처리하기 위해 또다시 에너지가 사용되는 순환 고리를 갖고 있다. 이 같은 악순환 속에서 우리는 자원고갈을 염려해야만 한다. 특히 우리나라는 천연자원이 부족해 에너지원의 97%를 해외에 의존하고 있다. 따라서 저탄소 녹색소비의 생활화는 선택의 문제가 아닌 생존의 문제로 보아야 한다.

자원고갈을 보다 늦추기 위한 작은 노력으로 환경부와 한국폐기물협회에 의해 2009년 9월 6일로 자원순환의 날을 지정하였다. 자원순환의 날은 자원 낭비로 인해 발생하는 다양한 문제들의 심각성을 인지해 자원 절약과 재활용, 폐자원의 에너지화 등을 범국민적으로 알리고, 자원순환을 통한 녹색생활 실천운동의 계기를 마련하기 위해 지정한 날이다.

만약 자원이 재활용되지 못하고 매립되거나 바다로 흘러 들어간다면 어떻게 될까? 매립되거나 바다로 흘러 들어간 플라스틱과 비닐은 마모되면서 미세 플라스틱이 되고, 이

를 흡수한 해양 생물들은 우리의 식탁으로 올라와 동·식물을 거쳐 결국 인간에게 다시 영향을 끼치게 될 것이다. 이 같은 악순환을 끊기 위해서라도 자원순환은 생활화해야만 한다.

나. 무분별한 소비로 인한 환경파괴

산업혁명 이후 급속한 산업 발전과 더불어 석유와 석탄 같은 화석 연료를 비롯해 각종 자원에 의존하면서 지구의 자원은 점차 고갈되어가고 있으며, 대기와 수질, 토양 등 자연환경이 크게 훼손되고 있다. 특히 온실가스의 배출증대는 지구온난화와 이상 기후를 초래하는 주 원인이 되고 있으며, 이 같은 무분별한 소비는 환경파괴를 더욱 가속화한다는 점에서 과생산과 과소비는 경계해야 한다. 미국 CNN방송에서 2019년 보도된 자료에 따르면 우리나라의 경우 쓰레기 야적장 등 181개 야적장의 불법 폐기물규모는 120만 톤, Minderoo 재단(2021)이 발행한 'Plastic Waste Makers Index'에 따르면 2019년 기준 1인당 플라스틱 소비량이 가장 많은 국가 1위는 호주(59kg), 2위는 미국(53kg), 3위는 한국(44kg)과 영국(44kg)으로 나타나 과소비에 따른 환경파괴가 심각한 국가에 속하는 것을 알 수 있다.

〈자료 8-1〉 숫자로 본 패션산업의 환경적 영향

2위 물 사용량이 많은 산업 중 패션산업이 차지하는 순위

6% 전세계 농약 소비량 중 목화생산에 들어가는 농약(살충제, 제초제)의 비중

8% 세계 온실가스 배출량에서 의류산업과 신발산업이 차지하는 비율

20% 전체 산업에서 소비되는 물의 양 가운데 패션산업이 차지하는 비율

35% 글로벌 미세플라스틱 오염원 중 합성섬유가 차지하는 비율

2700L 면 셔츠 한 벌을 생산하는데 필요한 물의 양

출처: UNECE(2018) Fashion and the SDGs: What role for the UN?

다. 미래세대의 욕구 충족 보장

환경을 생각하지 않는 무분별한 소비로 인해 우리의 다음 세대는 현재 우리가 누리는 자연환경 등을 누리지 못하게 될 수도 있다. 즉, 미래세대의 욕구 충족을 보장하고, 소비를 통한 행복 추구를 위해서라도 우리는 친환경적 소비생활을 유지해 나가야 한다. 녹색소비가 개인의 욕구 충족을 위한 소비로 시작하더라도 그 결과는 이웃, 기업의 생산, 환경 전반에 영향을 미쳐 지속 가능한 환경으로 변화시킬 것이다.

이처럼 환경문제는 점차 심각해지고 있으며, 따라서 환경문제 해결을 위해 환경문제가 특정 개인의 문제가 아닌 소비자, 기업, 정부 모두의 공동책임임을 인식하고 쾌적한 환경을 유지하고 보전하기 위해 적극적인 녹색소비 실천이 요구된다. 또한 환경문제의 해결을 위해 소비자는 생활양식이나 의식, 가치관의 변화뿐 아니라 행동까지 의식적으로 변화 시켜야 한다.

1.2 녹색소비의 실태

우리사회의 녹색소비 실태를 알아보기 위해 각종 연구 보고서와 관련 지표들을 살펴본 결과, 대한상공회의소(2021)에서 발표한 '코로나시대 소비행태 변화와 시사점 조사' 보고서에 따르면, 설문조사 참여자의 53.8%는 "사회적 책임을 다하는 기업 제품을 이용하는 편"이라고 답했다. "코로나 이전보다 환경 보호에 도움이 되는 제품을 구매하는 일이 많아졌다"고 답한 응답자도 41.3%로 나타났다.

실제 녹색소비 시장 규모도 빠르게 성장하고 있다. 한국소비자원(2021)에서 발표한 '녹색제품 민간부문 소비 현황 및 활성화 방안' 보고서에 따르면 "국내 녹색제품의 시장규모에 대한 체계적인 분석자료는 많지 않으나, 여러 가지 사례를 통해 볼 때 녹색제품 시장은 연간 10% 내외의 빠른 성장을 하고 있는 것으로 나타났으며, 실제 환경표지 인증제품은 2020년 기준 169개 제품군 1만7969종으로 지난 10년간 2.5배의 인증제품수 증가를 기록했다. 또, 인증제품 시장판매 규모 또한 지난해 기준 약 30조원으로 10년 전보다 2배 가량 늘어난 것으로 나타났다.

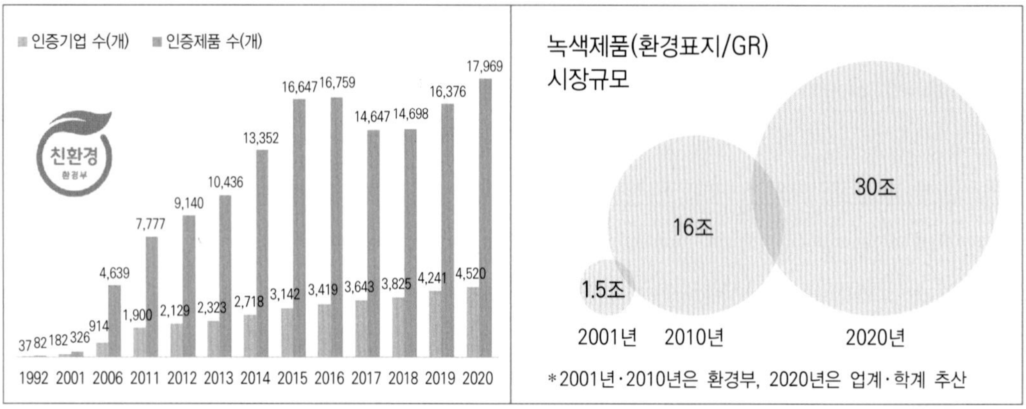

그림 8.1 환경표지 인증제품 시장규모 및 인증제품 현황

출처: 한국환경산업기술원('20.12.), 환경부·유통학회('20.11.), 한국소비자원(2021) 재인용

또, 일반 소비자의 주요 관심품목인 친환경인증 농산물의 경우 2018년 기준 무농약 농산품이 9,100억 원, 유기농 인증 농산품이 3,800억원 판매된 것으로 나타났으며, 유기농 농산물은 지난 10년간 2.2배의 시장규모 확대를 기록했다. 또 최근 소비자들의 관심품목인 친환경자동차의 경우 기술향상 및 정부의 보조금정책 등에 힘입어 2020년 현재 8만여대가 판매되었으며, 향후 5년간 5배 이상의 급격한 시장 확대가 예상된다.

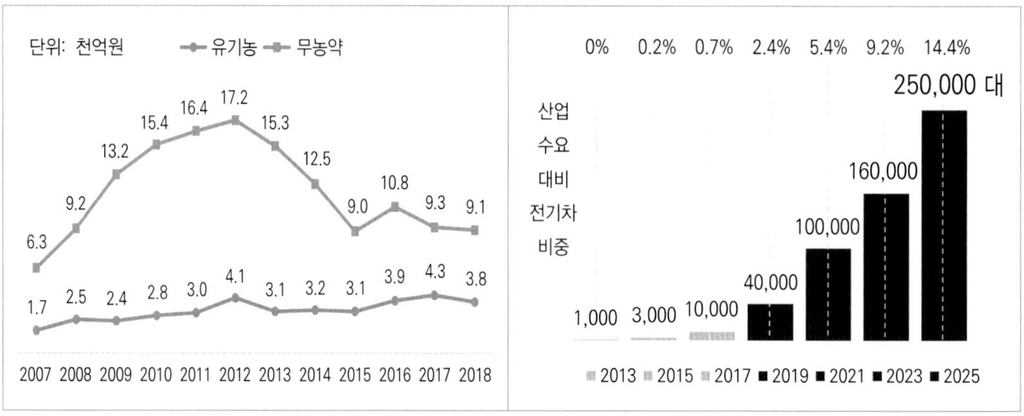

그림 8.2 친환경농산물 및 친환경자동차 시장현황

출처: 정학균 등('19.08), 환경부 친환경차 보급로드맵('19.02), 한국소비자원(2021) 재인용

녹색소비의 일환으로 녹색제품의 공유경제 현황을 살펴보도록 하자공유경제란 물품을 소유의 개념이 아닌 서로 대여해 주고 차용해 쓰는 개념으로 인식하여 경제활동을 하는 것을 의미하는데 공유함으로써 자원의 부족과 생산에 따른 환경오염 문제를 최소화할 수 있다는 이점이 있다. 한국환경산업기술원(2021)에 따르면 세계 공유경제 시장규모는 2017년 186억 불에서 2022년 402억 불로 5년 사이에 2배 이상 성장이 예측되며, 우리나라의 경우 최근 10년 사이에 숙박 공유, 차량 공유, 공유 오피스, 공공자전거 등에 있어 공유경제 시장이 급격히 증가하였다.

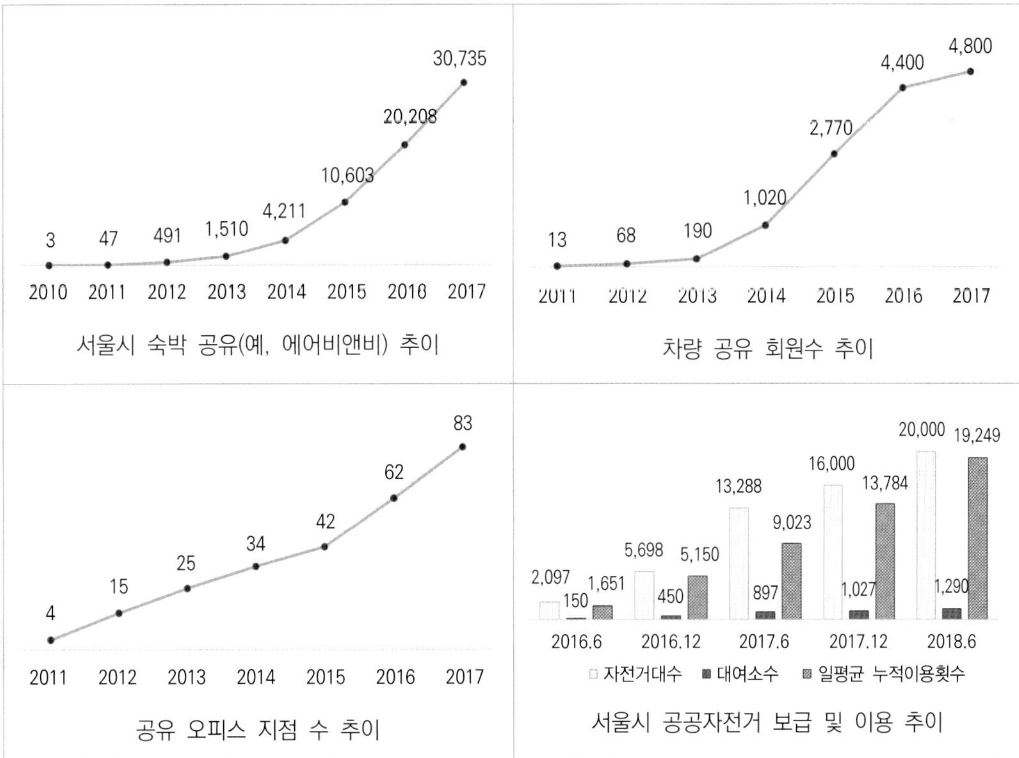

그림 8.3 우리나라 공유경제 시장현황

출처: 한국환경산업기술원(2021)

녹색소비의 현황을 살펴보기 위한 지표로서 '생태발자국'이 있다. 생태발자국이란 인간이 소비하는 자원의 양을 그 자원의 생산에 필요한 땅 면적으로 바꾸어 표시한 것으로 생태발자국의 수치가 클수록 해를 끼침을 의미한다. 2016년 기준 전 세계인의 현재 자원

소비수준을 지속적으로 감당하려면 1.6개의 지구가 필요하고, 전 세계인이 한국인처럼 생태자원을 소비하면서 살려면 3.3개의 지구가 필요하며, 한국이 생태자원을 지속가능한 상태로 유지하려면 현재보다 8.4배의 땅이 필요한 것으로 나타났다. 우리나라 1인당 생태 사용량은 0.3글로벌헥타르(gha)임에 반해 1인당 생태발자국은 4.9gha로서 생태적자 규모가 1인당 4.6gha에 달한다. 이는 세계 평균 생태발자국이 2.7gha인 것과 비교해보면 우리 국민들이 55% 이상 더 쓰고 있는 상태이다(Global Footprint Network).

한편 우리나라의 녹색소비는 개인보다 공공부분이 선도하는 부분이 크다. 공공기관의 녹색제품 구매 증가로 녹색제품 시장이 확대돼 녹색제품 생산기업은 2004년 445개사에서 2010년 1,712개사로, 녹색제품은 2004년 1,536개 제품에서 2010년 8,021개 제품으로 각각 4~5배 증가했다.

여기서 알 수 있는 사실은 녹색소비에 관한 지표에 있어 대다수가 공공에서 이루어지고 있다는 점이다. 한국소비자들의 실제적 녹색소비의 수준은 보여지는 것보다 오히려 더 낮을 수 있다는 점이다.

1.3 녹색소비의 실천방안

녹색소비는 사고의 전환과 함께 실천으로 옮겨야 한다는 점에서 쉽지 않다. 소비자가 소비를 하는 이유 중 하나가 편의성 때문인데 녹색소비를 하기 위해서는 소비생활 과정에서 다소의 불편함을 참아야 하기 때문이다. 예를 녹색소비를 하기 전에는 그냥 버리던 페트병도 이제는 내용물을 비우고 세척 한 후 외부 비닐을 떼 비닐과 페트병을 분리수거 하고, 페트병은 뚜껑을 닫고 압착하여 버려야 한다. 또 녹색소비를 하는 소비자는 화석연료를 원료로 하는 자동차보다 버스나 지하철과 같은 대중교통을 이용하려는 노력을 해야 한다. 이처럼 녹색소비는 일반적인 소비생활에 비해 불편한 일이나 반복을 통해 습관을 만들어 간다면 우리의 소비생활은 녹색소비에 가까워 질 수 있을 것이다.

녹색소비의 구체적인 실천방안을 살펴보기 위해 소비의 세 단계인 구매, 사용, 처분 단계별 녹색소비생활 실천방안을 살펴보기로 하자.

1.3.1 녹색구매와 녹색소비생활

녹색구매 단계에서는 상품과 서비스를 구매할 때 꼭 필요한 것인가를 한 번 더 생각해

보아야 한다. 이미 있는 것을 다시 고쳐 쓸 수는 없는지, 잠시 쓰는 것이라면 빌려 쓸 수는 없는지, 광고 등에 현혹되어 충동 구매하는 것은 아닌지를 생각해 보는 것이 중요하다. 또 우리가 소비를 하는 만큼 자연환경이 훼손되고 쓰레기가 발생하기 때문에 구매하려는 제품이 환경에 어떠한 영향을 미칠 것인가를 사전에 고려하고 판단해서 구매의사결정을 해야 한다.

그런데 최근 소비자들이 환경문제에 대한 높은 관심을 이용해 판매상품이 친환경적인 녹색상품인 것처럼 오인하게 출시되는 경우가 심심치 않게 발견되고 있다. 이처럼 환경에 대한 관심이 높아진 것을 이용하여 마치 친환경적인 상품, 이른바 녹색상품(green products)인 것처럼 가장해서 시장에 나오는 제품들도 적지 않다. 이처럼 실제로는 친환경적이지 않지만 친환경인 것처럼 홍보하는 것을 그린워싱(green washing)이라고 하는데, 그린워싱은 Green(녹색)과 White Washing(세탁)을 합쳐 전혀 친환경적이지 않지만 실제 친환경적인 것처럼 마케팅하는 것을 세탁에 빗댄 것으로 위장환경주의라고 한다. 환경부가 2015년부터 2019년까지 확인한 우리나라의 그린워싱 사례는 약 700건에 달하는데(마부작침 뉴스, 2021.10.22), 그린워싱의 종류는 다음의 7가지로 살펴볼 수 있다(Terra Choice, 2007).

- 상충효과 감추기: 일부 친환경적인 특징에만 초점을 맞추고 전체적인 환경 파괴에 대한 것은 말하지 않고 숨기는 경우
- 증거불충분: 뒷받침할 수 있는 정확한 정보나 인증 없이 친환경 제품이라 주장하는 경우
- 애매모호한 주장: 명확한 의미 전달이 어려운 광범위한 용어를 사용해서 소비자에게 혼란을 일으키는 경우
- 부적절한 인증 라벨: 인증서와 비슷한 이미지를 이용해서 인증된 친환경 제품인 것처럼 꾸미는 경우
- 관련성 없는 주장: 친환경과 관련 없는 내용을 연결해서 왜곡시키는 경우로 내용물은 친환경과 상관이 없지만, 재활용되는 용기에 담아서 판매한다는 이유만으로 친환경 제품으로 표기하는 경우
- 유해상품 정당화: 친환경적이지 않으나 타사 제품보다 환경적이라는 근거로 친환경적인 제품이라 주장하는 경우
- 거짓말: 미취득·미인증된 인증마크를 무단 도용하는 경우

그린워싱으로 인한 소비자 기만 사례를 살펴보면 폭○○○은 과거 '클린 디젤'을 표방하며 친환경성을 강조한 디젤 전성시대를 열었다. 하지만 배기가스 테스트를 속이기 위해 고안된 기술 "디피트 장치"를 사용하여 1,100만 대의 디젤 차량을 조작했으며, 차량이 미국 한도의 40배에 달하는 오염 물질을 배출했다는 사실이 밝혀졌다. 미 연방 기관은 배기가스 테스트와 사기성 광고 혐의를 해결하기 위해 회사에 147억 달러를 지불하도록 한 사례가 있다(blog.naver.com/smartnari).

다음으로 우크라이나에서 이루어진 그린워싱 사례를 살펴보도록 하자. 우크라이나는 세계에서 가장 큰 목재 소비국으로 지난 10년 동안 목재 소비량이 두 배 증가했다. 영국의 국제환경단체인 Earthsight는 국제적 가구업체인 이○○가 우크라이나 카르파티아 지역의 숲에서 불법적으로 조달한 나무를 이용하여 제품을 만들고 있다고 보고했다. Earthsight는 우크라이나에만 국한되지 않는 FSC 인증의 윤리와 투명성에 대해 심각한 문제를 제기하기도 했다(그리니엄 2021년 11월 19일).

다른 예로 네○○ 캡슐커피는 이산화탄소 배출량이 연간 8t에 달하는 알루미늄 용기를 사용하고 있다. 지속가능한 알루미늄을 위해 여러 재활용 정책을 펼치고 있다고 하지만 재사용률은 29%에 그치고 있다. 식음료 다국적기업인 코○○○도 2008년에 2015년까지 용기의 25%를 재활용 플라스틱으로 만들겠다고 했지만 2019년까지 그 비율은 9% 밖에 안 되는 상태이다(blog.naver.com/smartnari).

이처럼 우리 주변에서 그린워싱 사례는 수없이 많이 다양한 형태로 존재한다. 그렇다면 이 같은 그린워싱에 우리는 어떻게 대응해야 할까? 시장경제의 세 주체인 소비자, 기업, 정부 각각의 대응방안을 살펴보자. 먼저 소비자는 불완전한 환경마크들을 명확히 구별할 수 있는 안목과 제품을 살 때 전 성분을 꼼꼼하게 다시 보는 습관을 길러야 하고, 또 녹색 소비생활에 관심을 갖고 동참하며 녹색 정보에 관심을 기울여야만 한다. 반면 기업은 소비자들이 올바른 공정을 거쳐 인증된 환경마크가 부착된 제품을 구매할 수 있도록 정확하고 올바른 녹색 광고를 해야 하고, 정부는 그린워싱에 대한 강력한 통제와 상시적인 감시 체계를 구축하고, 녹색제품과 친환경성 정보를 소비자들이 정확하게 알 수 있는 매뉴얼을 마련·보급해야 한다.

〈자료 8-2〉 녹색제품이란?

- **녹색제품**: 「저탄소 녹색성장 기본법」 제2조 제5호에 따른 에너지·자원의 투입과 온실가스 및 오염물질의 발생을 최소화하는 제품
- **환경표지제품**: 「환경기술 및 환경산업 지원법」 제17조 제1항에 따라 같은 용도의 다른 제품에 비해 제품의 환경성을 개선한 제품
- **우수재활용(GR)제품**: 「자원의 절약과 재활용촉진에 관한 법률」 제33조 및 「산업기술혁신 촉진법」 제15조에 따라 재활용제품의 품질인증 대상품목으로 인증을 받은 제품
- **저탄소인증제품**: 「녹색제품 구매촉진에 관한 법률」 제2조의2제1의2호에 따라 온실가스 배출량을 줄인 제품

구분	환경표지제품	우수재활용(GR)제품	저탄소인증제품
근거법	환경기술 및 환경산업 지원법	자원의 절약과 재활용 촉진에 관한 법률	녹색제품 구매촉진에 관한 법률
대상제품 인증현황	사무용기기, 건설용자재, 생활용품 등 169개 제품군	폐지, 폐목재, 폐플라스틱 등 17개 분야	생활용품, 건설용자재 등 52개 제품군
인증현황	4,549개 업체, 18,250개 제품 ('21.04.30 기준)	211개 업체, 243개 품목 ('21.04.30 기준	51개 업체, 156개 제품 ('20.06.30 기준)
인증기관	한국환경산업기술원 (www.keiti.re.kr)	자원순환산업인증원 (www.buygr.or.kr)	한국환경산업기술원 (www.keiti.re.kr)
홈페이지	http://el.keiti.re.kr	http://www.buygr.or.kr	http://www.epd.or.kr
도안			

출처: 녹색제품정보시스템 www.greenproduct.go.kr

녹색구매 단계에서의 녹색소비 실천방안을 추가로 살펴보면 환경을 위한 성적표, 환경성적표지를 고려하여 구매하는 방법이 있다. 환경성적표지제도는 제품 및 서비스의 환경성 제고를 위해 제품 및 서비스의 원료채취, 생산, 수송·유통, 사용, 폐기 등 전 과정에

대한 환경영향을 계량적으로 표시하는 제도이다. 환경성적표지 제도는 소비자의 환경을 고려하는 구매활동을 지원하기 위하여 제품에 대해 정확한 환경영향을 쉽고 투명하게 공개함으로써 잠재적으로 시장주도의 지속적인 환경개선을 유도하는데 그 목적이 있다. 환경성적표지의 특징을 살펴보면 첫째, 환경성적표지인증은 제품 전과정에 대해 환경성평가를 수행하고, 그 결과가 환경성 정보로 제공되어야 한다. 둘째, 환경성적표지인증은 법적 강제 인증제도가 아니라 기업의 자발적 참여에 의한 임의 인증제도이다. 셋째, 환경성적표지 인증제품은 자발적으로 제품의 환경성 정보를 공제한 제품이므로 환경신뢰성이 우수한 제품이다.

〈자료 8-3〉 환경성적표지 도안

기본형	국문	영문	산성비	국문	영문
자원 발자국	국문	영문	부영양화	국문	영문
탄소 발자국	국문	영문	광화학 스모그	국문	영문
오존층 영향	국문	영문	물발자국	국문	영문

출처: 한국환경산업기술원 www.epd.or.kr

자원발자국

자원발자국이란 광물, 화석연료 등의 개발 및 소비로 인한 전 지구적 영향을 나타낸 것이다.

탄소발자국

탄소발자국이란 생산에서 소비, 폐기에 이르기까지 제품의 전 과정에서 직간접적으로 발생하는 온실가스 배출량을 나타낸 것으로 저탄소형 제품개발을 촉진하고 소비를 유도하기 위하여 도입된 개념이다. 탄소발자국을 줄일 수 있는 방법을 살펴보자.

- 가능한 비행기를 적게 탄다. 비행기 대신 자동차나 기차를 타면 탄소 배출량을 절반으로 줄일 수 있다.
- 되도록 직항 비행기를 이용한다. 비행기가 이착륙할 때 아주 많은 연료를 사용하고 많은 탄소를 배출하게 된다.
- 자가용을 타는 대신 걷거나 자전거, 대중교통을 이용한다. 걷거나 자전거를 타면 탄소발자국을 줄일 수도 있고, 건강을 유지하는 데도 도움이 된다.
- 과속을 피하고 차분하게 운전한다. 공격적인 운전은 차분한 운전보다 더 많은 연료를 소모한다.
- 미니멀 라이프 스타일을 추구한다. 쓰레기를 줄이고 자원을 순환시키는 것은 탄소발자국 줄이기의 가장 중요한 핵심이다. 집에 있는 안 쓰는 잡동사니는 필요한 곳에 기부하고, 가능한 중고물품을 구입하거나 빌리도록 한다. 또, 일회용품 사용을 줄이고 분리배출을 철저히 하고, 식사도 계획적으로 준비해 음식물 쓰레기를 줄이는 것도 중요하다.
- 나무를 심는다. 10년 된 한 그루 나무는 매년 두 사람의 탄소 배출량을 감당할 만큼의 충분한 산소를 공기 중으로 방출한다.
- 찬물로 옷을 세탁한다. 따뜻한 물로 세탁하는 것보다 이산화탄소를 줄일 수 있다.
- 물을 아껴 쓰고 절수형 샤워 헤드로 교체한다. 물을 생산하는 과정에서도 탄소가 배출된다. 절수형 샤워 헤드를 사용하면 뜨거운 물 사용도 줄여 이산화탄소를 줄일 수 있다.

- 여름에는 온도를 높이고 겨울에는 온도를 낮춘다. 온실 가스 배출량의 80% 이상이 에너지 사용 과정에서 발생하므로 집의 온도를 높이고 낮추는 단순한 행동만으로도 돈과 에너지를 절약할 수 있고 장기적으로 환경에 큰 변화를 일으킬 수 있다.
- 에너지 효율이 높은 LED 전등으로 바꾼다. LED 전등으로 바꾸면 이산화탄소를 감소시키고, 전등을 더 오래 쓸 수 있기 때문에 덜 버리게 되는 효과도 있다.
- 데스크탑 대신 노트북을 사용한다. 노트북은 크기가 큰 데스크탑보다 훨씬 더 적은 에너지를 소모한다.
- 전자기기의 플러그를 뽑는다. 사용하지 않을 때 플러그를 뽑아 대기전력을 최소화하면 탄소발자국을 줄일 수 있다.
- 유기농이나 제철 지역 농산물을 먹는다. 먼 곳에서 음식을 수송하는 데는 화석연료가 사용된다. 비료 역시 화석연료를 기반으로 하므로 지역의 로컬푸드나 유기농산물을 먹는 것이 환경에 도움을 줄 수 있다.
- 고기를 적게 먹는다. 소와 돼지, 닭과 같은 육류를 사육할 때에는 야채를 재배하는 것에 비해 탄소 배출이 많기 때문에 탄소발자국을 고려해 육류를 조금만 섭취하는 것이 좋다.

오존층 영향

대기 중으로 방출된 오존층 파괴 물질이 성층권의 오존층에 미치는 영향을 의미한다.

산성비

대기 중 산성화 물질이 빗물에 녹아떨어져 인간 활동 및 생태계에 미치는 영향을 의미한다.

부영양화

대기, 수질, 토양에 유기물질, 농도가 과다해짐에 따라 생태계에 미치는 영향을 말한다.

광화학 스모그

인간활동으로 인한 활성물질이 빛과 반응하여 생성된 지표면의 오염물질이 생태계에 미치는 영향을 말한다.

물발자국

물발자국은 제품 및 서비스의 원재료 취득부터 폐기까지 모든 과정에서 직간접적으로 사용하는 물의 총량을 합산해 환경영향을 수치화한 것이다. 유네스코(UNESCO) 산하의 물·환경 교육기관, 유네스코 IHE(International Institute for Infrastructural Hydraulicand Environmental Engineering)에서 발표한 자료에 의하면 300g짜리 사과 1개의 물 발자국은 210리터, 쌀 1kg의 물 발자국은 3,400리터, 돼지고기 1kg의 물 발자국은 4,800리터이다. 우리나라 국민 1인당 하루 물 사용량은 295리터(2019년 기준)이라고 하니 이에 따른 1인당 연간 이산화탄소 배출량도 26.6kg에 달한다. 물발자국을 줄이는 방법을 살펴보자.

- 쌀뜨물로 설거지를 한다. 쌀을 씻으면서 나온 쌀뜨물을 다른 곳에 받아놨다가 설거지할 때 재사용하면 된다. 쌀을 씻은 물로 설거지를 하는 게 꺼려진다면 세제를 사용하기 전 물을 묻힐 때라도 쌀뜨물을 사용한다면 예상외로 엄청난 양의 물 발자국을 줄일 수 있다.
- 샤워 시간을 정한다. 샤워를 하다보면 무의식적으로 오랫동안 물을 쓰게 된다. 하지만 샤워시간을 5분으로 정해놓으면 몸을 빠르게 씻어서 시간과 물을 동시에 아낄 수 있다.
- 컵에 물을 받아서 양치를 한다. 입을 헹구는 동안 물을 계속 틀어 놓는다면 물이 약 36ℓ(3회 기준) 사용되나 양치 컵을 사용하면 1ℓ 이하가 소모된다.

최근 소비자들이 환경문제에 대해 관심이 높아짐에 따라 친환경적인 상품, 이른바 녹색상품(green products)인 것처럼 가장해서 시장에 나오는 그린워싱 제품들도 많다. 소비자들이 정확한 눈을 가지고 상품의 환경성을 비교해서 판단해야겠지만, 정보가 없거나, 있는 정보도 부정확하기 때문에 실제로는 판단을 하는 것이 쉽지 않다. 이런 경우 동종의 상품에 비해 상대적으로 자원을 절약하고, 환경오염이 덜한 제품이라는 의미를 담은 환경마크(Eco-Labelling) 제품을 구매하는 것이 좋은 방안이다.

〈자료 8-4〉 에너지 관련 환경마크		
에너지절약마크	기업이 자발적으로 제시하는 절전기준에 만족하는 에너지절약형 제품을 생산, 보급함으로써 에너지절약을 꾀하고자 도입한 것으로, 이 마크가 부착된 제품은 '에너지절약형제품'으로 전기료를 줄일 수 있으며, 현재 에너지절약마크 부착 대상품목은 컴퓨터, 모니터, TV 등 22개 품목이 해당됨	에너지절약
에너지소비효율등급 표시	에너지 소비효율 또는 사용량에 따라 1~5등급으로 표시하도록 함으로써 소비자들이 에너지절약형의 효율 높은 제품을 손쉽게 판단하여 구입할 수 있도록 하고, 제조업자들이 생산단계에서부터 에너지 절약형 제품을 생산하도록 유도하는 제도. 효율등급이 1등급에 가까울수록 에너지효율이 높은 것으로 전기료가 가장 적게 나옴	에너지소비효율등급
출처: 한국에너지공단 효율관리제도 https://eep.energy.or.kr		

또 녹색구매 단계에서의 녹색소비 실천 방법으로 바이낫씽데이(Buy Nothing Day: 아무것도 사지 않는 날)를 실천하는 방법이 있다. Buy Nothing Day는 1992년 캐나다에서 테드 데이브(Ted Dave)라는 광고인이 '자신이 만든 광고가 사람들로 하여금 끊임없이 무언가를 소비하게 만든다.' 라는 문제의식을 가지고 캠페인을 시작해 과소비의 유혹에 맞서는 소비주의에 저항하는 전 세계적 움직임이다. 바이낫씽데이는 환경오염감축과 과소비추방을 위해 소비자들이 1년 중 이날 하루 만큼은 소비하지 말자는 운동으로 한국에서는 1999년부터 11월 마지막 주 금요일을 바이낫씽데이로 정하고 있다. 이 외에도 로컬 식품, 제철 식품을 구매하거나 채식 식단을 확대하는 방법, 재사용제품을 이용하는 방법 등이 있다.

1.3.2 녹색사용과 녹색소비생활

사용단계에서의 녹색소비를 실천하는 방법은 일단 구입한 제품은 아껴 쓰며, 오래 사용하고, 사용하지 않는 가전제품은 전원을 뽑고, 자동차는 급발진이나 급제동을 피하며, 경제속도를 지키는 등 자원·에너지 절약 습관이 중요하다. 일상생활에서 일회용품 대신 재활용제품을 사용하도록 하고, 또 소비생활 과정에서 부득이 오염 물질이 배출될 수밖에 없는 경우에는 사용 방법을 개선하여 그 양을 줄이도록 노력해야 한다. 대표적인 제품이 전체 대기오염 물질의 절반 이상을 배출하는 자동차이다. 자동차대신 대중교통수단이나 자전거를 사용하는 것이 바람직하지만, 꼭 운행을 해야 한다면 자동차 같이 타기나 연비를 높이기 위한 노력들을 통해 자동차로부터 나오는 배기가스를 줄일 수 있다(울산광역시, 2022).

1.3.3 녹색처분과 녹색소비생활

스스로 쓸 만큼 썼다고 생각하거나, 더 이상 쓸모가 없어진 경우, 이사 등으로 부득이 정리해야 할 물건이 생길 경우 바로 버리기보다는 그 물건에 대해 아직 사용가치를 느끼는 다른 사람에게 넘겨서 사용토록 하거나 또는 수리해서 재사용하는 것이 녹색소비의 한 양식이다. 이를 위해 정부나 민간단체들이 개설한 알뜰시장, 벼룩시장, 녹색가게, 재활용센터 등 중고품 교환·거래·수리를 위한 시장과 시설을 적극 이용하도록 하고, 지역 중고거래 플랫폼인 당근마켓 등을 이용할 수도 있다.

또, 쓰레기는 배출량을 최소화하고, 재활용을 확대한다. 소비생활이 환경오염의 한 주범이라는 것도 바로 소비 후 발생하는 쓰레기 때문이다. 따라서 소비자가 우선 할 일은 쓰레기의 발생량을 줄이는 것이며, 이를 위해서는 쓰레기 분리배출이 중요하다. 분리배출 방법을 살펴보자.

표 8.2 재활용품 품목별 분리배출 방법

종류	배출방법
비닐포장재	비닐류만 따로 모아 내용물을 확인할 수 있는 투명 봉지에 차곡차곡 넣고 흩어지지 않도록 입구를 묶어서 배출
플라스틱류	내용물을 깨끗이 비우고 다른 재질로 된 뚜껑(은박지, 랩 등)이나 부착상표, 라벨 등을 제거한 후 압착하여 배출
스티로폼	이물질(얼음주머니) 제거한 후 묶어서 배출(오염된 스티로폼은 물로 헹군 후 배출)
캔류	이물질 제거 후 압축시켜 배출
유리병류	병 속 이물질을 제거한 후 배출
종이류	종이류에 붙은 스프링, 비닐테이프 등 이물질을 제거하고 일정한 부피로 묶어서 배출
종이팩	물로 씻은 후 펼쳐 말려서 일반 폐지와 구분하여 분리배출(우유팩 등)
폐형광등, 폐건전지	전용 수거함에 배출(동행정복지센터, 공동주택 내 비치)

출처: 환경부(2018). 분리배출 재활용 가이드라인 요령 재구성

2. 로컬소비

2.1 로컬소비의 등장배경

세계화로 인해 세계는 국경을 넘어선 경제적 통합이 급격히 증가하고 있다. 1970년대 후반 등장한 신자유주의 학파에서는 세계화에 의한 시장자유화가 빈곤과 불평등을 감소시키고, 생활수준을 향상시키는 등 긍정적인 효과를 창출할 것이라고 예측하였으나 경쟁과 효율만을 강조한 세계화는 경제적 불안정성 및 노동 불안정성을 증대시키는 한편 대규모 실업과 노동조건의 악화, 불평등과 빈곤의 심화 등의 양극화를 야기하였다. 이 외에도 세계화는 심각한 환경 파괴, 도시로의 집중 등 여러 문제를 지니고 있다.

자본에 의해 주도된 신자유주의 세계화는 경쟁과 효율만을 강조하였고 이는 경제적 불안정성 증대, 대규모 실업, 노동조건의 악화, 빈곤의 심화, 노동 불안정성 증대를 일으키는 등 세계화가 만든 부정적인 결과의 문제를 지역 내에서 극복할 수밖에 없는 상황이 되었다.

그럼에도 불구하고 이 같은 문제들이 세계화를 원인으로 하기 때문에 글로벌이 아닌 로컬로 방향을 바꾸는 지역화가 필요하다. 신자유주의는 자본주의의 문제를 규모의 문제로 보며 국가 또는 글로벌 경제 대신 지역경제를 대안으로 보았다. 특히, Helena Norberg Hodge(2007)는 저서 「행복의 경제학」에서 전 세계적으로 나타나는 획일화된 경제나 소비문화는 빈곤을 창출할 수밖에 없으며, 지역화 즉 지역경제 발전만이 지구를 구할 수 있고 행복을 추구할 수 있게 한다고 주장하며 로컬소비와 행복의 관계를 역설하였다.

그림 8.4 행복의 경제학(Helena Norberg Hodge, 2007)

2.2 로컬소비의 개념과 필요성

2.2.1 로컬소비의 개념

세계화의 대안으로서 지역화, 로컬화가 주장되는 상황에서 로컬소비는 지역에서 생산된 제품을 지역에서 소비하는 것으로 지역의 재화와 서비스를 구입함으로써 지역경제에 도움을 주고, 농업이나 의류생산과 같은 다양한 지역의 생산을 활성화시켜 지역공동체의 연대를 강화시켜 주는 소비이다. 또한 로컬소비는 독점적이거나 배타적 관점이 아닌 그 지역에서는 지역의 제품을 소비하여 이웃과 동시에 지속가능성을 고려하는 윤리적 소비 중 하나이다. 로컬소비는 소비생활을 통해 삶의 양식의 변화를 도모하고자 하는 운동이며 '지역에서의 생산과 소비로 경제의 지역화를 이루는 것'을 의미한다. 로컬푸드를 정의하는데 있어 거리에 대한 절대적 기준은 없지만 일반적으로 장기적 운송을 거치지 않은 지역 농산물로 반경 50km(미국의 경우 250km)이내에서 생산된 것으로 본다(윤병선·유학열, 2009).

로컬소비와 함께 살펴볼 수 있는 개념으로 로컬푸드(localfood)와 로커보어(locavore)가 있다. 지역에서 생산된 농산물을 지역에서 소비하는 개념인 로컬푸드는 우리나라의 '신토불이' 운동, 혹은 일본의, 지역에서 생산한 농산물을 지역에서 소비하자는 '지산지소'(地山地消)와 유사한 맥락의 실천운동이라고 볼 수 있다. 로커보어(locavore)는 지역을 뜻하는 로컬(local)과 먹을거리를 뜻하는 접미사 보어(vore)의 합성어로 자기가 살고 있는 지역에서 재배된 식품과 음식을 소비하는 사람이나 그러한 행위를 지칭하는 용어이다.

2.2.2 로컬소비의 필요성

우리가 로컬소비를 실천해야 하는 이유이자 필요성에 대해 유현정(2018)은 로컬소비는 지역의 제품을 주민이 소비하여 지역의 자립과 지역경제의 활성화를 돕기 때문에 필요하다고 보았다. 또 로컬소비는 소비자와 생산자 사이의 관계 확장, 거리의 축소, 신뢰의 확산으로 일컬어지는 로컬소비 운동을 통해 지역소비를 기초로 한 지역경제의 활성화와 농어민의 안정적 생활, 지역 내 지원 활용을 통한 지역 생태계의 보존, 식품의 안정성을 확보하기 위한 지속가능한 농업 등을 유지할 수 있다고 보았다. 특히 소비자와 생산자 사이의 신뢰를 회복함으로써 장기적으로 식탁의 안전과 농업생산의 안정화가 가능하다. 다음으로 로컬소비는 지역의 노동자인 생산자나 유통자들에게 안정적 소득을 보장한다. 지역의 일을 일상적으로 처리하는 경우가 많아져 지역의 활력을 높이고 각 지역이 가지는 공공재적 가치가 발현되면서 로컬소비를 통해 각 지역이 가지는 공공재적 가치가 발현되어 지역의 일자리는 보다 많이 창출될 수 있다. 마지막으로 로컬소비는 제품의 운송거리를 단축하여 운송 중 발생하는 온실가스나 탄소를 줄여 지구온난화 감소와 환경보전에 도움을 주기도 한다.

여기서 푸드마일리지(food mileage) 개념을 더불어 살펴볼 필요가 있다. 푸드마일리지란 식재료가 산지에서 식탁에 오기까지 배출된 온실가스의 양으로 송거리를 말하는 것으로 푸드 마일리지의 숫자가 높을수록 온실가스가 많이 배출되고 지구 온난화가 가속화 되어 기후의 이상과 생태계를 변화시키는 등 인류를 포함한 지구의 생존을 위협하게 된다. 푸드 마일리지를 계산하는 방법은 식품의 수송량에 수송 거리를 곱한 수치로 5통의 식품을 20km의 거리에서 수송했을 경우 푸드마일리지는 100톤이 된다. 구체적으로 우리가 귤 5kg을 제주도에서 구매해서 먹는다면 푸드마일리지는 2.96tkm, 온실가스 배출량은 357g이나 미국에서 귤을 구매해 먹는다면 푸드마일리지는 55,635tkm, 온실가스 배출량은 2,590g으로 지역에서 생산된 식재료를 먹는 것이 온실가스 감축과 지구온난화 감소에 도움이 된다.

로컬소비, 로컬푸드가 갖는 의의를 통해 그 필요성을 공감할 수 있다. 윤병선과 유학열(2009)은 로컬소비, 로컬푸드의 의의를 다음과 같이 제시하였다.

가. 지역의 자립과 지역 활성화

로컬푸드는 지역에서 생산된 것을 소비하는 지역소비를 기초로 하면서 농림어업이나 지역산업을 활성화 시킴으로써 지역의 활성화에 기여한다. 이를 통해 지역사회의 유지 발전, 농업인의 안정적 생활, 지역경제의 다양화, 대안시장을 창조할 수 있다.

나. 지역생태계의 보전

생태적으로 외부자원에 대한 의존이 감소하고 지역 내 자원에 대한 의존이 증가함에 따라 지역 생태계를 보존하고 환경적으로 자원을 절약할 수 있다.

다. 지속가능한 농업의 실현

농업은 토지와 물과 같은 자연을 생산과정에 직접 이용하기 때문에 생산의 지속성과 식품의 안정성을 확보하기 위해서는 환경허용범위 내에서 생산이 이루어져야 한다. 현재의 세계농식품체계에서는 대규모 단작화에 의한 공장식 농업생산이 이루어지므로 환경허용범위를 벗어나는 경우가 많다. 그러나 로컬푸드는 다품종 소량생산을 통해 환경보전과 먹을거리의 안전을 도모할 수 있고, 지역의 식량자급률 향상에 기여 할 수 있다.

라. 고용창출과 지역자원의 활용을 촉진

로컬푸드를 이용하면 지역에 많은 경제적 기회를 제공한다. 농산물직판장과 지역민 소유상점에서 지역 농산물을 구매하면, 지출된 돈이 지역사회에 회전하여 일자리를 만들고 소득을 올리는 선순환을 만들 수 있다. 또한 소규모 영세농가의 소득향상과 경작을 포기하는 휴경지 감소에도 기여할 수 있다.

2.3 로컬소비의 가치사슬 모형

로컬소비의 가치사슬 모형에 대해 살펴보자. 로컬소비의 가치사슬 모형은 크게 3개 모형으로 나뉘는데 모형1은 지역에서 생산한 상품과 서비스가 지역 시장에서 소비(거래)되는 가장 간단한 시장 연계 소비유형이다. 생산자가 농장이나 거리에서 신선 농산물을 파는 것이 그 예이며, 운송 및 포장 비용과 같은 중개비용을 줄일 수 있고, 장거리 배송이 없기 때문에 손상이 되지 않아 시장성 있는 제품의 손실을 줄일 수 있다는 이점이 있다. 또한 현지 시장은 일반적으로 제품 모양과 크기에 대한 엄격한 기준이 없기 때문에 큰 신경을 쓰지 않고 판매할 수 있으며, 생산자와 소비자가 직접 소통할 수 있다는 장점을 가진다.

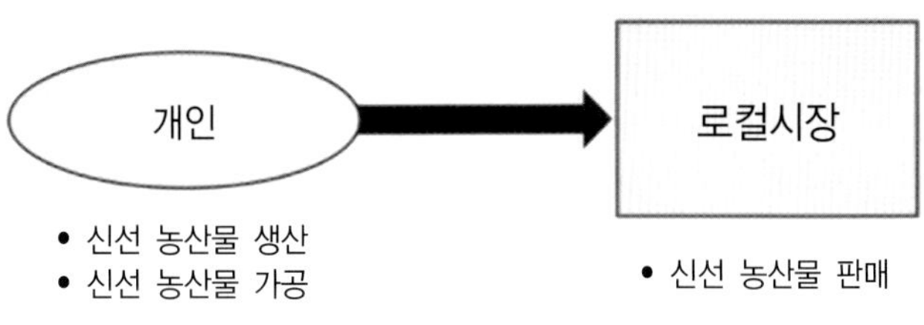

그림 8.5 로컬생산-로컬소비의 가치사슬 1모형

출처: www.een-letsbear.com

모형2는 생산과 유통이 분리되어 지역에서 생산된 상품과 서비스가 해당 지역의 유통업자에게 판매되고 유통업자는 이를 가공하거나 수량을 세분화하여 그 지역 소비자에게 판매하는 모형으로 관계성이 보다 확장된다.

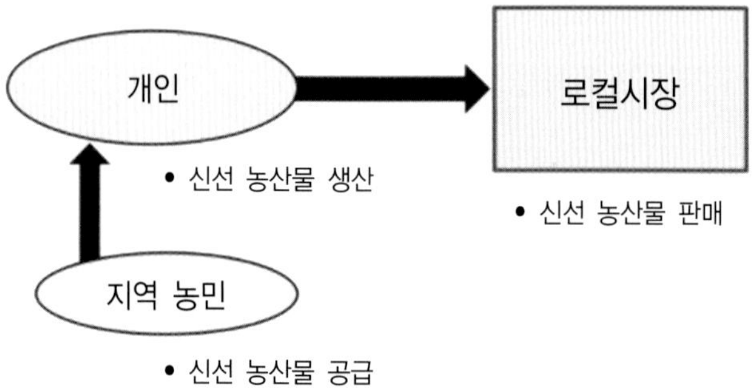

그림 8.6 로컬생산-로컬소비의 가치사슬 2모형

출처: www.een-letsbear.com

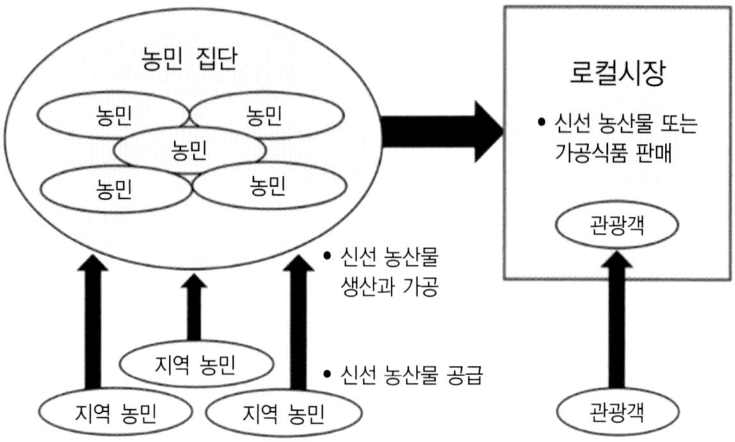

그림 8.7 로컬생산-로컬소비의 가치사슬 3모형

출처: www.een-letsbear.com

모형3은 모형1과 모형2의 수정된 버전이다. 처음 두 모형에서 최종 사용자는 지역 주민이지만 모형3에서 최종 사용자는 관광객이다. 관광객은 관광 장소를 방문하는 동시에 개개인의 생산자와 유통업자가 로컬 생산자 집단, 로컬 유통업자 집단으로 연대하여 지역만

의 독특하고 신선한 상품을 지역 소비자 뿐만 아니라 관광객 등 외부 소비자들에게 판매하는 유형이다. 모형3의 최종 사용자는 자신의 마을보다 저렴한 가격에 신선한 농산물이나 지역의 특산품을 구입하고 돈을 지출한다. 이 모형에서는 부가가치 창출이 가능하고, 지역 시장의 자립 및 지속가능한 발전을 도모할 수 있다. 또한 모형3은 시장에 대한 지원을 제공한다. 보안을 위해 경찰관을 배치하고, 해당 시장 광고를 관광 전략으로 포함시키는 것 등이 그에 해당된다. 이들 로컬소비의 가치사슬 모형은 수치가 높아질수록 로컬의 범위가 넓어지고, 수익모델화 된다는 점에서 그 의미를 찾을 수 있다.

2.4 로컬소비의 실태

로컬소비의 실태를 살펴보면 미국 내 로컬푸드 시장의 규모는 꾸준히 늘어나고 있는 추세이며, 2002년에는 40억 달러 규모였으나, 2014년에는 120억 달러 규모까지 3배가량 한 것으로 나타났다. 로컬푸드 판매가 이루어지는 농민 직판장에 참여하고 있는 농장의 숫자도 2002년 116,733개소에서 2012년 163,675개로 증가해 미국 전체 농장의 7.8%가 로컬푸드 판매에 참여하는 것으로 나타났다.

우리나라의 경우 로컬소비 수준이 높지 않았으나 최근 코로나19라는 예상치 못한 전세계적 위기에서 비대면과 사회적 거리두기가 일상화 되면서 로컬소비의 소비 현황과 실태에 있어 변화하고 있다. 로컬소비의 최근의 변화와 소비실태를 살펴보도록 하자.

- 최근 한국사회의 로컬소비는 온라인 소비가 늘고 오프라인 소비가 줄고 있다. 사람이 많은 장소를 기피하다보니 비대면 구매가 가능한 온라인은 성장하는 반면 장기간에 걸친 경기침체는 지역 상권과 지역 경제를 무너뜨리고 있다.
- 비목별 로컬소비가 다른 양상으로 나타나고 있다. 실제 경기연구원(2020)이 조사한 코로나19에 따른 경기도 신용카드 매출 감소와 시사점(2020년 6월 기준)에 따르면 비필수적 성격이 강한 소비 품목과 대면 접촉 다중 이용 서비스 업종의 매출 감소율이 크게 나타났다. 여행과 교통 부문의 매출액은 전년 대비 23.8%, 의류와 잡화는 21.9%, 미용은 20.8% 감소했다.
- 전반적으로 소비심리가 위축되었음에도 불구하고 긴급재난지원금 지급에 따른 소비는 증대되었다. 특히 지역화폐로 재난지원금을 지급한 지자체의 경우 지역 상권을 살리는 효과뿐만 아니라 고용 촉진 및 일자리 창출까지도 기대된다.

- 여행의 매출액이 감소하였지만 여행장소가 어딘가에 따라 로컬소비 양상은 다르게 나타나고 있다. 해외여행보다는 국내여행을 선호하는 소비자들이 늘고 있으며, 국내 여행 소비자들이 생생한 경험을 할 수 있도록 해당 지역의 공간 안에서 할 수 있는 차별화된 콘텐츠를 만드는 사람(로컬 크리에이터)을 발굴하고, 로컬콘텐츠 관리의 중요성이 커지고 있다.
- 지역 내 소비장소는 백화점이나 대형마트보다는 집 가까운 동네 마트로 변화하는 등 홈 어라운드 소비가 일상화 되고 있다. 롯데카드가 프로젝트 큐피드를 통해 분석한 결과에 따르면 코로나발 소비위축 속에서도 집 근처 500미터 내 동네 중소형마켓 가맹점 결제가 8% 증가한 것으로 나타났다. 반면 집과의 거리가 3km가 넘는 원거리 가맹점에서의 결제는 12.6% 감소했다.
- 세부 업종별로는 집 근처 슈퍼마켓, 편의점, 농축산물 등 식자재와 생필품을 파는 동네 중소형 마켓에서의 결제가 늘어났고, 집에 머무는 시간이 많은 만큼 집과 관련한 인테리어, 꽃집 관련 결제 등 홈코노미 소비가 증가하고 있다.
- 식품이나 농산물의 경우 안전성에 대한 우려로 수입품에서 국산으로, 특히 가까운 지역에서 생산한 것을 소비하려는 경향이 높아졌다.

생각해보기 1

위장환경주의

카트린 하르트만 지음 / 이미옥 옮김

석유 생산 대기업 셸(Shell)은 자사를 풍력 발전소로 광고하며, 음료 시장의 대기업 코카콜라는 가난한 나라에서 모든 샘물이 마를 때까지 퍼 쓰면서 자사를 비축된 세계 지하수를 보호하는 주인공이라고 표현한다.

몬산토(Monsanto)는 유전자를 조작한 씨앗과 독성 있는 살충제까지 판매하지만 자사를 기아와 싸우는 데 기여한다고 여긴다. 그런 살충제야말로 흙과 농부를 파괴하고 있는 데도 말이다.

화학 업계의 대기업 헨켈(Henkel)은 에너지업계의 거물들과 손잡고 핵발전소와 석탄 화력발전소가 유지되도록 애쓰면서도 풍력으로 움직이는 터빈에 "재생 에너지에 중요한 기여를 합니다"라는 스키터를 붙인다.

유럽에서 이산화탄소를 가장 많이 배출하는 전기 회사 RWE는 숯가마가 생물의 송을 보호하는 기능을 한다고 주장한다. 이유인즉 발전소의 냉각탑에 새가 둥지를 틀고 있기 때문이다.

유니레버(Unilever)의 회장 파울 폴만은 참으로 진지하게 이렇게 주장한다. "유니레버는 세계에서 가장 규모가 큰 NGO입니다." 그런데 인스턴트 수프와 소스 가루처럼 일상에서 포기할 수 없는 것을 생산하는 이 식품 대기업은 매년 8톤이나 되는 원료 - 이를테면 소고기, 콩, 팜유 등 - 를 소비하는데, 그중 절반은 전 세계에 있는 산림을 파괴해 만든 것이다.

심지어 군수업체조차도 환경을 고려해가며 살상 무기를 만든다. 예를 들어 라인메탈(자동차 부품과 군수품을 생산하는 독일 대기업)은 "자연스러운 삶의 기초를 보호하는 것이야말로 지극히 중요하다"는 슬로건을 내세우고 있으며, 크라우스 - 마피아 베그만 - 그룹(독일의 군수 업체)은 "자체 생산 과정에서 품질과 지속가능성에 큰 가치를 둔다"고 주장한다.

출처: 카트린 하르트만(2018) 위장환경주의('그린'으로 포장한 기업의 실체) pp.17-18

생각해보기 2

코로나 시대, '로컬 경제'가 뜬다… 탈물질 주의 속 경제학
적당히 벌고 적당히 즐거운 일상, 더 간절해지다

이모노믹리뷰 **박민규** 기자

대도시에 가려져 있던 지방과 변두리, 이른바 '로컬'이 새로운 트렌드로 부상하고 있다. 사실 로컬은 하루 아침에 떠오른 화두가 아니다. 바쁘고 치열한 도시에서 벗어나 삶의 의미를 생각할 여유를 갖고 싶은 마음, 거창하게 말하자면 '탈물질 주의'에 대한 공감대가 형성되면서부터 이미 로컬은 하나의 트렌드였다.

오늘날 신종 코로나바이러스 감염증(코로나19) 사태의 장기화로 해외 여행이 어려워지면서, 로컬의 가치는 더욱 부각되는 모양새다. (중략) 인구 밀도가 높아 코로나19 확산에 취약한 대도시보다 안전하고 친근한 곳에서 살고 싶어 하는 사람이 늘어난 까닭이다.

코로나19는 '진짜' 로컬을 주목하게 만들었다는 말이 나온다. 사회적 거리 두기 등으로 주로 집 주변에 머물면서 우리가 사는 동네의 매력을 발견하게 됐다는 분석이다. (중략)

공간으로서의 로컬 뿐 아니라 사람으로서의 로컬, 즉 현지인의 라이프 스타일에도 주목하게 되면서 로컬에 대한 태도가 바뀌었다는 진단도 나온다. 그동안 사람들이 로컬 트렌드를 물질적 소비의 측면에서 인식해 왔다면 이제는 지역의 이야기와 정체성, 즉 콘텐츠에 집중하게 됐다는 것이다. 단순히 물질을 원하던 욕구가 정신적 가치까지 소비하고 싶은 욕망으로 진화하는 대목이다.

코로나 시대에서 재발견되고 있는 '동네'의 가치, 그리고 이를 토대로 확산하고 있는 소비 트렌드를 짚어 볼 필요가 있다.

익숙하지만 특별한

로컬 트렌드가 가장 활발한 분야는 무엇보다도 여가와 여행이다. 기존에는 여행이 살고 있는 곳에서 멀리 이동해 비일상적인 체험을 하는 것이었다면, 이제 가깝고 익숙한 장소에서 안전한 활동을 하는 방향으로 바뀌고 있다. 코로나19 감염을 방지하기 위해 사회적 거리 두기를 실천하면서도 힐링도 잡을 수 있는 언택트(Untact·비대면) 여행지를 찾는 사람이 늘고 있는 것이다. 특히 가까운 거리, 사적인 공간, 탈도시, 특별한 경험 등의 조건을 갖춘 장소가 많은 사랑을 받는 추세다.

얼마 전 에어비앤비는 강원창조경제혁신센터와 손잡고 강원 남부 지역의 이색적인 장소와 체험 활동을 소개하는 '강원 남부 폐광 지역 여행 지도'를 발간했다. 현지 에어비앤비 호스트들의 의견을 반영한 해당 자료는 아름다운 자연 속에 위치한 에어비앤비 숙소들 뿐 아니라 향토 음식을 맛볼 수 있는 소박한 맛집과 석탄 모양의 빵을 파는 카페, 광산의 역사를 전하는 문화 공간 등까지 로컬이 추천하는 개성 만점의 지역 명소에 대한 정보를 총망라하고 있다는 설명이다.

또 해당 지역에는 숲에서 나고 자란 자매가 진행하는 정선 숲속 힐링 프로그램, 폐광촌 문화를 기록하는 청년 작가와 함께 정선 여행을 그림으로 남기는 미술 체험, 힐링을 찾는 사람들을 위한 심리 검사 키트 같은 현지 크리에이터들의 독특한 에어비앤비 프로그램들도 입소문을 타고 있다. (중략)

올모스트 홈 카페. 로컬 체험 활동도 큰 인기를 끌고 있다.

관광 벤처 기업인 한국자전거나라는 서울 종로구에 있는 안국역 주변의 갤러리 7~9곳을 2시간 동안 구경하는 '아트 워킹 투어' 프로그램으로 코로나19발 관광 업황 부진 와중에 완판을 기록했다. 잘 알려지지 않은 갤러리들을 소개하는 희소성에 전문가의 해설도 제공하는 전문성까지 갖추면서, 오픈과 동시에 무료·유료 가리지 않고 전부 매진됐다는 설명이다.

농촌에서 자연과 식재료를 즐기는 '팜파티(farm-party)' 콘셉트의 여행 상품도 눈길을 끈다. 팜파티 전문 관광·여행 스타트업 팜파티아는 사과로 유명한 경북 청송에서 사과밭의 풍광을 즐기며 해당 지역의 식재료로 만든 요리를 먹는 '애플&힐링 팜파티'라는 프로그램을 선보였다.

이외에도 셰프가 지역 특산품으로 요리를 만들고 여기에 스토리텔링까지 곁들이는 '소셜 다이닝 상품'도 급부상 중이다.

애플&힐링 팜파티

로컬 콘텐츠가 역으로 서울에 진출한 사례도 있다. 경남 하동군은 지난 10월 로컬 콘텐츠 스타트업 올어바웃과 함께 서울에 '테이크아웃 하동: 야생을 담아 가세요'라는 팝업스토어를 국내 지방 자치단체 최초로 운영한 바 있다.

해당 가게는 하동의 야생 녹차를 테마로 ▲향다원의 녹차 담금주 만들기 ▲애호당의 차와 함께하는 명상 프로그램 ▲김동곤 쌍계명차 명인의 하동 녹차 이야기 ▲아각아각익스프레스의 녹차를 활용한 아시안 코스 요리 프로그램 등을 선보이며, 하동 차에 대한 관심을 불러일으키고 지역 특산품의 매력을 십분 알렸다는 평가를 받았다.

지역 경제 되살리는 심폐 소생술

유통가에서도 로컬 트렌드가 감지되고 있다. 전자 지도 소프트웨어(SW) 업체 맵퍼스가 올해 1~9월 내비게이션 애플리케이션 아틀란 이용 패턴 등을 분석한 결과, 코로나19 발병 전에는 검색량이 많지 않았던 CU·GS25·세븐일레븐 등 편의점 키워드들이 검색 상위권에 올랐다. 집과 가까운, 즉 동네 편의점을 찾는 사람들이 많아졌기 때문이다. (중략)

이처럼 로컬 트렌드가 부상하면서 지자체와 지역 조합, 지역 특산물 업체 등도 잇따라 브랜딩에 착수하는 모습이다. 디자이너 커뮤니티이자 디자인 콘테스트 플랫폼인 라우드소싱을 운영하는 스터닝의 김승환 대표 이사는 실제로 이들이 올해 의뢰한 로고·캐릭터 디자인이 전년 대비 무려 50% 이상 급증했다고 밝혔다. (중략)

동 단위의 소규모 행정 구역들도 브랜드 홍보에 박차를 가하는 모양새다. 일명 '힙지로'로 불리며 전성기를 구가하고 있는 서울 중구 을지로동, 용산구 이태원동 경리단길만큼이나 핫해 '공리단길'이라는 별명이 붙은 노원구 공릉동의 도깨비 시장에서도 새로운 캐릭터 디자인을 공모하는 데 나선 바 있다.

을지동 캐릭터 디자인. '힙 찾는 MZ 세대에 안성맞춤

로컬 트렌드는 코로나19 종식 후에도 한동안 지속될 전망이다. 로컬 트렌드의 경우, 유행을 주도하는 MZ 세대(밀레니얼 세대와 Z 세대)와의 교집합이 상당히 크기 때문이다.

김 대표는 "골목이나 동네로 대표되는 로컬 트렌드는 국내외를 막론하고 꽤 오랫동안 관찰돼 온 흐름이지만, 최근 코로나19 사태 장기화로 안전하고 친근한 공간에 대한 관심이 높아지면서 더욱 각광 받는 분위기"라고 진단하면서, MZ 세대를 로컬 트렌드의 주역으로 꼽았다.

김 대표는 "MZ세대 경우, 누구나 다 아는 유명한 장소보다 동네와 변두리 등 잘 알려져 있지 않은 독특하고 매력적인 장소를 마치 보물 찾기 하듯 찾아 다니며 사회 관계망 서비스(SNS)에 공유하는 것을 취미로 즐기는 경향이 있다"라 분석하며, "여러 분야에서 MZ 세대의 영향력이 커지면서 이들을 겨냥한 로컬의 숨겨진 이야기와 그 지역에서만 가능한 특별한 경험을 찾는 로컬 선호 추세는 계속 이어질 것"이라고 예측했다.

출처: 이코노믹리뷰(2020.12.15)

■ 참고문헌

계선자·강기정(1998). 도시주부의 가치성향에 따른 녹색소비 행동에 관한 연구. 한국가족자원경영학회지, 2(1), 103-117.

그린워싱, 우리는 얼마나 속았을까?. https://blog.naver.com/causeworks

네이버 지식백과.

노정구(1995). 녹색소비자의 특성분석: 그린마케팅 전략개발을 위한 제언, 부산대학교 박사학위논문.

노정구(1996). 녹색소비자의 특성분석을 위한 실증적 연구, 마케팅연구, 10(2), 77-102.

녹색제품정보시스템 www.greenproduct.go.kr

대한상공회의소(2021). 코로나시대 소비행태 변화와 시사점 조사.

마부작침 뉴스(2021년 10월 22일). 그린워싱, 우리는 얼마나 속았을까?. https://news.sbs.co.kr

목건문(2010). 한국과 중국소비자의 녹색소비 의식과 녹색소비행동 비교연구, 건국대학교 석사학위논문.

박운아(1997). 기혼여성의 환경친화적 소비행동. 서울대학교 박사학위논문.

배순영(2009). 저탄소 녹색소비 실천체제 정비방안, 한국소비자원.

서울특별시청(2012). 서울시 녹색제품 가이드북.

울산광역시 홈페이지 https://www.ulsan.go.kr

유현정(2018). 행복한 소비, 윤리 소비. 충북대학교 KOCW.

윤병선·유학열(2009). 로컬푸드의 실태 및 충남의 실천과제. 충남연구원.

이기명(1999). 환경·정보·문화시대에서의 청소년 녹색소비, 녹색소비자연대.

이유진(2020). 코로나19에 따른 경기도 신용카드 매출 감소와 시사점. 경기연구원.

이코노믹리뷰(2020년 12월 15일). 코로나 시대, '로컬 경제'가 뜬다… 탈물질 주의 속 경제학.

임연희(2018). 녹색소비 관련 주요 이슈 및 녹색소비생활 정착 방안 모색. 성인여자대학교 박사학위논문.

전예화·제미경(2012). 녹색소비 실천교육이 유아의 녹색소비 인식 및 행동에 미치는 효과, 생활과학회지, 21(3), 527-537.

정학균·성재훈·이현정(2019). 2019 국내외 친환경농산물 생산 및 소비 실태와 향후 과제. 한국농촌경제연구원 현안분석보고서.

채널예스(2021년 5월 21일). 한끼 식사에 비가 내리고 지구가 뜨거워지는 건에 대하여.

천경희·홍연금·윤명애·송인숙(2010). 착한소비 윤리적 소비, 시그마프레스.

최병철(2000). 환경마크제도를 통한 녹색 소비운동. 사회과학논집, 10(1), 385-409.

친환경 맞아요? 기업들의 녹색 거짓말! 그린워싱주의보. blog.naver.com/smartnari

카트린 하르트만(2018). 위장환경주의(이미옥 역), 에코리브르.

환경부·한국환경산업기술원(2020). 2020 친환경제품 국민인지도 조사.

환경부(2018). 분리배출 재활용 가이드라인 요령.

황은애(2008). 사업자의 소비자관련 사회적책임활동 현황분석: 국내 지속가능보고서 내용검토를 중심으로, 소비자학연구, 19(4), 109-133.

한국산업기술진흥원(2009). 2010 세상을 바꾸는 생각.

한국소비자원(2021). 녹색제품 민간부문 소비 현황 및 활성화 방안.

한국에너지공단 효율관리제도 https://eep.energy.or.kr

한국환경산업기술원(2021). 녹색제품 구매활성화를 위한 조사연구 최종보고서.

한국환경산업기술원 환경성적표지 www.epd.or.kr

1372 소비자상담센터. https://www.ccn.go.kr

CNN(2019년 3월 3일자). South Korea's Plastic Problem Literal Trash Fire.

Hodge, H. N.(2007). 행복의 경제학, 중앙북스.

https://www.een-letsbear.com

https://footprint.info.yorku.ca

https://unece.org/fileadmin/DAM/RCM_Website/RFSD_2018_Side_event_sustainable_fashion.pdf

Minderoo Foundatin(2021). Plastic Waste Makers Index - Revealing the Source of the Single-Use Plastics Crisis.

Terra Choice(2007). The Six Sins of Greenwashing -A Study of Environmental Claims in North American Consumer Markets-. Terra Choice Environmental Marketing Inc.

UNECE(2018). Fashion and the SDGs: What role for the UN?

www.epd.or.kr

제 9 장 상생을 위한 공정무역 소비

도입 스토리: 공정무역 커피 한 잔에 '갑질' 없는 사회!

(중략) 윤리적 소비의 핵심은 절제, 검약, 갑질 안 하기

"동물 실험을 계속하는 이유는 더 좋은 화장품을 개발하기 위해서잖아요. 소비자한테 불로장생의 희망을 주기 위해서요. 욕망을 없앨 수는 없어요. 그 욕망을 다른 쪽으로 실현해줘야 한다고 생각해요. 윤리적 소비요. 윤리적 소비의 핵심은 절제와 검약이지요. 나아가 자원봉사, '갑질 안 하기'까지 다양하죠. 이런 변화와 시도들이 총체적으로 실천될 때 우리가 원하는 공정한 세상이 오지 않을까요?"

공정무역은 소비자의 힘으로 시장을 민주화하는 운동이다. 먼저 행동이 바뀌고, 습관이 바뀌고, 삶의 태도가 바뀌어야 더 나은 세상이 다가온다. 한 사무처장은 "개발도상국에서 돈은 인권과 직결된 문제"라며 "어떻게 소비하느냐에 따라 세상의 흐름이 달라진다"라고 덧붙인다.

"우리가 먹는 음식도 개발도상국 사람들의 피눈물을 쥐어짜서 얻은 거예요. 이주노동자들이 비닐하우스에서 피땀 흘리며 재배하는 것이고요. 생산의 뒷면을 보지 못하고 질 좋은 음식을 더 싸게 먹겠다는 건 문제가 있는 거죠. 그런 음식을 먹고서는 우리 인류가 건강할 수 없다고 생각해요. 이런 면에서 공정무역은 빈곤을 심화시켜 왔던 무역을 빈곤 해결의 도구로, 변화의 도구로 바꾸어냈다는 점에서 의미가 있고요, 소비자 불매운동의 한계를 뛰어넘는 운동이라는 거죠." (중략)

"우리는 아침에 일어나 탁자에 앉아 남아프리카 공화국 사람들이 만든 커피를 마시거나 중국 사람들이 재배한 차를 마시거나 서아프리카 사람들이 재배한 코코아를 마신다. 우리는 일터로 나가기 전에 벌써 세계의 절반이 되는 사람들에게 신세를 지고 있다." 흑인운동 지도자이자 목사인 마틴 루터킹 주니어(Martin Luther King Junior)의

말이다.

전 세계는 이미 유기적인 공동체다. 우리의 삶은 무역상품으로 채워진다. OECD 국가 중 무역의존도가 상위권인 우리는 더욱 그렇다. 평화 노벨상 후보에 올랐던 세계적인 록 그룹 U2 리더 보노는 "쇼핑은 정치"라는 말을 남겼다. 돈을 내 상품을 구매하는 것이 표를 행사하는 것과 같은 맥락이라는 의미다. 우리가 제대로 된 상품을 소비하지 않는 것은 매일 불공정한 투표를 하는 것과 같다. '공정무역'은 왜곡된 자본주의 논리를 바로 세우기 위해 무시할 수 없는 대안이다.

세계화가 착취를 통해 부를 축적하는 승자독식 원리에 따르면서 환경오염, 유전자조작(GMO) 등 식품 안전, 빈부격차, 기아 등의 문제가 도를 더해간다. 지난해 가습기 살균제 사태를 겪으며 윤리적 소비행동에 대한 경각심이 급속히 높아지는 추세다. 단순히 가격이나 품질만을 고려한 선택이 아니라 환경, 건강, 인권 등의 윤리적 측면을 고려하는 책임 소비의 중요성이 커진다. (중략)

출처: 오마이뉴스 "커피 한잔으로 '갑질'없는 사회를 만들 수 있다"(2017.03.16)

과거 최소비용, 최대이윤을 지향하는 합리적, 효율적 소비가 주를 이루었다면 이제는 윤리적 소비와 같은 가치 있는 소비로 소비의 이데올로기가 변화하고 있다. 그 중심에 누군가의 희생이 아닌 누군가와 상생을 추구하는 공정무역(Fair Trade) 소비가 있다.

공정무역은 국가 상호 간에 무역 혜택이 동등한 가운데 이루어지는 무역으로 일반 무역과는 차이가 있다. 물품이 소비자의 손에 닿기까지 관여하는 모든 생산자에게 정당한 대가가 돌아갈 수 있게 하는 개발도상국 생산자에 대한 착취와 한쪽으로 기울어진 무역 조건을 바꾸기 위해 등장한 무역의 한 형태이다. 즉, 개발도상국에 무조건적 경제적 지원을 하는 것이 아니라 정당하고 공정한 거래를 통하여 스스로 일어설 수 있도록 유도하는 대안무역으로 전통적 무역 관행으로 경제적 불이익을 당하고 경쟁에서 밀려난 생산자들을 위해 기회를 창출하는 것이다.

공정무역은 보다 나은 세상을 위해 무역이라는 거래제도에 소비자들의 선한 영향력을 행사하는 것이다. 그러나 공정무역 제품의 경우 고가인 경우가 많아 일반소비자들이 구매에 참여하기는 가격접근성이 낮다. 아무리 좋은 취지로 공정무역을 한다 하더라도 가격이 착하지 않다면 시장에서의 경쟁력은 떨어질 수밖에 없고, 소비자들의 공정무역 제품에 대한 화폐투표가 이루어지지 않는다면 결국엔 상생으로 갈 수 없다. 많은 소비자들의 선한 영향력이 더해질 때 공정무역의 가치는 더욱 빛날 것이다. 이에 9장에서는 공정무역 소비의 발전과정, 공정무역의 개념과 기본 원칙을 살펴보고 그 의미를 고찰해 학생들의 공정무역에 대한 이해와 가치를 높이고자 한다. 또한 많은 학생들이 공정무역이 무엇인지 이해한 후 공정무역 거래에 실제 참여함으로써 선한 영향력을 펼칠 수 있는 바탕을 마련하고자 한다.

1. 공정무역 소비의 발전

현대사회의 무역구조는 선진국은 더욱 풍요롭게 개발도상국은 점점 더 빈곤하게 만들어 버리는 양극화의 문제점을 안고 있다. 무역거래에 있어서 선진국에게 일방적으로 유리한 방식으로 협상이 이루어져 개발도상국의 원료와 상품 그리고 노동력까지 헐값에 팔리는 등 불공정한 요소가 아주 많으며, 이에 따라 생산자와 소비자가 동등한 입장에서 거래하는 것이 쉽지 않다. 더욱이 개발, 산업화, 경제 발전이라는 미명 하에 개발도상국의 자연환경과 전통문화는 거침없이 파괴되고, 싼 임금에 어린아이들의 노동력까지 착취하는 등의 행위가 일삼아져 왔다. 특히, 꾸준히 증가하고 있는 전 세계 무역량에도 불구하고 선진국에 유리한 거래 방식은 무역이익을 생산자, 수입자, 유통자, 소비자에게 골고루 배분되지 못하도록 하며, 이는 제3세계의 생산자들이 지속적인 빈곤에 처할 수밖에 없도록 한다는 문제점을 지닌다.

최근 전 세계적으로 윤리적 소비 실천인 공정무역에 대한 관심이 높다. 전 세계 많은 시민들이 사회적 정의와 공정성에 관심을 기울이면서 착취당하지 않고 인간다운 삶을 살아가기 위한 공정무역에 높은 관심을 보이고 있다.

공정무역의 시작은 1946년 메노나이트교회가 푸에르토리코 노동자가 생산한 자수품을 거래하고, 제2차 세계대전 후 영국 빈민구호단체 옥스팜(Oxfam)이 동유럽과 중국 난민들의 수공예품을 구매한 것이라 보고 있다. 초기에는 종교적 성향이 강했고, 거래 품목도 수공예품에 거의 한정되어 있었다. 공정무역이 본격적으로 시행된 것은 1960년대 시민운동이 일어나면서 부터이다. 공정무역은 네덜란드에서 발간된 식민지의 노예제에 관한 책에 각성한 몇몇 상인들에 의해 과테말라 커피를 공정하게 거래한 것을 시작으로 1988년 'Max Havelaar'라는 인증마크를 도입하면서부터 대중들에게 확산됐고, 1980년대 각종 단체들의 연합체 등장과 함께 대중적으로 확산되었다. 1990년대부터는 유럽과 미국 등에서 관련단체들의 연합체 등의 모습으로 본격 진행되기 시작하였다. 이들 단체들은 아프리카와 아시아 등의 주요 생산국들을 회원으로 포함시켜 정보와 기회를 제공했고, 공정무역을 통해 거래된 것임을 인증하는 상표 관리를 통해 공정무역 운동을 증진시켰다. 2000년대에는 공정무역이 자본주의 폐단의 대항마로 여겨지며 급속도로 확산되고 있다(정다영, 2017 재인용).

공정무역 관련 대표 단체를 살펴보면 국제 단체로 국제공정무역기구(FI), 국제무역상표기구(FLO)와 국제공정무역연합(IFAT)이 있고, 유럽의 유럽월드샵네트워크(NEWS), 유럽공정무역연합(EFTA), 미국과 캐나다의 거래업체 연합체인 공정무역연합(FTF) 등이 있다.

우리나라의 경우 시민단체를 중심으로 2000년대부터 공정무역이 시작되었고, 2003년 '아름다운가게'가 네팔·인도산 수공예품을 판매하면서 공정무역이 본격화되었다. 국내 활동 공정무역 단체에는 국제공정무역기구 한국사무소(FAIRTRADE KOREA)와 한국공정무역단체협의회(KFTO), 아시아공정무역네트워크(AFN), 아이쿱생협 등의 단체가 활동하고 있다. 그러나 국내의 공정무역소비는 20년 정도의 짧은 역사, 민간단체 위주의 공정무역소비 활동으로 일반인들의 공정무역소비에 대한 이해를 증진시키는 데에는 한계가 있다. 유럽국가의 경우 60%가 넘는 가정이 공정무역 제품을 구매하나 우리나라의 경우 약 20% 정도의 시민만이 공정무역제품구매 경험이 있으며 특히, 아직까지 공정무역은 전 물품의 국제 교역량 대비 0.01% 수준에 불가해 공정무역의 활성화 기반 구축에 많은 시간이 소요될 것으로 예측된다.

그럼에도 불구하고 공정무역 제품을 공식 인증하고 생산자를 지원하는 비영리 국제기구인 국제공정무역기구(FI: Fairtrade International)에 따르면, 2017년 전 세계 공정무역 제품의 판매액은 85억 유로(한화 약 11조 원)로 2007년 약 24억 유로(약 3조 원)에 비하면, 10년간 3배 이상 증가하였고, 한국은 2011년 1,700만 유로에서 2017년 3,000만 유로로 증가한 것으로 보고해 한국의 공정무역 전망이 어둡지만은 않다(FLO 연차보고서).

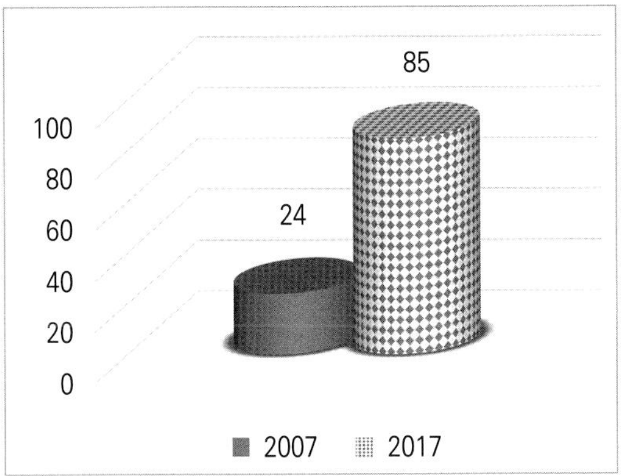

그림 9.1 전세계 공정무역 판매액(단위: 억 유로)

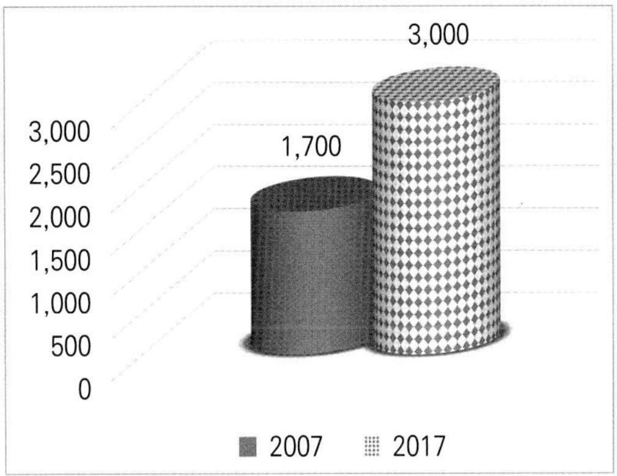

그림 9.2 한국 공정무역 판매액(단위: 만 유로)

출처: FLO('07-'08, '17-'18) 연차보고서

2. 공정무역 소비의 개념

2.1 공정무역 소비의 정의

공정무역은 생산자에게 정당한 임금을 지급하고 환경을 생각함으로써 지속적인 생산이 가능하게 하고 생산자들의 빈곤을 해결하기 위한 무역으로 원래 공정무역은 '대안무역'이라는 용어로 불리었으나 1985년 2월 런던에서 개최된 무역과 기술회의에서 Brown(1985)이 '공정무역'이란 용어를 최초로 사용하면서 빠르게 확산되었다. Brown(1985)은 "우리는 불공정한 무역에 지쳤습니다. 현재의 자유무역 체계는 선진국은 무역을 통해 더욱더 풍요로워지는 반면 가난한 나라들은 점점 더 빈곤해지는 구조적 모순을 안고 있습니다. 생산국의 원료, 상품, 노동력은 헐값에 팔리고 있으며 경제 발전이라는 미명 아래 그들의 자연환경과 전통문화는 급속도로 파괴되고 있습니다. 이제는 공정무역을 할 때입니다"라고 말했다(Brown, 1993). 이 회의 이후 대안무역 운동을 하던 이들이 공정무역이란 용어를 사용하고 대표적인 용어로 정착되었다(Fair Trade Advocacy Office, 2010).

일반적으로 사용되는 공정무역의 개념은 네 개의 공정무역 네트워크 ① 공정무역 국제상표기구(Fair Trade Labelling Organizations International), ② 국제 공정무역연합(International Fair Trade Association), ③ 유럽 월드샵 네트워크(Network of European Worldshops), ④ 유럽 공정무역연합회(European Fair Trade Association)의 공식 연합체인 FINE에서 정립되었다.

네 개의 공정무역 네트워크 공식 연합체인 FINE는 공정무역은 무역 거래의 공동 협력으로써, 투명성과 존중 그리고 대화에 기초를 두며, 국제무역에서 공정성을 더 확대하는 것을 추구한다고 보았다. 경쟁에서 뒤처진 특히 남반구 지역의, 저개발국 생산자들과 노동자들의 권익을 보장하기 위해, 더 나은 무역 조건들을 제공함으로써 지속가능한 발전을 하는데 기여하며, 공정무역 기구들은 소비자들의 지원을 받아서 전통적인 국제무역의 법규와 관습으로부터 변화를 만들어 내기 위한 운동과, 의식적 자각을 일으키고, 생산자들을 돕는데 적극적으로 참여하고 있다고 보았다.

공정무역은 생산자 조합과의 직거래를 통해 적절하고 공정한 구매대금을 지불함으로써 생산자의 지속 가능한 일자리를 보장하고 경제적 자립을 할 수 있도록 지원한다. 또한 판매 수익금 일부를 생산지의 환경유지를 위해 지원함으로써 유기농 혹은 친환경 제품을 생산할 수 있는 기반을 마련하여 주고 소비자가 믿고 구매 할 수 있는 질 좋은 상품을 공급한다. 공정무역은 생산자와 소비자에게 모두 유익한 무역을 통해 부의 평등한 재분배를 이루어 나간다.

이에 세계의 대표적인 공정무역 네트워크 연합 FINE(FLO, IFAT(WFTO)), NEWS!, EFTA)에서는 공정부역과 공정무역 단체를 다음과 같이 정의했다. 공정무역은 대화, 투명성, 존중에 기반하여 국제무역에서 보다 평등하고 정의로운 관계를 추구하는 거래 기반의 파트너쉽이다. 특히 개발도상국에서 경제발전의 혜택에서 소외된 생산자들과 노동자들에게 보다 나은 거래 조건을 제공함으로써, 그들의 권리를 보호하고 지속 가능한 경제발전에 기여한다. 또, 공정무역 단체는 소비자들의 지지를 바탕으로, 생산자들에게 지원을 제공하고, 기존의 무역 관습과 법규를 개혁할 수 있도록 의식 개선운동과 캠페인을 주도한다.

이들 정의를 요약하면 생산자에게 가장 싼 값이 아닌 공정한 값을 지불하고, 무역 거래에 있어 불평등을 해소하며, 생산과정에 있어 환경을 파괴하지 않는 새로운 형태의 대안무역을 공정무역이라고 할 수 한다.

이 같은 공정무역은 개발도상국의 가장 불리한 생산자들에게 극심한 가난으로부터 벗어날 기회를 주기 위해서 소비자들의 시장접근성을 착취가 아닌 생산자들에게 유리한 조건에서 창출하는 것으로 생산자들이 국제무역을 통해 자신들의 사업과 더 넓게는 지역사회를 개발할 수 있도록 역량을 강화하는 것(알렉스 니콜스 등, 2010)에 목적이 있으며, 단순히 공정한 가격의 지불의 의미만이 아니라 시민사회의 주체가 공공성이라는 가치를 시장거래 방식에 실현하여 시장공공성을 형성하는 활동이라는 의미가 있다(홍성현, 2012).

2.2 공정무역의 기준과 원칙

2.2.1 공정무역의 기준

국제공정무역기구(FI)는 제3세계 국가의 소규모 생산자 조합과 농민, 노동자들의 지속 가능한 발전을 지원하기 위해 공정무역의 기준을 만들었고, 공정무역 기준의 주요 목표는 다음과 같다.

- 생산자가 지속 가능한 생산의 평균 비용을 충당할 수 있는 최저가격 보장
- 사회적, 경제적, 환경적 발전을 강화하는 프로젝트에 투자할 수 있는 추가 공정무역 프리미엄(장려금) 추가 제공
- 필요로 하는 생산자에게 사전 자금 조달(융자)
- 장기적인 거래 및 협력 파트너십을 촉진하고 거래 과정에서 생산자가 보다 큰 영향력을 행사할 수 있도록 지원
- 모든 공정무역 인증 제품의 생산 및 거래 조건이 사회적, 경제적으로 공정하고 환경적으로 책임이 있는지 확인할 수 있도록 확고한 기준 설정

국제공정무역기구(FI)는 소규모 생산자들과 노동자, 그리고 그들이 속한 단체에 모두 적용되는 공정무역의 4가지 기준(원칙)을 수립했으며, 구체적인 내용은 다음과 같다.

가. 사회발전

공정무역 기준은 소규모 생산자들이 실질적으로 시장에 상품을 내놓을 수 있도록 운영 조직을 갖출 것을 요구한다. 생산자 조합의 모든 이들이 민주적인 절차에 의한 결정을 내릴 수 있어야 하며, 조합의 활동에 참여해야 한다. 또한 단체의 설립은 구성원들에게 투명한 방식으로 이루어지고, 특정 구성원이나 그룹을 차별하지 않아야 한다.

공정무역 기준 하에서 고용 노동환경은 근로자들에게 사회적 권리와 안전을 보장할 것을 요구한다. 몇 가지 핵심적인 요건은 교육의 기회, 비차별적인 고용조건, 어린이 노동 금지, 강요된 노동 금지, 단체 결사의 자유와 민주적 협상 과정, 고용계약에 있어서의 법적인 최소 요건 준수, 작업안전과 위생기준 준수, 그리고 충분한 작업 시설이다.

나. 경제개발

모든 공정무역 제품들은 구매자들에게 생산자들이 보장받을 수 있는 공정무역 최저가격과 공정무역 장려금을 요구한다. 공정무역 최저가격은 생산자들에게 지속적인 생산에 필요한 비용을 지원하기 위해 만들어졌다. 공정무역 장려금은 생산자들이나 농민, 근로자들의 삶의 질을 향상시키기 위한 비용이다. 이러한 장려금은 노동자, 근로자는 물론 지역사회의 건강, 교육, 환경, 경제적 측면을 발전시키는데 사용되고, 조합원들은 민주적 투표절차를 통하여 우선순위를 정해 공정무역 장려금을 사용한다.

또한 공정무역 기준 하에서 구매자들은 생산자가 원하는 경우 재정적인 지원을 해야 한다. 이것은 생산자들의 발전에 가장 큰 장애요소 중 하나인 자본금 부족을 극복할 수 있게 함으로써 지역사회의 경제적 발전에 실질적으로 이바지할 수 있게끔 한다.

다. 환경발전

공정무역 기준은 생산지의 환경이나 생산자의 건강을 해치지 않는 생산방식을 추구한다. 농약의 최소 사용, 폐기물의 안전한 처리, 토양과 수질관리를 해야 하고, 유전자 변형식물(GMO)을 사용해서는 안 된다.

또한 공정무역 기준은 유기농 인증을 요구하지는 않지만, 유기농 생산방식이 적극 장려되며 유기농으로 재배된 상품들에 대해서는 더 높은 공정무역 최저가격과 프리미엄을 지급합니다.

라. 강제노동과 아동노동 금지

공정무역 기준안에 따르면 강제 노동과 아동 노동이 금지되어 있다.

국제공정무역기구(FI)는 생산자 조직과 노동자에 특화된 원칙을 구분하여 수립하였는데 생산자 조직에 특화된 원칙을 먼저 살펴보면 다음과 같다.

- 소규모 생산자 참여: 조직 구성원 대부분은 소액 조합원이지만 주로 자신과 가족 노동력으로 농장을 운영한다.
- 민주주의: 모든 회원은 조직의 의사결정과정에서 목소리를 낼 수 있다. 회원들은 또한

공정무역 프리미엄의 사용을 공동으로 결정한다.

- 생산자 조직 지원: 소규모 생산자가 포괄적, 탄력적으로 조직을 구축하고 농업성과를 개선하며 회원과 지역사회에 더 많은 혜택을 창출할 수 있는 업무의 틀을 제공한다.

다음으로 노동자에 특화된 원칙은 다음과 같다.

- 공정무역 프리미엄 관리: 노동자로 구성된 공정무역 프리미엄 위원회는 공정무역 기준에 따라 공정무역 프리미엄의 관리를 담당한다.
- 협회의 자유와 단체 교섭: 근로자는 노동 조건을 공동으로 협상하기 위해 독립적인 노조에 가입 할 권리가 있다.
- 근로 조건: 모든 근로자에게 노동 조건은 공평하다. 급여는 지역 평균과 동등하거나 높아야 하고, 최저 임금보다 높아야 한다. 또한 업무 관련 상해를 피하기 위해 보건 및 안전 대책을 수립해야 한다.

앞서 살펴본 공정무역의 4가지 기준과 생산자 조직과 노동자에 특화된 원칙을 요약·정리하면 공정무역의 10대 원칙을 도출할 수 있다.

1) 경제적으로 소외된 생산자들을 위한 기회 제공

경제적으로 취약한 생산자 및 노동자들과 주로 거래하여 소득불안정과 빈곤에서 벗어나도록 하는 것이며 더 나아가 사회적, 경제적인 권한을 갖추게 한다.

2) 투명성과 책무성

공정무역 단체는 이해관계자들에게 정보를 투명하게 공개함으로써 연대를 쌓고, 생산자와 노동자를 의사소통의 과정에 포함시켜 의사결정을 진행해야 한다.

3) 공정한 무역 관행

이윤만을 추구하지 않고 소외된 생산자의 사회적, 경제적 상황을 모두 고려한 거래를 통해 신뢰 관계를 유지해야 한다.

4) 공정한 가격 지불

생산자와의 대화를 통해 공정한 가격이 지불될 수 있도록 해야 한다. 또한 불안정한 시장상황과 현지 생활임금을 고려하여 공정한 가격을 책정해야 한다.

5) 아동노동, 강제노동 금지

유엔아동권리협약과 아동고용에 관한 국가/지역법을 준수해야 하며, 생산과정에서 아동이 포함되는 경우에는 아동의 권리가 보호될 수 있도록 모니터링 해야 한다.

6) 차별금지, 성 평등, 결사의 자유보장

고용, 임금, 승진, 교육훈련, 퇴직 및 은퇴와 관련하여 그 어떤 차별(인종, 계급, 국적, 종교, 장애, 성별, 성적취향, 노동조합 가입, 정치적 소속, 나이 등)을 하지 않아야 한다.

7) 양호한 노동조건 보장

작업자와 생산자를 위해 안전하고 건강한 작업 환경을 제공하고 유지해야 한다.

8) 생산자 역량강화 지원

공정무역 프리미엄으로 학교를 건립하거나 노동환경을 개선하여 생산자들의 역량을 키울 수 있도록 지원해야 한다.

9) 공정무역 홍보

국제무역시장의 문제점을 알리고 공정무역의 투명성을 사람들에게 알려야 한다.

10) 기후변화와 환경보호

지속가능한 생산을 장려하며 폐기물과 플라스틱을 줄이기 위해 노력해야 한다.

2.3 공정무역단체

최근 우리나라의 공정무역단체는 아름다운 가게를 시작으로 10여개로 확대되고 있다. 아름다운가게는 2003년 9월 아시아지역의 소규모 생산자들의 수공예품을 수입했지만 판매에 어려움을 겪었다. 한동안의 침체기를 거쳐 새로운 제품 수입을 모색하던 중 일본의 네팔리 바자로의 협력으로 2006년 9월 네팔 커피생두를 들여와 '히말라야의 선물'이라는 브랜드로 출시해서 하고 있으며 주로 커피판매와 중고물품 거래를 하고 있다.

다음으로 두레생활협동조합이 있다. 두레생활협동조합은 에이피넷(APnet)이라는 무역회사를 만들어 일본의 대안무역 회사 ATJ의 협력으로 2004년 필리핀 마스코바도 설탕, 2006년 6월 팔레스타인 올리브유를 수입하여 조합원을 대상으로 판매하고 있어 안정적인 유통망을 가지고 있다.

YMCA에서는 동티모르 구스마오 대통령의 사회개발 참여 요청을 받아 동티모르에 직원을 파견하여 커피 사업을 후 2005년 11월 동티모르 산 생두를 볶아 '한 잔의 커피, 한 잔의 평화'라는 브랜드의 커피를 회원 중심으로 판매를 하다가 2006년 12월 '피스 커피(Peace Coffee)'라는 브랜드로 시상에 내놓고 커피 사업을 적극적으로 펼치고 있다.

(주)페어트레이드코리아는 아시아 지역의 가난한 여성 생산자들에게 경제적 도움을 주고 한국의 소비자들이 윤리적 소비를 실천하도록 2006년 11월 희망무역이란 이름으로 일본 공정무역회사 네팔리 바자로를 통해 의류, 생활용품, 향신료 등을 수입 판매했다. 2007년 설립되었고, 네팔의 생산품과 함께 인도 아시시가멘츠로부터 유기농 면직물을 수입하여 국내에서 만든 티셔츠를 '그루'라는 자체 브랜드로 판매하고 의류사업을 특화했다. 현재는 의류와 생활용품 등을 다루기는 하나, 점차 공정무역식품으로 다변화 하고 있다.

또 한국공정무역연합은 공정무역 관련 정보를 공유하고 교육과 홍보활동을 통해 한국사회에 공정무역을 올바르게 알리고자 노력하며 실천하고 있다. 2007년 벨기에에서 열린 국제공정무역연합 총회에 참석해 국제 연대활동을 강화하였고, 그해 10월에는 비영리민간단체로 등록하여 활동하고 있다. 2008년 영국 런던 스퀘어 마일의 공정무역 마을을 조사에 참여하고, 아시아 공정무역포럼(AFTF)에 가입하였으며, IFAT 아시아 스리랑카 총회에 참석하여 아시아 지역 생산자들과 교류하고 한국공정무역연합 활동상과 한국의 공정무역 현황에 대해 발표하는 등 국제사회 활동을 위해 노력하고 있다.

아이쿱(iCOOP)한국 생활협동조합은 2008년부터 '아이쿱(iCOOP)생활협동조합'으로 자리 잡아 '나와 이웃과 지구를 살리며 윤리적 생산을 고려하는 윤리적 소비'실현에 앞장서고 있다. 아이쿱(iCOOP)생활협동조합은 지역과 직장 소비자 생활협동조합을 회원으로 하고 있으며, 2008년 11월, 필리핀 파나이섬의 FLO인증 생산자 단체로부터 마스코바도 설탕을 수입하여 판매하고 있다. 이 외에도 한겨레신문과 협력하여 연구, 조사 사업에도 앞장서고 있다.

2.4 공정무역마을

공정무역에 대한 대중의 인식 제고 및 상품 소비를 확대시키기 위해 공정무역마을(Fair Trade Town) 등의 프로그램이 시행되고 있다. 공정무역마을운동은 사람들이 지역에 공정무역을 알리고, 공정무역 제품 인지도를 증가시키기 위한 전세계적인 커뮤니티 운동이다. 지역사회를 구성하는 활동가, 공무원, 학교, 종교기관, 상점, 기업 등이 모여 공정무역의 가치에 공감하고 지지를 보내는 공정무역마을운동은 지역사회와 정부가 함께 공정무역에 기여할 수 있는 활동이라는 점에서 의미가 있다.

세계 최초의 공정무역 마을은 영국 랭커셔에 자리잡은 인구 5천명의 작은 마을 가스탕(Garstang)이며 2000년 4월 27일에 열린 마을회의에서 가스탕 주민들은 변화를 위한 전 세계적 대중 운동의 시작을 결정하는 투표를 하고 가스탕을 최초로 공정무역 마을로 만들 것을 만장일치로 결정했다. 한국의 공정무역마을운동을 살펴보면 2022년 2월 현재 총 18개의 도시, 31개의 학교나 기관이 공정무역마을 인증을 받았다.

그리고 세계공정무역기구(WFTO: World Fair Trade Organization)가 매년 5월 둘째 주를 '세계 공정무역의 날(World Fair Trade Day)'로 지정하여 각종 행사를 개최하고 있다. 공정무역 마을운동에서 출발하여 공정무역 도시를 지정하고 있는데 인천광역시는 2010년 공정무역 도시 선언 후 2017년 국내 최초로 공정무역 도시 인증을 받았고, 2020년 인천광역시 계양구는 우리나라 자치구 최초로 공정무역 도시 인증을 받았다. 2020년 기준 인천광역시를 시작으로 서울특별시, 경기도, 부천시, 화성시, 하남시, 인천광역시 계양구, 광명시, 수원시, 시흥시 등 총 12개의 공정무역도시가 인증을 받으며 확산되고 있다.

공역무역마을, 공정무역도시에서는 공정무역 시민축제 개최, 청소년 공정무역 캠프, 공정무역 시민대학, 찾아가는 공정무역 학교 진행 등 공정무역 활성화를 위해 다양한 활동을 하고 있고, 다양한 공정무역 제품을 판매하는 역할도 하고 있다.

2.5 공정무역마크

세계공정무역상표기구(FLO: Fairtrade Labelling Organization International)는 공정무역 제품의 표준, 규격 설정, 생산자 단체 지원 등의 업무를 관장하는 공정무역제품에 공정무역 인증마크를 부여하고 있다.

공정무역마크는 공정무역 생산자들의 희망을 의미하며, 전 세계 소비자들의 공정무역에 대한 지지와 개발도상국 생산자들의 삶의 의지를 내포하고 있다. 검은색은 희망을, 파란색은 가능성을, 연두색은 성장을 뜻한다. 공정무역 마크는 전 세계 소비자들에게 지속가능한 발전을 의미하는 대표적인 상징으로 인식되고 있으며, 세계 소비자들에게 윤리적인 제품 구매가 개발도상국의 지역사회와 사람들의 삶을 향상시킨다는 믿음을 담고 있다.

공정무역 마크가 부착된 제품은 식음료, 목화와 의류, 그리고 공정무역 인증 금으로 만든 액세서리와 다른 귀금속까지 약 32,000여개로 다양하고, 공정무역 마크가 부착된 커피나 바나나와 같은 단일재료제품의 경우 제품 재료구성의 100%가 공정무역기준에 부합해야 한다. 또, 쿠키나 아이스크림, 초콜릿 바와 같은 복합제품의 경우 공정무역 범주에 있는 모든 재료는 공정무역 재료이어야 하며, 적어도 20% 이상의 원료가 공정무역 인증을 받아야 한다.

공정무역 마크가 있는 모든 제품은 공정무역 기준을 반드시 따라야만 하고, 공정무역 마크는 국제공정무역기구에게 배타적인 소유권이 있으므로 공정무역 마크를 상업적인 목적으로 사용하고자 할 경우 국제공정무역기구를 통해 포장 라벨 디자인에 대한 인증, 승인을 받아야만 한다.

그림 9.3 공정무역 마크

출처: 국제공정무역기구 한국사무소 홈페이지(www.fairtradekorea.org)

공정무역마크와 더불어 공정무역원료에 대한 FAIRTRADE Sourced Ingredients(FSI)도 살펴보도록 하자. FSI는 최종 제품에 대한 모든 성분에 초점을 맞추기보다는 회사가 전체 또는 하나 이상의 특정 공정무역 원료를 조달하는데 큰 노력을 기울이고 있음을 보증하는 인증마크이다.

FSI마크를 사용하는 생산자들은 공정무역마크와 마찬가지로 동일한 공정무역 혜택을 받을 수 있으며, 이 인증마크는 공정무역마크와 마찬가지로 공정무역 최저 가격과 지역 사회 재투자 방법 선택과 같은 프리미엄의 보호가 동일하게 포함되어 있다. FSI마크도 국제공정무역기구의 인증, 승인 절차를 거친 후 사용할 수 있다.

그림 9.4 공정무역 원료마크

출처: 국제공정무역기구 한국사무소 홈페이지(www.fairtradekorea.org)

3. 공정무역 소비실태

세계공정무역기구(2018)에 따르면 공정무역으로 삶이 개선된 사람들은 96만5700명, 공정무역으로 삶이 개선된 사람 중 여성의 비율 74%, 공정무역단체 CEO 중 여성 비율 52%, 공정무역단체 연 매출 규모는 10조원, 유기농제품 생산 공정무역단체는 91개, 순환경제 방식으로 제품을 생산하는 공정무역단체는 28개, 난민 기술자와 함께 일하는 공정무역단체는 20개로 조사되었다.

우리나라의 공정무역 제품 판매 단체는 아름다운가게를 비롯해 에코생활협동조합, 두레생활협동조합, 한국YMCA, iCOOP생협연합회, 페어트레이드코리아 등 10여 개 단체가 있고, 한국공정무역협의회(KFTO) 회원사들의 3년간 매출액은 2016년 165억 2500만원, 2017년 188억 6600만원, 2018년 189억 7200만원으로 매해 늘어나고 있다.

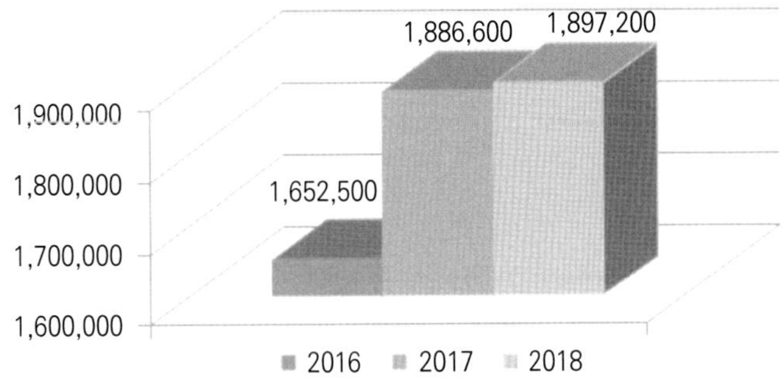

그림 9.5 한국공정무역협의회 회원사 매출액 추이(단위: 만원)

출처: 사회적경제미디어 이로운넷(2019.05.08)

공정무역 대표적 제품들을 살펴보면 식품류(커피, 초콜릿, 바나나, 기타 설탕, 올리브유, 와인 등)와 의류 및 패션소품, 기타 공정무역 제품으로 구성되어 있다. 최근에는 여행과 금융 분야로 공정무역 분야가 확대되고 있다. 관광객들이 소비한 돈이 현지인들의 삶과 그 지역에 돌아가도록 하며 현지인들이 나눔과 문화를 존중하고 배우며 자연을 훼손하지 않는 공정여행이 점차 확산되고 있으며, 공정무역기금을 조달하는 공정무역 금융기관 개발로 기업의 주주가 되는 것 또한 공정무역의 일환으로 볼 수 있다.

생각해보기 1

착한 소비의 첫 걸음, 공정무역

성신여대 생활문화소비자학과 **허경옥** 교수

요즘 윤리적 소비행동에 대한 사회적 관심이 그 어느 때보다 높다. 처음 대학 강의를 시작하던 20년 전만 해도 소비자윤리는 생소한 개념이었다. 그러나 어느새 소비자주권 및 소비자복지 관련 법제도가 정착됐고, 블랙컨슈머의 행태가 언론에 소개되면서 소비자의 역할 재정립 및 윤리적 소비행동에 대한 사회적·학문적·산업적 측면의 요구가 증대되고 있다.

과거의 소비자역할이 경제적 효용추구에 초점을 뒀다면, 이제는 그보다 확장된 의미로 소비자의 사회적 역할 즉 소비자의 책임 및 윤리적 소비행동을 포함한다. 윤리적 소비는 합리적이며 효율적인 소비행동, 환경(친환경)과 사회(인권 및 노동문제) 영역으로 분류할 수 있다. 환경은 저탄소 제품, 에너지 절약 제품, 동물보호 소비와 같은 친환경제품 소비를 말하며, 사회는 공정무역 등 인권이나 노동문제를 고려한 소비를 뜻한다.

그런데 대부분의 소비자들은 윤리적 소비행동의 필요성을 인식하고 있으나 나하고는 거리가 먼, 혹은 가치 있는 일이지만 실행하기 어려운 영역이라 생각한다. 때문에 윤리적 소비행동을 취하기 위해서는 일상생활에서 요구되는 윤리적 행동에 대한 정확한 이해와 인식이 중요하다. 윤리적 소비 실천행동은 상거래 소비윤리, 구매 및 불매운동, 녹색소비, 로컬소비, 공동체화폐, 공정무역, 절제와 간소한 삶, 기부와 나눔으로 구분된다. 자신이 윤리적 소비행동을 하고 있는지를 확인하기 위해서는 비윤리적 소비행동의 지표들을 활용할 필요가 있다.

첫째, 적극적으로 비윤리적 이익을 추구하는 행동이다. 백화점에서 상품 가격표를 몰래 바꿔서 계산하기, 보험금을 청구하기 위해 분실한 것을 도난당한 것처럼 신고하기, 고장 난 상품을 불량품으로 반품 요청하기 등이다.

둘째, 소극적으로 비윤리적 이익을 추구하는 행위로, 거스름돈이 너무 많은데도 침묵하기, 다른 사람이 물건 훔치는 것을 보고도 모른 척하기, 식당에서 계산서에 빠진 것이 있어도 말하지 않기 등이 있다.

셋째, 소비자의 불법행위다. 예를 들어 자동차의 출력을 좋게 하려고 매연제거장치를 제거하고 운행하기, 상점에서 실수로 식품 병을 깨뜨리고 침묵하기, 종합소득신고에 허위영수증 첨부하기, 식당이나 호텔 물품을 몰래 챙겨가기, 이사 간 집에 케이블 TV가 있을 시 명의 변경 없이 그대로 사용하기, 구매 의사 없이 시식하기 등이다.

넷째, 간접적으로 비윤리적 이익을 취하는 행위로, 컴퓨터 게임 프로그램을 친구로부터 복사해 사용하기, 음악테이프를 사지 않고 친구 것을 녹음해 듣기, 물건을 산 3일 후에 같은 상품이 세일하는 것을 보고 산 것을 반품하기 등이 있다.

다섯째, 실제 거래 시장에서의 윤리적 행동이다. 집에 화재가 나서 보험금을 청구하는데 없었던 물건을 소실됐다고 신고하기, 점원의 실수로 가격표가 싸게 잘못 붙은 걸 알면서 그냥 사기, 쓰던 자동차를 이웃사람에게 팔면서 사고 유무는 숨기기 등이다.

평소 위의 지표들과 나와는 상관없는 일이라 여겼을지 모른다. 하지만 지금부터 한 번 생각해보자. 내가 얼마나 비윤리적 소비행동을 하고 있는지에 대해.

출처: 한국소비자원 소비자시대 웹진(2019.2월호)

생각해보기 2

기후변화와 공정무역

아름다운 커피 대표이사 **한수정**

지난 8월, 유래 없는 긴 장마가 한국을 덮쳤다. 가옥이 물에 잠기고, 제방이 터져나갔다. 소떼와 자동차가 뒤섞여 떠내려가는 풍경은 여기가 21세기 초일류국가 한국인지를 의심하게 했다. "이 비의 이름은 기후변화입니다"라는 한 장의 카드뉴스를 보며, 우리 삶 깊숙이 다가온 기후변화의 위기를 비로소 알아차린 한 철이었다.

사실, 도시의 삶은 기후변화를 체감하기 매우 어렵다. 아파트 지하주차장에서 출근해 에어컨 나오는 사무실에 들어 앉는다. 점심 먹는 잠깐 사이의 더위를 참지 못해 일회용 컵에 아이스커피를 마신 후, 집에 돌아와 냉장고와 선풍기의 도움을 받으며 잠에 든다. 높은 습도에 매일 하는 빨래가 잘 마르지 않는다고 열 건조기 사용량도 늘어난다. 냉방병에 걸리지 않으면 다행인 여름철을 보내는 도시인들에게 기후변화는 8월 장마철의 잠깐 이야기일 뿐이다. 추석 즈음 과일 값이 폭등하게 된다면, 기상 관측사상 가장 길었다던 장마와 기후변화를 혹시 떠올릴 수 있을는지.

기후변화의 아이러니는, 기후변화에 가장 적은 책임을 진 사람들이 가장 크게 체감하고, 가장 치열하게 싸우고 있다는 것이다. 종일 바깥에서 일하는 배달노동자, 몸 하나를 무기로 삼는 일용직 노동자, 그리고, 전 지구의 80% 먹거리를 길어 올리는 소농들의 이야기다.

대표적인 소농의 작물인 커피. 커피 생산국 에티오피아는 1960년에서 2006년 사이 평균온도 1.3도가 오르며 지난 몇 년 명성대비 낮은 품질로 커피인들의 애를 태웠다. 멕시코, 콰테말라, 온두라스의 강수량은 1980년대 이후 15%나 줄었다. 2050년까지 현존하는 커피경작지 50%는 사라질 것이라는 연구 결과를 실증하는 사례들이다.

커피섹터에서의 기후변화는 '병해충의 세계화'다. 콩고에서 시작한 커피천공충(Coffee berry borer)은 보통 재배고도 1500m 아래에서만 발견됐다. 그러나 커피산지 기온이 전반적으로 상승하면서 1500m 이상 고도에서도 발견되며, 연간 5억 달러의 피해를 발생시킨다. 천공충 발생 초기, 기온이 낮은 높은 고도로 점진적으로 경작지를 옮겼던 세계 각지의 농부들은 허탈하기만 하다. 2014년 엘살바도르 커피의 70%를 날려버린 커피녹병(coffee leaf rust)은 점점 더 심각해지고 있다. 이런 이슈는 커피에만 머무르는 것이 아니다. 2013년 페루의 삐우라에서 발병한 적녹총채목(red rust thrips) 해충은 40%의 유기농 농장에 영향을 주었고, 그해 페루 수출량이 30% 급감했다.

"녹병균을 죽이기 위해 얼른 농약을 뿌리면 되는 거 아닐까요?" 도시의 삶에 익숙한 우리들의 생각이다. 기후변화가 야기한 해충이나 녹병이 처음 생산지에 퍼지기 시작했을 때, 소농들은 그것이 무엇이고 원인이 무엇인지 식별하기가 어렵다. 그들은 기후변화의 전문가도 아니고, 농업 정보를 재빠르게 수취할 채널도 없다. 처음 보는 해충과 잡초 등이 실제 농가의 수입에 영향을 미치는 시점이 될 때 쯤, 정부에서 알려주는 소식을 귀동냥으로 전해 듣게 되지만, 피해는 이미 걷잡을 수 없다. 이런 이유로, 빈곤문제 해결을 위해 개발도상국가의 소농 협동조합과 파트너십을 맺는 공정무역 단체들에게 기후변화는 매우 심각한 이슈다.

이 문제의 해결을 위해, 국제 공정무역운동 진영은 생산자들이 탄소배출권을 시장에서 거래할 수 있는 활동을 지원한다. 2017~2020년 케냐에서는 기후변화에 대한 복원력을 강화하는 기술프로그램을 지원했다. 공정무역 커피생산으로 유명한 에티오피아의 오로미아 협동조합은 탄소배출권 사업을 시작하고, 바이오개스 스토브를 보급하고, 1만 커피 농가들에게 2만개의 효율적인 쿡스토브 공급해 70% 까지 탄소배출량을 절감할 수 있도록 돕는다.

공정무역 인증 기준항목 중 27%는 환경보호와 깊은 관련이 있다. 아름다운커피와 파트너십 관계에 있는 르완다 4개 협동조합 경우에도, 공정무역 인증 확보를 위해 커피보관창고와 그 주변의 위생시설, 그리고 물 관리 시스템 등의 정비를 지원한 바 있다. 코스타리카 쿠카페(COOCAFA)의 경우, 공동체 발전기금을 통해 지금까지 5000㏊의 커피생산지에 그늘나무를 심어, 토양 침식을 방지하고 이산화탄소를 토양에 묶어 두는 역할을 하게 한다.

그래도 나은 삶을 영위하는 우리는 어떻게 연대해야 할까. 빠르고 확실한 방법은 공공구매 정책에 저탄소제품 구매를 촉진하고 탄소배출권 교환이 보다 원활하게 될 수 있는 세부계획을 제시해야 한다. 서울시교육청은 채식급식권을 보장하고, 친환경 고효율 에너지 건물로의 증·개축을 지원하는 등 탄소배출제로학교를 추진하고 있다. 발 맞추어 소농에 기후변화 대응력을 지원하는 공정무역단체의 제품을 구매하고 이를 탄소배출권을 교환하게 하면 어떨까? 이왕 시작한다면 친환경적인 가치를 추구하는 사회적경제 제품들이 이 안에 포함될 수 있도록 제품별 탄소배출량의 측정을 도와주고, 거래시장에 나설 수 있게 지원했으면 한다. 무상원조, 사회적경제 정책기구들이 국내 산업계가 손쉽게 참여할 수 있는 프로토콜을 개발하고 적용할 수 있는 중장기 계획을 제시해야 할 때다. '기후변화 깡패국가'라는 오명을 더 쓰기 전에 말이다.

출처: 조선일보 더나은미래 오피니언(2020.09.08)

■ 참고문헌

국제공정무역기구 https://www.fairtrade.net

국제공정무역기구 한국사무소 www.fairtradekorea.org

박지혜(2014). 윤리적 소비 의식에 따른 공정무역 식품 구매 현황. 숙명여자대학교 석사학위논문.

사회적경제미디어 이로운넷 https://www.eroun.net

아시아공정무역네트워크 asiafairtrade.net

알렉스 니콜스, 샬롯 오팔, 휘트니 토마스(2010). 공정무역 시장이 이끄는 윤리적 소비(한국공정무역연합 역), 책보세.

오마이뉴스(2017년 3월 16일). 커피 한잔으로 '갑질'없는 사회를 만들 수 있다.

조선일보 더나은미래 오피니언(2020년 9월 8일). 기후변화와 공정무역.

정다영(2017). 공정무역 운동 담론 지형: 포털 뉴스기사 토픽모델링과 관련 사회단체 프레임 비교분석. 연세대학교 석사학위논문.

한국공정무역협의회 https://kfto.org

한국소비자원(2019). 착한 소비의 첫 걸음, 공정무역. 소비자시대 웹진, 2019.2월호.

홍성현(2012). 우리나라 대학생의 공정무역에 대한 인식과 구매의도 간의 관계 연구. 통상정보연구, 14(4), 109-130.

Brown, M. B.(1993). Fair Trade. Reform and Realities in the International Trading System. London and New Jersey, Zed Books.

Fair Trade Advocacy Office(2010). 공정무역의 힘(한국공정무역연합 역), 시대의창.

FLO(2018). Annual Report 2017-2018. www.fairtrade.net

FLO(2008). Annual Report 2007-2008. www.fairtrade.net

지속가능사회와 소비생활

인쇄 2022년 2월 23일
발행 2022년 2월 28일

저자 홍은실·서리나·신효연
발행인 정성택
발행처 전남대학교출판문화원

등록 1981. 5. 21. 제53호
주소 61186 광주광역시 북구 용봉로 77
전화 062-530-0573
팩스 062-530-0579
홈페이지 http://www.cnup.co.kr
이메일 cnup0571@hanmail.net

값 19,000원

ISBN 978-89-6849-873-2 (93590)